高等职业教育财经类规划教材·教学改革示范系列

网络营销实务

——“学·用·做”一体化教程

（第3版）

方玲玉　主　编

李小斌　李　念　副主编

電子工業出版社
Publishing House of Electronics Industry
北京·BEIJING

内 容 简 介

本教材以网络营销的业务流程为主线，基于“以技术为基础的精准营销，以销售为导向的体系设计”开发理念，构建了“定位、推广、营销”三位一体的网络营销分析框架：第一是定位篇，包括网络营销实务导引、网络营销市场定位两章；第二是推广篇，包括网络营销平台建设、网络产品在线推广、网络产品移动推广三章；第三是营销篇，包括网络营销推广方案策划与实施、网络营销效果评估与优化两章。每章由学习目标、引导案例、技能训练、阅读材料、知识框架图、思考与练习等环节构成，让知识的学习、案例的阅读、技能的训练这三大部分内容既自成体系，又彼此融洽。

本教材结构严谨、流程清晰、内容丰富，是专门针对中等、高等职业院校及应用型本科电子商务、市场营销等商科专业开发的“学·用·做”一体化教材，也非常适合作为网络营销及运营推广类岗位员工的培训用书。

图书在版编目（CIP）数据

网络营销实务：“学·用·做”一体化教程/方玲玉主编. —3 版. —北京：电子工业出版社，2016.8
高等职业教育财经类规划教材·教学改革示范系列

ISBN 978-7-121-29379-5

Ⅰ. ①网…　Ⅱ. ①方…　Ⅲ. ①网络营销－高等职业教育－教材　Ⅳ. ①F713.36

中国版本图书馆 CIP 数据核字（2016）第 162051 号

策划编辑：贾瑞敏
责任编辑：郝黎明　　特约编辑：张　彬
印　　刷：三河市君旺印务有限公司
装　　订：三河市君旺印务有限公司
出版发行：电子工业出版社
　　　　　北京市海淀区万寿路 173 信箱　邮编 100036
开　　本：787×1 092　1/16　印张：17.5　字数：476 千字
版　　次：2010 年 2 月第 1 版
　　　　　2016 年 8 月第 3 版
印　　次：2019 年 5 月第11次印刷
定　　价：38.50 元

凡所购买电子工业出版社图书有缺损问题，请向购买书店调换。若书店售缺，请与本社发行部联系，联系及邮购电话：（010）88254888，88258888。

质量投诉请发邮件至 zlts@phei.com.cn，盗版侵权举报请发邮件至 dbqq@phei.com.cn。

本书咨询联系方式：（010）88254019，jrm@phei.com.cn。

前　言

人生的哲学，也就是营销的哲学！互联网时代，个人职业生涯的成功，与互联网的有效利用及营销推广已经密不可分了；而作为企业、组织及商家，自然更是如此。如何在社会公众面前，建立全方位的网络品牌？如何通过全网渠道，推广自己的思想观点，营销自己的产品服务？这是任何组织和个人，都必须面对的挑战，也是本书所要聚焦和探讨的问题。

在多数西方发达国家，网络购物只作为传统零售的补充。我国网购规模，每年数以万亿（元）计；超过半数（6 亿人）的民众，借助手机等移动端，随时随地、随心所欲地购物和消费，不再是一种时尚，更成为一种常态。因此，对于今天的网络营销，我们必须研究：如何做到精准营销，如何开发移动营销。

在“以技术为基础的精准营销，以销售为导向的体系设计”理念指导下，本书以网络营销的业务流程为主线，创新性地开发了“定位、推广、营销”三大模块，通过网络营销实务导引、网络营销市场定位、网络营销平台建设、网络产品在线推广、网络产品移动推广、网络营销推广方案策划与实施、网络营销效果评估与优化这七章，构建了一个逻辑严谨，而又让人耳目一新的网络营销方法体系。

定位篇：第一章，网络营销实务导引，讲述网络营销的基本原理、方法，网络营销的创新创意理论与方法、手段等；第二章，网络营销市场定位，讲述网络营销目标市场调研、竞争对手分析、目标用户消费模式分析、目标市场选择、产品独特卖点提炼与表达等内容。

推广篇：第三章，网络营销平台建设，讲述网络营销平台发展概况、营销型企业网站建设、第三方网络营销平台建设、企业网站诊断等；第四章，网络产品在线推广，讲述目前网络市场上主流的网络推广方式和工具的操作与使用，如搜索引擎、网络广告、电子邮件、论坛、网盟、博客、微博等，介绍病毒式营销、事件营销、名人营销、数据库营销、网络公关等网络营销推广的方法和手段；第五章，网络产品移动推广，比较全面系统地阐述了微信推广、QQ 推广的原理及方法。

营销篇：第六章，网络营销推广方案策划与实施，讲述网络营销方案的策划及实施方法；第七章，网络营销效果评估与优化，讲述网络营销效果评价体系的建立、网站访问情况统计分析、网络营销效果优化的方法和途径等。

本教材的特色，主要有以下三点。

1. 基于“以技术为基础的精准营销，以销售为导向的体系设计”教材开发理念，确保教学内容与市场需求的无缝对接

传统网络营销教学体系，可以让网站流量提升，关键词排名靠前，但企业最关心的“销量、利润、投入产出比（ROI）却未必同步提升。如何才能征服消费者大脑，扩大产品销售？如何让网络营销从感觉和经验的依赖，进化到数据和技术的支持；从粗放的营销推广，升级为精准的定位营销？如何掌握网络营销“技术”，不仅仅是传统的信息技术，还包括新型的网络营销管理工具和数据分析技术，更包括创新的商务技术，如网络产品定位技术、卖点提炼技术、流量

注：本教材是湖南省首批卓越校建设项目——“网络营销课程开发”项目成果（课题编号：Z1423201604）。

转化技术、在线推广技术、网络销售技术等？在对这一系列问题的思考和研究过程中，本教材做出了有价值的探索与实践。

2. 关注移动营销，强化全网营销，让网络营销的视野更开阔、平台更宏大

根据移动商务迅猛发展的现状，第 3 版特别增加了“第五章　网络产品移动推广”。其中，对一般形式的微信推广、微信的公众号推广、微店推广、QQ 推广等内容进行了比较系统的总结和介绍。网络营销的发展，从平台来看，经历了三个发展阶段：第一是基于电子商务第三方平台的站内推广，第二是站内、站外相结合的全网推广，第三是 Web 与移动端一体化的全方位推广。正是因为移动端营销平台的开发，促使网络营销的教学体系正式跨入一个全网营销、全方位营销、全天候营销的新阶段。

3. 关注网络创新能力的培养，强化网络创新思维的训练，在创新创意能力的培养上，填补了现有网络营销教材空白

创新创意是网络营销的核心竞争力，创新思维与创意能力的培养是网络营销教学成败的关键，而现有教材对这一命题的探索几近空白。本教材的“网络营销实务导引”章节，由网络营销是传统营销的继承与超越、创新创意是网络营销的核心竞争力两个部分构成，介绍了 20/80 定律、长尾理论、利基市场等网络营销创新理论；同时开发了三个技能训练：传统品牌企业经营状况及 4Ps 策略调研、传统品牌企业网络营销平台现状调研、成功的网络卖家营销创新创意的调研与分析。这一系列的探索，帮助学生建立完整网络营销分析框架的同时，在创新创意能力培养、意识强化、方法掌握、手段应用等方面，给学生打下深深的烙印，留下深刻的印象。

本教材是 2008 年国家级精品课程“网络营销实务”、2013 年国家级精品资源共享课程的直接成果。在此要特别感谢我们的合作企业及优秀校友，如湖南竞网（百度湖南总代理）副总经理陈花女士、数字营销策略总监聂磊先生的大力支持，他们不仅参与了共享课程的讲授，还提供了大量真实案例，并开发了网盟推广教学体系；还有湖南怡清源茶业公司的电子商务部经理吴小琴女士、长沙森麦网络科技有限公司总经理杨丽光女士，他们在企业素材及原创案例的提供上，一如既往、不遗余力。显然，没有他们的全程参与及倾情奉献，这本书将失去大部分的光彩和价值。

本教材由方玲玉教授负责全书统稿，并独立撰写第一章和第二章；李小斌、李念两位老师主要参与了其他章节的编写和修订；刘娜、张鸽、陈炜、刘杰等老师参与了案例的搜集及电子资源的制作；陈光荣、龙珍华两位老师参与了素材整理及文稿校对。当然，本书第 1 版、第 2 版全体作者的贡献不可磨灭，在此一并致谢。

方玲玉
2016 年 8 月 2 日
chinahnfly@126.com

目　　录

第一篇　定位篇

第一章　网络营销实务导引

学习目标

知识目标	深刻领会传统市场营销的分析框架
	深刻理解网络营销的内容体系及业务流程
	理解网络推广与传统促销的区别与联系
	领会网络营销与电子商务的内在联系
	了解创新创意在网络营销中的地位和作用
	了解 20/80 定律、长尾理论、利基市场的基本内容
	了解网络营销创新的方法和途径
技能目标	能根据网络营销的内容体系，对企业网络营销的业务流程进行分析和评估
	能利用 20/80 定律、长尾理论、利基市场理论，对企业网络营销的创新创意进行评估和判断

进入 21 世纪，网络时代的变化节奏让人目不暇接。近年来，云计算和大数据引发了第二次信息革命，由国际 IT 巨头主导、起源于“工业经济”的“计算机+软件”模式，正在向适应“信息经济”特点的“云计算+大数据”模式转变，人类开始从以控制为出发点的 IT（信息技术）时代，走向以用户为中心的 DT（数据技术）时代，如图 1-1 所示。不同于工业文明的“铁、公、机”（铁路、公路、机器），第二次信息革命中最重要的基础设施已经演变为“云、端、网”（云计算与大数据、智能终端及 App、互联网及物联网），如图 1-2 所示；不同于工业文明的“资本+能源”，第二次信息革命中最核心的生产要素也已经演变为“数据+信息”，如表 1-1 所示。第二次信息革命让人类开始告别 IT 时代，逐渐进入数据革命的 DT 时代，通过互联网来开展基于数据的精准营销，已经成为绝大部分企业的首选，如图 1-3 所示。

信息社会日新月异，网络创新无处不在。如何充分利用互联网的特色和优势，洞悉网络时代的成功密码、数据化生存方式，并且依托数据化发展，对于所有企业、组织及个人，是一个严峻的挑战，更是一个千载难逢的机会。

传统商业的成功密码，今天也许不再有效；昔日的竞争优势，可能正是今天的累赘包袱。放眼望去，多少传统商业精英，在网络创业中折戟沉沙，风光不再；又有多少名不见经传的少年天才，上演了一个个震惊寰宇、轰轰烈烈的网络神话。

网络市场，风云变幻；成功之道，耐人寻味。如何给自己的产品精准定位？如何构建自己的网络营销平台？如何通过网络推广，吸引眼球、扩大流量？如何通过在线营销，征服大脑、提高转化率？网络产品的定位、推广、营销这一系列问题，让每个网络市场的探索者无法回避，而必须认真思考并给出自己的答案。因此，定位、推广、营销这三大技术，构成了网络营销理论与实务的内容体系。

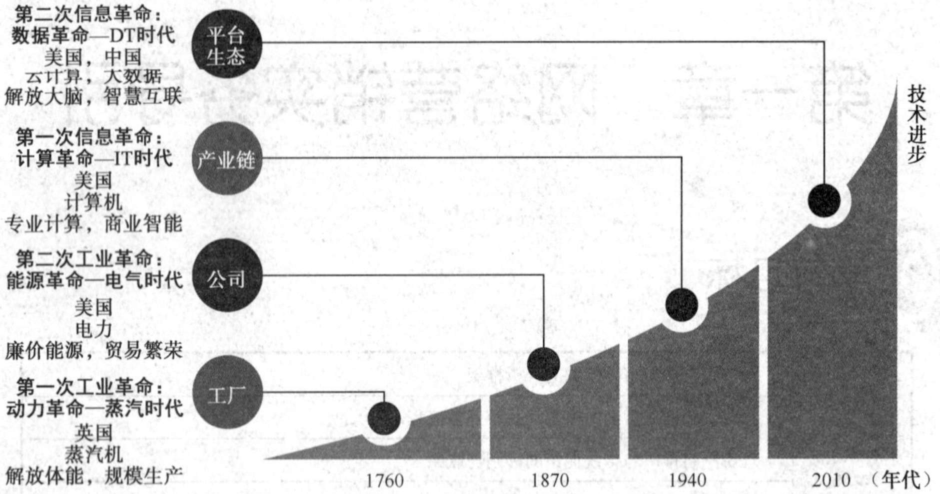

图 1-1　第一次工业革命到第二次信息革命的变迁

（资料来源：阿里研究院，www.aliresearch.com，2016-3）

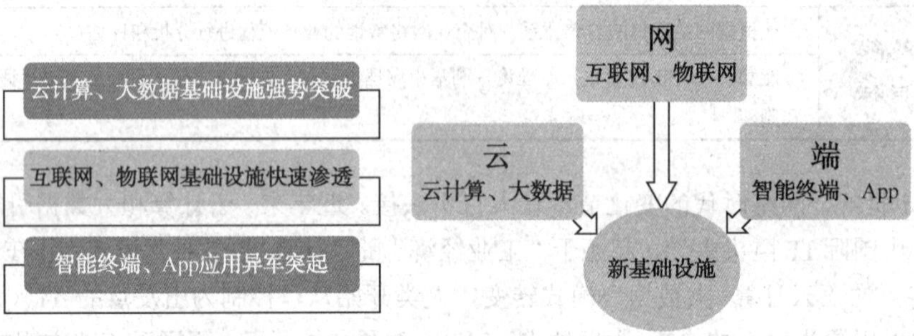

图 1-2　信息经济时代新的基础设施：云、端、网

（资料来源：阿里研究院，www.aliresearch.com，2016-3）

表 1-1　信息经济时代核心要素：数据+信息

所处时代	农业经济	工业经济	信息经济
生产要素	土地、简单劳动力	资本、能源	数据
核心生产工具	犁、锄头	大型机械设备	计算机、互联网
产业特点	劳动密集型	资本密集型	知识密集型
主导产业	农业	工业	信息产业
基础设施	土地、运河	铁路、公路、电网	云计算、互联网、智能终端

（资料来源：阿里研究院，www.aliresearch.com，2016-3）

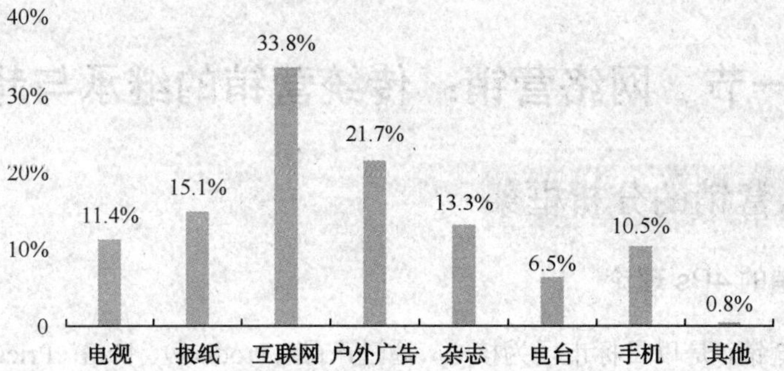

图 1-3 2015 年中国企业营销推广渠道使用比例（有使用 1 种以上的情况）

（资料来源：中国互联网络信息中心，www.cnnic.net.cn，2015-12）

引导案例 苏宁易购：撼动电商格局的传统大鳄

苏宁易购，是苏宁电器旗下新一代 B2C 网上购物平台，现已覆盖传统家电、3C 电器、日用百货等品类。

2010 年年初，苏宁易购以“新人”的身份参与到互联网领域的厮杀，要面对的是在电商圈浸淫 10 多年的竞争对手，其中“两座大山”就是天猫和京东。天猫在 2011 年的交易额突破 800 亿元，京东对外宣称销售额已经超过 300 亿元。

背靠供应链和物流资源的强大优势，苏宁易购 2010 年销售额做到了 20 亿元，成为当时电商圈内的黑马，2011 年更是达到了 59 亿元，直至 2015 年，连续五年稳坐仅次于京东的 B2C 第二把交椅。那么，苏宁易购究竟有什么后盾，敢于挺直腰板撼动国内电商的格局？以下五大优势，可以全面解读。

- 共享实体店渠道，强大供应链无缝连接。
- 全门店自提，消费者家门口轻松收货。
- 涵盖全产品线，打造一站式购物平台。
- 售后网点遍及全国，轻松享受本地化服务。
- 20%价格下调空间不惧对手价格战。

（资料来源：苏宁易购，www.suning.com，2012-4）

【案例思考】

传统企业做电商，已是大势所趋、不可逆转。作为企业网络营销推广方案的策划者及执行者，要确保企业现有品牌优势能够在互联网上延续及拓展，并打造具有企业特色的网络品牌，首先必须准确无误地回答以下几个根本性问题。

- 电子商务与传统商务究竟有何不同？
- 传统营销与网络营销的区别何在？
- 网络推广与传统促销有何异同？
- 企业应如何打造自己的网络品牌？

互联网及信息技术的应用，给商务活动的外部环境带来了革命性变化。如果墨守传统市场营销的成规，缺乏网络营销的创新与创意，人们将如何开拓电子商务？企业又怎能做好网络营销呢？

第一节　网络营销：传统营销的继承与超越

一、市场营销的分析框架

1. 市场营销的4Ps理论

传统的市场营销，是以目标市场为核心，通过产品（Product）、价格（Price）、渠道（Place）、促销（Promotion）等要素的创新，以吸引目标群体，最终说服消费者购买企业的产品或服务，如图1-4所示。

图1-4　市场营销的4Ps理论模型

4Ps营销理论从管理决策的角度来研究市场营销问题。从管理决策的角度看，影响企业市场营销活动的因素有两大类：一是企业不可控因素，如营销环境，包括微观环境和宏观环境；二是可控因素，如产品、商标、品牌、价格、广告、渠道等，4Ps就是对各种可控因素的调整与控制。

（1）产品策略（Product Strategy）。产品策略是指企业以向目标用户提供各种适合消费者需求的有形和无形产品的方式来实现其营销目标，其中包括品种、规格、式样、质量、包装、特色、商标、品牌以及各种服务措施等可控因素的组合和运用。

产品策略的应用，主要表现在对以下问题的思考上。

- 产品性能如何？
- 产品有哪些特点？
- 产品的外观与包装如何？
- 产品的服务与保证如何？

（2）定价策略（Pricing Strategy）。定价策略是指企业通过制定价格和变动价格等方式来实现其营销目标，其中包括基本价格、折扣价格、津贴、付款期限、商业信用以及各种定价方法和定价技巧等可控因素的组合和运用。

定价策略的应用，主要表现在对以下问题的思考上。

- 企业的合理利润以及顾客可以接受的价格是否得到考虑？
- 定价是否符合公司的竞争策略？

（3）分销策略（Placing Strategy）。分销策略是指企业以合理地选择分销渠道、组织商品实体流通的方式，实现其营销目标，其中包括渠道覆盖面、商品流转环节、中间商、网点设置、储存运输等可控因素的组合和运用。

分销策略的应用，主要表现在对以下问题的思考上。

- 产品通过什么渠道销售？
- 如何将产品顺利送抵消费者的手中？

（4）促销策略（Promoting Strategy）。促销策略是指企业以利用各种信息传播手段刺激消费者购买欲望，促进产品销售的方式来实现其营销目标，其中包括广告、人员推销、营业推广、公共关系等可控因素的组合和运用。

促销策略的应用，主要表现在对以下问题的思考上。

- 企业如何通过广告、公关、营业推广、人员推销等手段将产品信息传递给消费者以促成消费行为的达成？

2. 产品促销是市场营销的关键环节

在传统市场营销活动中，最富于变化、最需要创意的莫过于促销活动的策划。促销，就是营销者利用一定的传播媒介，向消费者传递有关企业及产品信息，说服或吸引消费者购买其产品或服务的一系列活动。

（1）促销活动的表现形式。传统促销以"广告促销"、"营业促销"为主，其主要的内容及表现形式有以下几种。

① 媒体广告（报纸、杂志、广播、电视）。

② 户外广告。

③ 张贴横幅、店招展示。

④ 捆绑销售。

⑤ 免费赠送。

⑥ 超市促销。

⑦ 广场促销、活动促销等。

（2）广告传播媒体的发展演变。报刊、户外、广播、电视这四大传统媒体，是前互联网时代人们消遣娱乐、传播资讯的重要媒介，也是聚拢目标用户的重要平台，更是商家与消费者建立联系并施加影响的主要接触点，因而成了各大商家广告促销的必争之地，传统商战竞争之激烈在这里表现得淋漓尽致。

互联网时代，新媒体应运而生。随着数字通信及网络技术的不断完善，以互联网为代表的新的媒体形态不断涌现，如数字杂志、数字报纸、数字广播、手机短信、移动电视、网络、桌面视窗、数字电视、数字电影、触摸媒体等。相对于报刊、户外、广播、电视四大传统意义上的媒体，新媒体被形象地称为"第五媒体"。

新媒体以其实时性、交互性、跨时空的特点，消解了传统媒体之间的边界，消解了国家之间、社群之间、产业之间的边界，甚至还消解了信息发送者与接收者之间的边界，给信息传播方式和手段带来了革命性的变化。随着新媒体的出现，营销推广的方法和路径也将发生根本性变化。

技能训练 1-1　传统品牌企业经营状况及 4Ps 策略调研

请选择三家本地区知名传统品牌企业（如湖南省怡清源茶业有限公司、湖南梦洁家纺有限公司、湖南省浏阳金生花炮等），利用工商红盾网对企业资质进行调研，并通过访问企业官方网站等网络调研手段，对这三家企业的经营现状及 4Ps 策略进行分析和评价，最后将结果填入表 1-2。

表 1-2　传统品牌企业经营状况及 4Ps 策略分析

调查内容	怡清源茶业	梦洁家纺	浏阳金生花炮
成立日期			
注册资金			
经营状况			
产品策略			
价格策略			

续表

调查内容	怡清源茶业	梦洁家纺	浏阳金生花炮
促销策略			
渠道策略			
调研结论			

二、网络营销的内容体系

1. 网络营销的终极目标

与传统的市场营销一样，网络营销的最终目标，就是通过网络，成功销售企业的产品或服务。当然，随着信息技术的不断完善，除互联网之外，移动通信网络，以及其他的数字通信平台，也成了网络营销的重要渠道。

除了直接的在线销售，企业还可以利用互联网来建立品牌、促进线下销售、提供在线客户服务。这些活动，尽管没有达成直接销售，但最终目标，都是为了促进企业产品的销售。

2. 网络营销的内容框架

与传统市场营销一样，网络营销的最终目标也是实现销售，其核心内容是产品的促销推广。要利用互联网等新技术、新工具，促进产品在线销售，赢得网络市场竞争优势，这是一个复杂的系统工程，并非轻点鼠标即可完成。

市场营销有其完整的框架体系，网络营销也不例外。企业要开展网上营销，并不是在网上开一个店卖东西这样简单。选择什么样的产品以适合在网上销售；如何建设一个能卖东西的网站；如何开展在线的营销和推广；如何促使网站的访问者下单并成为回头客。这一系列问题，构成了网络营销完整的内容体系，如图1-5所示。

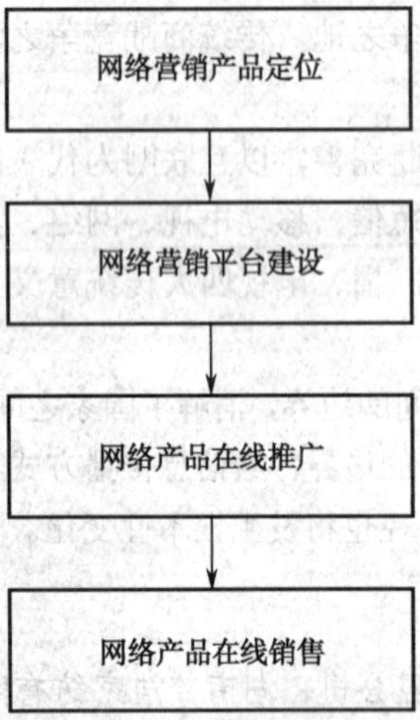

图1-5 网络营销的内容体系

（1）网络营销产品定位。并不是所有的产品或服务，都适合通过网络来推广和销售。对网络营销人员来说，选择什么样的产品进行网上推广和销售，是网络营销的先导性问题。另外，针对不同的产品，采用何种网络推广的渠道和手段，仍是问题的关键。

对网上销售的产品进行准确定位，有必要对以下问题进行回答和验证。

- 网络营销的产品卖给谁，他们在哪里？
- 网上竞争对手是谁，他们做得怎么样？
- 选择的产品值得在网上销售吗？是否有足够的利润空间？
- 企业的产品与竞争对手相比，有何独特的卖点和竞争优势？

（2）网络营销平台建设。互联网浩如烟海，漫无边际。在建设企业网络营销平台之前，应根据自身的资源特点及实力大小，对以下问题进行思考和验证。

- 企业是自建网站，还是利用第三方平台，或者是两者兼用，来开展网络营销？
- 选择哪些第三方平台？
- 如何建设营销导向的企业网站？

（3）网络产品在线推广。有了好的产品，构建了企业的网络营销平台，只是具备了网络营销的基本条件。如何吸引网络消费者的眼球，成功导入足够的优质访问流量，这是在线推广所要解决的关键问题，也是网络营销的核心内容。

（4）网络产品在线销售。大量的访问流量，未必等同有效的销售订单。对网络营销人员来说，仅仅“吸引眼球”，意义不大；如果还能“征服大脑”，给消费者充足的下单理由，才是最具价值的营销实践。

企业推广人员经常会发出下面这样的疑问。

- 广告展现挺多的，怎么没人点击？
- 点击次数挺多的，网站怎么没有访问量？
- 网站流量挺大的，怎么没有多少咨询电话，也没多少人下单？

由此可见，作为网络推广人员，怎样给消费者一个入情入理、赏心悦目的理由，促使他们下单，并购买更多的产品和服务；采用何种技术或策略，来提高企业网站的黏度，让更多的用户成为回头客，如此等等，都是网络产品在线销售中所要解决的关键问题。

3. 网络营销的操作流程

根据网络营销的内容体系，无论什么样的产品或服务，都可以按下面步骤，在最短的时间内，找到合适的营销方法及推广策略。

（1）明确网络营销推广目标。网络营销的目标，是追求流量、注册量、销售量，还是品牌知名度？这是必须首先搞清楚的事情。目标不明确，营销推广方向就可能出问题。

（2）明确能够让目标实现的主要用户。对企业来说，网络用户有这几大类：能够带来收入的用户、能够带来流量的用户、能够带来内容的用户、能够带来口碑的用户、能够带来品牌知名度与权威性的用户。根据企业的推广目标，自然就可以选择正确的网络用户了。

（3）细分目标用户群，明确用户特征。如某服装卖家，主要面向 18～25 岁的女性。这个定位似乎没有问题，但在具体的操作上，还是无法实施。因为，不是每个此年龄阶段的女性，都会购买该产品。因此，需要进一步细分目标用户群体，究竟其中的哪一些可能购买？她们以从事什么职业为主？文化层次如何？消费能力如何？是喜欢追逐潮流，还是比较成熟稳重？是喜欢音乐视频，还是喜欢 QQ、微信？只有了解了用户的这些特点和需求，才能为网络推广准备合适的素材及内容。

（4）寻找目标用户聚集的网络平台。这要结合用户的特点及需求进行分析：如果用户的主要需求是浏览文章，那就要找到目标用户常去的网站；如果目标用户上网做的最多的事是与人交流，那就要弄清楚是在哪一类主题的 QQ 群、哪些专业论坛或微信群中；如果用户喜欢用搜索引擎查找信息，那就要将用户经常搜索的词全部列出来。上述渠道了解得越细越具体，以后的推广就会越精准越高效。

（5）结合用户特点和产品特点来打动用户。如果用户上网的第一个行为是查找信息、查询资料，就要分析是通过搜索引擎搜索、通过百度知道等网站提问，还是论坛或 QQ 群交流。如果主要采用搜索引擎，那搜索引擎营销（Search Engine Marketing，SEM）、搜索引擎优化（Search Engine Optimization，SEO）就是要重点考虑的推广方式。如果用户获取信息的主要手段是百度知道这类平台，那问答推广则是主要手段，建立问答推广团队是必需的。

（6）了解用户最关心的问题，进行集中展示和重点介绍。当用户通过不同的渠道来到自己感兴趣的页面后，应该能够满意地看到企业为他们精心准备的内容，如价格、口碑、产品性能、特点等。

（7）建立良好的客服咨询体系。一部分用户可能会直接在线购买，也有一部分可能要联系在线客服。这就要求企业建立一套标准化、流程化的客服话术体系。

（8）适当建立基于全网的营销推广体系。联系完客服后，还有些用户仍然不放心，这就需要企业适当地进行全网推广，如在权威媒体上进行新闻推广、软文推广，在相关论坛进行口碑推广等。

上述操作步骤已经整理清楚，大致的方法策略也明确无误，接下来的事情，就是要将它们梳理清楚，最终形成纸面方案，再让各部门通力合作，执行到位。

4. 网络营销的漏斗原理

网络营销的目标能否实现，由一系列前后呼应、彼此关联的营销传播环节构成。只要其中任何一个环节出现疏漏，营销目标就会功亏一篑。下面以搜索引擎营销为例，来说明网络营销的漏斗原理。

搜索引擎营销，是企业利用搜索引擎关键词排名等工具，让自己的产品或服务在搜索引擎上有良好的表现，从而获得更多的曝光、点击、访问、咨询以及订单。在搜索引擎营销过程中，企业的推广过程与网民的购买过程相辅相成，如图1-6所示。

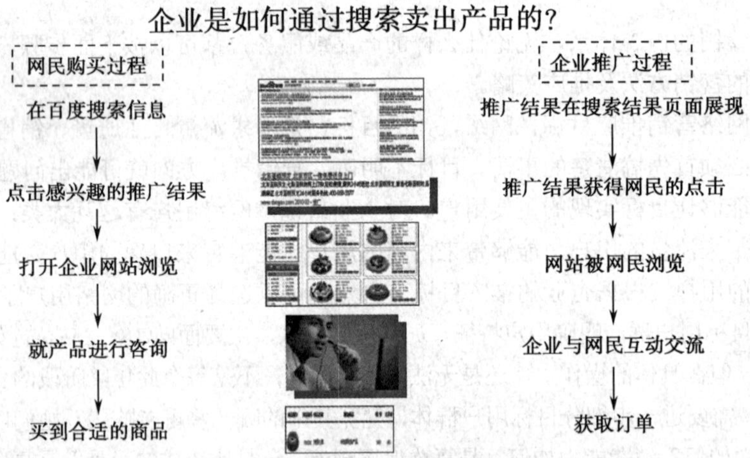

图1-6 搜索引擎营销流程

理想的情况是，所有的曝光都有点击，所有的点击都有访问，所有的访问都有咨询，所有的咨询都有订单。但实际情况是，营销的效率，从展现量、点击量、访问量，到咨询量、订单量，一直在以漏斗的形式衰减，如图1-7所示。

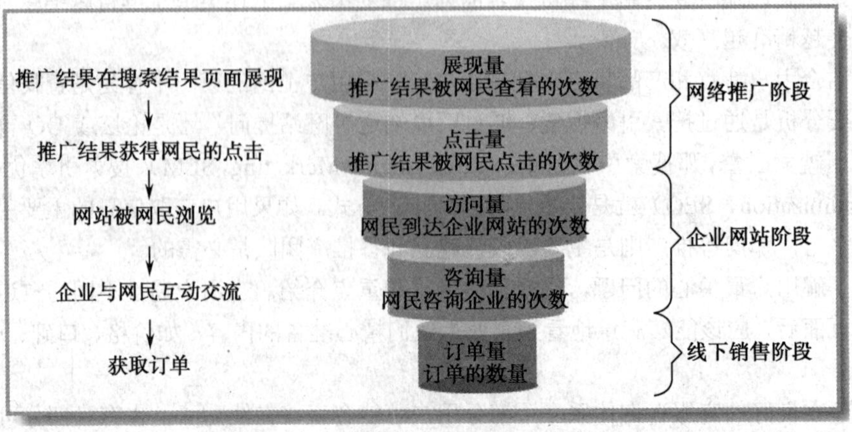

图1-7 搜索引擎营销的漏斗原理

（1）展现量。这里所提到的“量”，不应当仅仅是单纯的访问量，还应当包括网站的访问质量，也就是说，有针对性的目标客户才是整个“量”的标准。因此，在进行搜索引擎营销时，不应当为追求访问者的数量、网站的曝光率而盲目提高展现量，而要在访问的质量上做工作，真正做到展现给有需求的用户，这样才能提高下一步工作的效果。

（2）点击量。当有需求的用户看到你的网站时，他们也一定看到了竞争对手的网站。这时，如何引导用户去点击你的网站、浏览你的产品，会变得十分重要。不管是通过有吸引力的标题，还是利用煽动性语言去引导用户点击，关键都是要为最后的订单做好铺垫，但不要引起用户的强烈反感。

（3）访问量。正常的情况是，通过点击搜索引擎结果页面的链接，用户进入网站，并开始浏览、查询感兴趣的商品。因此，在这一步，一定要想办法留住用户，让他在网站内找到最终的商品，并产生购买意向，达成购买行为。

（4）咨询量。这是非常关键的一层。这时要针对有潜在意向的客户，进行有效的互动沟通。客服的作用非常关键，专业知识、沟通能力、职业态度等，是促成交易的主要因素。

（5）订单量。当进入这一步时，就基本上已经确定了用户的购买行为。在前四步中，企业一方基本上处于被动，只有到了这一步，才开始变得主动。如何对用户进行二次开发、后期服务跟踪等，都让企业占据非常大的优势。

在搜索引擎营销的每个环节，对数据的分析是必不可少的，如展现量和点击量的比例、点击量和成交量的比例等。通过数字来说话，会更具有权威性。任何一个环节出现问题，都可以通过这些比例数据进行分析判断，从而有针对性地对营销过程进行优化调整。

阅读材料 1-1 网络营销运营系统——Talk99 简介

Talk99 是一款专为企业网络营销运营而设计的软件系统，专门帮助企业对网络营销过程进行精细化的管理与控制，是企业构建网络营销运营系统必备的软件。实践证明，同样网站和流量情况下，使用 Talk99，网站转化率可以提高 10 个百分点，ROI（投资回报率）可以增加 6 倍。Talk99 的工作原理如图 1-8 所示。

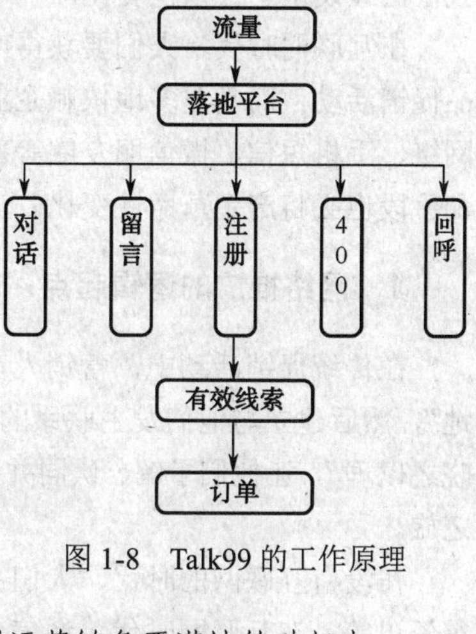

图 1-8 Talk99 的工作原理

Talk99 具有以下四大优势，可强力支持网络营销运营系统的运行。

1. 营销过程流程化

Talk99 可以将整个流量转化过程进行链条式管控，引导网络营销人员按照流程进行操作，保障了流量转化过程的严密性、完整性。

2. 营销岗位固定化

Talk99 在流程化管理的基础上，对必要的营销岗位进行了配套设定，实现各个环节专人专岗，从而使得整个网络营销运营链条严谨地转动起来。

咨询类岗位（在线咨询师）：获取线索、过滤线索、导入 CRM（客户关系管理系统）。

销售类岗位：跟进线索（将日程/待办事项录入 CRM）、管理订单。

财务岗位：业绩考核（根据订单管理系统核算业绩）。

3. 客户跟踪速度化

Talk99特别采用了iOS的友好操作界面，新增数据都可以在相关模块的右上角以红圈角标显示，简单易懂，一目了然，提醒各岗位人员及时处理相关新增信息，避免因处理延时造成线索浪费和跑单。

4. 考核制度系统化

Talk99针对自身既定的营销流程和岗位设定专门配备了与之相应的KPI（关键绩效指标）考核系统，管理者可以根据各个环节的任务目标与达成标准，对整个运营过程进行控制；同时，财务人员可以根据考核系统提供的数据记录，对各个营销岗位进行绩效评估。科学的考核体系，再辅以有效的激励措施，使得整个网络营销运营过程积极、高效、持续性向前发展。

另外，Talk99还提供了全方位的诊断分析系统。

流量分析：每天网络推广投入很大，但是收效甚微。

对话分析：访客与网站接待人员的交互不多，业务询盘量太少。

转化率分析：网站有流量、询盘量，但是拿到的有价值销售线索不理想。

销售跟单能力与激励措施：每天通过在线接待拿到的客户名片不少，但是成单率很低。

客服能力与考核措施：客服人员在线接待效率不高，流量浪费问题严重。

营销效果分析：缺乏科学的执行标准与考核依据，网络营销效果难判定。

（资料来源：Talk99，www.talk99.cn，2012-11）

三、网络推广与传统促销

市场营销活动中，企业与客户之间的信息传播与交流非常关键，因此，产品促销和推广成为市场营销的核心环节。网络营销和传统营销的根本区别在于：客户了解产品信息的渠道和方式，已经发生了根本性变化。

在互联网时代，人们要获得产品和服务资讯，不再只是通过电话、纸邮、展会、广告及产品促销活动，而是更多地依赖企业网站、电子邮件、网络新闻、搜索引擎、社区、论坛、社交网络、手机短信、微信朋友圈等新媒体渠道。显然，与传统的促销活动相比，网络推广的方式和手段也必将产生革命性变化。

1. 网络推广的逻辑起点：网民的聚集地

在传统促销活动中，营销人员首先必须了解目标消费者行为习惯，找到他们喜欢的“聚集地”，然后建立与他们发生联系的“接触点”；再通过广告宣传及活动策划，对他们“动之以情、晓之以理”，让他们了解、认同并接受企业的产品或服务——这是一次典型的、完美的传统促销之旅。

在没有互联网的时代，人们主要通过阅读报纸、杂志，收听广播、电视，来消遣娱乐、获得资讯等。在互联网时代，通信及娱乐的方式发生了翻天覆地的变化。无论是生活还是工作，人们对网络环境的依赖与日俱增。网络环境的多样性，给人们提供了丰富多彩的选择。门户网站、行业网站、购物平台、社区论坛、微博、微信（含朋友圈）等，已经成为网民主要的“聚集地”，自然也成为商家与客户重要的“接触点”。

中国互联网络信息中心2016年1月发布的第37次CNNIC报告显示，截至2015年12月，中国网民规模达到6.88亿人，互联网普及率达到50.3%，手机网民规模达6.20亿人，有90.1%

的网民通过手机上网，只使用手机上网的网民达到 1.27 亿人。手机网上支付用户规模达到 3.58 亿人。此外，1.10 亿位网民通过互联网实现在线教育，1.52 亿位网民使用网络医疗，9 664 万人使用网络预约出租车，网络预约专车人数已达 2 165 万。互联网的普惠、便捷、共享特性，已经渗透到公共服务领域，也为加快提升公共服务水平、有效促进民生改善与社会和谐提供了有力保障。在如此庞大的网民群体中，有超过 90%的网民使用即时通信（在线聊天），超过 80%的网民使用搜索引擎、网络新闻，超过 70%的网民使用网络视频、网络音乐，超过 60%的网民使用网上支付和购物，如表 1-3 所示。显然，这一系列的网络应用，不只是网民消遣、娱乐、交友的“聚集地”，更是商家网络推广的“接触点”，值得网络营销人员关注和研究。

表 1-3　2014—2015 年中国网民各类网络应用的使用率

	2015 年		2014 年		
应用	用户规模（万人）	网民使用率	用户规模（万人）	网民使用率	全年增长率
即时通信	62 408	90.7%	58 776	90.6%	6.2%
搜索引擎	56 623	82.3%	52 223	80.5%	8.4%
网络新闻	56 440	82.0%	51 894	80.0%	8.8%
网络视频	50 391	73.2%	43 298	66.7%	16.4%
网络音乐	50 137	72.9%	47 807	73.7%	4.9%
网上支付	41 618	60.5%	30 431	46.9%	36.8%
网络购物	41 325	60.1%	36 142	55.7%	14.3%
网络游戏	39 148	56.9%	36 585	56.4%	7.0%
网上银行	33 639	48.9%	28 214	43.5%	19.2%
网络文学	29 674	43.1%	29 385	45.3%	1.0%
旅行预订	25 955	37.7%	22 173	34.2%	17.1%
电子邮件	25 847	37.6%	25 178	38.8%	2.7%
团购	18 022	26.2%	17 267	26.6%	4.4%
论坛/BBS	11 901	17.3%	12 908	19.9%	-7.8%
互联网理财	9 026	13.1%	7 849	12.1%	15.0%
网上炒股或炒基金	5 892	8.6%	3 819	5.9%	54.3%
社交应用	53 001	77.0%	—	—	—
在线教育	11 014	16.0%	—	—	—
互联网医疗	15 211	22.1%	—	—	—

（资料来源：中国互联网络信息中心，www.cnnic.net.cn，2015-12）

2．常见的网络推广方式和手段

找到目标消费群体的“聚集地”，建立与他们交流互动的“接触点”；通过信息的传播、理念的渗透，来影响和改变消费者，以塑造品牌，提升销售，这是营销推广的普遍法则。无论是在线推广，还是传统促销，都是异曲同工，概莫能外。

中国互联网络信息中心发布的第 37 次 CNNIC 报告对 2015 年企业各互联网营销渠道使用情况进行了调研，如图 1-9 所示。这些数据明确无误地显示了企业“网络推广”与网民“聚集地”之间的密切关系：因为网民在聊天、在网购，在搜索、在发邮件……所以企业就应当并且已经到这些网民“聚集地”去推广、去营销！

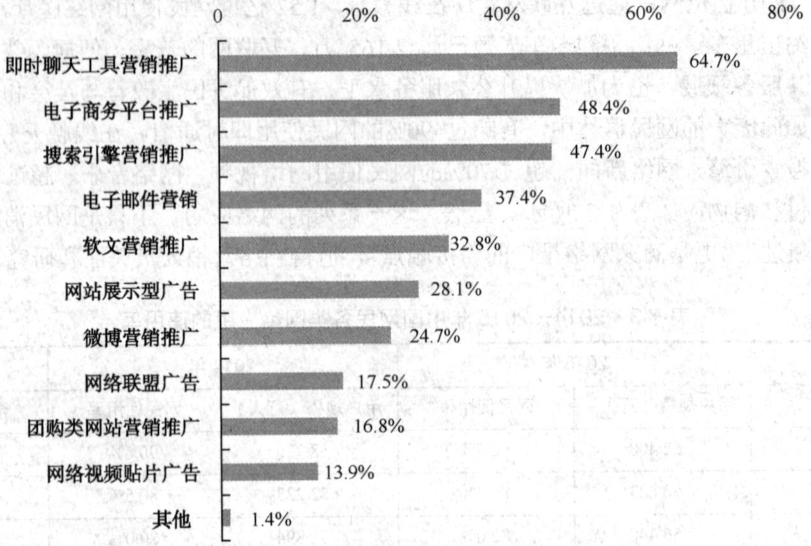

图1-9　2015年企业各互联网营销渠道使用比例

（资料来源：中国互联网络信息中心，www.cnnic.net.cn，2015-12）

3．网络推广是传统促销的继承和超越

与传统的产品促销一样，网络推广是网络营销的核心内容和主要环节。在网络营销的早期，人们甚至将网络推广与网络营销等同起来。

作为网络营销中最富于变化、最富于创意的在线推广，因为其所依赖环境平台发生了革命性变化，与传统的促销活动相比较，不仅有了继承和发展，还有了颠覆和超越。所以，网络营销，不仅是旧的营销，它更是新的营销。

企业在网络营销推广的实践中，为了达成销售目标，应综合利用各类推广方式，进行整合与创新，以期获得最佳营销效果。具体而言，企业可从三个方面来进行营销推广方式的创新与整合。

网络推广1：传统促销方式在互联网上的延伸和拓展。

网络推广2：对传统促销方式的继承和保留。

网络推广3：对传统促销方式的创新和超越。

网络推广与传统促销的区别与联系如表1-4所示。

表1-4　网络推广与传统促销的区别与联系

区别与联系	传统促销	网络推广
网络推广1： 传统促销方式在互联网上的延伸和拓展	报纸广告	网络广告/软文广告
	杂志广告	电子杂志
	广播、电视广告	网络视频等
	张贴横幅、店招展示	网站Logo、店铺名称、店铺公告
	活动促销、广场促销	店铺活动促销、社区营销
	直邮广告/DM广告	电子邮件营销
	公共关系	网络公关

续表

区别与联系	传统促销	网络推广
网络推广 2：对传统促销方式的继承和保留	户外广告	√
	捆绑销售	√
	免费赠送	√
	事件营销	√
	名人营销	√
网络推广 3：对传统促销方式的创新和超越	×	搜索引擎营销
	×	博客营销/微博营销
	×	论坛营销
	×	网盟广告
	×	病毒式营销
	×	数据库营销
	×	移动网络营销

四、网络营销与电子商务

教学案例：电商的道与术

如果说网络营销是在网上卖东西的一种技术，电子商务则是在网上卖东西的整个过程，当然，网站则是企业卖东西的主要场所。

电子商务所涵盖的范围，比网络营销要宽广得多。企业要开展电子商务，除了能在网上销售出产品之外，还需要考虑商品采购、物流配送、人员管理、投资融资等问题，如图 1-10 所示，而网络营销只是其中的一个环节。

商务的核心是营销，电子商务的核心就是网络营销。因此，网络营销是电子商务最重要的核心环节。

最开始的电子商务并不是发生在网站上，而是发生在网络新闻组（类似于现在的论坛）、电子邮件等媒体上。随着电子商务应用的深入及拓展，电子商务的主战场早已转移到各类网站、手机移动端等设施设备。现在的企业，如果没有自己的网站作为开展网络营销的大本营，要达成电子商务目标，成功的概率就很小了。因此，基于企业网站、网店及移动端应用的推广，是当前网络营销的主要内容。

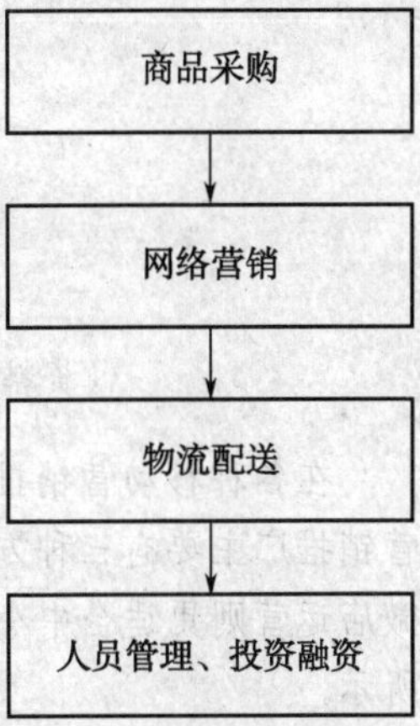

图 1-10　电子商务的主要环节

技能训练 1-2　传统品牌企业网络营销平台现状调研

请选择两家本地区知名传统品牌企业（如湖南省怡清源茶业有限公司、湖南梦洁家纺有限公司），通过访问国内主流的电子商务平台及企业官方网站，对这些传统品牌企业网络营销平台的建设情况进行调研，并将调研结论填入表 1-5。

表 1-5　传统品牌企业网络营销平台建设情况

网络营销平台建设情况	怡清源茶业	梦洁家纺
企业官网		
阿里巴巴		

续表

网络营销平台建设情况	怡清源茶业	梦洁家纺
惠聪网		
速卖通		
天猫		
淘宝集市		
京东		
当当网		
亚马逊		
调研结论		

阅读材料 1-2　移动互联网时代下的网络营销

截至 2015 年 12 月，在开展过互联网营销的企业中，35.5%通过移动互联网进行了营销推广，其中有 21.9%的企业使用过付费推广。随着用户行为全面向移动端转移，移动营销将成为企业推广的重要渠道，如图 1-11 所示。

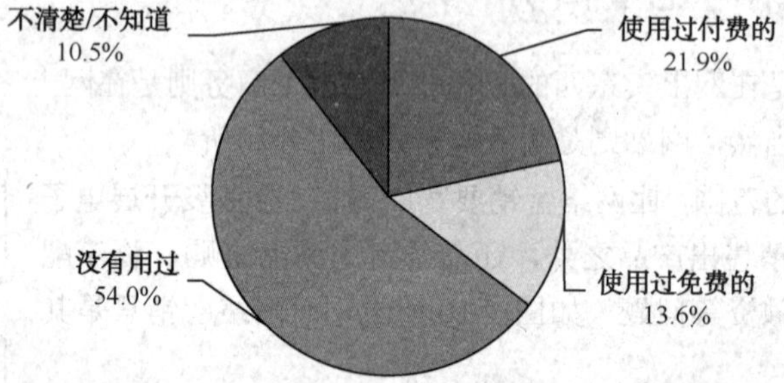

图 1-11　企业移动互联网营销开展情况

（资料来源：中国互联网络信息中心，www.cnnic.net.cn，2015-12）

在各种移动营销推广方式中，微信营销推广最受企业欢迎，使用率达 75.3%。目前，微信营销推广主要有三种方式：微信朋友圈广告主要服务于财富 500 强企业，微信公众账号推广与微店运营则更适合中小微企业。此外，移动营销企业中建设移动官网的比例为 52.7%，如图 1-12 所示。

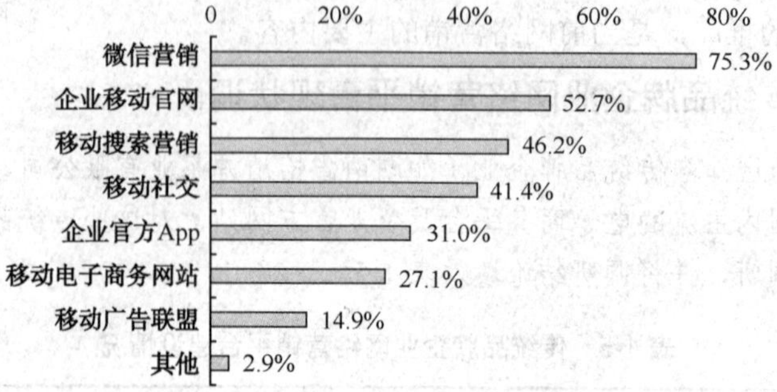

图 1-12　企业各移动互联网营销渠道使用比例

（资料来源：中国互联网络信息中心，www.cnnic.net.cn，2015-12）

第二节　创新创意：网络营销的核心竞争力

一、没有创意就没有眼球

任何商务的核心都是营销，电子商务也不例外。

无论是线上还是线下，营销都是商务活动中竞争最激烈、最需要智慧的一个环节。营销的关键，不只是争夺眼球，更在于征服大脑。优质的产品、上乘的服务，如果没有让人耳目一新、过目难忘的营销创意，是不可能“打动消费者”的，更谈不上“建立信任”并“形成依赖”。

互联网是信息的海洋，海量资讯鱼龙混杂。只要轻点鼠标，搜索引擎反馈的结果数以千万计。要让潜在用户锁定企业信息、访问企业网站，从而产生高商业价值的优质流量，并非易事。唯有别开生面的创新与创意，才能让“吸引眼球”不再艰难。下面是一个早年发生的真实事例。

生活在英国的林女士在运营一个汽车出租网站。她在 2005 年从上海买了一辆军用六轮卡车，然后自己造了一个导弹模型，模型上印着她的网站地址，以及她自己的头像，如图 1-13 所示。

图 1-13　林女士别出心裁的网站广告

这是一个多么引人注目的画面。林女士把这辆卡车放在高速路旁，用她自己的话说：放在布莱尔所管制的地方，导弹头指向布什所在的国家。每年数以百万计的人在路边来来往往，这样一辆造型突出的车，要让人记不住都很难。

别出心裁的营销创意，过目难忘的视觉冲击，传统与网络的完美对接——这是林女士的网上生意大获成功的法宝。

优秀的创意，不仅是吸引眼球的制胜法宝，更是提高广告转化率、提升网络推广投资回报率的重要武器。图 1-14 是一家整形外科医院在互联网上投放的广告，不同的广告创意，能带来完全不一样的广告点击率。由此可见，创意也是生产力！

广告点击率为0.023%的广告创意

广告点击率为0.05%的广告创意

广告点击率为0.1%的广告创意

图 1-14　不同创意带来不同的广告点击率

二、20/80 定律与长尾理论

1. 20/80 定律

20/80 定律又称帕累托定律，是 19 世纪末 20 世纪初意大利经济学家帕累托发明的。他认为，在任何一组事物中，最重要的只占其中一小部分，约 20%，其余的 80%尽管是多数，却是次要的，因此又称为二八法则，如图 1-15 所示。

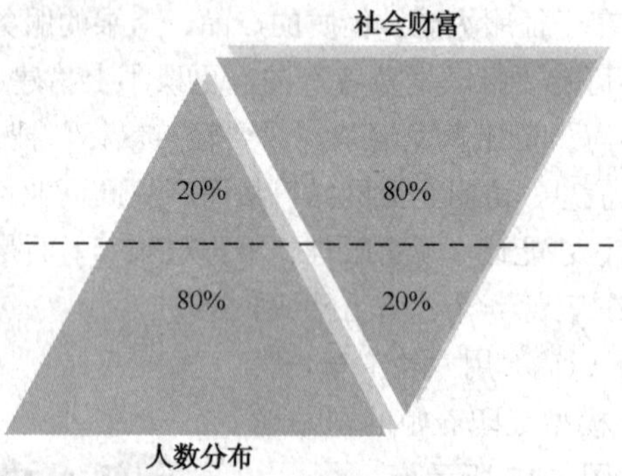

图 1-15　20/80 定律在社会财富分配中的表现

1897 年，帕累托偶然注意到 19 世纪英国人的财富和收益模式。在调查取样中，他发现大部分财富流向了少数人手里。同时，他还发现了一件非常重要的事情，即某一个族群占总人口数的百分比和他们所享有的总收入之间有一种微妙的关系。不论是早期的英国，还是其他国家，甚至在早期的资料中，他都发现这种微妙关系一再出现，而且在数学上呈现出一种稳定的关系。

帕累托从大量具体的事实中发现：社会上 20%的人占有 80%的社会财富，即财富在人口中的分配是不平衡的。同时，人们还发现生活中存在许多不平衡的现象。因此，20/80 定律成了这种不平等关系的简称，不管结果是不是恰好为 80%和 20%（从统计学上来说，精确的 80%和 20%不太可能出现）。

以下是 20/80 定律在商业活动中的一些表现形式。

- 80%的利润，来自于 20%最畅销的产品。
- 80%的利润，来自于最忠诚的 20%的客户。
- 80%的销量或利润，来自于 20%最成功的网络营销渠道或投资。
- 80%的销售，来自于 20%最优秀的营销人员。

因此，经典的商业理论都是提醒大家：找到最有效的 20%的热销产品、渠道或销售人员，在最有效的 20%上投入更多努力，尽量在 80%低效的地方减少浪费。

习惯上，20/80 定律讨论的是顶端的 20%，而非底部的 80%。值得注意的是，人们发现，20/80 定律在日常生活中几乎随处可见，也令人深思。

- 10 人中：2 人富，8 人穷；20%的人掌握世界上 80%的财富，80%的人为 20%的人打工。
- 10 人中：2 人用脖子以上赚钱，8 人用脖子以下赚钱。
- 10 人中：2 人正面思考，8 人负面思考。
- 10 人中：2 人买时间，8 人卖时间。
- 10 人中：2 人要找一个好员工，8 人要找一个好工作。
- 10 人中：2 人支配别人，8 人受别人支配。

- 10 人中：2 人做事业，8 人做事情。
- 10 人中：2 人重视经验，8 人重视学历。
- 10 人中：2 人看重行动才有结果，8 人看重知识就是力量。
- 10 人中：2 人爱投资，8 人爱购物。
- 10 人中：2 人有目标，8 人爱瞎想。
- 10 人中：2 人在问题中找答案，8 人在答案中找问题。
- 10 人中：2 人放眼长远，8 人只在乎眼前。
- 10 人中：2 人把握机会，8 人错失良机。
- 10 人中：2 人计划未来，8 人早上才想今天干什么。
- 10 人中：2 人按成功的经验行事，8 人按自己的意愿行事。
- 10 人中：2 人重复简单的事，8 人不愿做简单的事。
- 10 人中：2 人明天的事今天做，8 人今天的事明天做。
- 10 人中：2 人能办到，8 人不可能办到。
- 10 人中：2 人受成功人的影响，8 人受失败人的影响。
- 10 人中：2 人状态很好，8 人状态不好。
- 10 人中：2 人相信以后会成真，8 人受以前失败的影响。
- 10 人中：2 人与成功为伍，8 人不愿改变环境。
- 10 人中：2 人改变自己，8 人改变别人。
- 10 人中：2 人鼓励和赞美，8 人批评和谩骂。
- 10 人中：2 人会坚持，8 人会放弃。
- 10 人中：2 人是我要怎么样，怎么样做，我会有钱；8 人是我要是有钱，我就怎么样。

2. 长尾理论

在传统商业活动中，人们一直在用 20/80 定律来界定主流，计算投入产出效率，它贯穿了整个生活和商业社会。这一理论中被忽略的 80%就是长尾。

但是人们看到，在互联网的商业世界，被奉为传统商业圣经的 20/80 定律开始有了被改变的迹象，尤其在媒体和娱乐业，更多的注意力开始由主流市场向非主流市场转移。

长尾理论（The Long Tail）是网络时代兴起的一种新理论，由美国人克里斯·安德森提出。长尾理论认为，在互联网上，商品储存及流通展示的场地和渠道足够宽广，使得单位商品的生产、展示的成本急剧下降，并且商品的销售成本也急剧降低时，几乎任何以前看似需求极低的产品，只要有人卖，都会有人买。这些需求和销量不高的产品汇总起来，所占据的市场份额，可以和主流产品的市场份额相匹敌，甚至更大，如图 1-16 所示。

过去人们只能关注重要的人、重要的事，如果用正态分布曲线来描绘，人们只能关注曲线的“头部”，而将处于曲线“尾部”、需要更多的精力和成本才能关注到的大多数人或事忽略。例如，在销售产品时，厂商关注的是少数几个所谓 VIP 客户，“无暇”顾及在人数上居于大多数的普通消费者。

在网络时代，由于关注的成本大大降低，人们有可能以很低的成本关注正态分布曲线的“尾部”，关注“尾部”产生的总体效益甚至会超过“头部”。举例来说，一家大型书店通常可摆放 10 万本书，但亚马逊网络书店的图书销售额中，有四分之一来自排名 10 万以后的书籍。这些“冷门”书籍的销售比例正以高速成长，预估未来可占整个书市的一半。

长尾所涉及的“冷门”产品，涵盖了几乎更多人的需求；当这些“另类”的需求有了满足的可能性后，会有更多的人意识到这种需求，从而使冷门不再冷门。

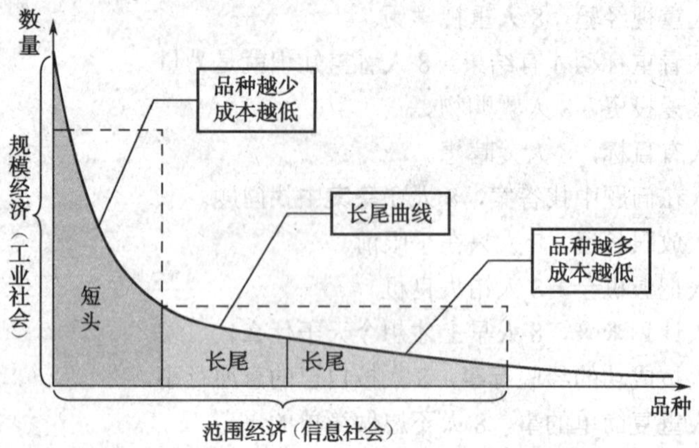

图 1-16　20/80 定律与长尾理论示意图

综上所述，长尾理论是对经典商业活动中的 20/80 定律的颠覆，它的前提是商品销售渠道足够宽，并且商品生产、物流的成本足够低。在网络市场上，产品生产、展示、配送及销售方式的数字化，为这一理论的实践提供了现实的可能性。但是，我们必须注意到，对很多中小企业网站来说，产品只有几十种，或者再多至几百、几千种，这都不足以产生长尾现象，起支配作用的依然是 20/80 定律。

另外，长尾产品由于竞争比较小，可以溢价出售，有可能获得更高的利润。而热门产品容易被拿出来促销打折，由于竞争激烈，常常以低价出售。

教学案例：小而美，做长尾

三、利基市场与网络营销创新

1. 利基市场

长尾市场又称利基市场。“利基”一词是英文 Niche 的音译，意译为壁龛，有拾遗补缺或见缝插针的意思。利基市场形态如图 1-17 所示。

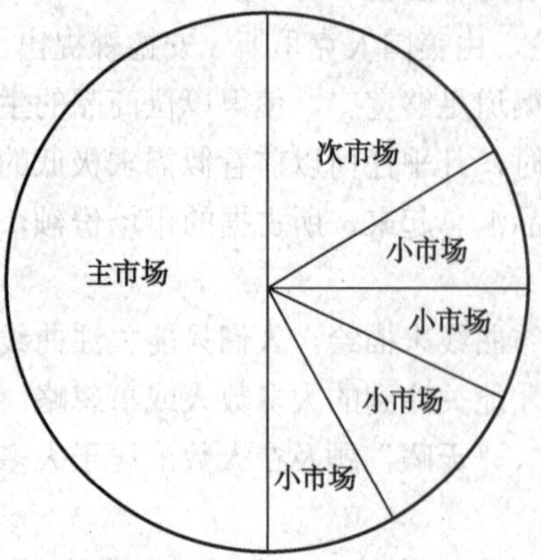

图 1-17　利基市场形态

通过对市场的细分和聚焦，企业集中力量于某个特定的目标市场，严格针对一个细分市场，或重点经营一个产品和服务，以创造出产品和服务优势。

对于大众化产品来说，因为网络市场的透明性，电子商务市场的竞争更为激烈，更加白热化。对一般的小型网络创业者而言，没有独具特色的市场定位，要想在白热化的市场竞争中分一杯羹，绝非易事。

实施利基市场战略的重要意义在于：进入利基市场的公司，事实上已经充分了解了目标顾客群，因而能够比其他公司更好、更快、更完善地满足消费者需求。并且，因为产品的独特性、稀缺性，企业可以获取更多的超额利润。

创新是电子商务的重要特征和本质要求。利基市场的思维方法，是企业市场定位创新的重要理论基础。

理想的利基市场，应当具有以下特征。

（1）狭小的产品市场，宽广的地域市场。利基战略的起点，是选准一个比较小的产品或服务，再集中全部资源攻击很小的一点，即所谓“一厘米的宽度，一千米的深度”，以求在局部形成必胜的力量，这是利基战略的核心思想。同时，以一个较小的利基产品，占领宽广的地域市场，实现规模经济。全球化的网络市场，为此提供了良好的条件。

（2）具有持续发展的潜力。要确保企业在选择的利基市场上能够长期获利，要做到以下两点。一是要保证企业进入市场以后，能够建立起强大的壁垒，使其他企业无法轻易模仿或替代；或者是可以通过有针对性的技术研发和专利，引导目标顾客的需求方向，引领市场潮流，以延长企业在市场上的领导地位。二是这个市场的目标顾客将有持续增多的趋势，利基市场可以进一步细分，企业便有可能在这个市场上持续发展。

（3）市场过小、差异性较大，以至于强大的竞争者对该市场不屑一顾。既然被其忽视，则一定是其弱点。反过来想，我们也可以在强大的竞争对手的弱点部位，寻找可以发展的空间。所谓弱点，就是指竞争者在满足该领域消费者需求时，所采取的手段和方法，与消费者最高满意度之间存在差异，消费者的需求没有得到很好的满足，这正是可取而代之的市场机会。

（4）企业所具备的能力和资源，与对这个市场提供优质的产品或服务相称。这就要求企业审时度势，不仅要随时测试市场，了解市场的需求，还要清楚自身的能力和资源状况，量力而行。

（5）企业已在客户中建立了良好的品牌声誉，能够以此抵挡强大竞争者的入侵。

（6）这个行业还没有统治者。

2. 网络营销创新

因为网络的透明性，网络营销市场竞争之激烈，甚至远远超出了传统市场。与此同时，互联网对人类个性化需求的激化、特色化需求的满足、碎片化市场的整合等方面，潜力巨大、机会无限，不能不让人们浮想联翩、憧憬不已。

（1）创新是网络营销的核心竞争力。如果说市场细分与定位，是市场营销的重要利器，那么创新与创意，则是网络营销的核心竞争力，是网络营销成功的内在密码。

近年来，我国网络购物市场中，服装、鞋帽、箱包类的市场份额超过四分之一，达 26.5%，市场规模数以千亿（元）计。从传统品牌到网络原创，从 PPG 到凡客诚品，从韩都衣舍到裂帛，服装网购市场风起云涌，群雄逐鹿。试想，在这样的市场竞争格局中，作为个人卖家，作为小微型网络创业者，怎样才能立足？如何才能发展？裂帛的创建与崛起（见阅读材料 1-3），创造了一个网络营销创新的经典案例。

（2）创新的方法与路径。创新与创意，是网络营销成败的关键。然而，如何创意，如何创新，却无章可循，也难以传授。如果能够根据既定的方法和套路，按图索骥地进行创造性活动，那也就无所谓创新、无所谓创意了。但是，创新思维的培养，却有迹可循。“小而精，小而美，小而强”，这也许是小微型网络创业者，在网络营销创新实践中，最重要的思维法则和行动指南。一般而言，如果从以下几个方面进行分析和思考，也许能获得一些有价值的启示。

① 展开“幻想”的翅膀。爱因斯坦说过：“想象力比知识更重要，因为知识是有限的，而想象力概括着世界的一切，推动着进步，并且是知识进化的源泉。”

想象力是人类运用储存在大脑中的信息进行综合分析、推断和设想的思维能力。在思维过程中，如果没有想象的参与，思考就发生困难。据心理学家研究，一般人只用了想象区的 15%，其余的还处于“冬眠”状态。这块处女地的开发，潜力巨大。

在进行创意性策划时，不要给自己设限，不要有太大压力。有时候，天马行空、随心所欲，想出一些“不靠谱，不着调”的点子，也不要马上否定，而是即时记下来，以后再探讨有没有实现的可能；效果将会怎么样。图 1-18 是对著名苹果 Logo 的一种再创造，将原有的彩色苹果换成了一个半透明的、泛着金属光泽的银灰色 Logo，意味深长，让人过目难忘。

图 1-18　苹果 Logo 的创意

② 培养发散思维。发散思维，是指倘若一个问题可能有多种答案，那就以这个问题为中心，思考的方向往外散发，找出适当的答案越多越好，而不是只找一个正确的答案。人在这种思维中，可左冲右突，在所有适合的答案中充分表现出思维的创造性成分。

允许自己“不按常理出牌”，凡事多问几个为什么，有时甚至反其道而行之，这是发散性思维的重要特征。针对特定的问题，第一次想出来的解决办法，通常都是已有经验、知识、套路的结果；你这样想，别人也这样想，价值不大。“不这样，行不行？”“我偏要按相反的方向走，效果会怎样？”如此等等，也许可以获得一些有特别价值的创意。

③ 发展直觉思维。直觉思维，是指不经过一步一步分析而突如其来的领悟或理解。很多心理学家认为，它是创造性思维活跃的一种表现，既是发明创造的先导，也是百思不解之后突然获得的硕果，在创造发明的过程中具有重要的地位。物理学上的阿基米德定律是阿基米德在跳入澡缸的瞬间，发现了溢出的水的体积与他身体入水部分的体积一样大，从而悟出了该著名定律。

④ 培养强烈的求知欲。一般认为：涉猎多方面的学问，可以开阔思路。对世界或人类社会的事物掌握得越多，越有助于培养个人的创造性思维能力。

强烈的求知欲，会促使人去寻找真相、发掘规律。只有在探索过程中，才能不断激起好奇心和求知欲，使创新创意的源头活水永不枯竭。

创新与创意，是网络营销高手与庸常大众的差别所在。互联网上资讯泛滥，简单地复制或模仿他人的做法，只能是事倍功半。让人眼前一亮的创意，才是网络营销最强大的武器。

技能训练 1-3　成功的网络卖家营销创新创意的调研与分析

三只松鼠和裂帛，都是近年来在淘宝上大获成功的“小”卖家，他们在网络营销的创新创意上超凡脱俗、技高一筹。请对这两家网店开展网络调研，对他们的营销手法进行分析评估，并将调研结果填入表 1-6。

表 1-6　传统品牌企业网络营销创新创意情况

分析指标	三只松鼠	裂　帛
产品市场概述		
利基市场特征		

续表

分析指标	三只松鼠	裂　帛
主要竞争对手		
营销创新创意		
调研结论		

阅读材料 1-3　裂帛——离客户心灵很近的品牌

裂帛，作为原创衣饰的佼佼者，单看名字，就可以感到这个品牌的不拘一格。裂帛的字面意义——撕裂丝帛，当然，也一样可以撕裂礼服、撕裂规则。这是裂帛在自己的网店上，对于自身品牌含义的解读。

作为个人创业者大风和小风于 2006 年创建的网上品牌，裂帛定位于白领层，用服饰延伸着人类文化中人们对色彩、自然、情感共同的热爱与表达，分享内心生活的感动和喜悦；有着狂喜、神秘、流浪、异域的意态气场，被誉为离客户心灵很近的品牌。裂帛的风格即参照本心、无拘无束，被大众指认为自然风、民族风。

至 2011 年年底，裂帛已经成为淘宝网上著名的女装网货品牌，拥有一家 5 皇冠 C 店和一家 B 店，交易额在淘宝网的所有女装品牌里面稳居前 20 名。目前裂帛 C 店拥有近 8 万名会员，152 000PV 的日均流量，创造着上千万元的年销售额。裂帛的 B 店也处于快速增长之中。

差异化、营销能力、平面设计能力是裂帛成功的三大秘诀。

差异化是裂帛的座右铭。裂帛走的是差异化、细分市场的路线。其产品在设计上夸张、大胆、突出个性，尽管不能获得所有消费者的青睐，但却形成了一个忠实的客户群。

营销能力将裂帛差异化的特点有效传播出去。服装行业的传统销售思路是“新品不打折，过季之后打折，最后亏本清仓”，他们则推出了针对新品的 8 折限时抢购活动——“抢果果”，让新品在刚刚上市的时候就受到追捧。与此同时，裂帛也开始挖掘论坛的能量，先后推出征文等活动，通过帖子与消费者互动，引起了很大的关注度，从而使得裂帛在淘宝论坛上仅仅用了 2 个月就升级为帮，创造了一个小小的奇迹。

自 2009 年年底起，裂帛开始大力推一个叫做“罐头人”的招聘计划，通过活泼的招聘广告（见图 1-19），巧妙地达到了招聘人才、推广自身品牌形象的双重目的。

图 1-19　裂帛“罐头人”招聘广告

精准的产品定位、大胆的营销创新，是裂帛打造“离客户心灵最近的品牌”的制胜法宝。正是通过网络营销创新，裂帛成功地将一个“小众化”品牌，开拓出了一个网络“大市场”；让竞争者“也许可以模仿，始终难以超越”；让消费者“即使不会购买，也会常去看看”。

（资料来源：豆丁网）

知识框架图

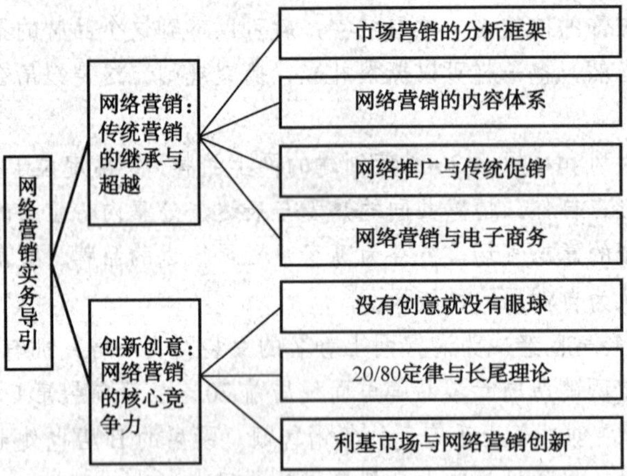

思考与练习

一、选择题

1. 4Ps营销理论，是从（　　）这一主体出发，来研究市场营销问题的。

A．生产者　　B．消费者

2. 以下传播媒介中，属于新媒体的有（　　）。

A．互联网　　B．手机短信　　C．电子杂志　　D．户外广告

3. 网络营销的核心目标是（　　）。

A．扩大流量　　B．推广品牌

C．促进销售　　D．提供在线客户服务

4. 网络营销的内容体系，是由（　　）环节有序构成的。

A．网站建设—在线销售—产品定位—在线推广

B．产品定位—网站建设—在线推广—在线销售

C．产品定位—网站建设—在线销售—在线推广

D．在线销售—产品定位—网站建设—在线推广

5. 在搜索引擎营销中，客服人员起非常关键作用的环节是（　　）。

A．展现　　B．点击　　C．访问　　D．咨询

6. 一般认为，网络推广应从目标消费群体聚集扎堆的地方入手。目前大部分网民经常使用的互联网服务有（　　）。

A．即时通信　　B．搜索引擎　　C．网络音乐　　D．网络新闻

7. 下述网络推广方式和手段中，体现了网络营销对传统促销方式的创新和超越的有（　　）。

A．搜索引擎营销　　　　　　　　　　B．网盟广告

C．户外广告　　　　　　　　　　　　D．事件营销

8．如果说网络营销是在网上卖东西的一种技术，电子商务则是在网上卖东西的整个过程。下述电子商务的主要环节中，作为核心环节的是（　　）。

A．商品采购　　　　　　　　　　　　B．网络营销

C．物流配送　　　　　　　　　　　　D．人员管理

9．以下经济社会现象中，对 20/80 定律进行验证和表征的是（　　）。

A．根据美国经济政策研究所的统计报告，2009 年，美国最富有的 1%家庭的收入占所有家庭收入的 21.2%，10%最富有家庭的收入占所有家庭收入的 47.1%

B．中关村在线调研中心发布的数据显示，2007 年 8 月，在中国市场上最受消费者关注的十大鼠标套装品牌调查中，72%的消费者选择了罗技等三大知名品牌

C．亚马逊网络书店的图书销售额中，有四分之一来自排名 10 万以后的书籍。这些“冷门”书籍的销售比例正以高速成长，预估未来可占整个书市的一半

D．1897 年，意大利经济学家帕累托从大量具体的事实中发现：财富在人口中的分配是不平衡的，社会上 20%的人占有 80%的社会财富

10．以下企业简介描述中，选择定位于利基市场的有（　　）。

A．裂帛定位于白领层，用服饰延伸着人类文化中人们对色彩、自然、情感共通的热爱与表达，有着狂喜、神秘、流浪、异域的意态气场

B．欧莎的定位为 25～35 岁的都市白领丽人，服装适合办公室、朋友聚会、校园生活等各种轻松商务场合及休闲场合，穿着欧莎服装在下班后无须特意更换服装就可以参加朋友聚会

二、简答题

1．传统营销与网络营销的区别与联系有哪些？

2．简述企业开展网络营销推广业务的基本流程。

参考答案

第二章　网络营销市场定位

学习目标

知识目标	掌握网络市场调研的一般流程和常用方法
	了解网络市场调研的常用工具、手段和主要平台
	掌握网络市场竞争对手调研方法和步骤
	了解网络用户消费模式的内涵及研究途径
	了解目标市场选择的原则和依据
	了解产品独特卖点的内涵和定义
技能目标	能合理利用网络渠道及在线工具，对特定的目标市场开展调研，并形成合理的调研结论
	能通过多种途径发现竞争对手，并通过网络调研对其优缺点做出恰当评价
	能通过网络市场的调研，清晰准确地描述网络用户的行为特征，并形成具有实用价值的“网络目标用户快照”
	能根据网络市场的特点和企业的规模实力选择合适的利基市场
	能根据网络产品的市场定位提炼出产品的独特卖点

注册一个域名 50～60 元，买一个空间 100～200 元，建一个网站 2 000～3 000 元，然后是下载一个免费的 CMS（内容管理系统）或购物车，花费不超过一万元，我们就可以开始自己的网上生意了。确实，企业开展电子商务或网络营销的门槛并不高，然而，要通过网络营销赚钱，却并不是一件容易的事情。

网络营销的好处是，可以通过网站，随时随地将产品卖向全世界；但它的风险也在于此：全球范围内的同行或卖家，一夜之间，都可能变成你直接的竞争对手！

引导案例　网店服装卖给谁

从事电子商务教学多年的小杨老师想开一家网店，考虑到服装网购市场火爆，并且因为自己小孩的缘故，这些年对婴幼儿服装市场了解不少，因此想开一家婴幼儿服装产品网店。说干就干，小杨老师将自己的网店取名为“星星宝贝”，并马上着手对网络服装进行市场调研。经过两个多月的前期调研和准备，她发现：“原来服装网购市场的水，比想象的要深得多、要广得多！”虽然婴幼儿服装网购市场规模庞大、前景看好，然而品牌林立、强手如云，使得市场竞争异常激烈。如果漫无边际地开展网络推广，凭个人的财力、资源、实力，要想在激烈的市场中争得一席之地，恐怕是难上加难。只有集中精力、扬长避短，充分利用自己的优势资源，才有可能分一杯羹。

经过反复的调研、探索、论证，小杨老师最终确定了自己的目标客户定位：讲究生活品质的白领妈妈，特别在乎自己小孩的外表形象，希望自己的孩子不仅干净整洁，而且有型有范儿。

这些妈妈的月收入在 3 000～5 000 元，既非奢华一族，也无温饱之忧。因此，这一群体要求产品不仅质量可靠、价格实在，而且应当设计新颖、潮流时尚。这些服装可以不是大品牌，却有可圈可点的性价比和美观度。

从“服装”，到“婴幼儿服装”，再到“中等收入、潮流时尚、讲究生活品质、在乎小孩形象及素质培养的白领妈妈的服装”，最后在产品风格的定位上，着力打造卡通动漫及儿童 DIY 创意两个系列。随着调研的深入、细分的明确，产品定位逐渐清晰起来。小杨老师发现自己终于进入了一个“更为熟悉、更有把握、更有底气、更为与众不同”的服装细分市场。在这一系列调研、分析及判断的基础上，小杨老师拿出了自己的商业计划书，立即得到了不少业内投资人的青睐。创意有了，资金有了，小杨老师的网店很快就热热闹闹地开张，并红红火火地运营起来了。

【案例思考】

互联网没有地域的限制，全球网民都可以是你的客户。然而，像小杨老师开的这类网店，要让自己的产品在众多的竞争对手中脱颖而出，有一系列的困难需要克服、一系列的问题需要解答。

- 你的产品网络市场状况如何：是否有价值？是否值得企业去做？
- 网上竞争对手是谁：他们在哪里？他们做得怎么样？
- 网络消费模式有何特点：用户为什么在网上买？网上浏览和购买行为有何特点？
- 如何选择网上目标客户：选择哪一部分目标消费群体去服务？如何做到精准定位？如何在网上找到他们？
- 如何吸引用户眼球：如何提炼网络产品的独特卖点？如何选择合适的载体来展现产品的特色优势？
- 如何走进用户的内心世界：怎样通过产品设计及文案创意来碰触用户的心灵、征服用户的大脑？

……

如此等等，不一而足。归根结底，就是要通过网络市场调研，解决网络市场特别是网络产品的定位问题，为网络营销的开展奠定合理的前提和基础。

教学案例：店铺运营与定位

第一节　目标市场调研

稻草变黄金，传统商业不可能，网络市场也不例外。互联网不仅是信息的海洋，更是产品和服务的聚集地。包罗万象的网络市场，造就了数以亿计的网络消费群体。没有精准的市场定位，没有新颖独到的网络创意，就不可能有成功的网络营销。当然，网络市场的合理定位，只能源于对网络市场的深入调研。

网络市场调研，就是要回答“网络市场竞争态势如何”、“市场容量有多大”、“是否有价值”、“是否值得企业去做”等一系列问题，并给出初步结论。图 2-1 直观地显示了不同的传统商业模式受互联网的冲击程度，从一个侧面也揭示了究竟哪些商品和服务在网络市场上机会更多、潜力更大；这些市场是否值得去做，以及发展前景如何。

人们要在网上销售的，不外乎是产品或服务。网络用户规模庞大，任何产品或服务都不可能满足所有网络用户的偏好和需求。对一些初级创业者或小微企业而言，瞄准某些利基市场，成功的可能性更大。因此，在网络市场调研中，首先要对目标市场进行初步分析，从而确定调研目标，并通过网络市场的调研，解答以下关键问题。

- 目标客户在哪里？
- 他们现在从哪里购买这些产品？
- 网络市场规模有多大？

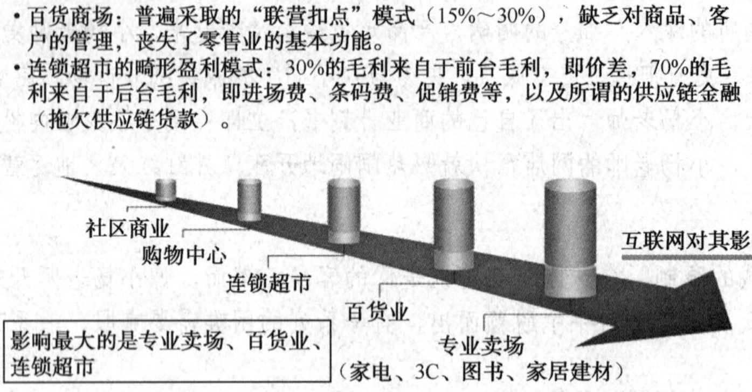

图 2-1　互联网对传统商业的冲击程度

（资料来源：阿里研究院，www.aliresearch.com，2016-1）

企业的产品究竟要卖给谁？这似乎是最容易回答的一个问题，却往往也是最难回答好的一个问题。习惯上，人们希望将产品卖给所有的人，最好是男女老少，无所不包；贫富贵贱，人见人爱。这当然是理想化的状况，却只是商家的一厢情愿。现代商务活动的实践一再证明：任何人想要在所有的时候讨好所有的人，结果往往适得其反、事倍功半。

网络市场的定位，首先就是要解决“产品卖给谁”的问题。网络产品定位的关键就是如何做到精准定位。“一厘米的宽度，一千米的深度”，这是对“精准定位”最形象的描述。只有精准定位，才能利用有限的资源，打造产品的特色和优势；只有高度聚焦，才有可能准备足够的“火药”和“弹炮”，让营销不仅“吸引眼球”，更能“征服大脑”。

以服装市场为例，要准确回答“网店服装卖给谁”这个问题，首先应根据自身特点，在电子商务平台、搜索引擎、论坛等渠道调研的基础上，从宏观到微观、从抽象到具体，对网络消费群体进行深度细分，最后才能形成精准定位。下面以服务市场为例，探讨网络目标市场调研及定位的基本方法。

一、电子商务平台调研

网络市场调研，可以从阿里巴巴、淘宝、京东、凡客等各类主流电子商务平台，以及服装类行业或企业网站入手，掌握市场格局、了解竞争态势。

下面以淘宝网为例，调查网购市场上，服装类商品常见的分类方法，以便进一步锁定目标消费群体，发现主要竞争对手。

图 2-2 是在淘宝网站上，以“服装”为关键词，进行“宝贝”搜索，所了解到的网络上服装类商品的主要分类方法。

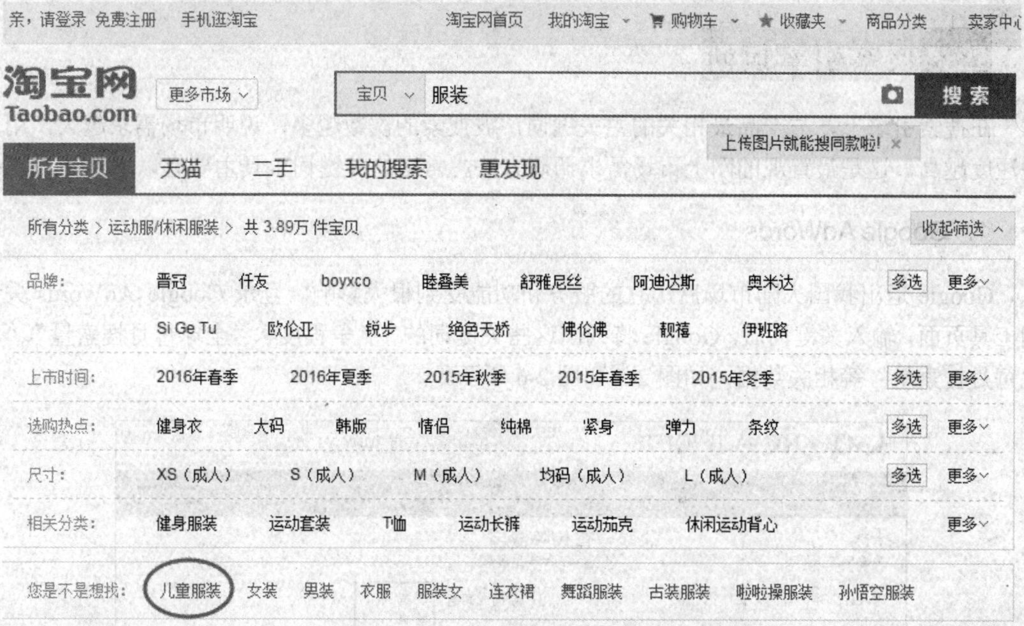

图 2-2　淘宝网以“服装”为关键词搜索的结果页面

单击“儿童服装”，以进一步了解童装的热门销售类别，如图 2-3 所示。

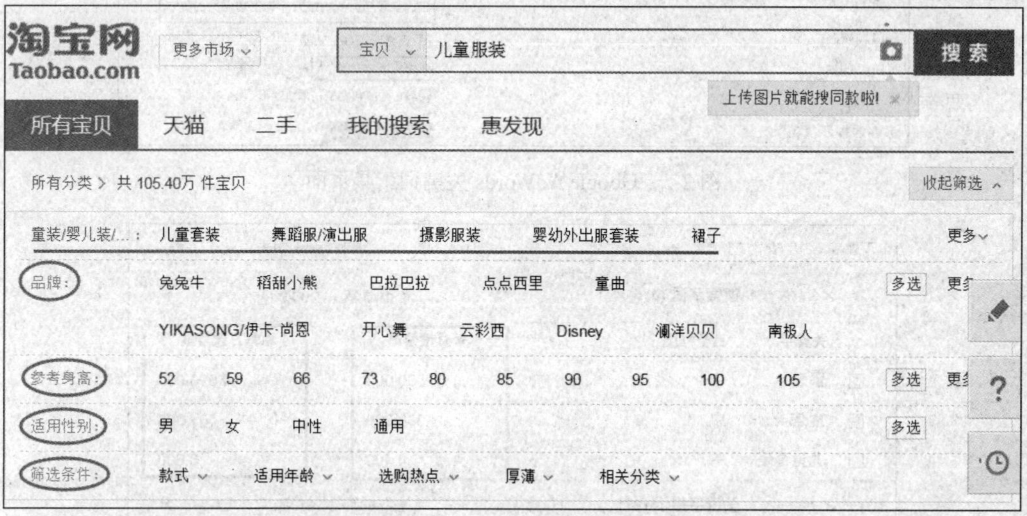

图 2-3　淘宝网以“儿童服装”为关键词搜索到的产品热门销售类别

由此可见，在网络市场调研的基础上，通过必要的分析、判断，引导案例中的小杨老师才有可能形成自己网店的清晰定位。其市场细分与定位的逻辑线路如图 2-4 所示。

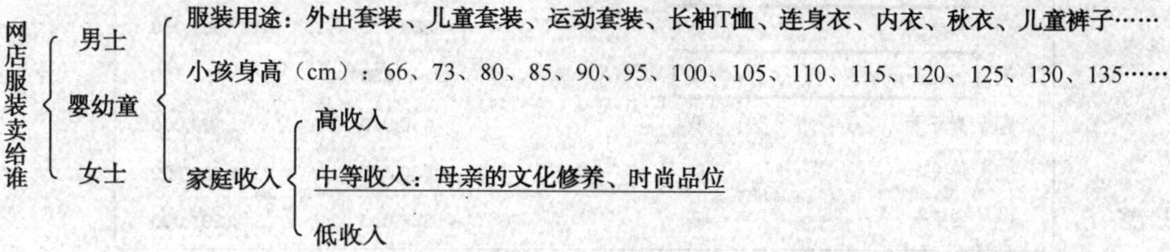

图 2-4　服装网购市场细分与定位的逻辑线路

二、搜索引擎调研

在搜索引擎上，与产品最相关的主关键词，被搜索的次数越多，说明市场需求越大，用户关注度越高，这是最直观的网上市场需求调研方法。常用的关键词工具主要有以下几种。

1. Google AdWords

Google 退出我国大陆市场后，它的服务和功能受到很大影响。登录 Google AdWords 关键词工具页面，输入关键词后，Google 将列出这些关键词的“竞争程度”、“全球每月搜索量”、“本地每月搜索量”等相关数据，如图 2-5 和图 2-6 所示。

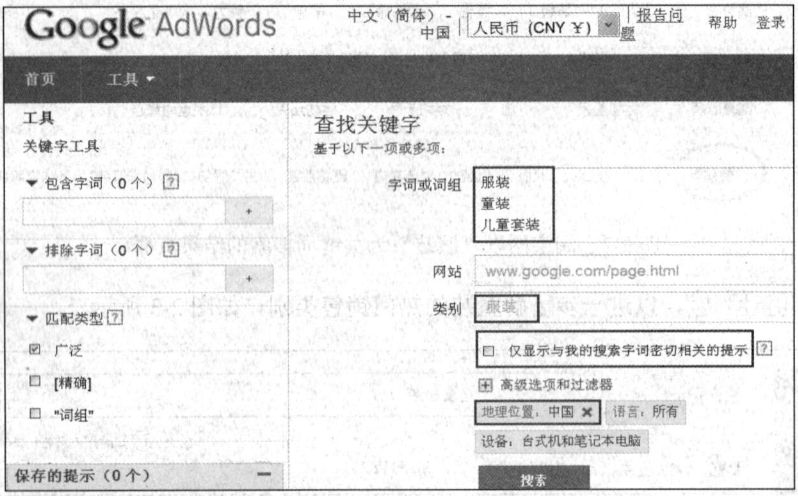

图 2-5　Google AdWords 关键词工具页面

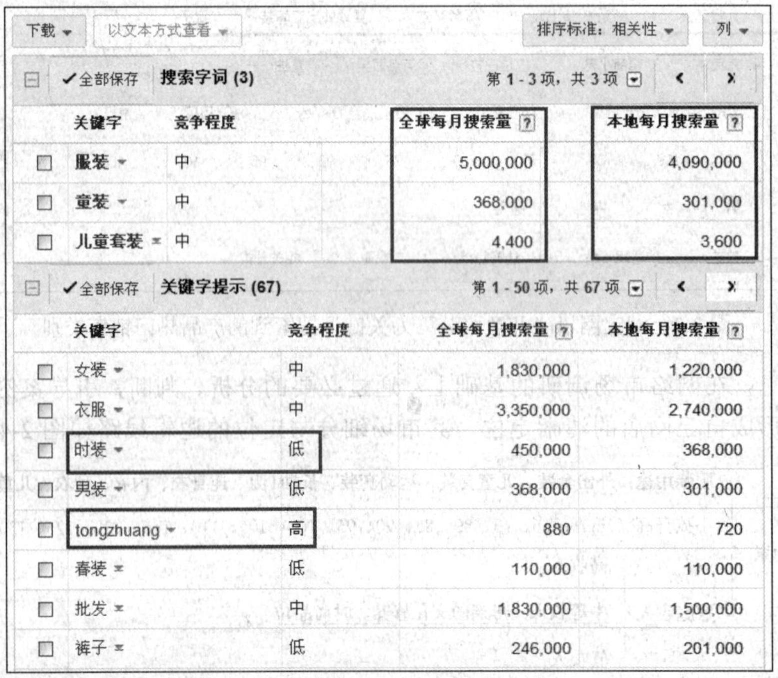

图 2-6　关键词“服装”、“童装”、“儿童套装”的搜索结果

搜索结果显示，“时装”关键词的竞争程度低，而“tongzhuang”的竞争程度高，这一结论，从图 2-7 和图 2-8 可以得到验证。当搜索“时装”时，左侧正常排名位置上没有出现广告位；而搜索“tongzhuang”时，左、右两侧均出现了广告位。

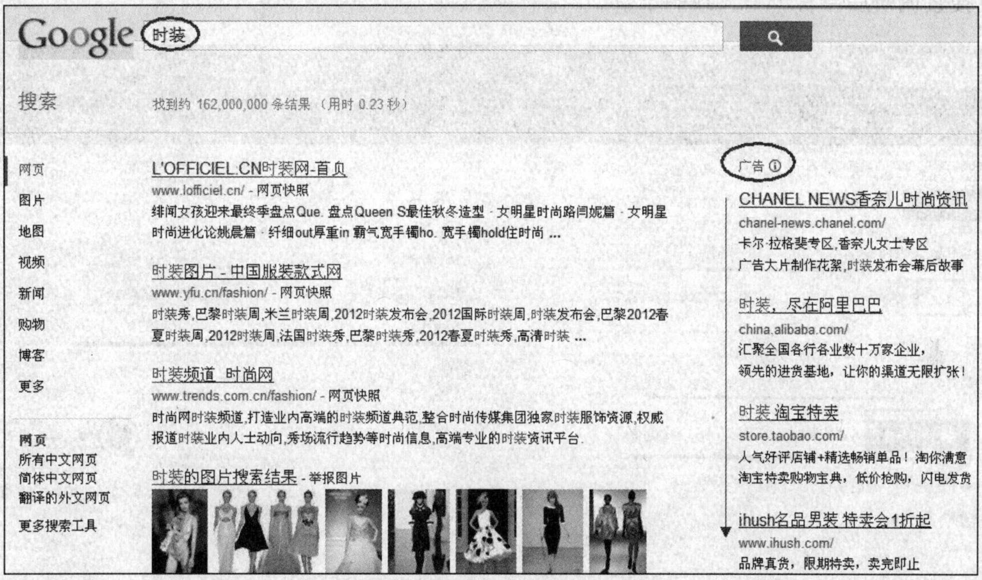

图 2-7　在 Google 上搜索“时装”的返回结果页面

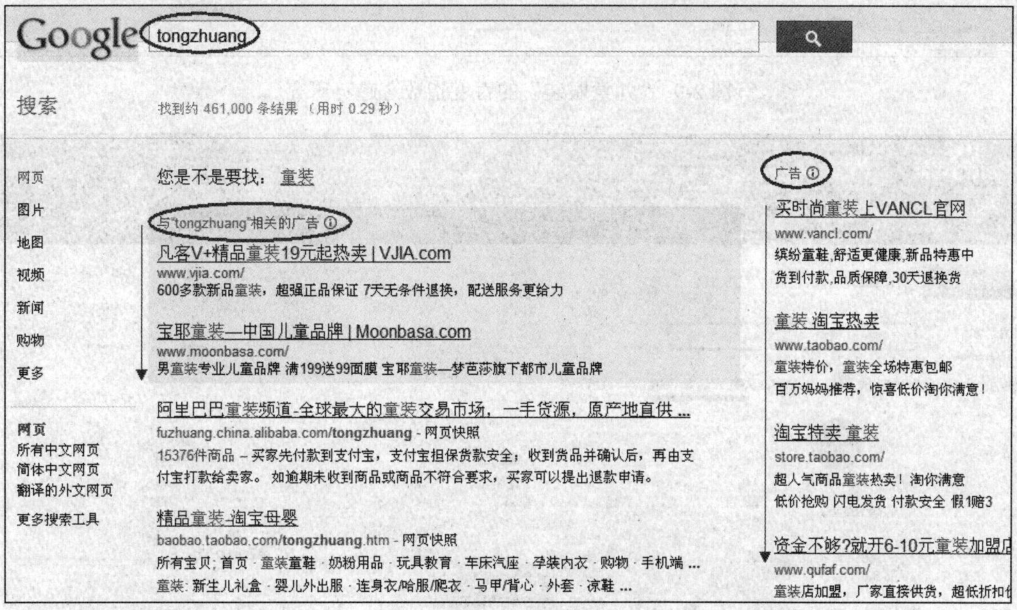

图 2-8　在 Google 上搜索“tongzhuang”的返回结果页面

2．百度指数

访问百度指数（index.baidu.com），搜索“儿童服装”的百度指数，2016 年 4 月 26 日的百度指数显示：“儿童服装”搜索指数整体同比下降 15%、环比上升 4%，除了“整体趋势”外，还可以了解“PC 趋势”和“移动趋势”，如图 2-9 所示；从百度指数的“需求图谱”上看（按颜色提示查看），最近一周“童装”、“韩版童装”搜索指数呈上升趋势，而“婴儿服装”、“儿童服装批发市场”等关键词搜索指数在下降，如图2-10所示；从“儿童服装”的搜索人群来看，排名前三的省份分别是江苏、河南、广东，如图2-11所示。显然，对于童装市场，用户的搜索热度是在增还是减，是更多地依赖PC端还是手机等移动端在搜索，主要的用户集中在哪里，通过搜索调研后会有一个大致的了解。

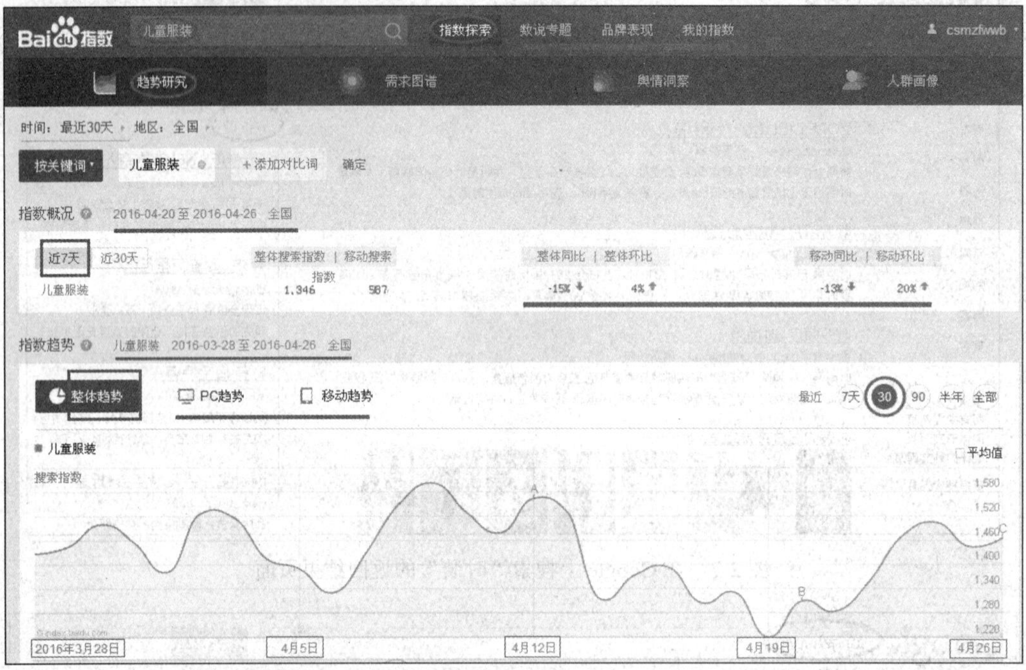

图2-9 “儿童服装”的百度指数之趋势研究

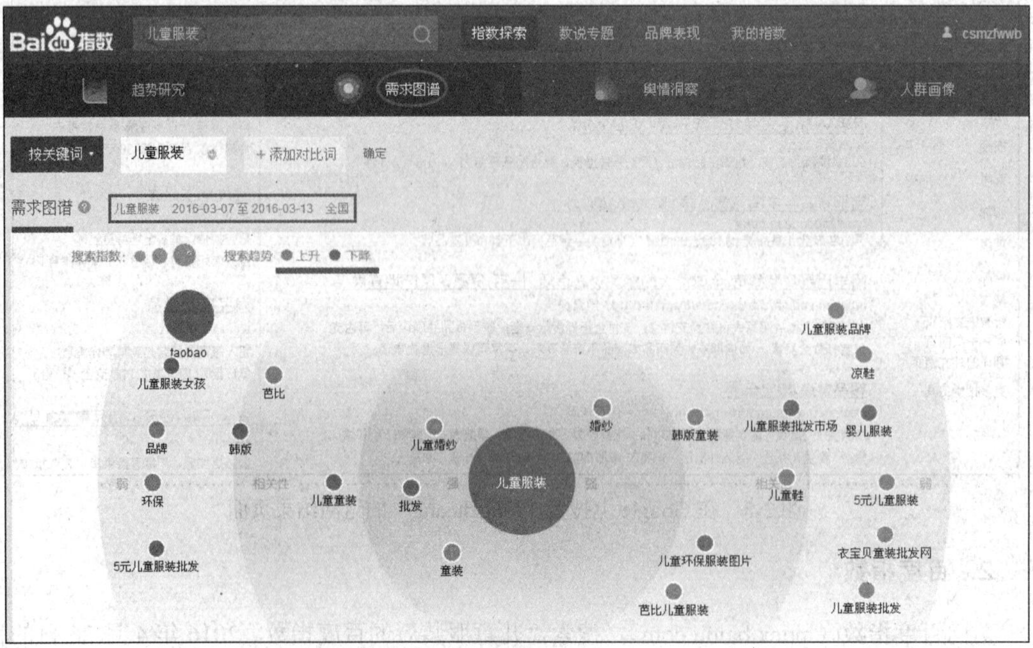

图2-10 “儿童服装”的百度指数之需求图谱

图 2-11　“儿童服装”的百度指数之人群画像

三、论坛、博客、社会化网站调研

去一些专业化论坛、博客和社会化网站，搜索相关关键词，可以了解真实的用户都在讨论什么，对产品有何评价，有什么问题需要解决，竞争对手的产品声誉如何。当然，企业的网络营销推广人员，也可以通过发帖、跟帖，参与论坛的交流，谈谈自己的想法，征求用户的意见，问大家对产品是否有兴趣，有什么改进的点子，有什么需要注意的地方。通过这些活动，企业可以获得宝贵的第一手资料。

图 2-12 是虎扑篮球论坛“装备版”的“交易区（新品）”界面。网友“小猪钓鱼”发了一个“纯正美国专卖货 球场型男 易建联示范”帖子，推荐一款男款运动服，被浏览了 20 644 次，回帖数达 11 527，由此可见专业论坛的影响力和巨大的商业推广价值。

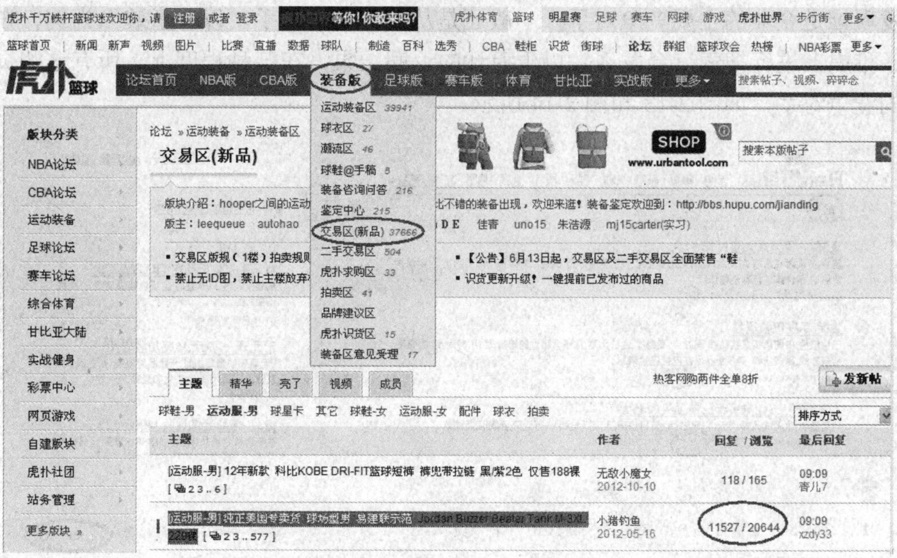

图 2-12　虎扑篮球论坛“装备版”的“交易区（新品）”界面

技能训练 2-1 ________产品目标用户及网络市场调研

请选择一个你在网络创业时最感兴趣的产品市场，如服装、茶叶、土特产等，通过电子商务平台、搜索引擎、论坛等途径对目标市场进行网络调研，将调研的过程及结论填入表 2-1。

表 2-1 产品网络市场调研

平台选择	调研网站	调研数据	备 注
电子商务平台			
搜索引擎			
论坛、博客及其他			
调研结论			

第二节 竞争对手分析

利用网络对竞争对手进行调查，可以采用间接或直接两种方式，发现并了解竞争对手。间接的方式，主要是通过搜索引擎、电子商务平台、行业网站的访问，搜索相关资讯，来发现主要的竞争对手。直接的方式，就是直接访问竞争对手网站，并对网站流量变化及运营情况进行分析。

一、发现竞争对手

要发现谁是企业的主要竞争对手，一般还是从搜索引擎入手。以“童装”为例，在百度、Google、雅虎上进行搜索，会发现数以千万计的返回结果，在某种程度上，所有这些页面，都是企业的竞争对手，如图 2-13 和图 2-14 所示。

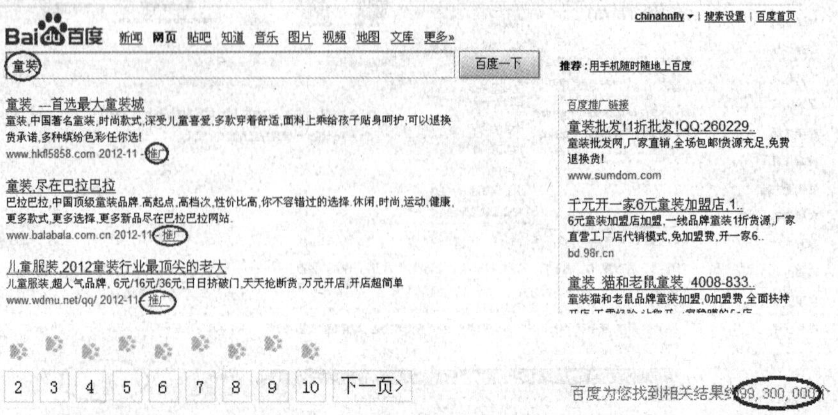

图 2-13 百度搜索“童装”的结果

图 2-14　Google 搜索“童装”的结果

一般来说，返回结果数目越大，市场竞争越激烈，进入这个市场的阻力越大。当然，这个数据只能作为参考，真正有实力的竞争对手，肯定比这个数目要少得多。因为这些返回页面中，可能几万、几十万条都属于同一个网站，只是同一个竞争对手。

在这些返回结果中，一般人们只关注前几页，特别是第一页，因为主要的竞争对手大都集中在这里。根据搜索结果，将产品关键词和排名靠前的主要竞争对手的公司名称一起搜索，可以了解这些竞争对手有哪些新闻报道，什么博客在谈论他们，最终用户有什么评论。

如果发现竞争对手有大量报道来自新闻网站和门户网站，则对方可能是一个强劲的对手。要与之抗衡，光靠网络营销也许还不够，还必须开展整体的宣传攻势。如果发现竞争对手有不少软文，则意味着对手有专业的网络营销人员在操盘。如果发现大量竞争对手的负面新闻，而对手没有采取反制措施，则意味着对方至少在网络营销方面还存在漏洞。

当然，有些竞争对手不一定是在网上搜索发现的。行业人士一般早就知道主要的竞争对手，特别是在传统行业里。

对一个网上服装小卖家而言，没必要将网上卖服装的所有商家，都当成自己直接的竞争对手。就像初级的创业者，没必要将李嘉诚当对手一样。只有体量和品级大体相当、目标用户人群高度重合、产品细分类目基本一致时，才算得上企业直接的竞争对手。

二、研究竞争对手

明确主要的竞争对手之后，就可以直接访问企业网站，搜集第一手材料。另外，还可以利用常见的工具或软件，分析竞争对手网站的主要指标，并据此做出判断。

1. 直接访问竞争对手网站

要开展电子商务，公司往往会建立自己的企业网站，或入驻第三方电子商务网站，以构建自己的网络平台，作为网上营销推广的大本营。所以，要直接访问的竞争对手的站点可能不止一个，而是好几个。如国内知名的化妆品类淘品牌“御泥坊”，不仅有自己独立的网上商城“汇美丽”，还在淘宝商城、拍拍商城、嗨淘、京东商城、当当、卓越、苏宁易购等众多电子商务平台上构建了自己的商城或店铺，如图 2-15 所示。

图 2-15　御泥坊的网络营销平台

直接访问竞争对手的网站，不仅可以了解其业务模式、经营特点，还可以站在网络营销的角度，了解其网站设计水平、界面友好性、功能易用性，通过观察其网络营销推广的操作痕迹，也能直观地看出对手的竞争实力。

2．调查竞争对手网站基本情况

将主要竞争对手的网站列出来，查询网站以下指标，以了解网站运营的一些基本情况。

（1）网站首页 Google PR 值。PR 值全称为 PageRank（网页级别），是用来表现网页等级的一个标准，级别分别是 0～10，是 Google 专有的算法，用于评测一个网页“重要性”的一种方法。

一般而言，网站首页 PR 值达到 2～3，说明网站实力一般；达到 4～5，说明网站重要性和权威性不错；如果达到 6～7，说明这是一个非常强劲的竞争对手了。如果中文网站发现 PR 值是 8，那么已经没有必要进入这个市场了。

登录站长之家网站的“站长工具”（pr.chinaz.com），查询到淘宝网的 PR 值为 7，如图 2-16 所示。

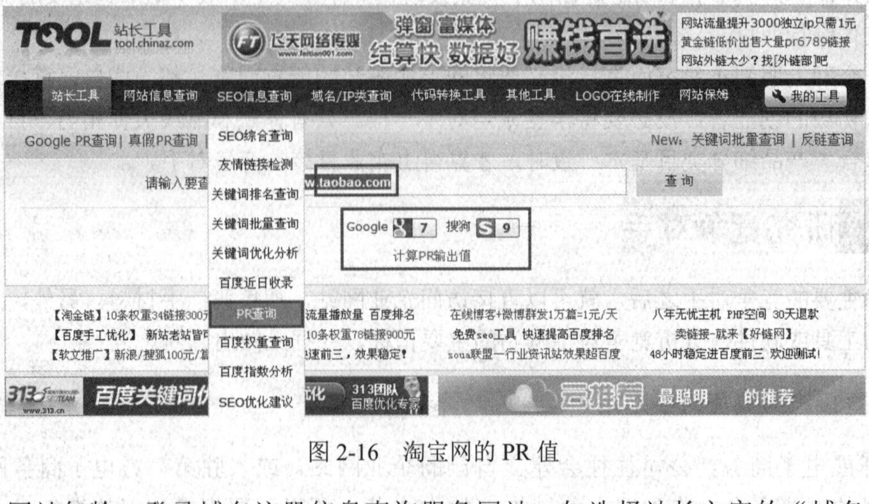

图 2-16　淘宝网的 PR 值

（2）网站年龄。登录域名注册信息查询服务网站，如选择站长之家的“域名/IP 类查询”下的“WHOIS 查询工具”（whois.chinaz.com），可以查询竞争对手网站的注册信息，查看域名注册日期及相关信息，了解对手网站的发展演变过程。

一般情况下，网站域名的年龄越大，积累的信任、流量、客户也越多，搜索引擎的排名、外部链接的数量等指标会越好，要超越它的难度也越大，企业需要付出更多、更大的努力才有可能胜出。

（3）网站 Alexa 排名。Alexa 排名是指网站的世界排名，主要分两种：综合排名和分类排名。目前，行业人士大多把它当作较权威的网站访问量评价指标。

竞争对手网站的流量是非常重要的信息，可以利用 Alexa 排名工具（www.alexa.com）进行大体估算。图 2-17 显示的是 2016 年 5 月淘宝网的 Alexa 排名信息：全球综合排名第 12，中文网站排名第 6，电商网站排名第 1，浙江省排名第 1。

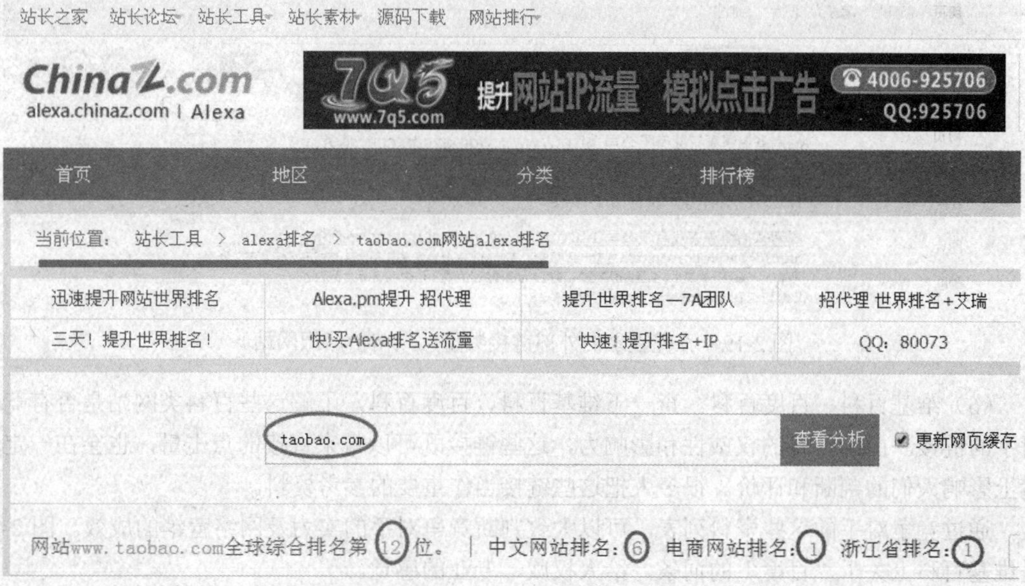

图 2-17　淘宝网的 Alexa 排名（2016 年 5 月）

（4）搜索引擎收录。在百度或 Google 上，可以使用 site 命令，查询域名所属网站在搜索引擎上所收录的网页数量。显然，网站越大，收录的网页数量越多，网站的实力和影响力也越强。以湖南怡清源网站为例，在百度搜索框中输入 site:yiqingyuan.com，发现被收录的网页有 2280 个，如图 2-18 所示。

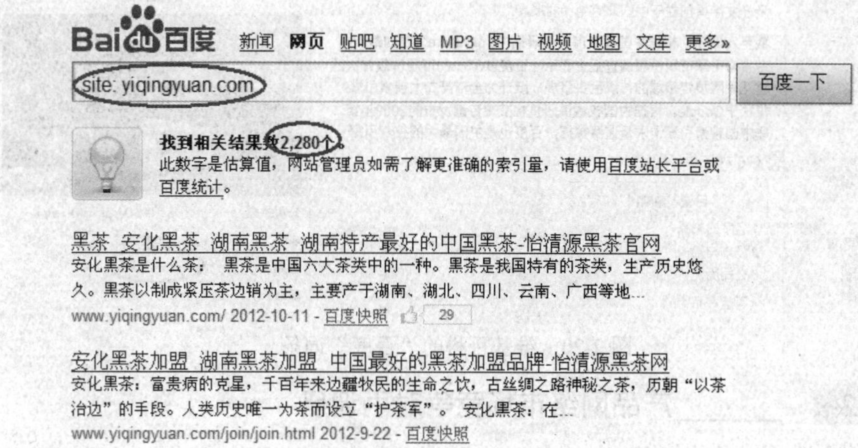

图 2-18　百度收录的外部链接数量（湖南怡清源网站）

（5）外部链接。外部链接一般是指其他网站链接到本网站的链接。如果与网站建立链接的外部网站知名度高、访问量大，则说明外部链接质量高、价值大，这是企业网络营销推广的重要目标。

在百度、雅虎或Google上，使用link命令，可以查出搜索引擎所收录的特定网站的外部链接数量。不过，这个数字往往不太准确，只能作为参考。

在雅虎搜索框中输入link:yiqingyuan.com，发现湖南怡清源网站的外部链接只有11个，如图2-19所示。

图2-19　雅虎收录的外部链接数量（湖南怡清源网站）

（6）维基百科、百度百科。查一下维基百科、百度百科，了解这些百科类网站是否有竞争对手的链接。由于百科的权威性和影响力，这些链接既可以带来直接的点击量，也会在一定程度上影响人们的判断和评价。很多人把这些链接当作重要的参考资料。

通过竞争对手的这些资料列表，可以大致判断竞争对手的实力及网络营销的成效。图2-20是维基百科上关于“百度”的词条，给人权威、专业的感觉。

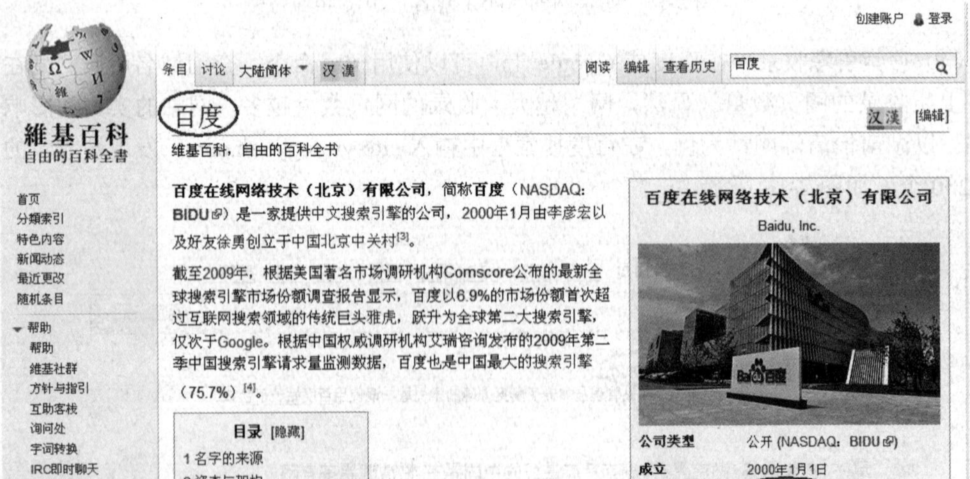

图2-20　维基百科的“百度”词条

技能训练2-2　产品网络市场竞争对手调研

（1）请选择一个你在网络创业时最感兴趣的产品市场，如服装、茶叶、土特产等，通过搜索引擎、电子商务平台等方式调研，以发现主要的竞争对手，并对竞争对手的网站运营情况进行调研。最后将调研的过程及结论填入表2-2。

表 2-2　________产品市场竞争对手的寻找与发现 1

序　号	调研网站	调查方式	调研结果
1			
2			
3			
4			
5			
调研结论			

（2）在上述调研的基础上，选择两家主要的竞争对手，对其主要网站的运营情况进行调研，并将结果填入表 2-3。

表 2-3　________产品市场竞争对手的寻找与发现 2

调研内容	竞争对手 1：________	竞争对手 2：________	备　注
企业网址			
网站 PR 值			
网站年龄			
Alexa 排名			
其他			
调研结论			

阅读材料 2-1　2016 年世界网站 Alexa 排名前 10 位

Alexa（www.alexa.com）是一家专门发布网站世界排名的网站。Alexa 每天在网上搜集超过 1 000GB 的信息，不仅给出多达几十亿个网址链接，而且为其中的每一个网站进行了排名。可以说，Alexa 是当前拥有 URL 数量最庞大、排名信息发布最详尽的网站。截至 2016 年 5 月，世界网站 Alexa 排名前 10 位如下。

1. Google.com

网站简介：Google 目前被公认为全球最大的搜索引擎，也是互联网上五大最受欢迎的网站之一，在全球范围内拥有无数的用户。Google 允许以多种语言进行搜索，在操作界面中提供多达 30 余种语言。Google 创建于 1998 年 9 月，创始人为 Larry Page 和 Sergey Brin，他们开发的搜索引擎屡获殊荣，是一个用来在互联网上搜索信息的简单快捷的工具。Google 取自数学术语 googol，意思是一个 1 后面有 100 个 0。

2. Youtube.com

网站简介：YouTube 是全球著名的视频网站，可供网民上传、观看及分享短片，已成为同类型网站的翘楚，并造就多位网上名人和激发网上创作，已经成为了世界上访问量最大的视频播客类网站。

3. Facebook.com

网站简介：Facebook 是美国的一个社交网络服务网站，于 2004 年 2 月 4 日上线，主要创始人为美国人马克 · 扎克伯格。Facebook 是世界排名领先的照片分享站点。

4. Baidu.com

网站简介：百度是全球最大的中文搜索引擎、最大的中文网站。2000年1月创立于北京中关村。

5. Yahoo.com

网站简介：雅虎（Yahoo!）是美国著名的互联网门户网站，也是20世纪末互联网奇迹的创造者之一。其服务包括搜索引擎、电邮、新闻等，业务遍及24个国家和地区，为全球超过5亿位独立用户提供多元化的网络服务。

6. Amazon.comamazon.com

网站简介：亚马逊是美国最大的一家网络电子商务公司，位于华盛顿州的西雅图，是网络上最早开始经营电子商务的公司之一。亚马逊成立于1995年，一开始只经营网络书籍销售业务，现在则扩及了范围相当广的其他产品，包括DVD、音乐光碟、电脑、软件、电视游戏、电子产品、衣服、家具等。

7. Wikipedia.org

网站简介：维基百科是一个基于维基技术的全球性多语言百科全书协作计划，同时也是一部网络百科全书，其目标及宗旨是为全人类提供自由的百科全书——用他们所选择的语言来书写而成的，是一个动态的、可自由访问（绝大多数国家，使用安全链接也可以）和编辑的全球知识体，在许多国家相当普及。

8. QQ.com

网站简介：腾讯网是中国浏览量最大的中文门户网站，是腾讯公司推出的集新闻信息、互动社区、娱乐产品和基础服务为一体的大型综合门户网站。腾讯网服务于全球华人用户，致力于成为最具传播力和互动性，权威、主流、时尚的互联网媒体平台。

9. Google.co.in

网站简介：这是著名搜索引擎Google在印度设立的分站，提供印度本地搜索，同时组建印度实验室以开发面向本地市场的产品或者服务，印度由此成为Google在全球第七个设立产品实验室的国家。

10. Twitter.com

网站简介：推特微社交是国外的一个社交网络及微博客服务的网站。它利用无线网络、有线网络、通信技术等进行即时通信，是微博客的典型应用。

（资料来源：站长之家，alexa.chinaz.com/Global，2016-5）

第三节　目标用户消费模式分析

了解了网上目标市场的基本情况，找到竞争对手并熟悉其优缺点之后，还必须研究网民的消费模式。

在以“云、端、网”为基础设施的DT（Data Technology，数据科技）大数据时代，消费者的主导地位日益凸显。由于企业供给与市场实际需求间的交集越来越小，消费者开始处于商业活动的中心（见图2-21）。不懂今天的网络消费者，不可能有成功的网络新营销。

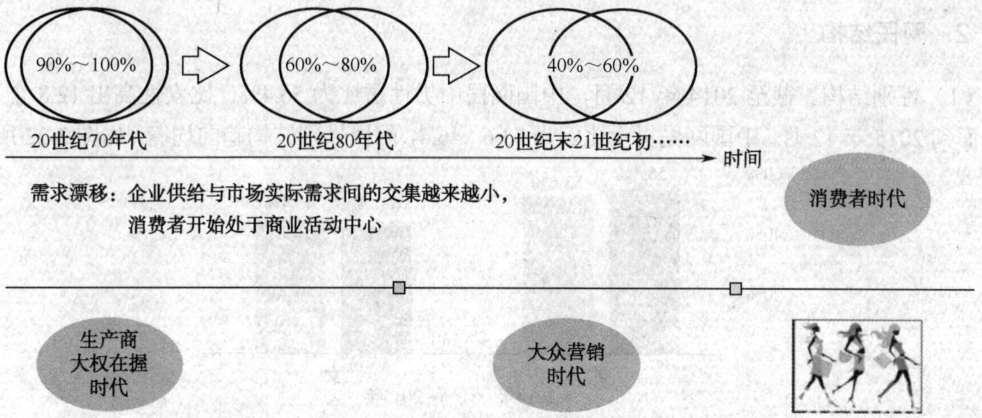

图 2-21　消费者中心时代来临

（资料来源：阿里数据经济研究中心，www.aliresearch.com，2016-4）

网络消费模式，是指网络消费群体所具有的购物方法和购物形式。如某一特定结构的网民群体，由于具有共同的消费心理和行为特点，会表现出相对一致的网络购物行为方式及操作路径。显然，对网民消费模式的研究，是制定行之有效的网络推广策略的重要前提和基础。在互联网时代，网民的消费模式更为丰富多彩。

只有掌握了网络用户的特点和规律，才能为企业在产品策划、网站购物渠道优化、网络营销推广手段选择方面提供必要的决策支持。消费模式分析的主要内容有以下方面。

- 什么样的人在网上买东西？
- 这些人为什么在网上买？
- 他们会买什么产品？买多少钱的产品？购买频率如何？
- 他们通过哪些方式找到购物网站？
- 他们在网上的浏览和购买行为有什么特点？

网民消费模式的分析，可以分别从宏观与微观两方面入手：一是分析网民整体的网上消费模式；二是分析特定产品，即企业要销售的产品的目标网上用户的消费心理及特点。

一、网民特征分析

中国互联网络信息中心（CNNIC）每隔半年发布一次中国互联网络发展状况统计报告，对我国网民的基本情况提供了一系列比较准确的数据。下面以 2016 年 1 月发布的第 37 次 CNNIC 报告为例，介绍我国网民的一些基本特征。

1. 网民规模

截至 2015 年 12 月，中国网民数量达到 6.88 亿，互联网普及率过半，其中手机网民超过 90%，且仅通过手机上网的网民数量达到 1.27 亿，占整体网民规模的 18.5%。随着网络环境的日益完善和移动互联网技术的快速发展，各类移动互联网应用的需求逐渐被激发。从基础的娱乐沟通、信息查询，到商务交易、网络金融，再到教育、医疗、交通等公共服务，移动互联网塑造了全新的社会生活形态，潜移默化地改变着移动网民的日常生活。未来，移动互联网应用将更加贴近生活，从而带动三四线城市、农村地区人口的使用，进一步提升我国互联网普及率。

2. 网民结构

（1）性别结构。截至2014年12月，中国网民中男性占比为56.4%，比女性高出12.8个百分点，而到2015年12月，中国网民男女比例为53.6∶46.4，网民性别结构趋向均衡，如图2-22所示。

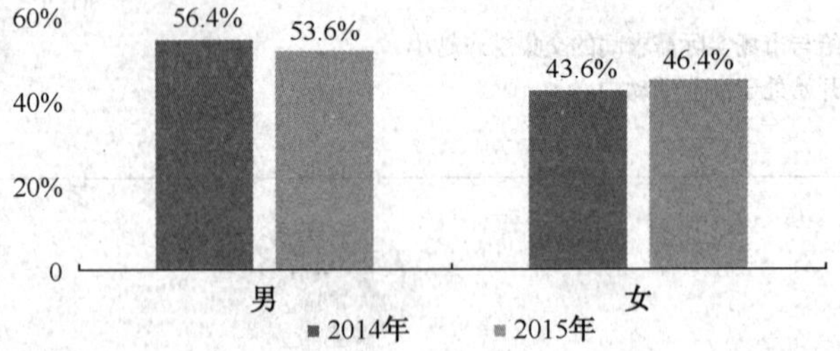

图2-22 2014—2015年网民性别结构

（资料来源：中国互联网络信息中心，www.cnnic.net.cn，2015-12）

（2）年龄结构。截至2015年12月，我国网民以10～39岁群体为主，占整体的75.1%：其中20～29岁年龄段的网民占比最高，达29.9%，10～19岁、30～39岁群体占比分别为21.4%、23.8%。与2014年相比，10岁以下低龄群体和40岁以上中高龄群体的占比均有所提升，互联网继续向这两部分人群渗透，如图2-23所示。

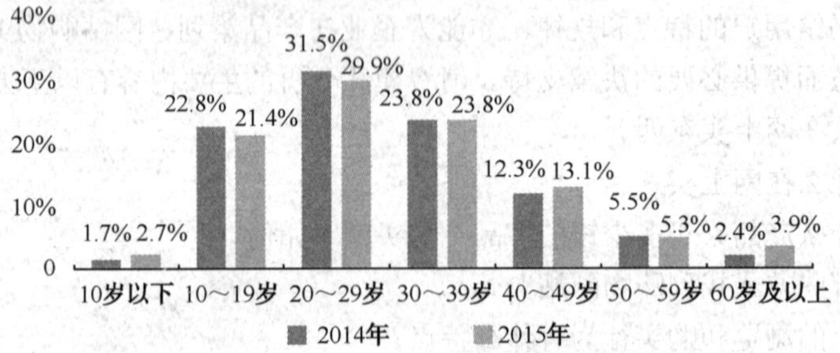

图2-23 2014—2015年中国网民年龄结构

（资料来源：中国互联网络信息中心，www.cnnic.net.cn，2015-12）

（3）学历结构。截至2015年12月，网民中具备中等教育程度的群体规模最大，初中、高中/中专/技校学历的网民占比分别为37.4%、29.2%。与2011年相比，四年之后的2015年，小学及以下学历人群占比由8.5%上升至13.7%，提升了5.2个百分点，中国网民继续向低学历人群扩散，如图2-24所示。

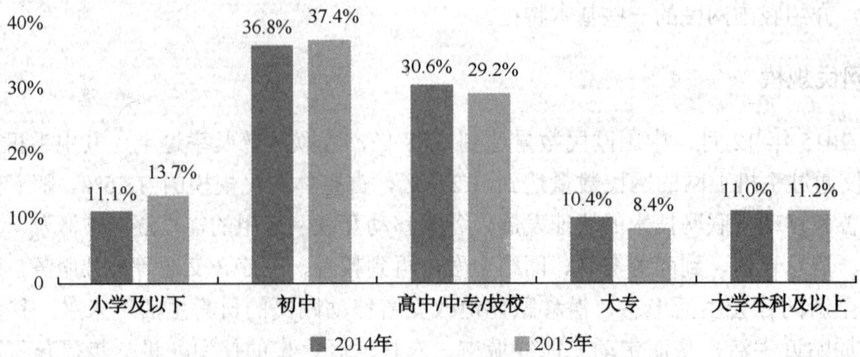

图2-24 2014—2015年中国网民学历结构

（资料来源：中国互联网络信息中心，www.cnnic.net.cn，2015-12）

（4）职业结构。截至 2015 年 12 月，网民中学生群体的占比最高，为 25.2%，其次为自由职业者，比例为 22.1%，企业/公司管理人员和一般职员占比合计达到 15.2%，这三类人群的占比相对稳定，如图 2-25 所示。

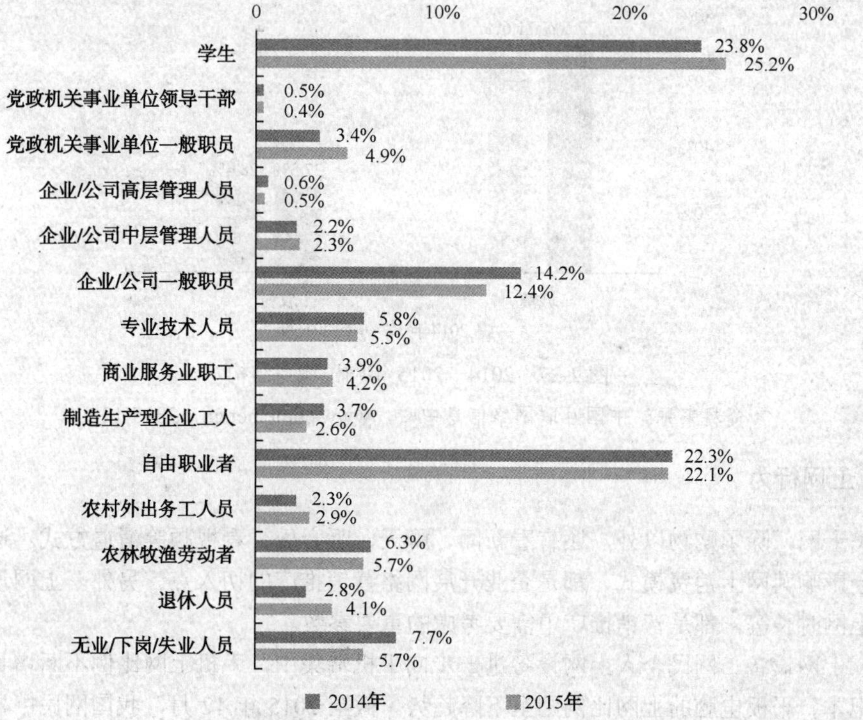

图 2-25　2014—2015 年网民职业结构

（资料来源：中国互联网络信息中心，www.cnnic.net.cn，2015-12）

（5）收入结构。截至 2015 年 12 月，网民中月收入在 2 001～3 000 元、3 001～5 000 元的群体占比较高，分别为 18.4%和 23.4%。随着社会经济的发展，网民的收入水平也逐步增长，2015 年收入在 3 000 元以上的网民人群占比接近 40%，如图 2-26 所示。

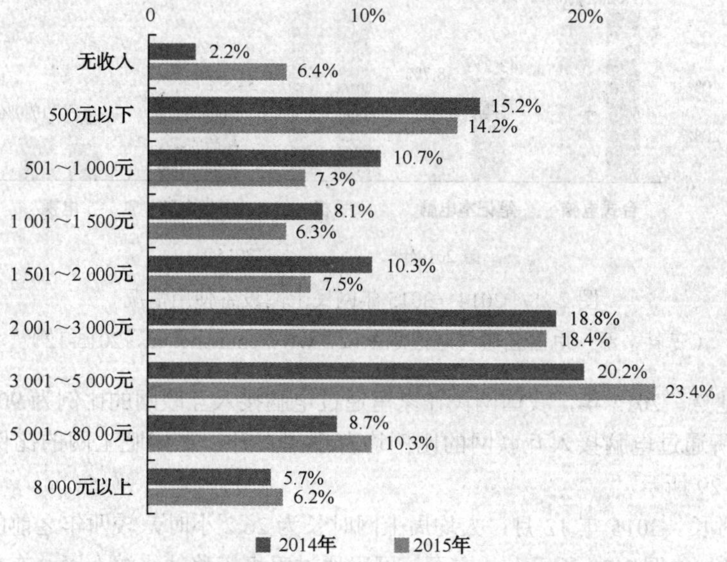

图 2-26　2014—2015 年网民收入结构

（资料来源：中国互联网络信息中心，www.cnnic.net.cn，2015-12）

（6）城乡结构。截至2015年12月，我国网民中农村网民占比28.4%，规模达1.95亿人。农村网民在整体网民中的占比增加，反映出近年农村互联网普及工作的成效，如图2-27所示。

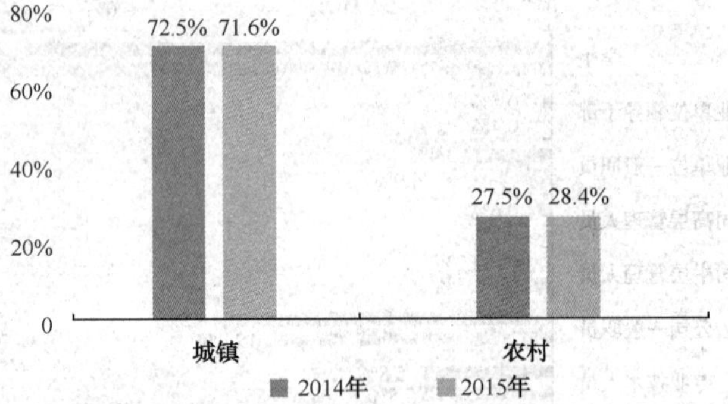

图2-27　2014—2015年网民城乡结构

（资料来源：中国互联网络信息中心，www.cnnic.net.cn，2015-12）

3．上网行为

网民上网，除了购物以外，还有看新闻、聊天、听音乐、看视频等消遣方式。这些行为习惯，都会影响其网上消费模式，都是企业开展网络营销推广的切入点。另外，上网设备、上网地点、上网时长等，都是营销推广中需要考虑的重要参数。

（1）上网设备。网民个人上网设备进一步向手机端集中，手机上网比例不断增长，台式电脑、笔记本、平板电脑的上网比例则呈下降趋势。截至2015年12月，我国网民中，使用手机上网的比例为90.1%，其中仅通过手机上网的网民占18.5%；使用台式电脑、笔记本电脑、平板电脑上网的比例分别为67.6%、38.7%、31.5%，较2014年12月均下降了；电视作为家庭娱乐上网设备，网民使用率为17.9%，较2014年12月增长了，如图2-28所示。

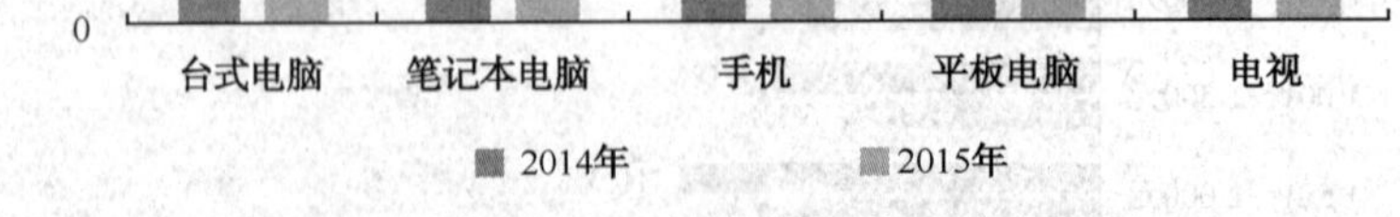

图2-28　2014—2015年网民上网设备使用情况

（资料来源：中国互联网络信息中心，www.cnnic.net.cn，2015-12）

（2）上网地点。2015年，我国网民在家里通过电脑接入互联网的比例为90.3%，在单位、学校、公共场所通过电脑接入互联网的比例均有小幅上升，在网吧上网的比例略有下降，为17.5%，如图2-29所示。

（3）上网时长。2015年12月，人均周上网时长为26.2小时，较四年之前的2011年12月增加了7.5小时，如图2-30所示。一方面，网民通过手机等移动终端上网，有效利用了碎片时间，大大提升了网民的上网时长；另一方面，网民对传统互联网的应用深度不断提升，明显增加了使用时长，如网络视频等。

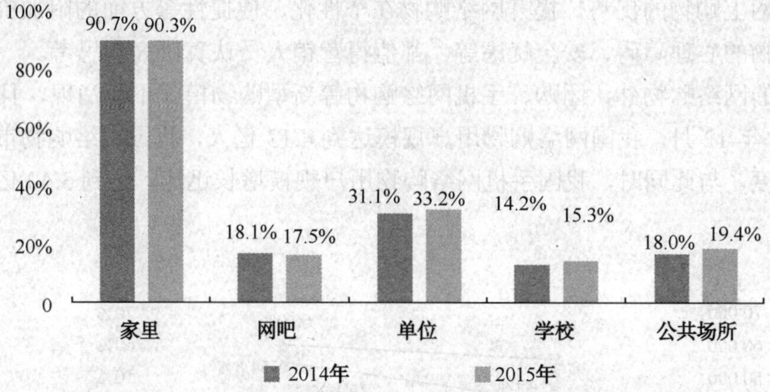

图 2-29　2014—2015 年网民使用电脑接入互联网的场所

（资料来源：中国互联网络信息中心，www.cnnic.net.cn，2015-12）

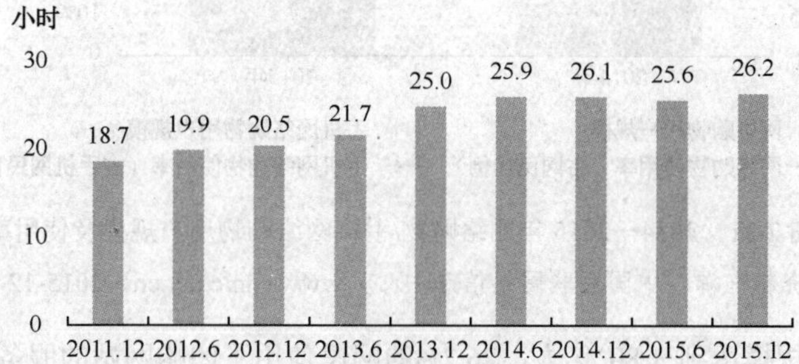

图 2-30　2011—2015 年网民平均每周上网时长

（资料来源：中国互联网络信息中心，www.cnnic.net.cn，2015-12）

4. 购物方式

有些人坚持传统购物，但越来越多的人在网上消费，原因何在？他们为何选择网上购物，网上购物具有怎样的操作路径？这是网络营销人员必须弄清楚的基本问题。调查显示，网民选择网上购物与否，影响的因素有多个方面，如表 2-4 所示。

表 2-4　网民网上购物与否的影响因素

分　析	具体原因
网民网购原因分析	• 78%是因为方便 • 66.4%是因为没有销售员的压力 • 64.2%是因为节省时间 • 60.7%是因为信息丰富 • 30.8%是因为能查看产品评论和推荐
网民不网购原因分析	• 79%是因为安全问题 • 77%是怕个人隐私被泄露 • 48%是因为对网站缺乏信任 • 65%是因为看不到，也摸不到产品 • 55%是因为运费 • 21%是因为购买过程太复杂

这些选择网上购物与否的原因，正是营销人员改善业务流程、提高推广效率的切入点。如何进一步彰显网上购物的优势，提升网络购物在个性化、便捷性等方面的附加价值；如何更好地消除网络购物的心理障碍、安全忧虑等，都值得营销人员认真研究和思考。

除了传统的网络购物外，团购、手机网络购物等新型购物模式不断涌现，且发展迅速。

截至2015年12月，我国网络购物用户规模达到4.13亿人，我国网络购物市场依然保持着稳健的增长速度。与此同时，我国手机网络购物用户规模增长迅速，达到3.40亿人，如图2-31所示。

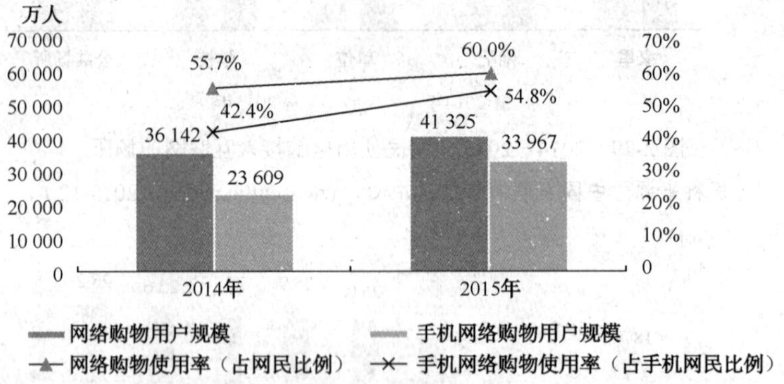

图2-31　2014—2015年网络购物/手机网络购物用户规模及使用率

（资料来源：中国互联网络信息中心，www.cnnic.net.cn，2015-12）

我国团购用户规模达到1.80亿人，26.2%的网民使用了团购网站的服务。相比整体团购市场，手机团购继续保持快速增长，用户规模达到1.58亿人。

5．网民购物路径

网上用户大多是在寻找信息，而不是搜索产品。调查显示，搜索引擎中的关键词，80%是信息类，10%是导航类，只有10%是购物类。在制定网络营销推广策略时，如何满足这80%寻找信息的需求，在回应他们信息需求的同时，还能吸引他们注意到你的产品？怎样让他们今天购买了你的产品，明天还会记得你的网站？这都是网络营销策划和创意的出发点。

研究网民的购物路径，就是要探明网民在网络上购物的行为规律：购买缘起、操作路径、重复购买原因等。一般来说，我国网民的购买行为，会有一个鲜明的操作路径。

① 利用搜索引擎，分析产品的可靠性，搜索产品、商标、品牌、生产商信息。

② 利用博客、论坛，了解产品的口碑，做出基本判断。

③ 访问著名的电子商务平台（淘宝、京东、阿里巴巴）或企业官网，了解可供选择的产品或服务。

④ 购买决策。

“了解→分析→判断→决策”这一购买决策操作路径的每个环节都值得网络营销人员给予高度关注和进行深入研究。图2-32显示了一个搜索用户典型的网络购物路径。

当然，对今天的网络消费者，用来了解商务信息的终端、媒体和渠道已经日益丰富，并且多姿多彩。具体到某类产品的网络消费者，其网络购物路径的分析要考察更多的细节和关键节点。如一位想购置汽车的网民，可能通过手机、平板电脑等终端，通过各类媒体了解汽车相关资讯，对收集的信息进行综合后，初步确定有意向的品牌，再去企业的官网进行深度体验，基于信任的建立做出购买决策，最后到实体店进行现场的体验及购买，如图 2-33 所示。

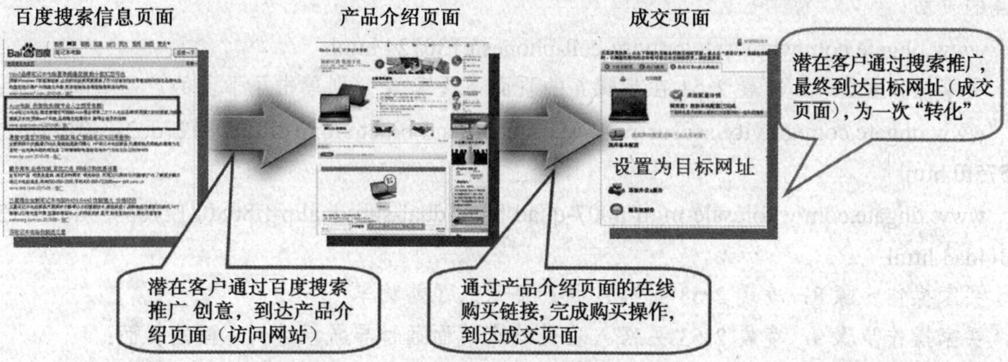

图 2-32　搜索用户典型的网络购物路径

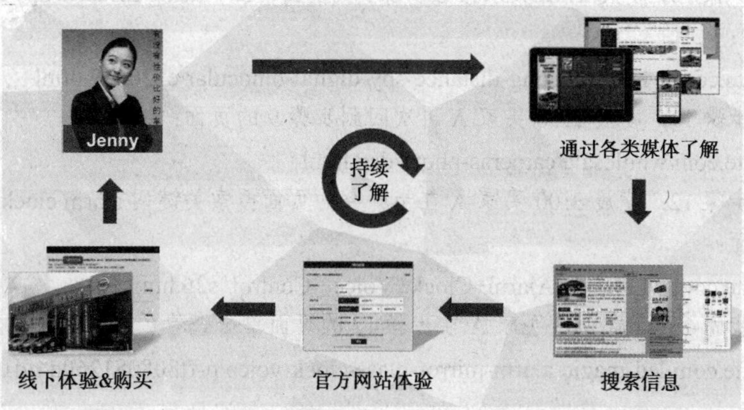

图 2-33　购买汽车网民的网络购物路径

阅读材料 2-2　订单是这样形成的！——买家购买产品路径真实展现

买家 2010 年 4 月 25 日凌晨 2:40 进入敦煌网（www.dhgate.com）

买家操作步骤 1：凌晨 2:41 买家 A 在首页目录处单击 Cell Phones 进入下面的页面：

www.dhgate.com/ wholesale+cell+phones.html

买家操作步骤 2：凌晨 2:42 买家 A 在步骤 1 的页面单击一个卖家的 ID 进入店铺：

www. dhgate.com/wholesale/store/ff8080811fbcafc9011fcb7db9132deb_all_0.html? catalogid=13&catalogname=Cell%20Phones&sortinfo=operatedate&sorttype=down&sort=operatedate,down#DCP-R3

买家操作步骤 3：凌晨 2:42 买家 A 在步骤 2 的页面单击查看了下面的产品：

www.dhgate.com/gravity-sensor-mini-mt710-h710-dual-sim-quad/p-ff80808127dc433f0127fa919f292377.html

买家操作步骤 4：凌晨 2:45 买家 A 在步骤 3 的页面单击了该产品所在的目录，到达：

www. dhgate.com/wholesale/gravity-cell-phones/c130724.html

买家操作步骤 5：凌晨 2:45 买家 A 在步骤 4 的页面单击了该页面的 Rock-bottom Specials 按钮对产品进行筛选，到达下面的页面：

www.dhgate.com/wholesale/dirlist.do? catalog=130724&hkpost=1&_flush=1100546755

买家操作步骤6：凌晨2:48买家A取消了Rock-bottom Specials条件的筛选，又回到了步骤4的页面：

www.dhgate.com/wholesale/gravity-cell-phones/c130724.html

买家操作步骤7：凌晨2:51在步骤6的页面下买家A分别单击了下面的产品查看：

www.dhgate.com/gravity-sensor-i999-wifi-quad-band-bluetooth/p-ff80808127dc2aea0127fb232d6575f0.html

www.dhgate.com/wholesale-mini-n007-quad-band-dual-sim-dual/p-ff80808127033e9d0127137c893f4da3.html

买家操作步骤8：凌晨2:53买家A将产品放入了购物车

买家操作步骤9：凌晨2:53买家A在购物车页面通过导航栏进入下面的页面：

www.dhgate.com/wholesale/cameras-photo/dcp.html

买家操作步骤10：凌晨2:55买家A在步骤9的页面单击了Long Distance Spy Digital Binocular到达下面的页面：

www.dhgate.com/wholesale/long-distance-spy-digital-binocular/c120619.html

买家操作步骤11：凌晨2:58买家A再次回到步骤9的页面：

www.dhgate.com/wholesale/cameras-photo/dcp.html

买家操作步骤12：凌晨3:00买家A在步骤9的页面搜索关键词alarm clock voice control，到达下面的页面：

www.dhgate.com/wholesale/Alarm+Clock+Voice+ Control/ s26.html

买家操作步骤13：凌晨3:03买家A在步骤12的页面单击查看了该页面排在第一位的产品：

www.dhgate.com/led-magic-alarm-mirror-glass-clock-voice/p-ff808081260d4fd101261c8849293686.html

买家操作步骤14：凌晨3:06买家A在步骤12的页面单击查看了该页面排在最后一位的产品：

www.dhgate.com/led-magic-alarm-mirror-glass-clock-voice/p-ff80808127dc433f0127dd0529cc1e54.html

买家操作步骤15：凌晨3:06买家A将步骤14的产品放入购物车

买家操作步骤16：凌晨3:22买家A完成付款，最终购买了步骤14的产品

以上是一个买家从进入敦煌网，到搜索产品、浏览产品、放入购物车到最后下单付款的全过程。

将此路径开放出来有两个目的：

一是作为敦煌网卖家的你，对此路径是否感兴趣？在看过此买家的购买路径后你觉得是否对你有帮助？

二是你希望敦煌网以什么样的形式向卖家开放此类信息，以及在此信息的基础上你还希望看到哪些东西？

（资料来源：bbs.dhgate.com/thread-13972-1-1.html，2010-4）

二、目标用户快照

网民整体的行为特征研究，是从宏观角度对网民群体的扫描，有助于对网民的整体性、规律性、方向性问题的把握。从微观视角出发，对企业产品的网络用户研究，要形成网络用户的典型

特征描述，作为企业制订网络营销推广方案的基本依据，包括年龄、收入、教育水平、办公地点、工作性质、地理位置、家庭人口、消费类型（时尚型、理智型、冲动型、透支型）、个性特点、心理偏好等，可以称之为“目标用户快照”。

在引导案例“网店服装卖给谁”中，我们不难发现，小杨老师正是通过自己缜密的前期调研，准确地描绘出了目标用户特征。

不难发现，这一目标用户快照，明显具有以下特点。

- 性别：女。
- 年龄：30～45 岁。
- 月收入：3 000～5 000 元。
- 学历：大专以上。
- 地理位置：一、二线城市。
- 消费类型：理性消费为主，兼具时尚消费特点。
- 家庭：三口之家。

这是一个典型的中、青年白领群体，有比较好的经济基础，但并不是大老板。他们有自己特有的思维模式和购物模式，要说服他们产生购买欲望，所采取的策略和方式会与刚大学毕业的年轻人完全不同。

互联网时代，用户行为碎片化，企业忠诚客户培育面临新挑战，因此对消费者上网行为习惯及模式的洞察异常重要。图 2-34 是某企业网站目标用户上网行为快照，这些关键细节的描述，将为企业精准营销提供清晰视角。

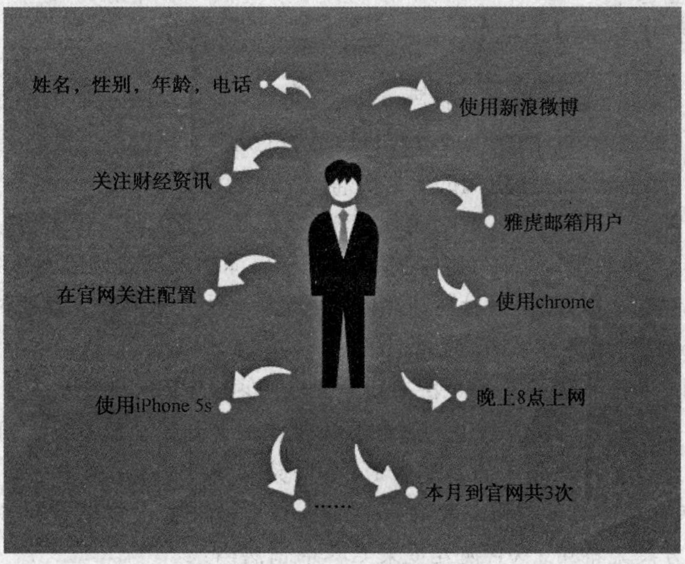

图 2-34　某企业网站目标用户上网行为快照

目标用户特征描述及目标用户快照的建立过程，也就是网上目标用户精准定位的过程。每个网站的产品服务不同，用户特征千差万别，不可能依靠市场调研机构给出现成答案。网络营销人员只能通过网上市场调研，形成自己的调研结论。

技能训练 2-3 ________产品网络用户消费模式分析

请选择一个你在网络创业时最感兴趣的产品市场，如服装、茶叶、土特产等，通过网络调研对网络用户的消费模式进行分析和判断，将相关结论填入表 2-5。

表 2-5 ________产品网络用户消费模式

调研内容	消费模式特征描述	消费模式结论依据	备　注
目标用户网络购物路径			
目标用户特征			
目标用户快照			
调研结论			

第四节 目标市场选择

网络创业者，大多是个人或中小型企业。如果与大公司、大网站正面竞争或冲突，自然胜算不多。无论你觉得自己的点子多么高明、产品多么优秀、渠道如何特殊，一般情况下，只要你不是大公司或特殊人物，都不要与大公司正面竞争。网络创业，对大多数中小卖家来说，通常从利基市场开始。

一、避免与大公司竞争

无论是线上还是线下，在资金、品牌、渠道等方面，大公司所具有的绝对优势，都足以压垮任何一个新出现的竞争者。网络创业者对目标市场的选择，不能不慎重。一度风靡湖南的 VP 网经营失败案例，至今仍是湖南电商的一大伤痛。

创建于 2008 年 5 月的 VP 网，定位为网上沃尔玛，致力于打造一家综合性、一站式母婴购物网站。从经营母婴产品开始，VP 网即同步构建了长沙市内及周边地区的物流配送体系，并开始了声势浩大的宣传推广活动。当时，母婴行业的龙头老大“红孩子”在业内已经深耕数年，风头正劲。他们的投资方实力雄厚，已有数以亿计的资金投入。

2009 年 4 月，VP 网新版上线。在不到一年时间内，VP 网迅速扩充了自己的产品线，增加了儿童、女士、男士、家居频道，业务面从长沙扩大到了全国各地。同时，企业的运作也得到了政府的大力支持及领导的高度肯定，各种荣誉接踵而至，似乎一切顺风顺水。然而，到了 2010 年年底，数百万元启动资金告罄，企业资金链断裂，市场赢利遥遥无期，后续经营难以为继。在万般无奈中，VP 网在岁末寒冬中悄然谢幕。

VP 网的案例告诉我们：网络创业，不只是激情与梦想，还必须面对现实与挑战。从渠道、资金、品牌出发，理性评估竞争对手的优势和特色，才能避其锋芒，另辟蹊径。

1. 渠道

大公司历史悠久，进货及销售渠道稳固，凭其垄断地位，往往可以获得更多优惠折扣。相反，市场上新的进入者，尤其是小型竞争者，在各种资源的竞争中处于劣势，这是不言而喻的事情。

2．资金

大企业有强硬的后台支持，资金充裕，预算庞大，甚至可以忍受长达数年的亏本经营。仅此一项，小型创业者也难以与之抗衡。

3．品牌

在同等条件下，大企业品牌是促使用户选择的理由之一。现在的产品市场高度同质化；即使产品之间有些细微的差别，普通消费者也难以识别。知名的大品牌，往往意味着安全、意味着可信、意味着优质，这是人们普遍存在的消费心理。

二、选择合适的利基市场

寻找和选择利基市场，不仅为了生存，同时还为网络营销提供依据。

1．领域越聚焦，营销越精准

只有寻找到合适的利基市场，企业才能清楚地知道，营销的目标和对象是谁，他们在哪里；营销人员才明白，时间精力该如何分配，有限的广告预算该花在什么地方；分析评估之后，才能有的放矢、不打乱仗。

以服装企业为例，如果打算将产品卖给所有要穿衣服的人，那只能到新浪、搜狐，甚至中央电视台做广告，要有巨额的预算才行。但是，如果选择利基市场，比如专做婴儿内衣、儿童衬衣，那最好选择母婴类网站或频道投放广告，或者参与到年轻妈妈聚集的论坛，投入有限，且效果可控。

除了数字产品外，服装也许是最适合网络销售的产品之一。以衬衣为例，本来已经是一个相对较小的细分市场，还可以将它进一步细化，比如以下分类。

- 专做小男孩衬衣、女士衬衣、中性衬衣。
- 专做高档衬衣，别人 68 元，你就卖 680 元，甚至 1 680 元的顶级体验。
- 专卖特殊尺寸衬衣，加肥或袖子加长。
- 专卖丝绸衬衣。
- 专卖黑色衬衣。
- 专卖具有东南亚风格的花衬衣。
- 专卖军用衬衣。
- 专卖防辐射衬衣。
- 专卖情侣衬衣，一大一小，完全一样，配上情侣标志等。

以上这些利基市场，并非只是虚拟的创意，而都已经在网上真真实实地存在了。

一旦明确了利基市场，就可以有针对性地调整网站内容设计。不同目标人群，有不同的购物习惯和审美偏好，在网站上就应当采用不同的文字、标题、图片、颜色。目前的问题是，企业的网络推广实践，往往因为目标宽泛、漫无边际，使产品介绍及文字描述空洞无物、了无特色。

2．选择可定位可营销的利基市场

找到一个利基市场以后，企业还不能马上进入，还要考虑这是不是一个可以定位、可以营销的目标市场。也就是说，可不可以有效地传递营销信息给目标群体。即目标市场在不在网上，目标市场是否可以被集中定位。

（1）目标市场是否在网上。如果定位做老年人交友婚介服务，目标群体很明确：单身老年人。但目前60岁以上的老人，上网比例很小。因此，无法通过网络进行推广，自然也不宜作为网络营销项目。

（2）目标市场是否可以被集中定位。目标人群即使上网，但如果过于分散，没有在网上聚集扎堆，如论坛、博客、贴吧等，也难以找到有效传达信息的通道和方式。油、盐、酱、醋等日常用品，大家每天都用，但很少有人去研究和讨论。这些产品的购买，大多由习惯决定，除非特殊原因，否则会一直使用下去。对这类产品做网络营销非常困难。除非是大公司，才有可能借助全方位的广告轰炸，改变消费者的思维定势和行为习惯。

技能训练 2-4　________产品网络目标市场的选择

请选择一个你在网络创业时最感兴趣的产品市场，如服装、茶叶、土特产等，通过对目标市场、竞争对手、用户消费模式的调研分析后，选择你打算介入的利基市场，并说明选择的理由。将调查和分析的相关结论填入表2-6。

表2-6　________产品网络目标市场的选择

调研内容	分析结论	理由或依据	备　注
选择的利基市场			
目标用户是否在网上			
目标用户是否可以被集中定位			
其他			
调研结论			

阅读材料 2-3　凤凰新媒体CEO刘爽谈凤凰之道

凤凰网财经资讯2009年中国互联网大会11月2日至3日在北京国际会议中心举行，凤凰网财经全程进行视频图文报道，以下为凤凰新媒体CEO刘爽的演讲摘录。

黄澄清：我们有请凤凰新媒体CEO刘爽为我们演讲，他演讲的题目是《坚守媒体追求，传播稀缺内容，打造专注主流人群的综合门户》，有请刘爽先生。

刘爽：尊敬的各位领导、各位来宾，很荣幸参加我们这个盛会和大家一起分享凤凰网多年来精心探索的思考。

凤凰之道是什么呢？我们简而言之，就是这么几个字：第一是锁定主流人群；第二是传播稀缺信息；第三是专注组合传播；第四是坚守媒体气质。我想一一跟大家分享一下。

我们说锁定主流人群，这个理念是相对于各个门户网站对于海量访问追求来说的。海量的访问量是各大门户追求的非常重要的指标。对商业网站来说，流量是很重要的，我们也很在乎，但是我们更在乎的是口碑，更在乎的是我们的核心受众。我们的核心受众就是我们要锁定的人群，简而言之就是都市白领，他们是25岁到45岁的人群，他们有较高的收入、较高的职位、比较良好的教育，他们积极、奋斗、进取，同时又懂得生活、享受、消费。他们也许没有那么多的时间在网上抢车位、种庄稼、写跟帖、刷微博，但是我相信他们是网络上的主流人群，是沉默的大多数，他们才是我们凤凰网锁定的人群。这些人群也深受我们的广告客户认可，这也是为什么 3 年来我们的广告收入连续保持 100%的增长，当然我们的基数不一样。同时，我们的增长非常快，尤其是在这次金融危机引起的互联网寒冬，我们仍然保持了稳定的增长。我想，这也是我们对于人群定位的意义。总而言之，我们要专注主流人群，做差异化的服务。我们不追求大而全，我们也不奢望所有的网民都上我们的网站，但是对于我们的核心受众，我们希望多多益善、一网打尽。

第二个体会是，我们要传播稀缺信息。在这个信息爆炸的时代，各种各样的内容泛滥、各种各样的形式存在，如铃声、广播、大屏幕等，令人目不暇接。还有内容的同质化，很多门户都是同样几家通讯社、同样几家报纸的稿件。网民被这些同质化的内容所骚扰，恰恰给我们凤凰网这种传播稀缺资源的机构制造出了很大的机会。我们的信息是独家的，无论是奥巴马的精彩演说，还是陈水扁银铛入狱，无论是陈冠希的记者招待会，还是迈克尔·杰克逊的死讯和葬礼，无论是郭德纲的小品精彩片段，还是几年前“9·11”的直播，又或者是汶川地震的现场报道，我们的网民都可以第一时间在凤凰网看到有关的精彩内容，这便是我们的核心优势之一。

第三个体会是专注组合传播，……我们对组合传播的理解包括两个层次。第一个是文字、图片和视频的组合传播。……第二种理解是三屏联动。我相信我们网民很快可能碰到不是单一一个屏幕，很可能是用两三个屏幕同时消费一个媒体。比如说凤凰卫视和凤凰网拟定联手打造一个栏目，叫做网者无疆……

最后要强调的是坚守媒体气质，这是针对于技术引领提出的。由于新产品、新技术不断涌现，互联网技术对门户的引领，被推崇到无以复加的地步。但是，媒体的气质被大家淡忘，我想对于新媒体来说，海量、快速、精准、互动都是非常重要的。但是对于媒体与户外大屏幕、液晶显示屏、软件公司、搜索公司，最本质的区别就是媒体必须提供判断，彰显人性，传递价值。我想无论是新媒体还是旧媒体这都是要必须坚守的。

（资料来源：凤凰网财经频道，www.ifeng.com，2009-11）

第五节　产品独特卖点提炼与表达

独特卖点，即企业独特的销售主张，是企业独有的、竞争对手做不到或无法提供的特别好处或福利，如产品品质、耐用度、美观度、包装等与其他产品不一样的地方。具有独特性、唯一性、震撼性的独特卖点，是企业吸引眼球、打动人心的营销利器。

即使找到了一个不错的利基市场，一般还是会有不少竞争者。既然消费者并不是非在这里购买不可，那我们必须给他们一个可靠的理由：为什么要选择这里，而不是其他网站。

价格促销，是最常用的策略和理由。但除非企业有足够的财力，否则赔本赚吆喝，最终将被对手拖垮。

在产品和服务差别不大的情况下，最重要的就是如何提炼并展现产品的独特卖点，只有这样，才能将你和其他竞争对手区分出来。

创建于 20 世纪 60 年代的达美乐比萨，面对麦当劳、必胜客、肯德基这些强劲对手，当时选择了一个从没出现过的口号：30 分钟之内，热腾腾、可口多汁的比萨就会送到您手上，否则免费！比萨这种产品，从食物本身已很难找到独特卖点。从配送下手，别出心裁，很快吸引了消费者眼球，大受欢迎。

独特卖点的研究，主要有以下两方面内容：如何提炼独特卖点，如何表达独特卖点。

一、独特卖点的提炼

独特卖点，是给消费者一个理由，为什么要选择你的产品和服务。一旦提炼出了企业的独特卖点，在以后的营销推广活动中，要以足够强大的声音说出来，并不断强调，以深入人心、成为共识。

以下是我们耳熟能详的一些企业独特卖点的陈述。

- 我们的产品质量过硬。
- 我们提供完整的解决方案。
- 我们的产品物美价廉。
- 我们的理念是用户第一，客户就是上帝。

以上这些销售主张，看似震撼，实则宽泛空洞，缺乏实质内容。

企业的口号要做到吸引眼球、激励人心，就得想出一个真正与别人不一样的主意。可以考虑的方向包括以下几个方面。

1. 市场上的第一个

排名第一，总是能吸引最多的眼光。对企业的产品和服务来说，可以排名第一的机会有很多：价格最低、最高，市场规模最大，产品开发最早，最早进入国际市场，最受消费者欢迎，最受尊敬，信用指数第一等，关键是看从哪一个角度去挖掘、去提炼。

2. 创造和拥有新的产品特性

在所有的产品都差不多的时候，任何一个新的产品特性都足以形成独特卖点。以前的洗发水功能没有什么区别，因此海飞丝洗发水最先提出“去头屑洗发水”的概念，至今仍不失为营销经典。

3. 历史传统

有些产品具有深厚的历史文化传统，这不是短期内用金钱所能超越的。这种历史传统品牌，应充分利用这一特点，把它塑造成竞争对手永远无法具备的独特卖点。如苹果电脑，一直以来就意味着新潮、时尚，这一概念已经在用户头脑中形成定势。正因如此，苹果无论是推出 iMac、iPod，还是 iPhone，都无一例外地受到追捧。

4. 市场领先地位

足够大的市场份额，本身就是个不错的卖点。用户都害怕做出错误选择，随大流的心理，让用户更乐意选择很多人在使用的产品，这让他们更有安全感。

当然，挖掘产品的独特卖点，除了以上所述还可以有其他很多切入点。从理论上来说，地球上没有完全相同的树叶，自然也不可能有完全一样的产品。一个产品的存在，必然有其特别的理由，否则，为什么要生产这样一个毫无特色、没人在乎的产品呢？

二、独特卖点的表达

产品没有个性，服务缺乏特色，是营销的大忌。“物美价廉、老少皆宜”之类老套的广告语，已不能传递任何信息。针对目标客户，提炼出隽永独到、口口相传、深入人心、无可替代的独特卖点，是网络营销的关键。

确实，在很多时候，你的产品和竞争对手相比，差别实在不大。无论是产品设计、材料来源，还是制作过程或产品功能，可能都完全一样。即使这样，营销人员还是要找出一个独特卖点。在这种情况下，最重要的是如何表达，而不是产品本身。

比如男衬衫，就是一个高度同质化的市场，不像女士衬衣，从款式到面料，千差万别。有人提出了一个“专卖男衬衣，88 元体验”的口号，立刻就让自己的产品与众不同起来。

“百度更懂中文”，这是大家都熟悉的一个口号，也是一个非常出色的独特卖点。它明显是针对 Google、雅虎等强大的竞争对手，强调了自己是中国工程师研发——这一不影响“产品质量”或“用户体验”的特点，也许并不代表产品的真实情况，其本身也没有什么实际意义，但仅仅是“更懂中文”这样一个观念的呈现，就让百度与其他产品明显地区别开来。

对产品独特卖点进行提炼和表达必须注意以下几个方面。

- 独特卖点必须针对特定消费者提出，不要试图取悦所有大众，“男女老少，无所不宜”的产品，不能满足任何消费者内心的渴求。
- 独特卖点必须明确产品能给消费者的“特殊利益”。
- 独特卖点必须明确产品的无可替代性、难以复制性，即产品的“独特性”，让竞争对手无法也不可能提出。
- 独特卖点应具有一定的推销力、号召力、影响力和震撼力。
- 独特卖点应具有广泛的消费适应性，即市场容量值得企业为之提供服务。

总之，网上销售产品门槛很低，网络营销不可避免地会遇到竞争对手。要想从竞争中脱颖而出，就得仔细审视自己的产品或企业：有什么是自己独有的，有什么是用户只能从这里得到的。不断地强化这一独特性，把它变成一句简短有力的口号，并把它应用到所有的网络营销实践中去。即使产品与服务并没有本质上的差别，但也必须找到一个独特的描述，让用户有一个不一样的观感。追求与众不同、制造非同凡响，这也许正是互联网“特色化生存”的真谛所在。

技能训练 2-5　________产品独特卖点的分析和提炼

请选择一个你在网络创业时最感兴趣的产品市场，如服装、茶叶、土特产等，在前面目标市场的定位和选择的基础上，对自己企业产品的独特卖点进行提炼，并将分析结论填入表 2-7。

表 2-7　________产品独特卖点的分析和提炼

调研内容	独特卖点描述	依据或来源	备　注
主要竞争对手 1 的独特卖点			
主要竞争对手 2 的独特卖点			
主要竞争对手 3 的独特卖点			
本企业产品的独特卖点			
调研结论			

阅读材料 2-4　金羚感冒片的独特卖点

一直以来，感冒药市场都是规模庞大、品类繁多。山东润华药业的金羚感冒片的营销推广人员一直在思考怎样才能从竞争激烈、强手如云的市场中脱颖而出。为此，他们开展了深入细致的市场调查。

2010 年 10 月，美国耶鲁大学的一份研究报告指出：PPA 被应用在一些抗感冒药和减肥药中，有收缩血管的作用。过量服用，会使患者血压升高、心律失常，严重者可以致死。美国食品和药品管理局立即建议：“在有其他药品的情况下，把 PPA 列为不安全类药物。”并暂时禁止含有 PPA 的 15 种药品的生产、销售、流通和使用。在我国占据很大市场份额的“康泰克”名列其中。霎时间，感冒药市场风云突变，几乎所有报纸的重要版面都在谴责“康泰克”，众多生产厂家都在撇清与 PPA 的关系，并调整或推出自己的产品卖点。

- 新康泰克：12 小时持续有效。
- 三九感冒灵：不含 PPA。
- 康必得：中西结合。
- 白加黑：早晚分服。
- 泰诺：30 分钟快速起效。

金羚感冒片的营销人员对产品市场进行了深入的调查和分析，对自己产品的独特优势进行清晰定位，并形成了自己独特的销售主张，如图 2-35 所示。

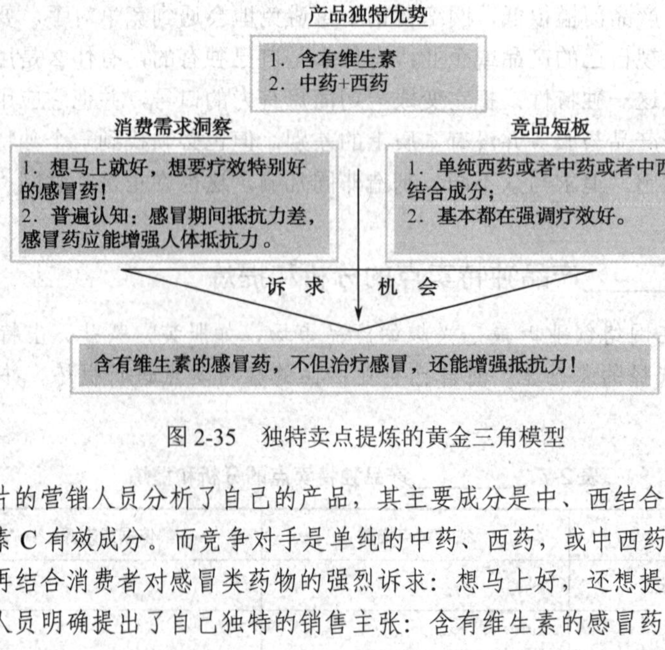

图 2-35　独特卖点提炼的黄金三角模型

金羚感冒片的营销人员分析了自己的产品，其主要成分是中、西结合，并且含有增强患者抵抗力的维生素 C 有效成分。而竞争对手是单纯的中药、西药，或中西药结合成分，基本上都在强调疗效，再结合消费者对感冒类药物的强烈诉求：想马上好，还想提高人体抵抗力。金羚感冒片的营销人员明确提出了自己独特的销售主张：含有维生素的感冒药，不但治疗感冒，还能增强抵抗力！

（资料来源：wenku.baidu.com/view/8076c19e51e79b8968022602.html，2012-9）

知识框架图

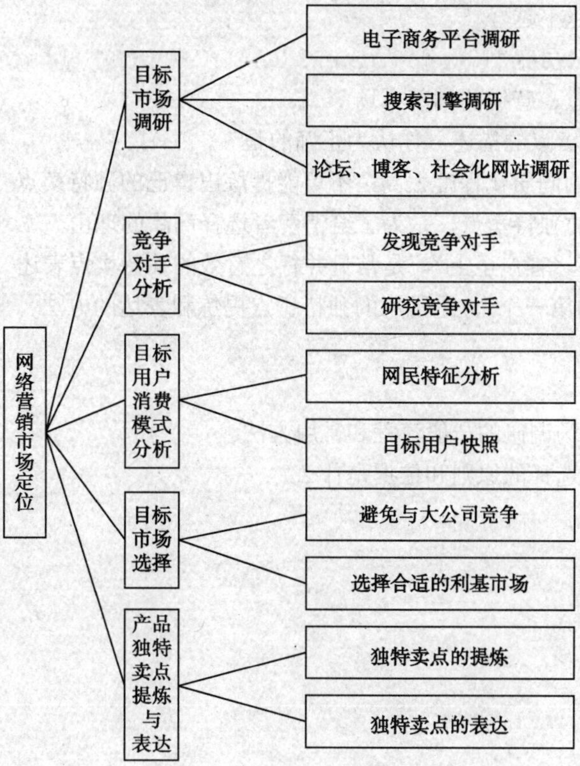

思考与练习

一、选择题

1．网络产品的目标市场调查，主要需解决的问题是（　　）。

A．目标客户在哪里

B．目标客户现在从哪里购买这些产品

C．网络市场规模有多大

D．网络产品的独特卖点是什么

2．了解网络市场主要竞争对手的方式有（　　）。

A．以产品为主要关键词在搜索引擎上调查发现竞争对手

B．通过传统的人脉关系了解竞争对手

C．通过电子商务平台的调研了解竞争对手

D．通过行业网站调研了解竞争对手

3．网民消费模式的研究主要包括（　　）。

A．网民选择网上购物的原因

B．网民喜欢什么样的产品，价格是多少，他们的购买频率如何

C．他们通过哪些方式找到购物网站

D．他们在网上的浏览和购买行为有什么特点

4．网络营销目标市场的选择，一般应遵循的原则有（　　）。

A．目标市场越大越好

B．目标市场越小越好

C．避免与大公司竞争

D．选择可定位、营销的利基市场

5．下列关于独特卖点的描述，你认为正确的是（　　）。

A．某些产品的同质化程度太高，不可能提炼出自己的独特卖点

B．提炼产品的独特卖点，是为了给消费者选择商品的理由

C．“物美价廉，客户至上”，是常见并行之有效的独特卖点表述

D．“市场上的第一个”，是常用的独特卖点提炼和表达的方法

二、简答题

1．请简述网络市场调研的一般流程和常用方法。

2．网络目标市场选择的原则和依据是什么？

参考答案

第二篇　推广篇

第一篇　定位篇

第一章　网络营销实务导引

第二章　网络营销市场定位

第二篇　推广篇

第三章　网络营销平台建设

第四章　网络产品在线推广

第五章　网络产品移动推广

第三篇　营销篇

第六章　网络营销推广方案策划与实施

第七章　网络营销效果评估与优化

第三章　网络营销平台建设

学习目标

知识目标	理解网络营销平台的主要职能
	知道网络营销平台的构成、特点和构建方式
	知道企业网站的主要功能和种类
	知道选择企业网站类型的方法
	理解企业网站建设的可行性分析方法
	理解企业网站建设的基本原则及主要流程
	了解第三方电子商务平台的概念和特点
	知道综合类、专业类第三方电子商务平台的服务内容和特色
	了解企业网站诊断的内容指标
	了解企业网站诊断的主要方法
技能目标	能找出企业最需要上网的环节
	能调查并归纳业务部门对企业网站的需求
	能调查并归纳目标客户对企业网站的需求
	能调查并提炼竞争对手的网络营销策略
	能合理规划企业网站的特色和优势
	能恰当地设计并注册企业域名
	能合理规划企业网站的访问对象和主要内容
	能合理规划企业网站首页和网站风格
	能根据企业的业务特点选择并建设合适的第三方平台
	能对企业网站进行初步诊断并提出有价值的改进意见

当企业的网络营销及推广人员，通过对所属的行业及网络市场格局进行深入而细致的市场调研，对自身的网络产品或服务有了清晰的认知，并进行了精准的定位后，下一步的工作就是建立属于企业自身的网络营销平台。

电子商务，是高度依赖于信息技术的现代商务；网络营销，是以数据为基础的精准营销。在网络营销平台的规划与建设过程中，这一判断将得到充分体现与印证。

引导案例　广州江湾大酒店电子商务网站建设

广州江湾大酒店坐落在珠江河畔，是一家定位于接待中高档游客的四星级酒店。酒店周边环境优美，室内装潢典雅大方，实现了建筑与环境交相辉映、田园山水与现代气息完美统一。

为了进一步提升酒店的服务水平，现准备对酒店网站进行改版。把江湾大酒店网站建成一个集业务宣传、网上销售及客户服务功能为一体的综合性网站，以提升企业的网络品牌，强化企业的战略定位，实现线上宣传与线下推广的无缝连接。

【案例思考】

对于广州江湾大酒店这类传统企业来说，要建立企业在网络上营销推广的大本营，创建企业在互联网上的“根据地”，为后续网络营销与推广活动的开展建立一个必要的、不可或缺的逻辑前提和基础，就必须认真思考以下问题，并形成自己的完整解决方案。

- 什么是企业的网络营销平台？
- 网络营销平台的构成要素及特点是什么？
- 企业网络营销平台有哪些类型？
- 如何规划及建设有企业特色的网络营销平台？

第一节　网络营销平台概述

一、网络营销平台的概念

在传统营销活动中，企业要开拓新的区域市场，一般首先要考虑在该地区建设一个“根据地”——企业产品和服务的营销平台。这个“根据地”可以是一个办事处，也可以是一个品牌专卖店或者分公司，它们是企业品牌、产品和服务的扩散地，承担着品牌信息传播、产品服务推广、与客户沟通洽谈、各部门业务处理等职能。

企业的网络营销平台，是依托互联网而建立的产品及服务的营销及推广平台，具体表现形式主要有企业官方网站、企业第三方平台店铺、企业在其他的网络社会化媒体上经营的博客、论坛等网络社区，当然还包括基于移动端开发的微店、App 等相关程序及应用。如果是以产品销售为主要目标的企业的网络营销平台，往往还会配有支持网络销售的应用软件、保证网络安全和电子支付需要的软件等。本章主要探讨前两大网络营销平台的建设。

随着互联网应用的不断深化，社会化网络媒体的内容和形式日渐丰富，其营销推广的功能也日渐强大（见图 3-1），有必要引起网络营销人员的关注和重视。

作为企业在互联网上开展营销推广及产品销售的“根据地”，网络营销平台是企业与网络客户接触的主要渠道，它应该方便用户访问，充分展示企业品牌和文化，有效宣传企业产品和服务，还应当提供良好的沟通渠道和交互方式。

随着网络市场的蓬勃发展，企业的网络营销平台范围不断扩展、内容日趋丰富，如化妆品行业的知名淘品牌“御泥坊”，它在 2012 年建立的网络营销平台至少包括了企业官网、主要第三方平台店铺等一系列网络销售及推广的门店（见图 3-2）；又如湖南怡清源茶业，2011 年的网络营销平台及推广方式就已经很丰富，如表 3-1 所示。当然，随着移动端应用的迅速普及，这些企业现在的网络营销平台中都已经增加了微店、微信公众号、企业 App 等一系列新元素。

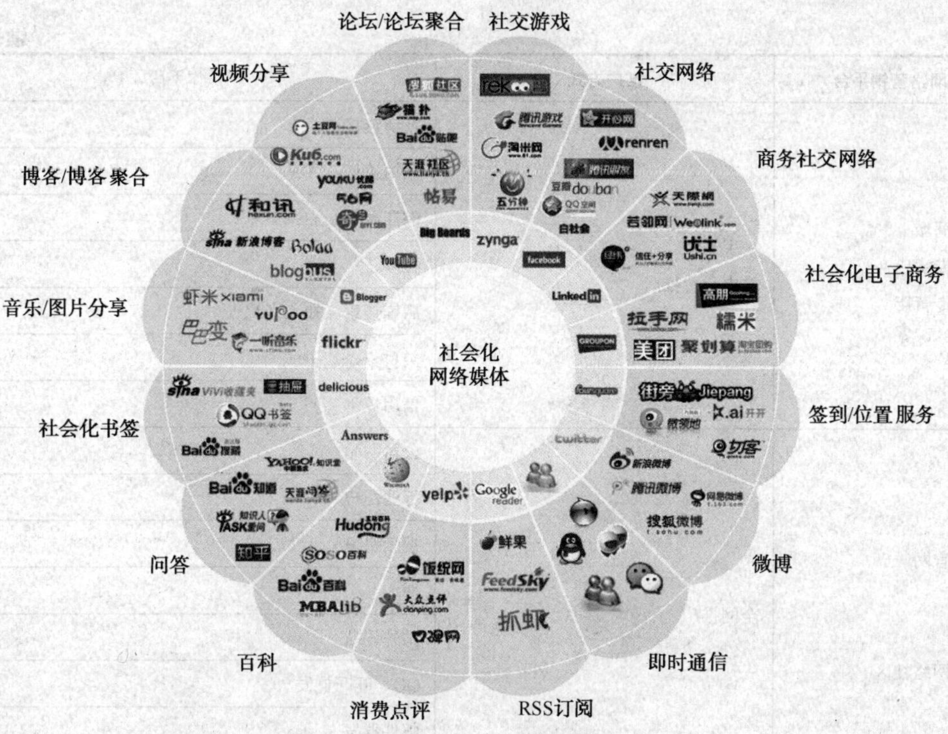

图 3-1　社会化网络媒体

图 3-2　御泥坊的网络营销平台

表 3-1　湖南怡清源茶业的网络营销平台及推广方式（2011 年）

网络营销平台	推广方式	操作手段
淘宝商城 淘宝专卖店 淘宝专营店	淘宝平台 站内付费推广	直通车
		钻石展位
		麦霸
		活动赞助
	淘宝平台 站内免费推广	站内搜索
		专题活动（商城、集市）
		帮派

续表

网络营销平台	推广方式	操作手段
淘宝商城 淘宝专卖店 淘宝专营店	淘宝平台 站内免费推广	友情链接
		站内论坛
		淘江湖
		打听
		店铺搜索（知名度）
		类目
		信用评价
企业官网 论坛 博客 其他网络社区	全网推广	公司网站
		行业门户
		搜索引擎
		博客
		站外论坛
		QQ、旺旺群发
		邮件群发
		百度知道
其他网络营销平台	其他	收藏
		阿里旺旺（老客户维护）
		直接回访
		软件（淘宝固定营销分析）
		四次大型活动（每次4万元）

二、网络营销平台的构成及特点

企业网站是企业开展网络营销活动的主要载体，也是企业进行品牌推广或产品销售的主渠道。一般情况下，企业网络营销平台建设的主要内容，就是企业网站的建设，其他第三方平台店铺建设的机理也大同小异。

1. 网络营销平台的基本结构

传统企业店铺，从结构上来说，一般分为前台和后台：前台面向客户，承担公司介绍、产品展示、客户咨询等职能；后台面向企业内部员工，承担产品信息更新、业务处理等职能。

网络营销平台，是企业在虚拟世界与客户交流的窗口，也可以分为前台和后台：前台面向客户和其他公众，承担企业形象展示、产品介绍和客户服务等职能；后台面向内部管理人员，承担更新企业品牌和产品信息、处理客户业务和咨询等功能。与传统企业店铺不同的是，网络营销平台的前台和后台，其表现形式都是Web页面。

2．网络营销平台的主要功能

网络市场是传统市场在网络上的延伸，网络营销的实质，就是企业对网络虚拟市场的开拓。作为企业进军网络虚拟市场的“根据地”，网络营销平台是企业在网络世界展示企业形象、推广企业产品、与公众互动沟通的一个窗口，也是企业内部协同作业及进行业务处理的重要场所。网络营销平台，作为企业在互联网世界进行内部联络和外部沟通的主渠道，承担的主要功能如图 3-3 所示。

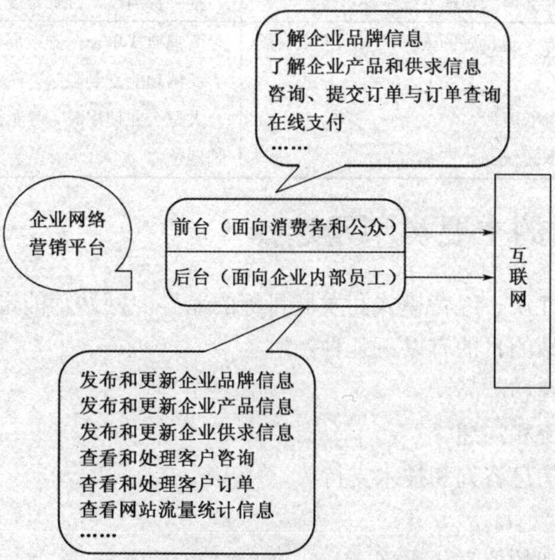

图 3-3　企业网络营销平台的主要功能

3．网络营销平台的关键要素

网络营销平台是企业与客户沟通的重要接口，是企业服务客户的重要载体，影响其功能发挥和效益好坏的因素很多，但以下几点至关重要。

（1）是否体现了以客户为中心的理念。网络营销平台应尽可能方便客户阅读、查询相关资料，以及进行业务咨询。

（2）是否凸显了营销导向的建设原则。网络营销平台应有效宣传企业品牌及文化，充分展示企业特色和优势。

（3）是否拥有强大的后台支持系统。拥有良好后台支持系统的网络营销平台，才能避免企业网站成为与世隔绝的“信息孤岛”、缺乏生机活力的“空壳网站”。

4．网络营销平台的构建方式

企业建设网络营销平台的方式主要有三种：一是自建营销型企业网站；二是在第三方电子商务平台中搭建企业门户；三是在虚拟网络社区中开设企业的博客、专业论坛等。

这些方式各有特点，企业要根据自身的实际情况合理选择。一般情况下，中小企业可从利用第三方电子商务平台开始，建立自己的网络营销平台；而大中型企业应以自建企业网站为主。

目前，我国大型企业大都采取自建网站方式，而且网站信息丰富、功能强大，与企业内部信息管理系统有效对接。大多数中小企业，可能采取自建网站和第三方平台入驻相结合的方式，但自建网站功能相对简单。企业自建网站和第三方平台优劣势对比如表3-2所示。

表3-2 企业自建网站和第三方平台优劣势对比

类　型	优　势	劣　势
企业自建网站	网站样式多样化，有利于企业品牌的展示和企业文化的传播； 网站功能个性化，企业可以灵活选择； 可以和企业内部信息管理系统良好对接	建设费用视网站功能与规模，差异较大； 后期管理与维护存在一定难度，要求企业配备专门的技术人员； 推广费用高，推行难度大
第三方平台商铺	可借助第三方平台良好的人气，有利于企业的宣传； 建设成本相对低廉； 后期维护成本较低	商铺样式单一，难以展示企业个性特色； 商铺功能受到限制，企业选择性弱； 大型企业使用时，可能会降低企业在公众心目中的品牌地位

三、企业网站的主要类型及选择

不同企业因其行业性质、经营模式和发展目标的差异，网站功能定位会不尽相同。一般来说，企业建立营销型网站的目的有以下几种。

- 宣传推广企业品牌和产品。
- 与客户、公众交流和沟通。
- 向客户提供在线信息咨询和技术支持。
- 在线交易。
- 提高企业营销管理的信息化水平。

1. 企业网站的主要类型

企业网站是为营销目标服务的，只有根据企业发展战略的需要，确定网站的建设目标，才能使网站的结构与功能满足企业网络营销实施的需要。

网站是企业实施网络营销的重要平台，是企业开展品牌推广、业务拓展、在线销售和客户服务的重要载体。不同类型的企业，基于经营战略、产品特性、市场分布、顾客特点、财务预算等方面的考虑，将制定不同的网络营销战略目标。根据功能的不同，企业网站可以分为以下四个类型。

（1）信息型企业网站。信息型企业网站是企业网站的初级形态，其将网站作为一种信息载体，定位于企业信息发布，如公司新闻、产品信息、采购信息等用户、销售商和供应商所关心的内容。品牌推广、业务介绍和客户沟通是这类网站的主要功能，不具备完善的网上订单处理功能。

现在一些中小企业采取网上宣传、网下销售的方式。对于一些不适合采用网上直接销售的大企业来说，信息型企业网站也是其主要选择。

信息型企业网站由于建设和维护比较简单，资金投入也很少，又能解决企业上网的需要，是中小企业网站的主流形式。即使对于一些大型网站，在企业信息化进程中也并非一步到位，在真正开展电子商务之前，网站的内容通常也以信息发布为主（见图3-4）。因此，这类网站有广泛的代表性。

（2）服务型企业网站。服务型企业网站是指为客户提供业务进度查询、产品技术支持等服务的网站。如快递公司可以让客户在网站中查询快递业务的投递情况（见图3-5），通信公司网站可以实现客户业务办理、话费查询等功能。会员管理、业务信息查询、产品技术支持、售后服务等是这类网站的主要功能。服务型企业网站对于传统服务型企业是不错的选择，可以帮助企业拉近与消费者的距离、改善服务品质、提高服务效率。

图 3-4　湖南泰格林纸集团网站首页

图 3-5　申通快递公司网站

（3）销售型企业网站。在发布企业产品信息的基础上，增加网上接受订单和支付的功能后，网站就具备了网上销售的条件。购物车管理、订单处理、在线支付处理是这类网站的主要功能。这类网站不仅具备订单提交的前台设计，还有复杂的后台订单处理模块。

销售型企业网站，让企业直接面对消费者，提供产品销售及服务支持，拓展了传统分销渠道，减少了中间流通环节，降低了渠道成本，增强了企业竞争力。这类网站通常适用于销售消费类产品或办公用品的企业。

（4）综合型电子商务网站。网上直销是企业销售方式的电子化，但还远不是企业电子商务的全部内容。企业网站的高级形态，不仅仅是将企业信息发布到互联网上，也不仅仅是销售公司的产品，而是集成了包括供应链管理在内的整个企业业务一体化的信息处理系统。

综合型电子商务网站，可以实现企业内部信息化和外部信息化的无缝连接，是企业网站的高级形态，可以实现企业网络营销的所有功能。海尔集团网站（www.haier.com）便是这类网站的典型代表。

阅读材料 3-1　海尔集团网站简介

海尔公司同戴尔公司一样诞生于 1984 年。海尔集团现在已经拥有包括白色家电、黑色家电、米色家电在内的 69 大门类 10 800 多个规格品种的产品群，在海外建立了 38 000 多个营销网点，产品销往世界上 160 多个国家和地区。海尔已经成为国际著名品牌。

海尔集团于 2000 年 3 月 10 日投资成立海尔电子商务有限公司，首开国内家电行业成立电子商务公司的先河。2000 年 4 月，海尔集团电子商务系统开始运行，海尔集团网站也成了名副其实的电子商务网站（见图 3-6）。网站除了具备一般信息型企业网站的基本内容外，在顾客服务、顾客关系方面都比较完善，还建立了完善的网上零售（B2C）体系，可以快速满足用户的个性化需求。与此同时，面对供应商的企业间电子商务平台（B2B）也在展示着一个现代企业的风采。

图 3-6　海尔集团官网首页

2. 企业网站类型的选择

（1）根据企业规模实力和发展阶段选择网站类型。无论是海尔还是戴尔，在电子商务的进程中，无疑都是领路者和成功者。支撑一个庞大的电子商务体系依赖于企业实力的大小，很多企业并不具备这样的实力。一般来说，企业网站功能的实现呈阶梯递进态势，如表 3-3 所示。

表 3-3　企业网站的发展阶段及网站类型与功能

阶　段	网站类型	网站功能
第一阶段	信息型网站	品牌宣传、产品展示、业务介绍、客户沟通
第二阶段	服务型网站	会员管理、业务查询、技术支持、售后服务
第三阶段	销售型网站	购物车管理、订单管理、支付管理
第四阶段	综合型网站	内部信息化与外部信息化的完整集成

（2）根据企业业务类型选择网站类型。业务类型是企业网站类型选择的一个重要依据。以工业品为主要产品的企业，尤其是中小企业，往往以信息型网站为切入点；以消费品为主要产品的企业，消费者为直接客户，所以品牌宣传型网站、销售型网站是首选；对于服务型企业，则主要考虑服务型网站；对于业务涉及多个行业，客户类型复杂的大型企业，综合型电子商务网站更合适。

技能训练 3-1　不同类型企业网站的对比分析

分别访问湖南百宜集团、联想集团、联邦快递和云猴网公司的网站，注意它们的栏目内容设置、网站功能模块设置和网站风格三个方面的相同点和不同点。结合四家公司的业务特点，分析不同类型的公司如何选择企业网站的类型，将相关信息填入表 3-4。

表 3-4　企业网站类型分析表

序号	公司名称	网站地址	业务分析	网站类型分析	网站主要栏目	网站功能分析
1	百宜集团					
2	联想集团					
3	联邦快递					
4	云猴网					
主要结论						

四、企业网站建设规划

教学案例：长沙旅游网策划

1．企业网站建设的可行性分析

网站建设的可行性分析，主要包括技术可行性、经济可行性、组织人员可行性三个方面。企业营销型网站的可行性分析，一般更注重研究网站建设的经济效益分析和组织人员分析。

（1）经济效益分析主要关注以下几个问题。

- 企业是否适合做网络营销？
- 网络营销能为企业带来哪些方面的效益？
- 企业通过网站可以在网络中开展哪些业务？
- 企业在网络市场中处于什么样的地位？是否有自己的竞争优势？
- 企业的潜在客户是否习惯通过网络寻求贸易机会或了解市场信息？
- 企业潜在客户希望从企业网站中获取哪些信息和服务？

（2）组织人员分析主要关注以下几个问题。

- 企业如何定位网络营销业务和传统营销业务的地位？
- 企业是否有合适的人才来管理网站和网络营销业务？
- 企业的网络营销业务由哪个部门来管理？
- 企业的网络营销业务是否会给原有的企业市场格局带来冲突？
- 企业如何管理网络营销业务？

2．企业网站建设的基本原则

（1）彰显特色、突出产品卖点。品牌宣传和产品销售是企业网站的重要功能。让用户增强对企业品牌的信任、对企业产品的兴趣，是实现网站功能的关键。尤其对于一个新客户来说，当他通过网络获取了一个新的企业品牌的信息时，网站给他的第一印象，对他是否会选择这个品牌会产生非常关键的作用。所以，企业在建设网站时，应该把如何彰显企业特色、突出企业产品卖点作为一个重要原则。

（2）沟通便捷、强化客户体验。客户体验是指客户访问一个网站或者使用一个产品时的全部体验及感受。

当一个客户，尤其是一个新客户访问企业网站时，每一个细节的体验、每一个微妙的感受，都将影响到他对企业品牌的判断。网站视觉效果是否赏心悦目、网页下载速度是否令人满意、信息导航是否便捷、沟通反馈是否方便快捷，都是客户体验的重要内容。

良好的客户体验，会让客户对企业品牌产生好感和信赖感；失败的客户体验，会导致客户对企业的品牌实力和服务水平产生质疑，甚至最终放弃与企业的沟通和联系。所以，客户体验对网站潜在客户转换至关重要。

企业网站是一个直接面对市场用户的窗口。分散在全球的企业客户，在很大程度上依据网站体验来完成对企业的认知、认可、信任及忠诚。

客户体验是一个无法量化的指标，更多的时候是不同受众的感觉。一般可以从以下几方面来规划网站的客户体验。

- 可用性与易用性：包括网站的速度、安全性、兼容性、导航等。
- 沟通性：要有对于特殊用户群体的定制，应具备交互与沟通功能。
- 可信度：与传统信息、站内信息的一致性，以及可信赖程度等。
- 易于传播性：分享是网络营销中价值转换率最高的一种模式。

（3）注重优化、符合搜索规则。企业网站的另一个重要功能是网站推广。搜索引擎是目前网民获取信息最重要的渠道，如果企业网站无法通过搜索引擎进行有效推广，那么这个企业网站的营销性会大打折扣。营销型企业网站必然要解决企业网站的搜索引擎问题，也可以理解为搜索引擎优化的工作。

在营销型企业网站解决方案中，搜索引擎优化工作是一项基础性和长期性的工作，从企业网站的策划阶段乃至从企业网络营销的战略规划阶段就已经开始，并贯穿于企业网站运营的全过程。

阅读材料 3-2　如何评价一个企业网站的好坏

对一个企业网站好坏的评价，因为不同人有不同的喜好与修养，加之所处的位置不同，因而会有很大的区别。有人喜欢鲜艳的红色，有人喜欢稳重的黑色，有人喜欢清凉的蓝色；有人喜欢简单直接的页面，有人喜欢花花绿绿的图文并茂页面。这些并非谁对谁错，只是喜好的不同而已。现在所说的网站好坏，是从速度、页面、定位、用户体验、沟通方式、 搜索引擎优化这几样大体上来说的，并不包含这些个性化的东西。

1. 打开速度

根据一些机构的统计，一般浏览者打开一个页面后，会等待6～10秒的时间（当然一些特殊原因会有人等很长时间），很少有人会等到15秒。网页打开的时间越长，不等网页打开、直接跳出的浏览者就会越多。影响网页打开速度的原因，主要有空间本身的速度、南北线路、页面Flash文件缓存时间过长（有些网站首页只有一个Flash文件，也没有提供"直接跳过"按钮，有时候让访问者等几分钟的事情也是有的），页面上超大的图片数量过多等。

2. 网页页面

页面的布局与颜色搭配，也会因个人的喜好而有很大的区别。有些网站喜欢把产品放在最上面，方便客户选购；而有些网站则喜欢把公司介绍放在最上面，体现公司的品牌度。这些并没有什么不对。但是如果没有合理的布局、清楚简便的导航、清晰的图片、统一协调的颜色搭配、符合眼球运动轨迹的F型结构，浏览者可能会迅速离开网站。

3. 网站定位

网站定位取决于公司与产品的定位。首先要明白，这个网站是做给谁看的，他为什么来访问网站，他需要看到什么内容，产品是否适合在线购买等。比如做管件网站，做起来当然不是给同行看的，虽然同行看的还比较多；是做给管件采购员看的，因此就需要有一目了然的管件产品导航栏、清晰的管件产品图片、详细的管件产品介绍；还要给一些设计技术人员看，以便他们寻找一些管件资料，虽然不采购，但如果其设计采用了该网站产品的技术参数，那么该网站就已经成功了一半。所以，网站上一些产品技术资料也是不可缺少的。

4. 用户体验

这一点其实就是网站定位的延伸。采购员来到网站，仅需要快速找到想要的产品，而技术人员同样也是希望尽快找到所需要的资料。这就需要网站的设计与布局尽可能人性化。

5. 沟通方式

可能很多人都会认为，网站上已经有了一个“联系我们”页面，就不需要更多的联系方式展示。但首先要明白，客户是各种各样的人群，有人喜欢用QQ，或者用旺旺，有人喜欢直接的电话联系。不过不管哪一种，浏览者都是喜欢直接看到他所需要的联系方式，而不是去点好多次才能找到。所谓的夜长梦多，很可能就在这里出现。

6. 搜索引擎优化

这一点并没有关系到网站的好坏。但是检查一下网站的标题名称、关键词、描述、网站的结构、外链的数量、域名的时间，也可以间接地看出建站与维护者的水平，以及对网站的重视程度。

（资料来源：青岛捷诺贸易有限公司，club.1688.com/threadview/9199222.htm，2013-9）

技能训练 3-2　企业网站建设可行性分析

试对湖南怡清源茶业公司（或选择一家自己感兴趣的中小企业）建设企业网站的可行性进行分析，将调研资料和分析结论填入表3-5。

表3-5　企业网站建设可行性分析

一级指标	二级指标	指标评估	可行性分析
企业网站建设经济效益分析	网络营销能带来的效益		
	在网站上可开展的业务		
	企业在网络市场中的地位/优势		
	目标客户对网络的依赖程度		
	目标客户对企业网站的需求		
企业网站建设组织人员分析	如何定位网络营销业务和传统营销业务		
	是否具有合适的人才管理网站和网络营销业务		
	网络营销业务应由哪个部门管理		
	网络营销业务对原有企业市场格局带来的影响		
	企业如何管理网络营销业务		
分析结论			

第二节　营销型企业网站建设

营销型企业网站是指以现代网络营销理念为核心，有良好搜索引擎表现和良好用户体验，能够更好地将访客转化为顾客的企业网站。在企业网络营销实施过程中，网站的规划必须由企业内部人员单独设计或者参与设计，而网站实现可以通过外包方式完成。营销型企业网站规划一般包括下面几个方面的内容。

- 设计与注册网站域名。
- 规划网站用户和内容。
- 规划网站首页。
- 规划网站风格。
- 设计网站的客户体验。
- 规划网站的后台管理。
- 安装网站流量统计软件。
- 测试网站的效果。

教学案例：世界工厂网站介绍

一、设计与注册网站域名

域名，即通常所说的网址，是互联网上计算机的网络地址，是接入互联网的计算机在网络上的名称。可以说，域名是企业在网络虚拟世界中的品牌标志和门牌号码，有着巨大的商业价值。

域名的商业价值主要体现在可以让消费者记忆深刻，并能马上联想到这家公司和该公司业已树立的企业形象。一个好的企业域名设计应该具备以下几个特点：与企业的名称一致，与企业的产品注册商标一致，有与企业广告语一致的中英文内容，尽量简短易记等。

域名的设计和注册，包括以下几个步骤。

1．设计多个可供选择的域名

随着互联网应用的普及和深入，域名作为一种紧缺资源已经越来越少，企业要选择一个好的域名已经变得非常困难。企业在注册域名时要多设计几个不同的域名组合，然后根据域名是否被注册或者是否可以交易，来确定企业最终的域名。

（1）设计域名的原则。

① 使用企业品牌名称的英语拼写。

② 使用企业品牌的汉语拼音或者拼音的首位字母组合。

③ 使用企业主打产品的英文名称或者汉语拼音。

（2）设计域名时要注意的问题。要设计让企业感兴趣、让用户很容易联想到的域名，这样可以节省域名宣传推广的费用。有时候英文名称拼写太复杂，所以就应该考虑域名最好是既代表企业形象，又便于记忆的。

一般来讲，域名的长度最好不要超过10个字母，当然越短越好，不过现在优秀的短域名不容易注册到了。

从营销角度出发，应该让域名更响亮、更好记、更吸引眼球。有时候，域名也可以和企业的名称没有任何关系，但是无论如何，都要避免使用晦涩难懂的域名。

2. 查询所设计的域名被注册的情况

登录万网（www.net.cn），输入要查询的域名，选择要查询的顶级域名类型，如图 3-7 所示。

图 3-7　中国万网域名查询界面

3. 查看域名注册结果

如果域名没有被注册就可以直接注册；如果域名被注册，可以进一步了解域名注册信息，如图 3-8 和图 3-9 所示。

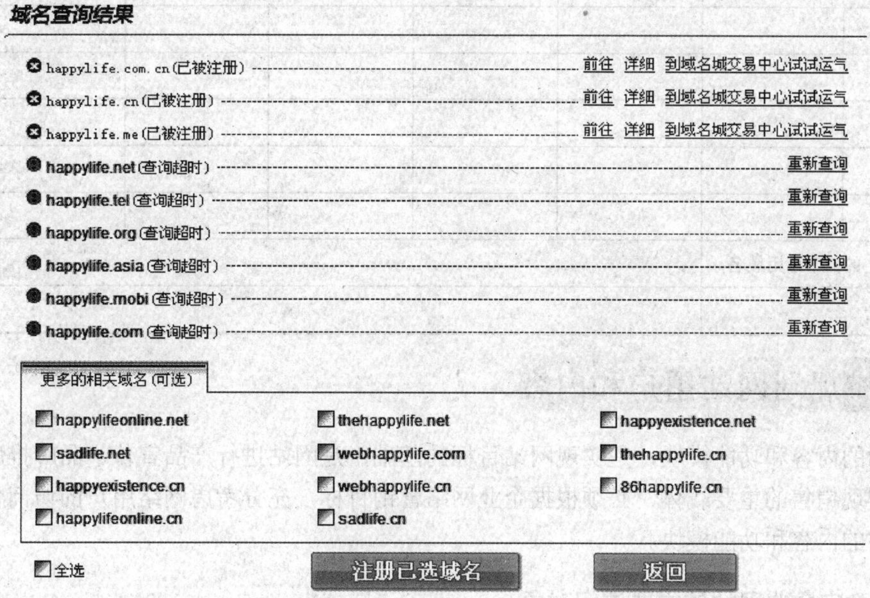

图 3-8　中国万网查询域名注册结果页面

◎ 域名查询结果

happylife.cn的详细信息：

Domain Name: happylife.cn
ROID: 20030312s10001s00066981-cn
Domain Status: ok
Registrant Organization: 上海幸福生活婚姻介绍所
Registrant Name: 刘晓翔
Administrative Email: hanslau@sh163.net
Sponsoring Registrar: 北京中科三方网络技术有限公司
Name Server:ns3.sanfront.com.cn
Registration Date: 2003-03-17 12:20
Expiration Date: 2009-03-17 12:48

图 3-9　中国万网域名注册信息页面

4．查看域名注册信息，阅读注册人信息和注册到期时间

5．注册或购买域名

根据域名查询情况，选择直接注册或者购买相应的域名。如果条件允许，企业可以将该域名的所有后缀形式全部注册，尤其是对于一些知名的企业品牌，确保自己的域名不被侵犯，这本身就具有很大的商业价值。

技能训练 3-3　企业网站域名设计与查询

王丽在淘宝网上经营一个卖母婴产品的小店好几年了，销售额一直比较稳定，但是由于客流量有限，很难有较大的突破。有人建议她建立一个母婴用品的网上商城，说不定会有好的前景。请帮她设计几个域名，并查询这些域名的注册情况，最后将相关结果填入表3-6。

表 3-6　域名设计与分析

序　号	设计域名	注册情况	所有者信息	注册时间	到期时间	注册或者交易价格
1						
2						
3						
4						
5						
最后选定的三个可用域名						
调研结论						

二、规划网站用户和内容

网站的内容和功能模块，是实现网站目标的基础，是网站进行产品宣传、品牌推广、客户服务和实现销售的重要载体，必须根据企业网络营销目标，充分考虑网络用户的访问体验，来确定网站的内容和功能模块。

1．确定企业网站的主要访问对象

企业网站访问对象的确定，要根据企业网络营销的目标来确定，不仅仅要确定网站的访问对象，还要确定这些对象在网站目标服务群体中的主次地位，以便在网站中突出重点客户关心

的信息和服务。

2．分析访问对象对企业网站的需求

访问对象对企业网站的需求和期望各不相同，并且他们对企业的重要程度也有不同。

一般来说，一个企业网站主要的访问者有几类：直接用户、经销商、设备和原材料供应商、竞争者等，如表 3-7 所示。前两类访问者是企业的现有用户和潜在用户，也是网站内容应该重点满足的对象。至于供应商，除去那些具备 B2B 功能的综合型电子商务网站，大多数以信息发布为主的企业网站基本不需顾及，因此，这也不是一般企业网站的重点内容。竞争者来访的目的无非是了解企业的新动向，或者网站设计水平如何，是否有值得借鉴的地方等。因此，在发布有关内容时，应有适当的“防备”，而不必让竞争者满载而归。

表 3-7　企业网站访问对象需求分析及内容与功能模块设计

访问对象	重要程度	访问者希望获取的信息	内容策略	功能模块
直接用户	最重要	品牌、产品、价格、促销、特色、服务、联系方式、订货方式、支付手段、送货时间和费用、退换商品政策等	突出用户关心的信息，通过良好的链接结构方便获取	会员管理、网上订单、产品搜索、在线咨询、留言、论坛
经销商	重要	产品、经销政策、实力、经销商管理信息等	突出实力和合作管理信息，涉及企业管理机密的通过非公开渠道沟通	在线咨询与留言
设备和原材料供应商	一般或重要	采购计划、实力等	突出实力和采购招标信息，涉及企业管理机密的通过非公开渠道沟通	在线咨询与留言
竞争者	不重要	动态、新产品等	注意保密	
社会公众	一般	实力、品牌、社会活动	突出实力和文化，及时更新企业正面的新闻和事件	论坛
企业员工和应聘者	一般或重要	实力、企业文化、员工管理等	突出实力和文化，可以单独建设员工园地栏目	在线招聘

企业现有用户和潜在用户，是网站的重点关注对象，应当认真分析他们需要什么信息。以一个电视机生产企业为例，一个用户或潜在用户访问企业网站的目的大致有以下几种：看看有什么新产品；对比不同规格产品的性能和价格；与其他品牌的同类产品进行对比；查询本地销售商和保修单位的地址等。

另外，如果可以进行网上订购，用户自然也希望了解与此相关的信息，如订货方式、支付手段、送货时间和费用、退换商品政策等。因此，这些内容应该作为网站的重点。

阅读材料 3-3　企业网站什么内容最重要

不少媒体对企业网站提出过种种批评，多数观点认为网站面目简陋、内容贫乏、千网一面、信息陈旧等，这些也许是大多数小网站所共同存在的问题。实际上，如果仔细浏览一些企业网站，会发现一些更有趣的现象，有些企业网站差不多成了生活服务性质的综合网站，既有火车时刻表、又有有奖竞猜、文化娱乐等，表面看来网站内容是够丰富的了，然而真正和企业核心业务有关的

内容却成了配角。进入这样的企业网站，有时真让人产生一种走错门的感觉，不知道这样的企业网站目的何在，除了显示企业的“实力”之外，透露出的最重要信息恐怕就是幼稚了。

用户需要什么基本信息？

企业网站毕竟不同于专业的ICP（Internet Content Provider，网络内容服务商）或者门户网站，不可能也没有必要小而全，每个企业都有自己特定的产品、服务，网站的内容理应围绕企业的核心业务设置。企业网站不应当只是一个摆设，而应成为最有用的营销工具。当然，只有在可以满足用户需要信息的前提之下，网站的营销功能才能真正发挥作用。那么用户需要什么信息呢？这个问题是网站规划者首先要考虑的。首先必须分析可能的访问者有哪些，然后有针对性地设计相关内容，这样才能做到有的放矢。

网站内容应该以产品、服务为核心。但是，很多网站在内容设计上“跑题”的现象却时常发生。即使在电子商务已经比较发达的美国，企业网站设计不合理的状况也十分常见。美国市场研究公司 Information Resources（IRI）（www.infores.com）曾于2006年5月份对企业网站进行调查并发布了一份研究报告，结果表明，美国的产品制造企业网站在所提供的产品信息内容和联系信息方面，基本可以满足用户的要求，不过，还有为数不少的企业网站内容滥竽充数，或者多此一举，花费大量的精力和金钱设计一些用户根本没有兴趣的内容，例如38%的网站提供游戏和一些娱乐节目，41%的网站提供生活服务信息。而实际调查结果表明，只有12%的访问者对游戏内容有兴趣，27%的访问者对生活信息有兴趣。

IRI的这份调查报告也发现并证实了企业网站内容应该以产品、服务为核心的基本事实，因为大多数消费者访问制造商的网站是为了查找公司联系信息或产品基本信息。在被调查的知名企业网站中，消费者查询的两项最重要的信息是企业800免费电话和电子邮件地址，各占63%和61%，分别有69%和81%的企业网站可以对应满足这两种基本信息需求。超过一半（56%）的用户访问企业网站的目的是查询产品信息，在这一方面，91%的企业网站都能提供令用户满意的内容。

促销信息也重要！

我们在谈论企业网站内容时，通常以静态的方式去描述，说明网站应该涉及的基本信息，这些内容一经完成，在相当长的一个阶段可能不需要频繁地更改。但是，仅有这些基本信息，很难充分表现网站的价值，只有合理利用企业网站这块企业自己拥有的宣传阵地，才能够达到事半功倍的效果。

在IRI所进行的调查中发现，企业网站上的促销信息和促销手段都还不能满足用户的期望，大约有55%的用户表示希望从他们所访问的网站得到免费样品，48%的用户希望得到优惠券。然而提供免费样品的网站只有22%，提供优惠券的网站只有19%。这样看来，在开发网上促销方面，企业网站还有很大的空间。

企业网站不仅是一个有效的营销工具，还是一个获取用户需求信息的有效途径。针对自己企业的用户开展网上调查，收集用户反馈信息，对制订营销策略具有重要的参考价值。然而，许多企业网站浪费了这一良好的调查机会。尽管有74%的被调查用户表示愿意在网站上提供产品满意度反馈，有50%的用户愿意回答产品需求和偏好方面的问题，但是，提供这两类调查的网站分别只占38%和31%。

上面分析了企业网站建设中的部分重要内容，其中不少内容是许多企业在建立网络品牌和网络营销方面的成功经验，值得参考和借鉴。

（资料来源：冯英健，www.marketingman.net，2001-5）

3. 企业网站的内容与功能模块设计

企业网站的内容与功能模块设计主要包括两个方面：网站内容和功能模块的筛选、网站栏目的设计。

（1）网站内容和功能模块的筛选。网站内容是网站要传递的主要信息，现在很多网站在内容选择方面往往是面目简陋、内容贫乏、千网一面、信息陈旧的。企业网站在内容选择和功能模块设置上应该思考以下问题。

① 企业网站的主要访问者是哪些群体？企业网站最核心的访问对象是谁？

② 网站的访问者希望从网站获取哪些信息？哪些信息对他们来说是最需要的？

③ 如何与企业网站的访问者及时沟通，如何做到随时解答他们的咨询？

④ 企业网站内容中，哪些是最重要的？哪些是必要但不太重要的？

⑤ 企业网站内容中，哪些是辅助的？哪些是可有可无的？哪些是画蛇添足的？

⑥ 企业网站的内容应该放置在哪些位置，才更符合主要访问对象的访问习惯？

⑦ 企业网站内容之间如何确定链接？如何链接才能最方便访问者获取信息？

（2）网站栏目的设计。网站栏目的设计，是对网站所有展示内容的分类。良好的网站栏目设计，对网站用户方便地找到自己想要的信息是至关重要的。所以，企业在进行网站栏目设计时，不仅仅要考虑企业在信息展示方面的侧重，更要思考如何让客户更方便地获取信息。在正式设计网站前，设计人员应该先对网站的所有栏目以文字的形式进行规划。下面以信息发布型网站为例介绍常见的网站栏目设计。

信息发布型网站是中小企业最常见的网站类型，这种类型的网站栏目相对简单，一般应该包括以下几个方面的内容。

① 企业概况。概况包括企业背景、发展历史、主要业绩及组织架构等，让访问者对企业的情况有一个大致的了解，这是网络推广的第一步，也是非常重要的一步。

② 产品目录。网站应提供企业产品和服务的目录，并方便顾客在网上查看。根据需要决定资料的详略程度，或者配以图片、视频和音频资料。但在公布有关技术资料时，应注意适当保密，避免被竞争对手利用，造成不必要的损失。

③ 产品搜索。如果企业产品种类较多，无法在简单的目录中全部列出，那么，为了让用户能够方便地找到所需要的产品，除了设计详细的分级目录外，还应该增加一个搜索功能。

④ 网上订购程序。即使没有像 Dell 那样方便的网上直销功能和配套服务，针对相关产品为用户设计一个简单的网上订购程序仍然是必要的。

⑤ 荣誉证书和专家或用户推荐。作为辅助内容，这些资料可以增强用户对企业产品的信心，特别是第三方做出的产品评价、权威机构的鉴定或专家的意见，对用户来说会更具说服力。

⑥ 企业动态和媒体报道。企业动态可以让用户了解企业的发展动向，加深对企业的印象，从而达到展示企业实力和形象的目的。因此，如果有媒体对企业进行了报道，应及时转载到企业网站上。

⑦ 销售网络。很多用户不习惯直接在网站上订货，但网上看货、网下购买的现象比较普遍，尤其是价格比较贵或销售渠道比较少的商品，用户通常通过网络获取足够信息后在本地的实体商场购买。因此，应尽可能详尽地告诉用户在什么地方可以买到相关产品。

⑧ 质量保证条款、售后服务措施、各地售后服务的联系方式等。这些都是用户比较关心的信息。另外，是否可以在本地获得售后服务，往往是影响用户购买决策的重要因素，应尽可能做到详尽翔实。

⑨ 客户案例。成功的客户案例，能增强其他客户对企业能力的信任和信心。所以，企业应该把以往和客户成功合作的典型案例以图文并茂的方式展示在企业网站上，一方面可以为新客户提供一个参考，另一方面可以体现企业的能力。但这些信息内容展示的深度和广度，应征得合作企业的同意，以免带来不必要的麻烦。

⑩ 联系信息。网站上应该提供足够详尽的联系信息，除了企业的网址、电话、传真、邮政编码、网管 E-mail 地址等基本信息外，最好能详细地列出客户或业务伙伴可能需要联系的具体部门的联系方式。对于有分支机构的企业，还应当有各地分支机构的联系方式。在为用户提供方便的同时，对各地业务也能起到一定的支持和推荐作用。

上述信息，仅仅是企业网站应该关注的基本内容，并非每个企业网站都必须全部涉及，也有些企业网站内容可能没有罗列到上述内容中去。在规划设计一个具体网站时，主要应根据企业目标来决定的网站功能模块，让网站真正成为品牌宣传阵地及网络营销工具，或者成为有效的网上销售场所。

技能训练 3-4 网站内容与栏目设计

以湖南胖哥食品有限责任公司（www.hnpangge.com）为例，分析该公司网站的主要访问者及其需求，从满足客户需求和突出企业特色的角度出发，诊断该公司网站在内容设计上存在的问题并提出修改意见，最后将新的内容和栏目规划填入表 3-8。

表 3-8 网站内容与栏目设计规划表

一级目录	二级目录		内容描述（三级目录）	内容说明
	编 号	名 称		
	1-1			
	1-2			
	1-3			
	⋮			
	2-1			
	2-2			
	2-3			
	⋮			
	3-1			
	3-2			
	3-3			
	⋮			
企业网站问题分析				
栏目规划情况说明				

三、规划网站首页

在网站内容设计中，网站首页设计非常重要，因为首页直接影响客户的第一印象。另外，首页内容和功能设计，也是企业网络营销功能定位、目标对象定位的具体体现。所以，首页应该展示企业网络营销最关键的内容，也就是客户通过网站最希望获取的内容。

一些企业希望通过向客户和其他公众展示企业文化和实力，将很多自身信息（如企业文化、企业历史、企业管理人员、内部活动、相关新闻等）放置在企业网站很重要的位置，而对客户关心的产品和服务信息却没有突出展现。这样的设计，对网络营销非常不利，因为客户不能方便地找到感兴趣的内容，选择跳出网站也就在情理之中了。

还有一种情形就是，企业网站首页内容太多，长达两到三页，客户访问起来非常吃力。这也是进行企业网站首页设计时应尽量避免的。

联邦快递（www.fedex.com.cn，如图 3-10 所示），是全球最具规模的快递运输公司，为全球超过 220 个国家及地区提供快捷、可靠的快递服务。联邦快递设有环球航空及陆运网络，通常只需一至两个工作日，就能迅速运送时限紧迫的货件，而且确保准时送达。公司的中国站点将网站的核心功能定位在业务介绍和服务上，网站首页非常简单，突出公司最重要的业务信息和查询服务模块。这样的设计可以使客户非常快地获取自己想要的信息，同时也体现了公司简明快捷的服务特色。

图 3-10　联邦快递公司中国站点网站首页

某园林花卉公司是一家以大型花卉展览、花卉栽培、销售场地租赁为主要业务的公司，公司的网站首页内容繁多，页面长度超过两页，而页面的核心业务信息不突出，如图 3-11 所示。这一设计让客户在访问时十分吃力，对企业品牌形象的建立和业务推广是很不利的。

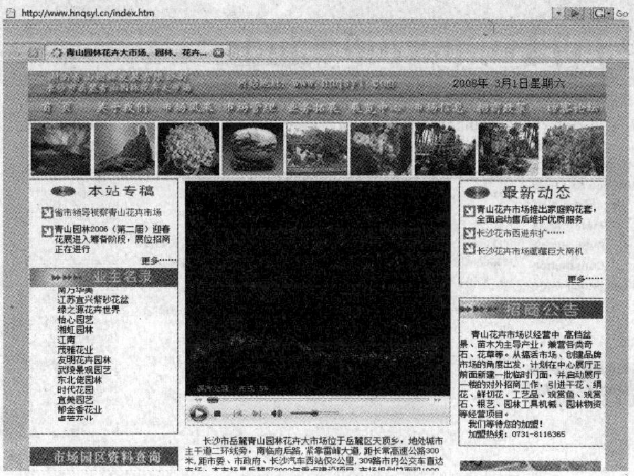

图 3-11　××园林花卉市场网站首页

四、规划网站风格

如果把企业网站看成企业在网络中的门面，那么风格设计就是网站的装修。网站风格直接影响用户的第一印象。良好的网站风格，是展示企业品牌、企业文化和实力的重要途径。因此，进行企业网站风格设计时应该注意以下几个问题。

1．注重首页设计

网站首页是企业网络中的虚拟门面，精良及专业的设计，会大大激发访问者（消费者）的购买欲望；反之，企业所提供的产品或服务将不会给访问者（消费者）留下好的印象。对于企业来说，除非企业有专业的网站规划及设计人员，否则最好找专业公司或专业人员来进行设计制作。

2．内页设计风格保持一致

保持网站风格的一致，是网站内页设计中要考虑的重要方面。所谓保持页面的一致性，就是要注意保持网站结构的一致性、色彩的一致性，页面导航、图像、背景等网页元素尽可能保持一致。

3．讲究色彩搭配

网站的色系是浏览者整体的视觉观感，若一个网站色系能有一致性，不仅令网站看起来美观，更能让浏览者不易混淆内容，从而增加了浏览的简洁与方便。网站的色系还能衬托出网站的主题，若色系能与主题合理搭配，也将会增加网站的易读性。

4．重视版面布局

在版面布局中主要考虑导航、必要信息与正文之间的布局关系。一般在顶部放置必要的信息，如公司名称、标志、广告条以及导航条，或将导航条放在左侧等，这样的布局结构清晰、易于使用。也可以尝试这些布局的变化形式，如：左右两栏式布局，一半是正文，另一半是形象的图片、导航；或两栏式布置，通过背景色区分，分别放置图片和文字等，如图3-12所示。

a.www.longstone-edge.org.uk

图3-12　几组经典的国外网站风格设计

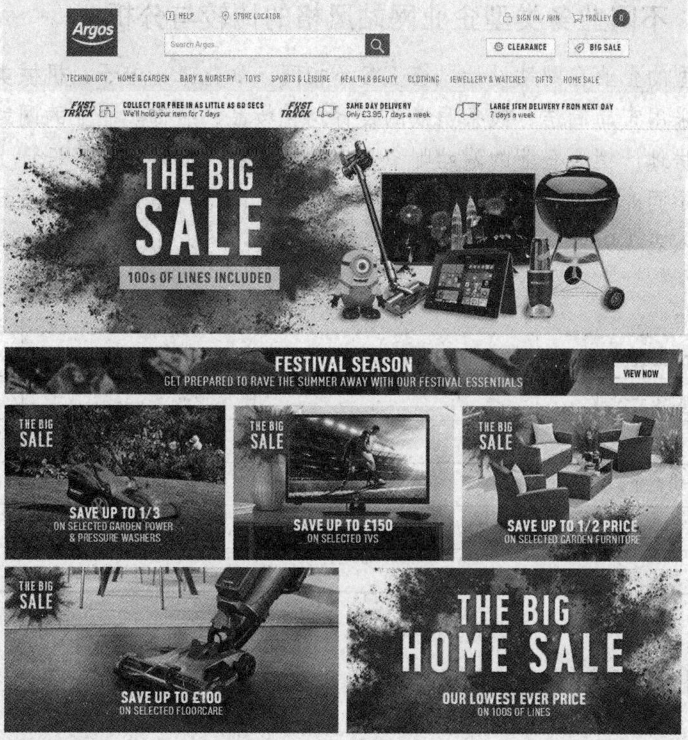

b.www.argos.co.uk

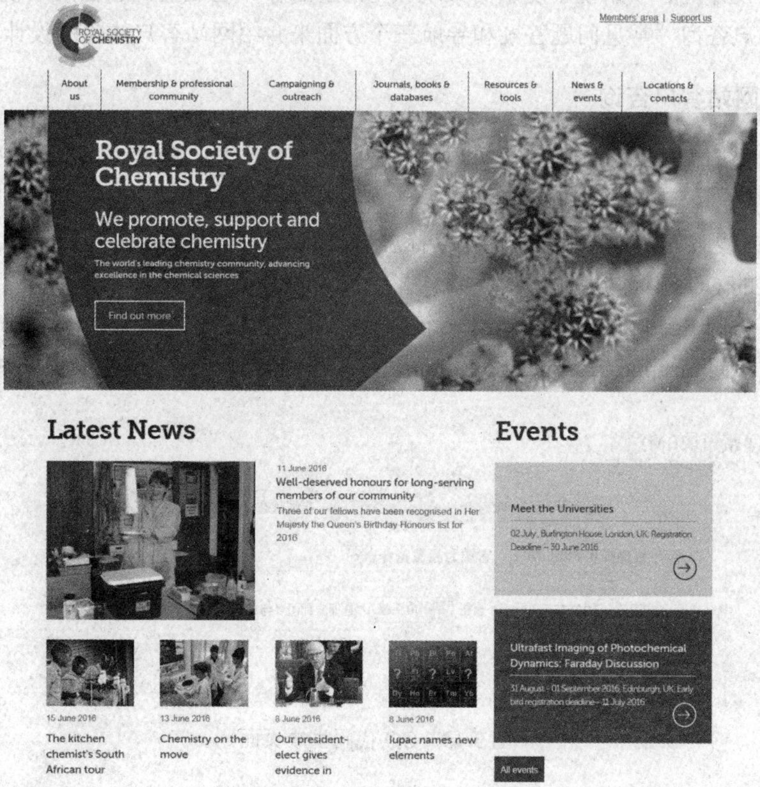

c.www.rsc.org

图 3-12　几组经典的国外网站风格设计（续）

第三章

技能训练 3-5　不同业务类型企业网站风格的比较与分析

不同业务类型的企业在网站设计风格上各不相同，如化工、电子、机械类产品的生产型企业，网站风格多采用布局简洁、线条明快的设计；化妆品、服饰类企业的网站则风格亮丽，多采用图片修饰；房地产销售企业的网站则多采用整体的图片设计，内容设计上也讲究艺术性。请上网搜索几家不同业务类型的企业网站，分析他们在网站风格设计上的差异，并给出自己的评价，将结果填入表 3-9。

表 3-9　网站风格分析表

序　　号	企业类型	企业名称	企业网址	网站风格分析
1	五金工具生产企业			
2	网络营销服务企业			
3	童装销售企业			
4	汽车销售企业			
结论与建议				

五、设计网站的客户体验

良好的客户体验，是营销型企业网站建设的基本要求，也是提高企业网站转化率的重要途径。客户体验设计是一项系统、复杂而又统领全局的工作，它涵盖到企业网站设计的每一个细节。下面从客户咨询、常见问题答疑和导航三个方面来介绍网站客户体验的设计。

1．设计网站客户咨询

网站客户咨询设计是为网站访问客户提供及时沟通的工具，网站可以借助一些工具来实现这些功能。

（1）QQ 在线服务。将客服人员的 QQ 标志挂在网上，如果访问客户登录了 QQ，就可以直接单击网页上的 QQ 图标与客服人员联系。

步骤一：访问 freeqqm.qq.com 申请一个 QQ 号码。

步骤二：访问 bizapp.qq.com/webpres.htm，进入腾讯客服在线代码生成页，如图 3-13 所示。

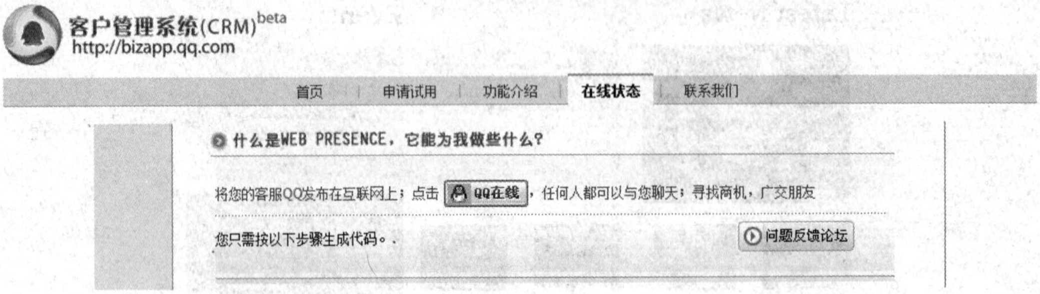

图 3-13　QQ 代码生成页面

步骤三：选择“在线状态图片风格”，输入 QQ 号码和网站，最后生成网页代码，如图 3-14 所示。

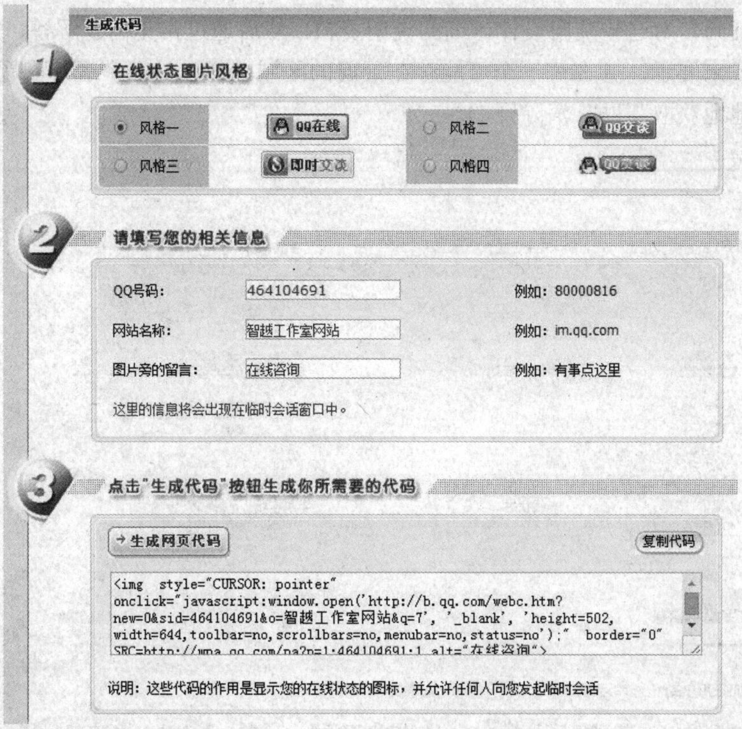

图 3-14　生成 QQ 网页代码

步骤四：将网页代码插入网站中放置 QQ 咨询窗口的地方，就可以在网页中看到 QQ 咨询的标志了。打开自己的 QQ 时，显示 QQ 在线状态，网站访客就可以通过点击它直接向网站值班人员咨询信息了。

QQ 在线标志举例一1： 

QQ 在线标志举例一2： 

（2）设置阿里旺旺的“旺遍天下”。如果企业是阿里巴巴的会员，而且潜在客户中阿里巴巴会员比例也很大的话，企业网站中可以加入阿里旺旺的“旺遍天下”功能，设置在线旺旺业务咨询服务。

步骤一：访问网站 page.1688.com/html/wangwang/download/windows/wbtx.html?asker=ATC_message（以 Windows 版本为例）。

步骤二：选择风格，输入阿里旺旺的号码并生成网页代码，如图 3-15 所示。

步骤三：复制代码并插入网页源代码中放置阿里旺旺“旺遍天下”的地方，就可以利用阿里旺旺来进行在线咨询服务了。

2．设计网站常见问题答疑（FQA）

在网站建设过程中，要尽可能站在用户角度，分析用户访问过程中可能产生的操作或对企业业务存在的疑问，为这些疑问设计详细的说明资料，然后通过常见问题解答、知识库、留言、在线咨询等方式来展示，并在每一个可能存在疑问的区域中都设计一个解答问题的链接，让用户可以随时随地地获取帮助、消除疑虑。

图3-15 生成阿里旺旺网页代码

3．设计网站导航

网站导航是影响用户体验最直接的一个因素。一个网站能否提供丰富友好的用户体验，网站导航设计至关重要。简单直观的导航，不仅能提高网站易用性，而且方便用户找到想要的信息，从而有助于提高用户转化率。

要想让企业网站的导航设计能够让用户产生良好的体验，就要站在用户的角度，分析用户在访问每个信息节点时希望获取的信息，并设计相应的链接，使用户能直接找到下一步想要了解的信息。同时还应设计好页面的回路，以便在新窗口中打开页面后，用户不会在众多信息页面中迷失回路。产品信息页面的客户体验设计如图 3-16 所示。

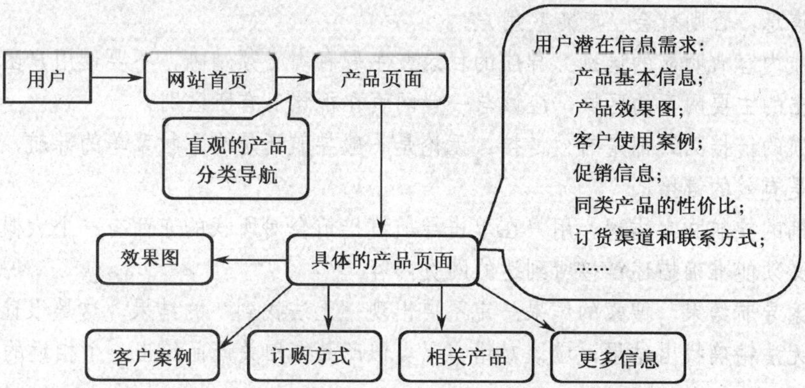

图 3-16　产品信息页面的客户体验设计

技能训练 3-6　网站客户体验分析与诊断

以××公司企业网站为例，分析该网站在客户体验设计方面的优点和不足，撰写《××公司网站客户体验设计诊断报告》。

阅读材料 3-4　如何设计网站导航

1. 网站导航设计易用性问题

网站的导航，包括顶部、底部和侧面的导航都应该尽可能地令用户易用，保证用户“想”看到的在尽可能显眼的位置，导航里的各要素应该反映出各个目录和子目录，以及各个主题之间的逻辑性、相关性，以便帮助用户找到主要相关内容。

（1）辅助导航。为用户提供一个直观的指示，让用户知道现在所在的网站位置，每一级位置的名称都有链接可返回，每一个网页都必须包括辅助导航以及左上角的网站 Logo。

（2）网站 Logo 链接。每一个出现的网站 Logo 都要加上回到网站首页的链接，用户已经习惯了单击网站 Logo 作为回到网站首页的方法。

（3）导航条的位置。主导航条的位置应该在接近顶部或网页左侧的位置，如果因为内容过多需要子导航，要让用户能够容易地分辨出哪个是主导航条，哪个是某一主题的子导航条。

（4）联系信息。“联系我们”网页的链接或者直接呈现详细的联系方式，必须在网站的任何一个网页中都可以找到。

（5）导航使用的简单性。导航的使用必须尽可能简单，避免使用下拉或弹出式菜单导航，如果一定得用，那么菜单的层次不要超过两层。

（6）网页指示。应该让用户知道现在所看的网页是什么，以及与现在所看网页的相关网页是什么，例如通过辅助导航“首页 > 新闻频道 >新闻全名”里对所在网页位置的文字说明，同时配合导航的颜色高亮，可以达到视觉直观指示的效果。

（7）已浏览网页的指示。最简单的方法是将已单击过的链接设置变色，如果链接不在同一网页，可以在其他位置显示用户已浏览过的内容。

（8）登录入口和出口。登录入口和出口要在全网站的每一个网页都可以找到，让用户进入任一网页都可以登录和退出。

2．网站导航设计功能性问题

导航的功能设计可以提高或降低整个网站的表现，功能完善的导航可以让用户快速地找到想要查看的信息，否则就会“赶走”用户。

（1）导航内容有明显的区别。导航的目录或主题种类必须清晰，不要让用户困惑，而且如果有需要突出的主要网页的区域，应该与一般网页在视觉上有所区别。

（2）导航的链接必须都是有效链接。无论是一般导航还是有下拉菜单的导航，里面所有的文字都应该是有效的链接。

（3）准确的导航文字描述。用户在单击导航链接前会对所找的东西有一个大概的了解，链接上的文字必须能准确描述链接所到达的网页内容。

（4）搜索导航结果。搜索的结果一定不要出现“无法找到”的结果，这是很让用户失望的答案，如果无法精确找出结果，应该对错字、类似产品或相关产品给出一个相近的模糊结果。

3．网站导航设计的优化

一个测试网站导航的方法就是去竞争对手以及其他一些网站，针对其网站导航，记录下哪些喜欢，哪些不喜欢，并对异常现象进行简单记录。做完这些工作后再回到自己的网站走同样的流程对比一下，这样就会找到一些优化网站导航的方法。

当然上述方法不够全面，不能只依赖个人用户经验，可以发动身边不同年龄和不同互联网应用水平的用户、了解和不了解网站的用户，都到网站“独自走一下”，并回访或让他们记下一些问题或意见。完成以上工作后相信你可以很好地优化网站导航，从而改善用户体验。

（资料来源：Stony digester，www.mkteasy.com，2007-12）

六、规划网站的后台管理

任何一个商务网站都必须有一个健全的后台管理系统作为支撑。良好的后台管理是网站后续信息更新、客户关系管理和推广效果分析的重要基础。企业在进行网站后台规划时，要从企业网络营销业务管理的角度出发，规划好不同部门在网站管理中的权利和职责，如信息发布、客户咨询、网站流量统计与分析、客户订单处理等。所以，在后台管理模块中，要将这些要素一一考虑进去，而不是仅仅设计一个简单的后台管理系统，给今后的管理带来麻烦。一般来说，企业营销型网站至少需要配备以下几个后台管理功能模块。

（1）信息发布管理模块。该模块用于发布与企业有关的新闻报道、促销信息、加盟合作信息和供求信息。

（2）产品管理模块。该模块用于发布和更新企业产品信息。

（3）客户咨询管理模块。该模块用于在线客户咨询和客户留言处理。

（4）网站流量统计模块。该模块用于监控网站访问者信息，包括访问时间、访问者地域来源、搜索引擎来源、客户端配置、访问页面等信息。网站流量管理软件可以使用网络中的免费软件，如百度、Google、一统天下等网站都可以提供免费的流量统计功能，也可以购买具有高级功能的付费软件。

七、安装网站流量统计软件

流量统计软件是评估企业网络营销效果、反馈推广宣传效果、分析客户行为的一个重要工具，是企业网站管理必不可少的工具。对于中小型企业网站，流量统计软件可以使用免费或者付费的软件。下面以 ItSun 网站流量统计工具为例进行介绍。

1．了解网站流量统计软件的主要功能

（1）统计基本信息。可统计的基本信息主要包括最近 50 位访问者、当前在线列表、今日访问者列表、最近 24 小时统计、今日来路统计、今日搜索引擎统计、今日搜索关键字、昨日时段统计、网站统计摘要、小时统计报表、日统计报表、Alexa 工具条统计、周统计报表、月统计报表、年统计报表、客户端情况统计、用户操作系统统计、用户浏览器统计、屏幕分辨率统计、访问者地区统计、访问统计分析、访问者来路统计、搜索引擎统计、搜索关键字统计、访问者访次统计、C 段 IP 地址统计、页面受欢迎度统计等。

（2）提供非常精确的 IP 地理位置统计（精确到城市）。可以查看到访问网站的每一个用户来自什么位置，同时将所有访问网站的用户地区汇总，分析出各个地区的访问比例。

（3）统计网页浏览情况。除统计每位访问者的 IP 地址外，还统计网站的页面浏览（PageView，PV）情况，也就是说，记录网站每位访问者的每一次点击。

（4）记录每一个时段访问网站的情况。将每天的数据汇总，生成 24 小时访问报表，据此可以知道一天中各个时段的访问情况。

（5）记录访问网站每一个 IP 的来路情况。经汇总可以了解访问者主要是通过哪些网站进入网站的。

（6）统计出通过各大搜索引擎（如百度、Google 等）搜索进入网站的情况。可以查看到访问者是通过搜索哪些关键字查找到网站的。

（7）对每个访问者的访问次数进行分析排序。这样可以知道哪些用户经常访问网站。

（8）列出当天的全部访问用户。

2．安装流量统计软件

步骤一：访问 www.51.la/index.asp 并注册免费会员，如图 3-17 所示。

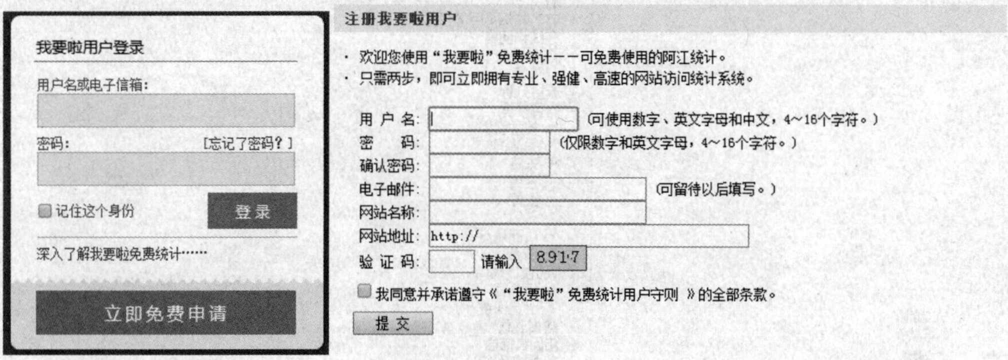

图 3-17 51.la 网站注册页面

步骤二：登录账号，开通流量统计功能，如图 3-18 所示。

步骤三：获取代码。开通网站后在登录状态下找到左下角的“获取统计代码”链接，可以获取相应代码，如图 3-19 所示。

步骤四：在网站首页源代码中插入代码（一般放置在首页的底部）。放入代码后，如果在网站底部看到对应的显示图标，就表示流量统计工具安装成功。

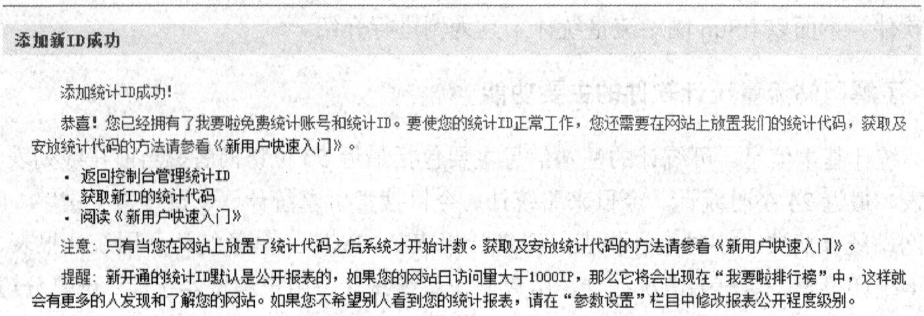

图3-18　在51.la网站开通流量统计功能页面

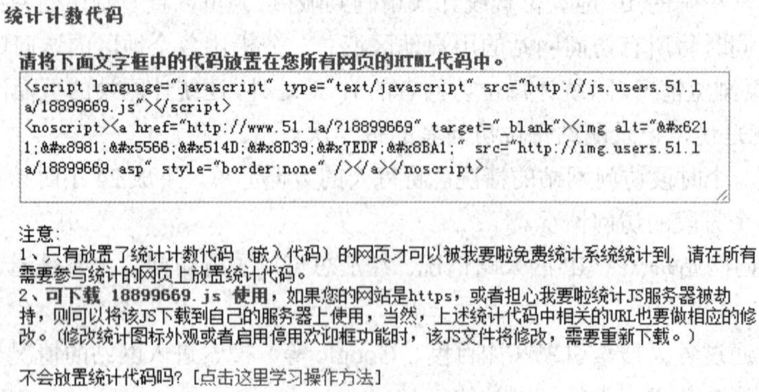

图3-19　获取统计代码

步骤五：查看统计效果。企业相关人员需要查看网站流量统计数据的时候，可以直接访问51.la网站，也可以单击企业网站首页中的统计标志进入登录界面，登录企业用户账号后就可以查看企业网站流量统计情况，如图3-20所示。

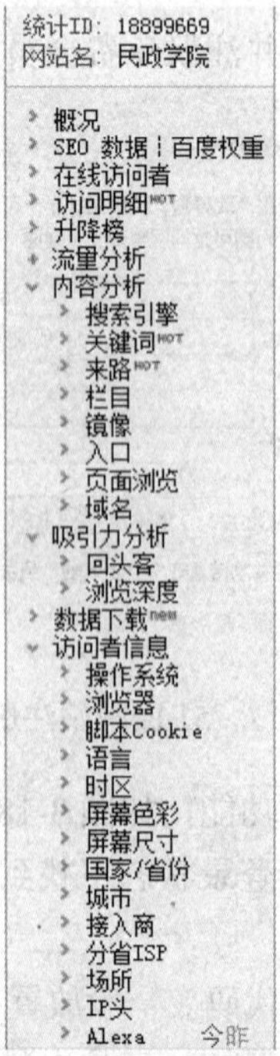

图3-20　查看企业网站流量统计页面

八、测试网站的效果

企业网站好坏直接影响企业在网络世界中的形象，也影响企业网络营销业务的顺利开展。所以，企业网站建设好后，在正式发布之前，进行网站可行性测试是很有必要的。

1. 网站测试的内容

网站测试的内容主要包括以下四个方面。

（1）基本测试。基本测试包括色彩的搭配、链接的正确性、导航的方便性和正确性、CSS应用的统一性等内容的测试。

（2）网站优化测试。检测网站是否经过搜索引擎优化，网站的架构、网页的栏目与静态情况等。

（3）安全性测试。要对网站的安全性（服务器安全、脚本安全）、可能有的漏洞进行测试，还包括攻击性测试、错误性测试等；还要对电子商务的客户服务器应用程序、数据、服务器、网络、防火墙等进行测试。

（4）性能测试。进行连接速度测试，用户连接到电子商务网站的速度与上网方式有关；负载测试，在某一负载级别下，检测电子商务系统的实际性能，也就是能允许多少个用户同时在线，可以通过相应的软件在一台客户机上模拟多个用户来测试负载；压力测试，测试系统的限制和故障恢复能力，也就是测试电子商务系统会不会崩溃。

2. 网站测试的方法

尽管企业网站要测试的内容非常广泛，但不同的企业、不同功能定位的网站、在网站的不同发展阶段，所要关注的关键性指标各不相同。下面介绍两种最常见的网站测试方法。

（1）测试网站的访问速度。网站的访问速度如何，网站客户是否能忍受，是任何一个网站都必须考虑的问题。访问奇云测网（ce.cloud.360.cn/task），输入要测试的网址 www.csmzxy.com，如图 3-21 所示。

平均速度排行

名次	省份	平均速度(KB/s)
1	广东	65.37
2	陕西	61.47
3	贵州	59.86

北京

监测点	运营商	总耗时/ms	解析时间/ms	连接时间/ms	下载时间/ms
北京市	电信	287.47	57.81	56.04	173.62
	电信	246.78	28.49	53.83	164.47
	联通	213.37	28.42	45.14	139.81
	移动	211.34	28.25	44.73	138.36
	联通	340.24	96.07	45.29	198.88
	教育网	707.76	102.54	156.83	448.38
	联通	345.55	28.49	155.42	161.65
	电信	347.06	100.39	47.18	199.49
	电信	568.87	328.72	56.32	183.82
	电信通	2183.06	1966.23	53.3	163.53
	电信	暂无数据	暂无数据	暂无数据	暂无数据

图 3-21 测试网站反应速度是否正常

（2）测试网站链接。网站中的失败链接，会极大地伤害用户体验，影响用户对网站的评价，也会让用户因为链接失败而无法获取想要的信息。所以，企业网站在发布之后，要有专人仔细检查网站的所有链接，以确定是否存在无效的链接，并及时更正错误的链接。

有些网站链接数量庞大，可以借助站长工具类网站提供的检测系统，对网站的死链接进行检测，如图 3-22 所示。

图 3-22 测试网站的死链接

技能训练 3-7 营销型企业网站的评测

请分别访问浏阳花炮（www.fireworks.roboo.com）、湖南怡清源茶业（www.yiqingyuan.com.cn）两家企业官网，依据表 3-10 对网站的各项指标评分，对网站存在的问题进行诊断，并提出优化策略。

表 3-10 营销型企业网站测评表

一级指标	一级指标说明	二级指标	分值	二级指标说明	浏阳花炮网		湖南怡清源茶业	
					得分	得分率	得分	得分率
首页 Flash 5 分	判断首页是否为 Flash，泛指各种未直接显示网站内容的情况，包括各种静态/动态图片、基于 JS 的动画等	首页 Flash	0	是				
			2	否，但打开速度较慢				
			5	否，且打开速度快				
视觉效果 15 分	整体视觉效果是否舒服，对页面尤其是首页的总体印象判断，是否美观、简洁，着重看颜色搭配和图片、动画应用（文字排版、字体、颜色是否和谐一致，包括字号是否可调、字体选择是否统一、内容排版是否合理）	文字	0	不统一				
			3	统一				
			5	统一且美观				
		图片	0	没有图片				
			3	图片简单粗糙，不美观				
			5	图片精美				
		排版	0	杂乱怪异				
			2	常规排版				
			3	舒适精美				
		颜色	0	不协调				
			1	协调但不适合				
			2	协调且适合				

续表

一级指标	一级指标说明	二级指标	分值	二级指标说明	浏阳花炮网 得分	浏阳花炮网 得分率	湖南怡清源茶业 得分	湖南怡清源茶业 得分率
公司介绍 10分	公司简介：成立时间、生产规模、部门设置、资质证书、公司动态等； 业务说明：业务范围、应用领域、常见问题、面向市场区域、货运付款条件等	公司概述	0	无				
			4	有				
		业务说明	0	无				
			2	有				
		公司动态	0	无				
			2	有				
		资质认证	0	无				
			2	有				
实力宣传 10分	客户案例：包括工程示例、客户列表，较适合服务类和工程类业务，包括滚动显示新增会员这一形式； 业内资讯：包括业界新闻、专业知识、文章评论、共享资源等	客户案例	0	没有				
			2	简单，数量、质量均较差				
			5	有详尽的客户案例介绍				
			8	介绍详尽真实且方式多样				
		业内资讯	0	没有				
			1	简单				
			2	详细				
产品展示 25分	具体产品配置、用途、设计说明、图示等	文字介绍	0	仅有产品名称				
			4	有简单产品说明				
			7	有详细产品说明及差异化特点				
			10	有丰富全面的产品说明				
		图片图示	0	没有图片				
			4	有图片，但展示慢，不清晰				
			7	图片清晰				
			10	多角度或应用展示				
		附加功能	2	有音/视频				
			2	有说明下载				
			1	其他有利于产品推广的方式				

续表

一级指标	一级指标说明	二级指标	分值	二级指标说明	浏阳花炮网		湖南怡清源茶业	
					得分	得分率	得分	得分率
站内搜索 15分	导航：内容分类是否合理、导航位置是否清晰明显、是否包含多种导航方式、跳转是否便捷； 站内链接：是否有忙、死、错、空链	导航	3	分类合理				
			3	导航清晰				
			3	返回便捷				
			3	有两种以上导航方式				
		链接	0	有忙、死、错、空链				
			3	无忙、死、错、空链				
电话显示 10分	是否位置明显、字体明显、有800免费电话	电话数量	0	没有				
			3	重点/核心页面有				
			5	全网站页面均有				
		显示位置	2	字体、颜色清晰明显				
			3	字体、颜色清晰明显且在首屏				
		免费电话	0	无				
			2	有				
其他联系方式 5分	IM、留言功能、在线订单	IM	0	无				
			2	有				
		留言功能	0	无				
			2	有				
		在线订单	0	无				
			1	有				
地址 5分	是否清楚明确，有助于体现企业形象	地址	0	无				
			3	有				
		地图	0	无				
			1	有				
		行车路线	0	无				
			1	有				
总体测评得分			100					

第三节　第三方网络营销平台建设

一、第三方网络营销平台的概念

第三方网络营销平台是指独立于产品或服务的提供者和需求者的第三方机构，按照特定的交易与服务规范，为买卖双方提供供求信息发布、商品搜索、交易洽谈、货款支付、商品物流等服务支持的网络服务平台，主要包括B2B、B2C、C2C等电子商务平台。这些平台为供应商和采购商（消费者）提供一个网上聚集的虚拟市场，提供产品展示、信息发布、业务推广、销售管理、客户管理、信用管理及支付与物流等多方面服务。大多数中小企业在实施网络营销战略时，会选择建设企业站点，还会在第三方网络营销平台上注册，为企业带来更多的商业机会。所以，对于中小企业来说，第三方网络营销平台是一个不容忽视的网络营销阵地。

除了建立自己的网站以及注册第三方网络营销平台外，企业还可以利用其他网络虚拟社区来发布企业和产品信息，达到宣传和促销的目的。所以，其他网络社区及媒体也是非常重要的网络营销平台。网络社区主要包括论坛（如天涯、猫扑、百度空间等）、问答类社区（如百度知道、搜搜问问、雅虎知识堂等）、讨论组、聊天室、博客、微博及其他社会性网络（如人人网、开心网等）等网上交流空间。特定主题的网络社区聚集了大量有共同兴趣爱好的人群，不仅具备交流的功能，实际上也成了一种营销场所。早期的网络社区如 BBS 是网络营销的重要场所，营销人员通过发布产品或企业信息达到宣传的目的，但随着网络社区逐步走向规范，纯粹的商业广告往往不受欢迎。因此，这就要求网络营销人员掌握一定的网络营销技巧，在发布信息时注重给消费者带来一定的价值。

对小米、京东这些“巨无霸”大企业而言，在互联网上要构建的，不单纯是网络营销平台，而是一个完整的网络商业生态系统。如图 3-23 所示为 2015 年小米的互联网商业生态体系。

图 3-23　2015 年小米的互联网商业生态体系

（资料来源：互联网资产管理研究院，www.sohu.com，2016-3）

对一家具体的企业而言，构建第三方网络营销平台，要结合自己的产品及行业特点，通过整合目标用户聚集的频道、社区、平台及网站等媒体，打造特色鲜明、风格统一的网络品牌，从而构建企业专属的网络商业生态体系。如某汽车品牌商家，可能会综合视频类网站、门户类网站、汽车行业类网站、搜索引擎类网站以及社交类网站等第三方平台，来构建全网覆盖的企业网络营销平台，如图3-24所示。

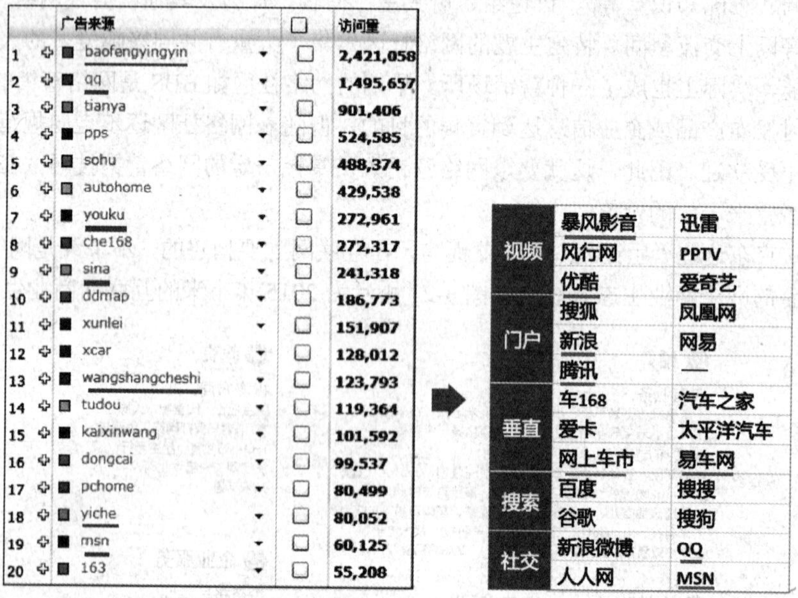

图3-24　某汽车品牌的网络营销平台构成及流量来源

二、第三方网络营销平台的优势

1. 价格优势

加入或参与第三方网络营销平台所需费用较少。如参加一次广交会价格为15万～30万元，时间仅为1～2星期；加入阿里英文站点每年费用为4万～6万元，而且其中文站点免费，每年花费几千元便可享受诚信通服务。

2. 信息优势

第三方网络营销平台采用专业化运作、专业化推广、专业化服务，往往知名度较高，信息量巨大。如钢为网（www.prcsteel.com），每天更新几百条专业信息；阿里巴巴每天有几百万条供求信息。

3. 技术优势

第三方交易市场较大的交易规模和其必备的管理技术力量，能较好地体现该模式的一般技术优势。

4. 集聚优势

信誉好的第三方交易市场往往能够吸引一大批企业加盟，从而积聚数量庞大的企业数据库，这种积聚优势往往具有良好的示范效应。如阿里巴巴有几百万名客户，每天的流量数以千万次，是任何传统市场都无法比拟的。

5. 管理优势

良好的网络营销平台有专业人士进行维护，企业无须再提供专门技术人员进行管理。

三、第三方网络营销平台的评价与选择

1. 第三方网络营销平台的评价

对企业来说，第三方网络营销平台有多种选择，就像传统营销渠道设计，可以根据潜在客户的分布进入不同地域、不同层次、不同品类的贸易市场。一般来说，选择平台的方法和指标如下。

（1）平台的基本指标。平台的基本指标主要包括平台的类型、平台的客户分布、平台提供的主要功能、平台使用费用等基本要素。

（2）平台的实力指标。平台的实力指标是反映平台竞争地位的指标，主要包括网站会员数量、网站每日信息发布数量、网站的全球排名、网站的社会影响、相对同类网站的优势等。

（3）平台的可信度指标。这是反映平台中企业和信息的真实性指标，主要包括平台企业可信度、平台发布信息可行度、平台对企业和信息管理的力度。如在阿里巴巴中文站点，企业可以免费注册，所以很多企业信息不可靠，但平台同时提供了良好的企业诚信评价管理体系，并在信息发布的管理上控制得很严格。

（4）平台和企业业务的匹配度。这个指标主要反映平台是否适合企业达到网络营销战略目标，主要包括平台的客户分布和企业目标客户是否一致、企业竞争者在该市场的分布情况、平台的功能是否符合企业的期望等。

2. 第三方网络营销平台的选择

企业要选择具体的第三方网络营销平台开展网络营销推广，可以从以下几个方面着手。

（1）搜索第三方网络营销平台。在虚拟网络世界中考察市场，一方面可以靠平时的积累，另一方面可以通过搜索引擎获取，同时企业也可以请专业的网络营销服务公司推荐适合企业的平台。

（2）收集第三方网络营销平台的评价数据。在网络营销平台评价中，评价指标的数据收集是一项最为重要的工作，下面以中国五金网为例介绍几个基本数据的具体收集方法。

① 网站企业会员注册数量。在搜索项目中选择“公司”，关键字采用“公司”或“厂”（有的平台也可以采用空白关键字），确定好行业搜索范围为“不限分类”，单击“立即搜索”按钮就可以了解该平台公司库的数量，如图 3-25 和图 3-26 所示。

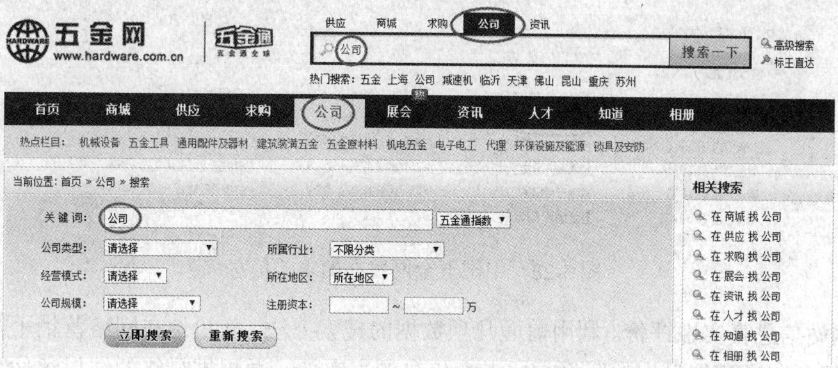

图 3-25　中国五金网搜索界面

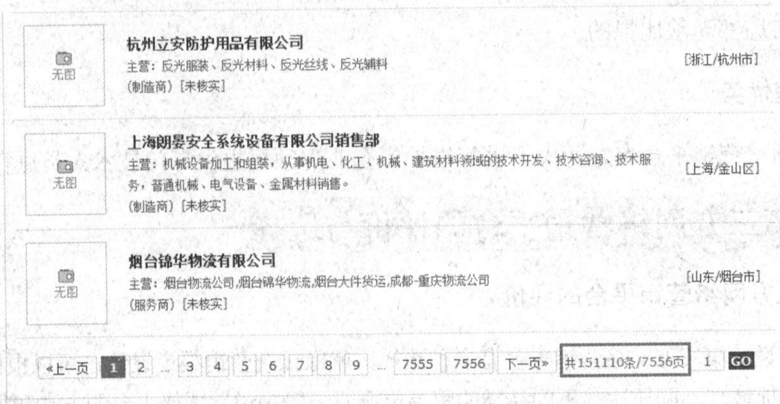

图3-26　中国五金网企业会员注册数量

② 供求信息数量。在“供应”/“求购”下方，有按行业类别发布的供求信息，如图 3-27 和图3-28 所示。

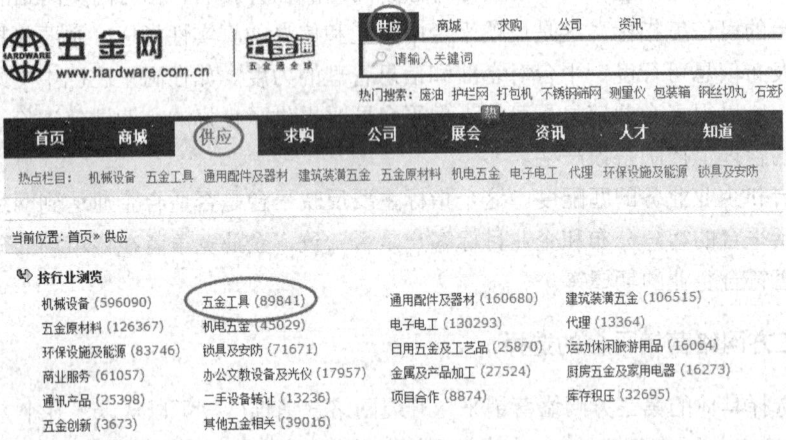

图3-27　中国五金网发布的供应信息

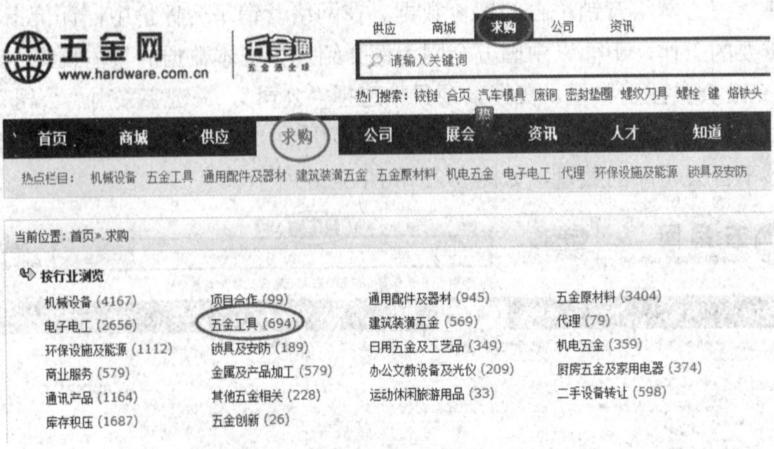

图3-28　中国五金网发布的求购信息

③ 网站信息真实性评价。利用前面几项数据的搜索方法，随机地在网络营销平台中搜索不同信息各五条。通过信息中的联系方式考察信息的真实性，并根据最终的结果评估该平台信息

的真实性情况。需要特别注意的是，在评价网络营销平台时，除直接考察平台各个数据外，还可以从平台论坛和搜索引擎中获取该平台的评价信息。

（3）收集第三方网络营销平台的其他重要数据。Alexa（www.alexa.com）是一家专门发布网站世界排名的网站，它提供的网站排名、网站综合浏览量等数据对企业很有参考价值。

① Alexa 排名。Alexa 排名是 Alexa 公司按照网站的访问量而给全球网站的一个名次，它的数据来源于浏览器安装了 Alexa 工具条的用户网站。该排名虽然存在很多不足，但从整个互联网来看是最有权威性的，所以该数据是很多网站评价中的一个重要数据。

步骤一：打开 alexa.com 网站，在 Search 栏目中输入要分析的网站，单击“Search”按钮，如图 3-29 所示。

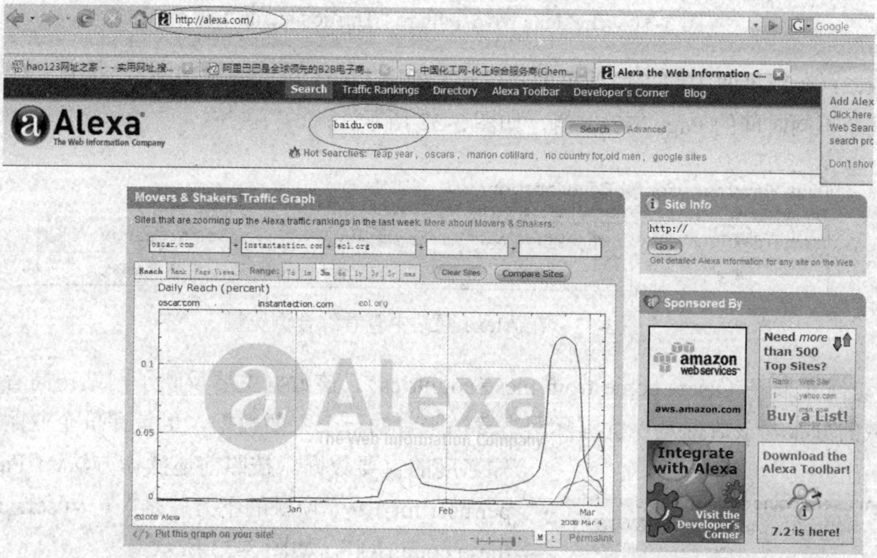

图 3-29　Alexa 首页网站搜索

步骤二：在打开的页面中单击“Overview”链接，就可以看到网站的 Alexa 排名，如图 3-30 所示。

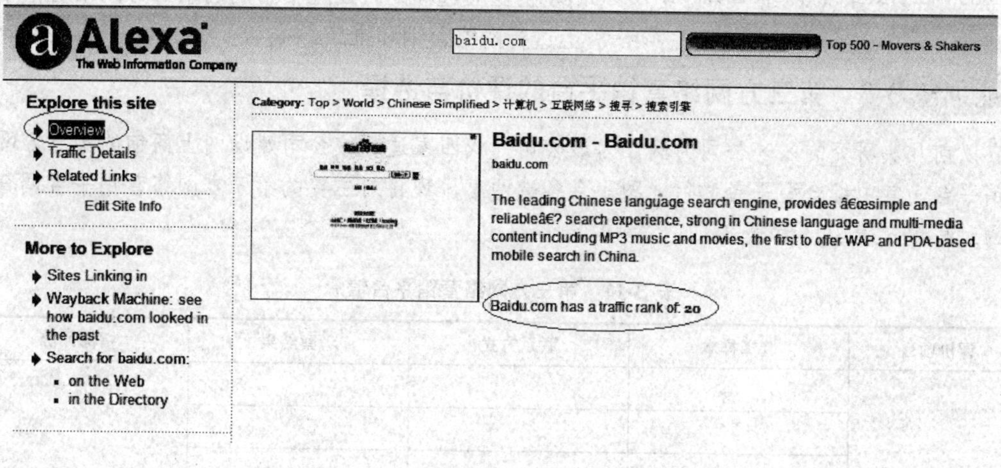

图 3-30　在 Alexa 网站中查看网站排名

② 综合浏览量（Page Views）。综合浏览量是指网站各网页被浏览的总次数。该数据反映

了一个网站各页面的吸引力，该数据说明网站的访问者能较长时间留在该网站。综合浏览量也是评价一个网站的重要数据。

步骤一：参考获取Alexa排名的方法，单击“Traffic Details”链接，如图3-31所示。

图3-31　在Alexa网站中单击“Traffic Details”链接

步骤二：在新页面中向下拖动页面，找到“Page Views per user for……”项目，就可以获取该网站几个不同时间的Page Views值，如图3-32所示。

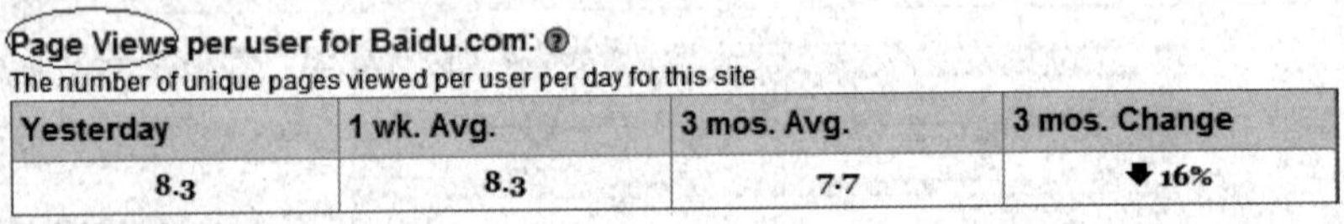

图3-32　在Alexa网站中查看综合浏览量

③ 访问者来路（users come from these countries）。该数据主要反映了网站访问者不同国家或者地域的分布。该数据是评价国际网络营销平台的一个主要数据，也是评价企业网站在国外知名度的重要数据。按照前述操作方法，“Page Views per user for……”项目的下方就是“……users come from these countries”，如图3-33所示。

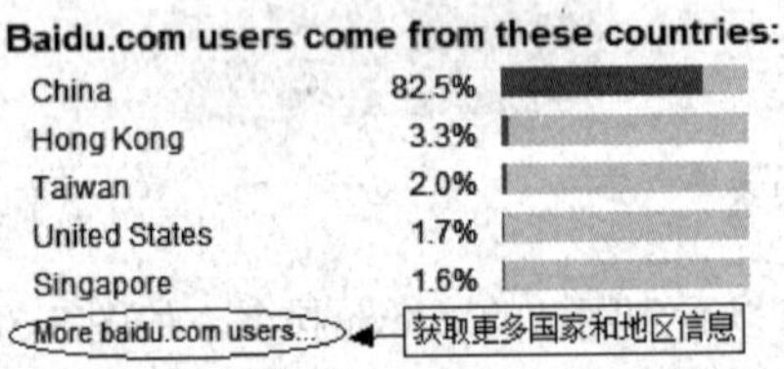

图3-33　在Alexa网站中查看访问者来路

（4）选择第三方网络营销平台。企业选择网络营销平台受许多因素影响，在做出抉择前，可对影响企业选择的各项指标评分，以便于进行最后的决策。一般情况下，企业应选择同时在几个不同的第三方网络营销平台上进行网络营销和推广。

技能训练3-8　第三方网络营销平台的评价与选择

以前几次研究的××公司为例，为该公司寻找四家适合该公司建设网上商铺的第三方网络营销平台，其中综合型平台和行业型平台各选两家。现将对主要的第三方网络营销平台调查分析的过程填入表3-11和表3-12。

表3-11　第三方网络营销平台信息

评价项目	选择样本	联系方式	考察结果	指标评价
注册会员信息				

续表

评价项目	选择样本	联系方式	考察结果	指标评价
供求信息				
客户分布信息				
总体评价				

表 3-12　第三方网络营销平台的评价与选择

平台名称：　　　　　　　　　　　　平台地址：　　　　　　　　　　　　编号：

序号	一级指标	二级指标（分值）	描　述	和企业期望符合程度	打　分
1	基本情况	平台类型（2）			
2		客户分布（5）			
3		平台主要功能（8）			
4		平台收费情况（8）			
5	实力指标	平台会员数量（10）			
6		每天供求信息数量（10）			
7		Alexa 排名（8）			
8		每日访问量（8）			
9		……			
10	可信度指标	企业信息真实性（10）			
11		供求信息真实性（10）			
12		平台诚信管理机制（15）			
合　计					
分析结论（是否选择）					

四、建设第三方网络营销平台

当企业确定了要加入的第三方网络营销平台后，就可以在上面搭建企业商铺了。企业商铺的建设一般采用以下几个步骤：在网络营销第三方平台注册；上传企业产品和服务信息；在平台中和平台外推广企业；安排专人管理平台；评估平台推广效果。

1. 在第三方网络营销平台注册

当选择好合适的平台后，接下来要在该平台注册，获取账号。有的平台是免费的，有的则需要付费。

企业注册后就需要装修企业的商铺。一般来说，第三方网络营销平台可以提供以下几个方面的功能来让企业在网络世界中展示自己。

（1）基本信息：企业的公司介绍、经营活动、公司历史、联系方式等。

（2）品牌展示：上传展示企业品牌的图片，如厂房、公关活动图片等，同时还可以发布企业内部信息和与企业相关的新闻报道。

（3）实力展示：主要提供各种证书的展示，如质量认证、免检证书、获奖证书等。

（4）人才招聘：可以发布企业的人才招聘信息。

如果企业申请了几个不同的第三方网络营销平台，通常会统一企业的宣传信息。需要注意的是，不同平台拥有不同的目标客户群体，他们对企业信息的关注偏好有所不同，所以企业在宣传推广中应各有侧重。例如，企业在面向国外市场进行宣传展示时，各种权威证书、产品描述是被关注的敏感信息，就应该有所突出。

2. 上传企业产品和服务信息

在企业产品和服务描述中应该注意两方面信息：产品和服务的分类是否清晰、是否符合平台的要求；产品和服务的介绍是否详细、图片是否清晰、产品描述数据是否清楚。

3. 在平台中和平台外推广企业

第三方网络营销平台中的企业众多，企业如果不主动出击来宣传自己，就可能会被淹没在信息的海洋中了。要在平台中宣传，企业首先就应该了解潜在的合作对象是如何搜索客户的，了解平台中企业宣传和搜索排名的规则。要在第三方网络营销平台中扩大自己的知名度，企业可以采取以下措施。

（1）购买平台为企业提供的网络广告位，购买产品搜索的关键字排名等。

（2）分析平台的搜索排名规律，通过关键字设计、增加发布频率、掌握发布时段、利用产品分类技巧等方式，争取更多的企业及产品展示机会。在这一过程中应该注意，不要违反平台关于产品和供求信息发布的规则。

（3）在平台社区中发布信息，获得他人的关注。平台的社区是平台中众多会员交流和展示的场所，企业可以在社区中通过发帖的形式获取关注，提高企业的曝光次数，但需要注意网络礼仪。社区营销的详细策划可以参考本书第四章推广章节的内容。

（4）主动出击，搜索并主动联系潜在客户。企业可以在平台中搜索潜在客户，并通过交流平台主动向潜在客户发布合作信息。

（5）利用传统的渠道让客户知道。

4. 安排专人管理平台

企业注册第三方网络营销平台后就相当于在虚拟世界中建设了一个或者多个店铺，这些店铺将是企业在网络虚拟市场中与潜在客户接触的渠道。因此，企业应该像管理实体店铺一样，做好客户的接待、咨询和日常店铺管理等具体工作，具体内容如下所述。

（1）及时处理客户订单，及时回复客户的业务咨询。

（2）及时将订单的处理情况通过即时通信工具、电话、邮件和留言等方式通知客户。

（3）做好产品及供求信息的更新，管理日常的宣传推广。

（4）及时收集相关信息，监控各第三方网络营销平台的实施效果。

（5）密切关注竞争对手在各网络营销平台中的动向，及时汇总上报，并给出有针对性的对策建议。

5. 评估平台推广效果

在第三方网络营销平台实施网络营销推广方案后，要经常对各项活动的效果进行总结，探索不同平台的网络营销运营规律，以提升网络营销实施的效果。

技能训练 3-9　在阿里巴巴国内站搭建企业商铺

以××公司为例，帮助企业在阿里巴巴国内站（www.1688.com）注册一个商铺，并在商铺中上传企业的产品和服务信息，然后分析阿里巴巴普通会员和诚信通会员在商铺建设上的异同。

第四节　企业网站诊断

网站诊断是分析网站是否有利于搜索引擎检索、是否给浏览者良好的交互体验，以及是否利于网络营销开展的一种综合性判断，包括网站自身剖析，定位、模式分析，在行业中的竞争性分析，短期规划与长期战略发展对策等内容。具体而言，网站诊断是根据网站所在行业、竞争对手以及目标客户群体的特点，对网站易用性、网站营销推广等内容做深层次的分析，目的在于帮助企业了解网站自身情况，针对网站不足提出改进意见。一份完整的网站诊断报告，可指明企业网站的发展方向，大大降低营销决策上的失误。

一、企业网站诊断基础

1. 网站栏目诊断

网站栏目是一个网站的纲领，必须做到结构清晰、逻辑合理。网站栏目诊断的内容主要有以下几方面：原有网站的栏目设置是怎样的；用户最喜欢访问哪些栏目，哪些栏目乏人问津；栏目的名称看上去是否清晰；栏目层次是否过多，栏目之间是否相互补充，而不会互相重叠等。

2. 网站内容诊断

网站内容是一个网站的核心，只有内容完整的网站，才算是“活”网站。网站内容诊断主要包括以下几个方面：网站上公司介绍是否阐述完整；产品介绍是否突出核心卖点；服务内容和服务流程是否表述清晰；新闻是否保持定期更新等。

3. 网站界面诊断

网站界面设计决定了客户的停留时间与访问次数，也决定了客户对企业的印象。界面诊断主要包括以下几个方面：网站的设计是否与企业 VI（视觉识别）相统一；界面是否能够体现出行业属性和企业特色；网站界面的色彩是否适于阅读；界面布局是否重点突出、主次分明等。

4. 网站功能分析

只有提供易用且便利的功能模块，才能吸引客户深入使用，并愿意再次光临。网站的功能分析主要包括以下几个方面：网站功能使用是否方便、易用、快捷；网站功能是否有错误链接；网站功能流程是否合理等。

5．搜索引擎排名分析

网站的搜索引擎排名，对网络营销意义重大，在分析时应考虑以下几方面内容：在搜索引擎上搜索企业相关关键词时，企业是否能够排列在搜索页面前列；企业网站优化程度如何；网站排名如何等。

二、网站诊断实例分析

下面以汾酒集团公司为例，来阐述具体企业网站诊断过程。汾酒集团是一家国有独资公司，以生产经营中国名酒——汾酒、竹叶青酒为主营业务，是全国最大的名优白酒生产基地之一。

1．网站首页诊断

企业网址是www.fenjiu.com.cn，如图3-34所示，整个页面主色调为白色和红色，白色给人明亮、整洁的视觉冲击，而红色突出公司白酒产品的喜庆气氛及体现公司业务的蒸蒸日上。Banner广告较好地体现了企业形象，宣传了公司的产品。作为上市公司，网站在股票行情、定期报告等方面都做了详细介绍，提高了网站的可信度。

图3-34 企业网站首页

首页由四个部分组成：最上面是主菜单栏目以及一个Banner广告；中间分为四个小方块，分别是公司新闻、行业新闻、产品展台和产品搜索区；左侧分为四个小方块，分别是汾酒文化、集团OA系统、会员和企业注册登录区和下属企业；右侧分为四个小方块，分别是公司公告、饮酒健康、营销网络和友情链接；最下方是会员之家、联系我们、服务热线、客户反馈和企业版权。

2．搜索引擎优化分析

网站搜索引擎优化的分析指标主要包括以下几个方面：网站网页地址（URL）结构；网站PR值；被几大搜索引擎收录的情况；Google、百度关键词排名查询；网站标签检测及网站关键字等说明信息查询；网站Alexa排名；根据Alexa统计数据估算网站IP&PV值；站内链接检测。

（1）网站网页地址（URL）结构。汾酒集团网站的URL结构层次设置比较合理，符合一个企业网站 URL 结构设置不超过四层的要求。

（2）网站 Google 的 PR 值。Google 对汾酒集团网页首页的 PR 评价是 5，说明该网站在 Google 中的权重适中，如图 3-35 所示。

图 3-35　汾酒集团网站 PR 值

（3）网站被各大搜索引擎收录的情况。对汾酒集团网站在搜索引擎中的收录情况进行查询，如图 3-36 所示。

请输入你要查询的地址：www.fenjiu.com.cn　查 询

网址 www.fenjiu.com.cn在各大搜索引擎的收录查询结果　查看历史记录

搜索引擎	百度收录	百度反链	Google收录	SOSO收录	搜狗收录
收录数量	354	1万300	1400	613	

图 3-36　汾酒集团网站被搜索引擎收录情况

（4）关键词排名查询。输入网站的网址和关键词，可快速获取该词在搜索引擎 Google 上的排名。另外还可以登录查询服务器，或使用查询工具 tool.chinaz.com，对指定查询域名（如 www.fenjiu.com.cn）、指定关键词（如汾酒、杏花村、竹叶青酒）等进行查询。

通过 Google 查询关键词“汾酒”，集团公司网站排第 1，如图 3-37 所示。

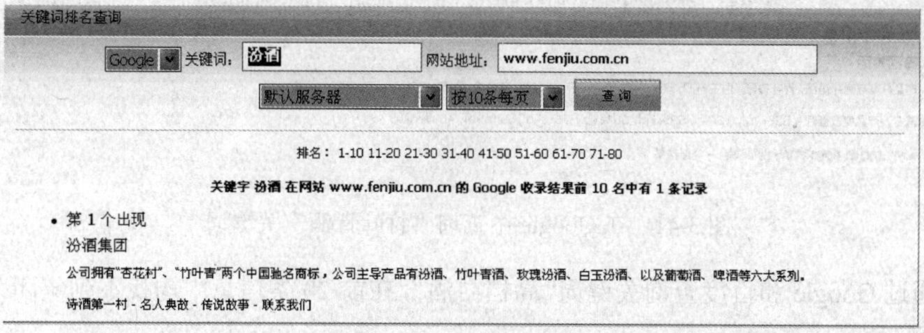

图 3-37　在 Google 中查询“汾酒”关键词

通过百度查询关键词“汾酒”，集团公司网站排第 1，如图 3-38 所示。

图 3-38　在百度中查询“汾酒”关键词

通过Google查询关键词“杏花村”，集团公司网站排第1，如图3-39所示。

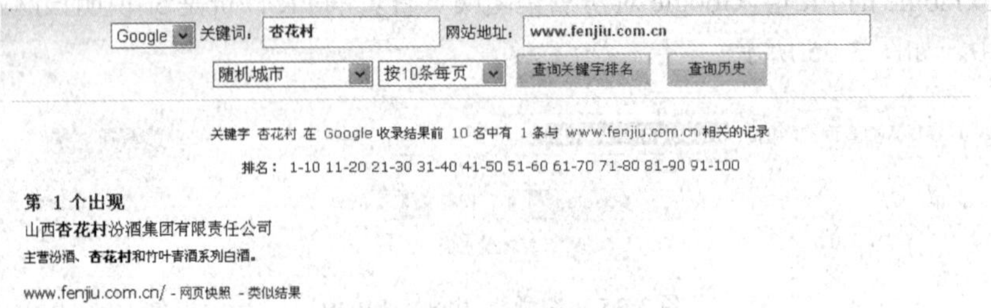

图3-39 在Google中查询“杏花村”关键词

通过百度查询关键词“竹叶青酒”，前20名无集团公司网站，如图3-40所示。

图3-40 在百度中查询“竹叶青酒”关键词

通过Google查询关键词“竹叶青酒”，集团公司网站排第3，如图3-41所示。

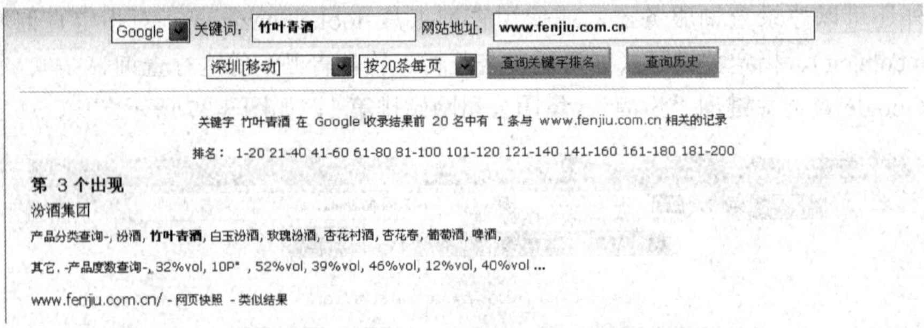

图3-41 在Google中查询“竹叶青酒”关键词

同时通过Google和百度查询关键词“高档白酒”，在前20条信息中均找不到集团公司网站，如图3-42所示。

图3-42 在Google和百度中查询“高档白酒”关键词

由此可见，查询公司名称“汾酒”、公司品牌“杏花村”、“竹叶青酒”这些关键词时，集团网站几大主流搜索引擎的排名一般靠前，但是查询“高档白酒”这类关键词，公司网站排名较差。

（5）网站标签检测及网站关键字等说明信息查询。经测试发现，集团公司网站每个网页的标题相同，没有准确表述该网页的内容；缺少网站关键词和网站描述，如图 3-43 所示，这不利于被搜索引擎收录。另外，图片还缺乏应有的 alt 说明标记，不利于搜索引擎收录。

网页META信息检测工具

请输入要查询的网址：www.fenjiu.com.cn　查 询

网址 http://www.fenjiu.com.cn META信息检测结果如下：

标签	内容长度	内容	优化建议
标题（Title）	4 个字符	汾酒集团	一般不超过80个字符
关键词（KeyWords）	0 个字符		一般不超过100个字符
描述（Description）	0 个字符		一般不超过200个字符

图 3-43　集团网站标签检测和关键词查询

（6）网站 Alexa 排名。集团网站的 Alexa 综合排名为 939 816，一月内，集团网站的排名趋势在上升，如图 3-44 所示。

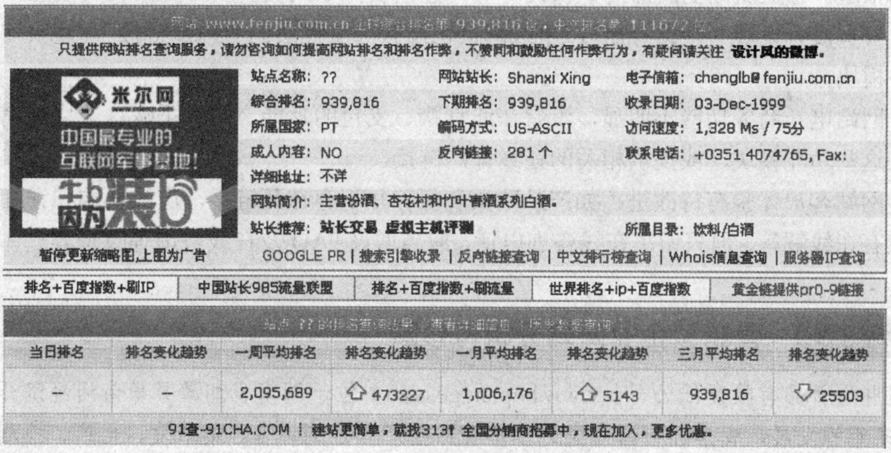

当日排名	排名变化趋势	一周平均排名	排名变化趋势	一月平均排名	排名变化趋势	三月平均排名	排名变化趋势
–	–	2,095,689	⇧ 473227	1,006,176	⇧ 5143	939,816	⇩ 25503

图 3-44　集团网站 Alexa 排名

（7）根据 Alexa 统计数据估算网站 IP&PV 值，如图 3-45 所示。

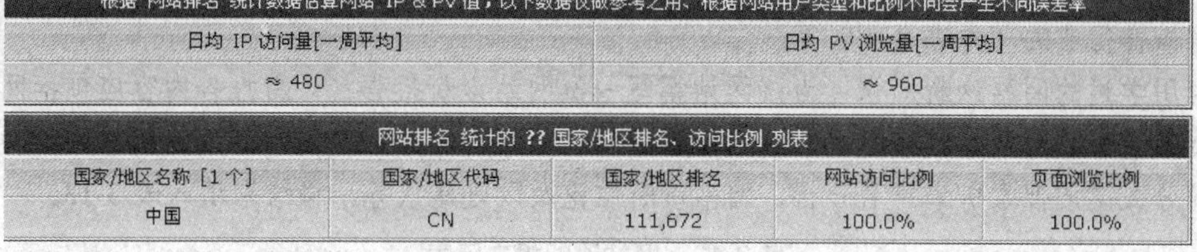
根据 网站排名 统计数据估算网站 IP & PV 值，以下数据仅做参考之用、根据网站用户类型和比例不同会产生不同误差率

日均 IP 访问量[一周平均]	日均 PV 浏览量[一周平均]
≈ 480	≈ 960

网站排名 统计的 ?? 国家/地区排名、访问比例 列表

国家/地区名称 [1 个]	国家/地区代码	国家/地区排名	网站访问比例	页面浏览比例
中国	CN	111,672	100.0%	100.0%

图 3-45　集团网站访问的 IP&PV 估计

（8）站内链接检测。通过站长工具网站检测集团网站的首页链接，发现有死链接，如图 3-46 所示。

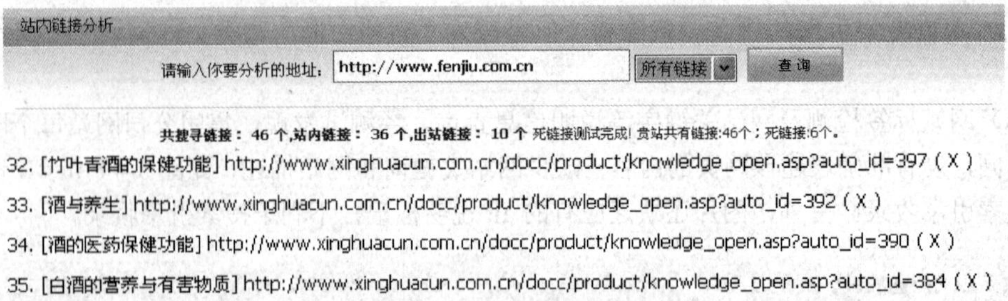

图 3-46 站内链接检测情况

3. 网站诊断结论及建议

综合以上诊断分析情况，对企业网站的优化给出如下结论与建议。

（1）导航栏栏目应该居中，网站导航字体应加粗。

（2）该企业网站所有页面都使用相同的标题，首页没有使用关键词，没有描述，导致搜索引擎收录不够丰富。建议完善每个网页的标签，并根据网页内容设置关键词和描述信息。

（3）一级栏目设置了 9 个，栏目过多，应减少总栏目数。另外，网站给浏览者的感觉就是网站信息量过小，重要信息不完整，因此有必要进一步充实网站内容。

（4）从网站新闻模块可以看出，网站信息量不足，内容更新不及时，有时一个月下来只有两篇新闻报道，行业新闻更新滞后，如此等等，建议安排专人负责及时更新相关信息。

（5）首页没有设置“网站导航”，下级网页也没有导航性质的“内部链接”，建议增加“网站地图”模块。

（6）网站电子商务功能不明显，没有在线订购、支付的功能，网上采购这一块纯属空白，建议增加这些功能模块，或提供相关的在线订购链接。

（7）网站客户体验有待改进，如产品购买和保养知识存在死链接，产品导购和详细说明知识等虽然有在线解答，但只留了在线咨询电话，应当增设 FAQ 及在线咨询等改善客户体验的功能模块。

技能训练 3-10　营销型企业网站分析与诊断

湖南胖哥食品有限责任公司（www.hnpangge.com）位于湖南省湘潭县易俗河经济开发区，经过 20 多年的发展，成为拥有国内先进槟榔食品生产和检测设备，集研发、生产、检测、销售于一体的现代化槟榔食品企业。公司产品涵盖青果、黑果两大类，拥有细纹路、纯香坊、糊涂味、A 感觉、清香 K 口为代表的数十种香型系列产品。在保持传统手工技法的同时，融入现代生产加工工艺，并不断研制和开发新产品，从而满足市场不同层面消费者的多样化需求，提高市场占有率。“胖哥”槟榔先后被认定为“中国驰名商标”、“湖南著名商标”、“湖南名牌产品”、湖南省槟榔行业的“先进企业”等。

利用学过的网站诊断知识，为该网站撰写一份网站诊断报告。诊断报告内容应包括网站概况、搜索引擎收录及反链接情况、网站栏目分析、网站内容分析、网站界面分析、网站功能分析、部分关键词搜索引擎排名分析、网站诊断结论及改进建议等，将结果填入表 3-13。

表 3-13　网站诊断报告简表

序　号	项　目	内　容
1	网站概况	
2	搜索引擎收录及反链接情况	

续表

序　号	项　目	内　容
3	网站栏目分析	
4	网站内容分析	
5	网站界面分析	
6	网站功能分析	
7	部分关键词搜索引擎排名分析	
8	网站诊断结论及改进建议	

知识结构图

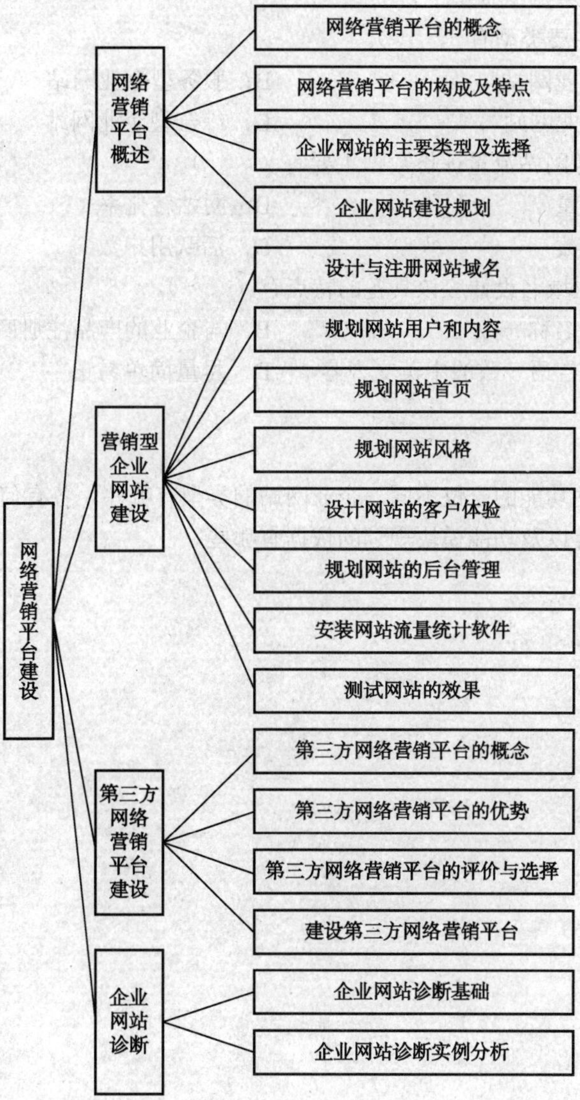

思考与练习

一、选择题

1．以下不属于网络营销平台的关键要素的是（　　）。

A．是否体现了以客户为中心的理念　　B．是否凸显了营销导向的建设原则

C．是否拥有复杂的技术支持系统　　D．是否拥有强大的后台支持系统

2．企业建设网络营销平台的方式有（　　）。

A．自建营销型企业网站

B．租借营销型企业网站

C．在第三方网络营销平台中构建企业商铺

D．租借第三方网络营销平台

3．企业网站的主要类型有（　　）。

A．信息型企业网站　　B．服务型企业网站

C．销售型企业网站　　D．综合型企业网站

4．B2C电子商务网站流量评价数据主要有（　　）。

A．网站访问量　　B．网站转化率

C．注册用户数　　D．活跃用户数

5．一个好的企业域名设计应该具备的特点有（　　）。

A．与企业的名称一致　　B．与企业的产品注册商标一致

C．与企业广告语一致的中英文内容　　D．尽量简单易记

二、简答题

1．根据企业网站功能的定位不同，企业网站的类型有哪些，各有何特点？

2．企业网站内容以及功能模块规划的依据有哪些？

参考答案

第四章　网络产品在线推广

学习目标

知识目标	理解网络推广的内涵和特性
	理解搜索引擎推广的营销价值和搜索引擎优化的含义
	了解网络广告的主要形式
	理解电子邮件推广的特点，知道企业开展电子邮件推广的基本形式
	掌握论坛推广的基本流程
	了解网盟广告的定义，掌握网盟广告的主要形式
	了解博客推广、微博推广、微信推广的类型及特点
	了解病毒式营销、事件营销、名人营销的定义
	了解数据库营销、网络公关的定义
技能目标	会将企业的网站在搜索引擎中登录，能参与搜索引擎关键词的竞价，能评估推广效果
	能从内容、结构、关键词等方面帮助企业网站实施搜索引擎优化工作
	能选择适当的媒介发布网络广告并评估广告效果
	能较熟练地开展电子邮件推广，并学会测试及评价
	能根据推广目标设计好主题和帖子，并能组织相关的回复
	能对网盟客户的需求进行合理的分析，根据推广目标，选择合适的网盟广告形式，制作简单的推广物料，并能正确发布网盟广告
	能恰当运用博客为企业进行产品或品牌宣传
	能根据企业推广目标设计合适的病毒源
	能借助网络热点事件帮助企业开展事件营销
	能恰当运用企业客户数据库开展数据库营销
	能正确处理企业网络公关危机

对一个企业而言，明确了自己网络产品的定位，也建好了网站等企业网络推广的大本营，接下来的事情就是要开展有合理投入产出比（Return On Investment，ROI）的网络推广活动了。

所谓网络推广，就是指利用互联网进行的宣传推广活动，包括搜索引擎优化（SEO）、搜索引擎营销（SEM）、网站联盟、网站广告等。被推广对象可以是企业、产品、政府、个人等。现在要探讨的主要是以产品或服务在线销售为主要目标的企业产品的在线推广。

从广义上讲，企业从申请域名、租用空间、网站备案、建立网站、网站正式上线，就算是开启了企业的网络推广序幕。网络推广与传统的线下推广一样，都是企业营销推广整体战略的重要组成部分，其核心的指标是要给企业带来销量的增加和利润的增长，并获得合理的投资回报。

网络推广和网络营销是不同的概念，网络营销偏重于营销层面，更重视网络营销后是否产生实际经济效益；而网络推广重在推广，更注重的是通过推广后，给企业带来的网站流量、世界排名、访问量、注册量等，目的是扩大被推广对象的知名度和影响力。可以说，网络营销中包含了网络推广这一步骤，而网络推广是网络营销的核心工作。因此，对网络营销而言，不仅要追求更多的网站流量和访问量，更要关注点击率、转化率、客单价等关键指标的提升。

另外，网络推广也不同于网站推广。网站推广是网络营销极其重要的一部分，主要是指将企业网站推广到各大知名网站和搜索引擎，进而让在线用户通过网站了解并接受企业的产品和服务。因为企业网站是企业在互联网上的主要门户，所以很多网络推广都包含着网站推广。网络推广的范围更广泛，如借助于第三方电子商务平台或其他网络媒体来推广企业的品牌形象及产品服务等。

随着互联网技术的日新月异，网络推广手段也层出不穷。目前人们使用的网络推广手段数以百计，常用的主要有搜索引擎推广、网络广告推广、电子邮件推广、论坛推广、网盟推广、博客推广、微博推广等。

引导案例　澳优公司在线推广

澳优乳品（湖南）有限公司（以下简称澳优公司）成立于2003年9月，是一家中澳合资企业，是“澳优”奶粉系列与“能力多”婴儿食品系列产品中国市场总经销。澳优旗下现有两大品牌获得广大消费者认可，即“澳优”和“能力多”奶粉系列，其中“澳优”奶粉系列100%澳洲原产，在国内分装销售；“能力多”奶粉系列则是100%原装进口。澳优乳品由澳大利亚最大的乳品制造商——澳大利亚MG公司生产，MG公司生产的乳品占到澳大利亚市场的80%以上，世界乳品市场占有率为7%。

通过前期市场调研发现，澳优婴幼儿奶粉的主要购买者以一、二线城市的人群为主，大多是正在进行婴儿哺乳的母亲或怀孕的女性。这部分人群大都认为育婴对人一生只有一次，她们都希望给宝贝最好的照顾，因此，她们选择奶粉的时候会精挑细选，对每个品牌的产品进行认真比较，且容易受朋友、专家的影响。她们在购买时大都呈理性，注重品牌口碑，价格因素往往不是她们考虑的首要因素，产品质量才是影响她们选择的关键因素，且对产品质量的负面信息极其敏感。

在调查中还发现，澳优的目标客户上互联网的主要目的有以下几个。

- 浏览婴幼儿成长的相关信息。
- 分享和讨论哺乳的相关经验。
- 浏览有利于孩子健康成长的产品。
- 炫耀自己的孩子。

她们登录奶粉品牌网站的主要目的有以下几个。

- 了解产品或品牌的相关信息。
- 寻找利益点或者服务。
- 再次购买产品。
- 抱怨或者A&Q（问答）等。

因此，企业确定了网络推广的主要目标定位：那些处在生育阶段的女性。她们从准备，到怀孕、分娩，经历了相当长的一个过程，新生婴儿就是妈妈的全部世界，她们很累，压力大，时间被限制而且信息缺乏，她们渴望能够为孩子提供最好的营养，保证孩子健康快乐地成长。她们对奶粉的关注也是在这一过程逐一了解的。在这个过程中，每一个准妈妈、新妈妈有时都会感到忙乱，甚至有些手足无措。此时，她们在每一个阶段都在不停地摄取相关的知识，而且很需要一个对她们的情况了如指掌、能陪伴她们左右的好朋友。

【案例思考】

通过对以上案例的解读不难发现，作为企业的网络营销推广人员，在企业网络推广过程中，要充分满足这些（准）妈妈的需求，让澳优像专家、得力助手和朋友一样，无微不至地关爱宝宝与妈妈，让他们健康快乐每一天。为此，公司将启动自己的网络推广计划，确定网络推广的主要目标是通过搜索引擎推广、网络广告推广、电子邮件推广、论坛推广、博客推广、网盟推广等多种网络推广方式及手段的运用，加强澳优品牌美誉度、亲和度，搭建全新互动的电子商务平台，促进产品销量的增长和利润指标的提升。

第一节　搜索引擎推广

一、搜索引擎推广基础

搜索引擎推广是通过搜索引擎优化、搜索引擎注册排名，以及研究关键词的流行程度和相关性等方式，使企业相关信息在搜索引擎的结果页面取得较高排名的一种推广方式。

搜索引擎优化对网站的排名至关重要，因为搜索引擎在通过 Crawler（或者 Spider）程序来收集网页资料后，会根据复杂的算法（各个搜索引擎的算法和排名方法不尽相同）来决定网页针对某一个搜索词的相关度并决定其排名。当客户在搜索引擎中查找相关产品或服务时，经过专业的搜索引擎优化的页面，通常可以取得较好的排名。

1. 搜索引擎分类

搜索引擎按其工作方式主要可分为三种，分别是全文搜索引擎（Full Text Search Engine）、目录索引（Search Index/Directory）和元搜索引擎（Meta Search Engine）。

（1）全文搜索引擎。全文搜索引擎是名副其实的搜索引擎，国外具代表性的有 Google、Fast/AllTheWeb、AltaVista、Inktomi、Teoma、WISENut 等，国内具代表性的有百度。它们都是通过从互联网上提取各个网站的信息（以网页文字为主）建立数据库，再从数据库中检索与用户查询条件匹配的相关记录，并按一定的排列顺序将结果返回给用户，因而被称为真正的搜索引擎。

从搜索结果来源的角度来看，全文搜索引擎又可细分为两种：一种是拥有自己的检索程序（Indexer），俗称“蜘蛛”（Spider）程序或“机器人”（Robot）程序，并自建网页数据库，搜索结果直接从自身的数据库中调用，如上面提到的百度等七家搜索引擎；另一种则是租用其他引擎的数据库，并按自定的规则排列搜索结果，如 Lycos 搜索引擎等。

（2）目录索引。目录索引虽然有搜索功能，但在严格意义上算不上真正的搜索引擎，因为它仅仅是按目录分类的网站链接列表而已。用户完全可以不进行关键词（Keywords）查询，仅靠分类目录也可找到需要的信息。

目录索引中最具代表性的莫过于大名鼎鼎的雅虎，其他著名的还有 Open Directory Project（DMOZ）。目前纯粹意义上的目录索引已经非常罕见，即使是雅虎这些早期著名的目录索引，现大多都已与全文搜索引擎相融合，为用户提供更好的搜索体验。

（3）元搜索引擎。元搜索引擎在接受用户查询请求时，同时对多个独立搜索引擎进行调用，并将搜索结果进行整合、控制、优化及利用，再将整理后的结果返回给用户。目前，较有代表性的元搜索引擎是 dogpile（www.dogpile.com），如图 4-1 所示。

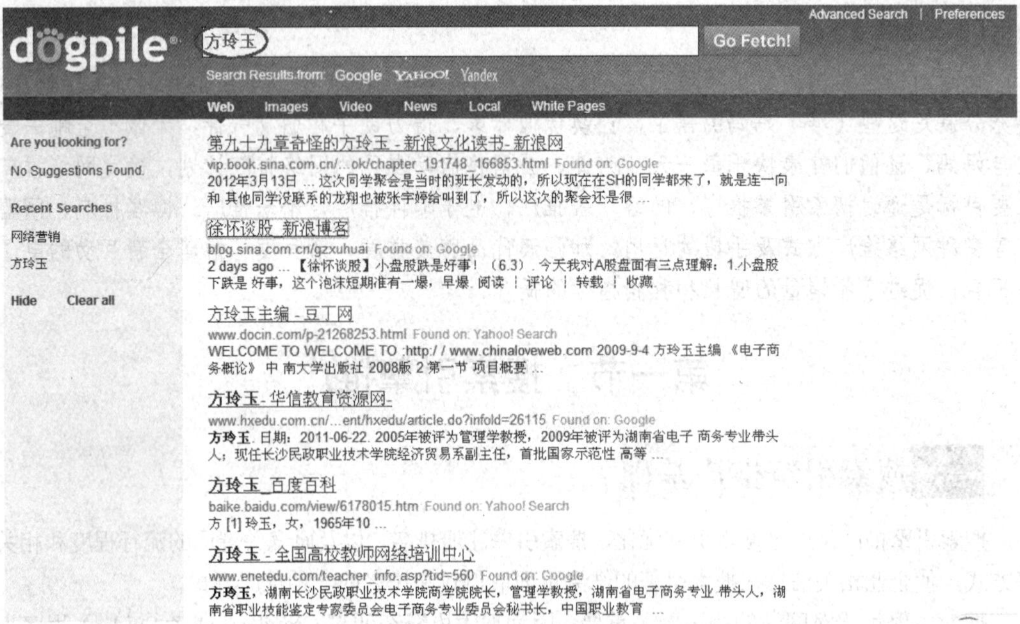

图 4-1 元搜索引擎 dogpile 的返回页面

2. 搜索引擎的基本工作原理

了解搜索引擎的工作原理，对日常搜索应用和提交网站推广会有很大帮助。

（1）全文搜索引擎的工作原理。在搜索引擎分类部分提到过全文搜索引擎从网站提取信息建立网页数据库的概念。搜索引擎的自动信息搜集功能分两种：一种是定期搜索，即每隔一段时间，搜索引擎主动派出“蜘蛛”程序，对一定 IP 地址范围内的互联网站进行检索，一旦发现新的网站，它会自动提取网站的信息和网址加入自己的数据库中；另一种是提交网站搜索，即网站拥有者主动向搜索引擎提交网址，它在一定时间内（两天到数月不等）定期向网站派出“蜘蛛”程序，扫描网站并将有关信息存入数据库，以备用户查询。由于近年来搜索引擎索引规则发生了很大变化，主动提交网址并不保证网站能进入搜索引擎数据库，因此目前最好的办法是多获得一些外部链接，让搜索引擎有更多机会找到并自动收录网站。

当用户以关键词查找信息时，搜索引擎会在数据库中进行搜寻，如果找到与用户要求内容相符的网站，便采用特殊的算法（通常根据网页中关键词的匹配程度，出现的位置、频次、链接质量等）计算出各网页的相关度及排名等级，然后根据关联度高低，按顺序将这些网页链接返回给用户。

（2）目录索引的工作原理。目录索引，顾名思义就是将网站分门别类地存放在相应的目录中，因此用户在查询信息时，可选择关键词搜索，也可按分类目录逐层查找。如果以关键词搜索，返回的结果跟搜索引擎一样，也是根据信息关联程度排列网站，只不过其中人工介入的因素要多一些。如果按分层目录查找，某一目录中网站的排名则按标题字母的先后顺序来确定（也有例外）。与全文搜索引擎相比，目录索引有如下不同之处。

① 全文搜索引擎属于自动网站检索，而目录索引则依赖人工操作。用户提交网站后，目录编辑人员会亲自浏览网站，然后根据一套既定的评判标准或者编辑人员的主观印象，决定是否收录网站。

② 全文搜索引擎收录网站时，只要网站本身没有违反有关的规则，一般都能被收录成功；而目录索引对网站的要求则高得多，有时甚至登录多次也不一定成功，尤其像 dmoz 这样的超

级索引，登录更为困难。

③ 在登录全文搜索引擎时，一般不用考虑网站的分类问题；而登录目录索引时，必须将网站放在一个最合适的目录里。

④ 全文搜索引擎中各网站的有关信息，都是"蜘蛛"程序自动从用户网页中提取的，所以用户拥有更多的自主权；而目录索引则要求用户手工填写网站相关信息，而且有各种各样的限制。更有甚者，如果目录索引的工作人员认为所提交网站的目录、网站信息不合适，他可以随时对其进行调整，当然事先是不会和你商量的。

目前，全文搜索引擎与目录索引有相互融合渗透的趋势。原来一些纯粹的全文搜索引擎现在也提供目录搜索功能，如 Google 就借用 Open Directory 目录提供分类查询；而像雅虎这些老牌目录索引则通过与 Google 等全文搜索引擎合作扩大搜索范围。在默认搜索模式下，一些目录索引首先返回的是自己目录中匹配的网站，如国内搜狐、新浪、网易等；而另外一些则默认的是网页搜索。

元搜索引擎，是一种建立在独立搜索引擎基础上、调用其他独立搜索引擎的引擎，亦称"搜索引擎之母"。在这里，"元"为"总的"、"超越"之意，元搜索引擎就是对多个独立搜索引擎的整合、调用、控制和优化利用。相对于元搜索引擎，可被利用的独立搜索引擎称为源搜索引擎或成员搜索引擎。从功能上来讲，元搜索引擎像一个过滤通道：以多个独立搜索引擎的输出结果作为输入，经过一番提取、剔除、萃取等操作，形成最终结果，然后将最终结果输出给用户。

3. 搜索引擎的营销价值

互联网已经成为信息的海洋和资源的宝库，而搜索引擎是网民在信息海洋中搜寻"宝藏"不可或缺的重要工具，这让搜索引擎成为目前企业网络推广的首选工具，其营销与推广的商业价值仍在不断挖掘与深化。

（1）搜索引擎是网民最主要的网络应用。根据 CNNIC 发布的第 37 次中国互联网络发展状况统计报告，2015 年搜索引擎用户规模达到 5.6 亿人，在网民中的渗透率为 82.3%，是当年仅次于即时通信的第二大网络应用，如表 4-1 所示。

表 4-1　2014—2015 年中国网民各类网络应用的使用率

	2015 年		2014 年		
应用	用户规模（万人）	网民使用率	用户规模（万人）	网民使用率	全年增长率
即时通信	62 408	90.7%	58 776	90.6%	6.2%
搜索引擎	56 623	82.3%	52 223	80.5%	8.4%
网络新闻	56 440	82.0%	51 894	80.0%	8.8%
网络视频	50 391	73.2%	43 298	66.7%	16.4%
网络音乐	50 137	72.9%	47 807	73.7%	4.9%
网上支付	41 618	60.5%	30 431	46.9%	36.8%
网络购物	41 325	60.1%	36 142	55.7%	14.3%
网络游戏	39 148	56.9%	36 585	56.4%	7.0%
网上银行	33 639	48.9%	28 214	43.5%	19.2%

续表

应用	2015年		2014年		
	用户规模（万人）	网民使用率	用户规模（万人）	网民使用率	全年增长率
网络文学	29 674	43.1%	29 385	45.3%	1.0%
旅行预订	25 955	37.7%	22 173	34.2%	17.1%
电子邮件	25 847	37.6%	25 178	38.8%	2.7%
团购	18 022	26.2%	17 267	26.6%	4.4%
论坛/BBS	11 901	17.3%	12 908	19.9%	-7.8%
互联网理财	9 026	13.1%	7 849	12.1%	15.0%
网上炒股或炒基金	5 892	8.6%	3 819	5.9%	54.3%
社交应用	53 001	77.0%	—	—	—
在线教育	11 014	16.0%	—	—	—
互联网医疗	15 211	22.1%	—	—	—

（资料来源：中国互联网络信息中心，www.cnnic.net.cn，2015-12）

一方面，搜索引擎用户规模和渗透率持续增长；另一方面，用户使用搜索引擎的频率增加，生活中各种信息的获取更多地依赖于互联网和搜索引擎。在用户规模快速增长、搜索服务能力不断提升的基础上，搜索引擎在网络营销精准性和营销效果优化方面的挖掘，大大提升了网络媒体的营销价值。

（2）搜索引擎推广具有强大的商业价值。在网络推广方式中，搜索引擎推广是较重要也是用得较多的推广方式。利用搜索引擎推广，企业可达成的营销目标如图4-2所示。

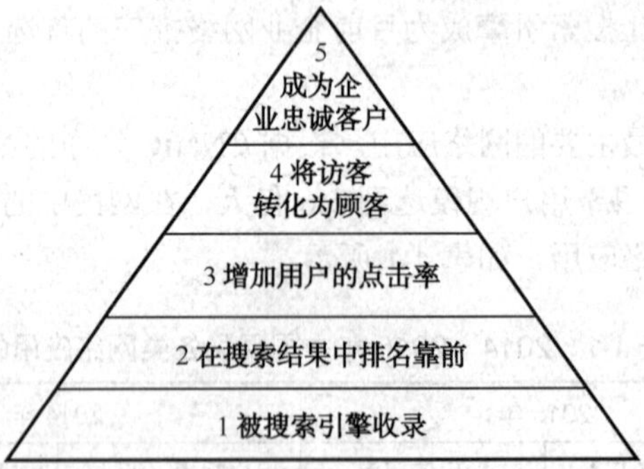

图4-2　搜索引擎推广的五个层次目标

① 第一层是搜索引擎营销的存在层，其目标是在主要的搜索引擎/分类目录中被收录。搜索引擎的登录有免费登录、付费登录、搜索引擎关键词广告等形式。

② 第二层的目标是在被搜索引擎收录的基础上，尽可能获得好的排名，即让企业的信息在搜索结果中有良好的表现。很少有用户浏览搜索结果页面中第3页以后的内容，大多数用户只查看第1页信息。一般情况下，如果利用主要关键词检索的排名靠后，那么还可利用关键词广告、竞价广告等付费推广方式，来获得排名靠前的机会。

③ 第三层目标直接表现在访问量方面，通过搜索结果点击率的提升来提高访问量。从搜索引擎营销的实践来看，仅仅做到被搜索引擎收录并且在搜索结果中排名靠前是不够的，这并不一定能增加用户的点击率，也不能保证将访问者转化为顾客。要通过搜索引擎推广实现访问量的增加，还需要从整体上进行网站优化设计，并充分利用关键词广告等有价值的搜索引擎营销

专业服务。

④ 第四层目标是提高访客到顾客的转化率，最终实现企业收益的提高。这是前三个营销目标的进一步提升。从访问量转化为收益，是网站的功能、服务及产品竞争力等多因素综合作用的结果。

⑤ 第五层是网络营销的最高境界，属于企业营销的战略层。通过有效的营销策略，维持良好的客户关系，使他们成为企业的忠诚客户。

由此可见，对企业网络营销与推广来说，无论是从战术还是战略层面，搜索引擎推广都具有强大的商业价值。

二、搜索引擎推广应用

对澳优公司来说，企业网站建设好后，为了方便消费者找到公司的网站，首先应该主动把网站登录到主要的全文搜索引擎和目录索引中去。

1. 登录全文搜索引擎

对于全文搜索引擎（如百度、Google 等），通常不需要自己注册，只要网站与其他已经登录的网站建立了链接，搜索引擎就可以自己发现并收录网站。但是，如果网站没有被链接，或者希望自己的网站尽快被搜索引擎收录，那就需要主动向搜索引擎提交自己的网站。

全文搜索引擎通常只需要提交网站的上层目录，而不需要提交各个栏目和网页的网址，这些工作，搜索引擎的“蜘蛛”自己就会完成。同时，只要网站内部的链接比较准确，一般来说，适合搜索引擎收录规则的网页可以自动被收录。另外，网站被搜索引擎收录以后，当网站内容更新时，搜索引擎也会自行更新有关内容，这与目录索引是完全不同的。

要注册到这类搜索引擎，需要到搜索引擎提供的“提交网站”页面，输入自己的网址并提交，一般不需要提交关于网站介绍、关键词之类的相关信息。目前，全文搜索引擎的提交（或被自动收录）是免费的。

搜索引擎 360 的提交网址是 info.so.360.cn/site_submit.html，如图 4-3 所示，用户首先需注册账号；百度提交网址是 www. baidu.com/search/url_submit.html，如图 4-4 所示。

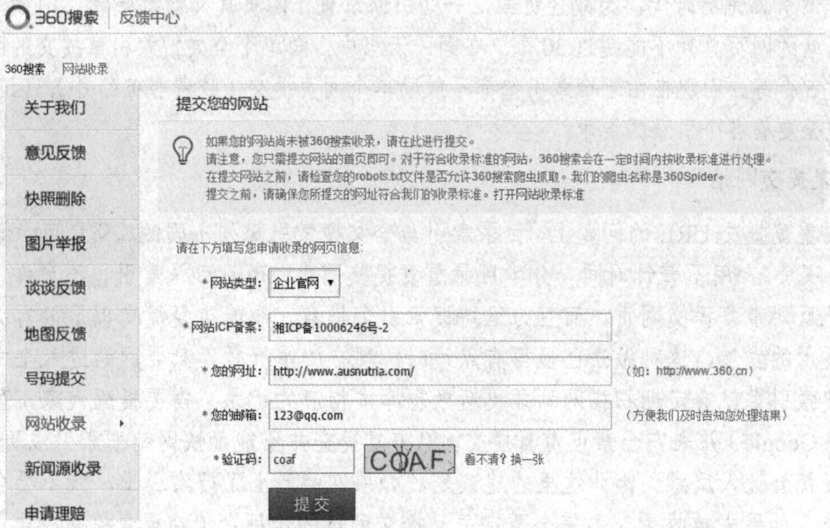

图 4-3　在 360 搜索引擎中提交澳优公司网址

第四章

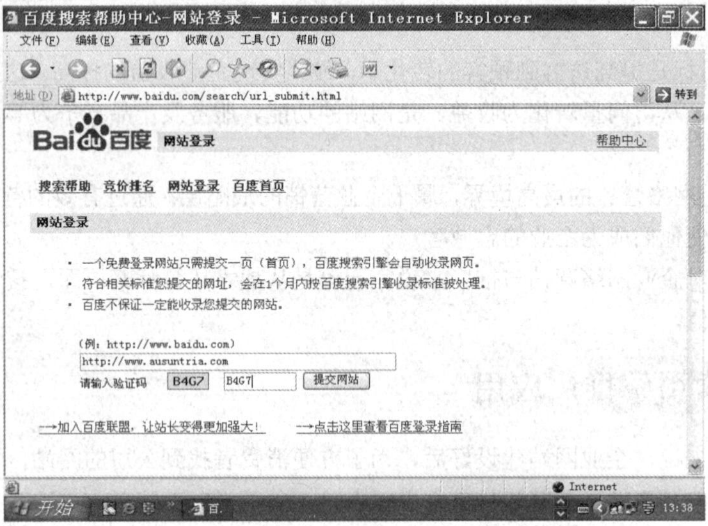

图4-4 在百度中提交澳优公司网址

阅读材料4-1 全文搜索引擎登录小技巧

1. 提交网站还是网页

提交网页，而不是网站——以前的确如此，而今情况完全不同。现在几乎所有全文搜索引擎在网站登录页面都明确提示只需提交主页域名，如 http://www.mysite.com，不必提交主页URL，如 http://www.mysite.com/index.html 或 default.html。各大全文搜索引擎跟踪网站内部链接的程度不一样，有的可以跟踪所有链接，有的则止于第二或第三层，所以以前单独提交网页是必要的。网站首页属于第一层链接，首页上的链接指向的网页为第二层，如果在第二层页面上还有指向下级网页的链接，则被该链接引导的页面为第三层，依次类推。所有全文搜索引擎都能访问网站的全部页面，不管它隐藏多深。即便如此，全文搜索引擎在索引网页时还是有先后次序的，所以将重要的页面置于靠上的链接层是个好主意。

2. 提交网页的数量

全文搜索引擎免费时代，为减轻负载，一些引擎设置了网页提交数量限制。例如，有的规定来自同一网站的网页总数不能超过30个；在同一天当中，向单个全文搜索引擎提交的网页数量最好不要超过5个等。而现在由于搜索引擎都不鼓励单个网页提交（收费服务除外），因此网页被索引的数量完全要看各个引擎的要求。

3. 重复提交网站

在需要重复提交URL的问题上，目录索引与全文搜索引擎是不同的。登录目录索引基本上是“一锤子买卖”，用不着针对同一分类目录重复提交网页，而且目录索引也不允许。而全文搜索引擎则不反对重复提交网页，而且为维持搜索引擎排名，有时重复提交也是很有必要的。但随着搜索技术的发展，这种做法已显得有点过时。现在的情况是，只要网站进入全文搜索引擎数据库，搜索引擎就会定期扫描网站并更新数据库中相应的记录。需要提醒大家，虽然全文搜索引擎（如Google）并未完全禁止重复提交，但重复提交并不能加快网站被索引或更新的速度，而且频繁骚扰会让人反感。因此这里的建议是，如果网站已上了搜索引擎，就不要自找麻烦再去重复提交；如果未被收录，不完全否定主动提交网址的作用，但在重复提交时要讲究风度，时间间隔最好为一个月。对现在的全文搜索引擎来说，最好的登录方法是通过建立更多的外部链接，让全文搜索引擎有更多的机会找到网站——这是现阶段全文搜索引擎所需要的。

4. 网站访问速度

登录全文搜索引擎，常忽略了网站访问速度的问题，实际上有时网速对网站成功提交和排名都会产生相当大的影响。如果服务器响应速度过慢，轻则会降低网站的排名和更新频率，重则会导致链接被搜索引擎从其数据库中摘除。如果因为这些最基本的问题影响了网站推广的效果，那就太得不偿失了。

（资料来源：搜狐圈子，q.sohu.com/forum/5/topic/6526264）

2. 登录目录索引

（1）准备好澳优公司相关的资料信息，登录 www.dmoz.org，如图 4-5 所示。

图 4-5　登录 dmoz 网站页面

（2）单击目录索引中的 Health→Nutrition→Kids and Teen→suggest URL（右上角），即进入 www.dmoz.org/public/suggest?cat=Health/Addictions/Food，填写登录网站信息并进行提交，然后等待网站工作人员审核，如图 4-6 所示。

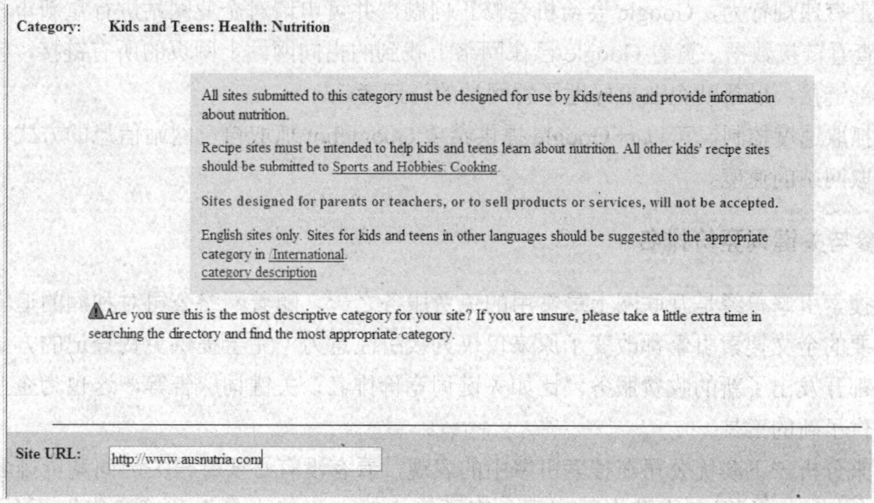

图 4-6　填写登录信息页面

阅读材料4-2 目录索引登录小技巧

（1）目录索引通常只能收录网站首页（或者若干频道），而不能将大量网页都提交。

（2）网站一旦被目录索引收录，将在一定时期内保持稳定，有些目录索引允许用户自行修改网站介绍等部分信息。

（3）无法通过搜索引擎优化等手段提高网站在目录索引中的排名。

（4）对于付费目录索引登录，通常需要缴纳年度费用，如果希望继续保持在目录索引中的地位，不要忘记定期缴费。

（5）在高质量的目录索引中登录，对于提高网站在搜索引擎检索结果中的排名有一定价值，因此通常在网站正式发布之后，首先进行目录索引注册。

（6）由于目录索引收录大量同类网站，并且多数用户更习惯于用全文搜索引擎直接检索，因此仅靠目录索引被用户发现的机会相对较小，难以带来很高的访问量，通常还需要与其他网站的推广手段结合起来共同使用。

（7）虽然有一些所谓的搜索引擎自动登录软件，但对于目录索引网站登录来说，不要指望采用任何网络营销软件来替代手工操作，这样不仅不会被正规的网站收录，甚至会影响网站的正常注册。

（资料来源：baike.baidu.com，2016-3）

3. 使用Google网站管理员工具

Google 网站管理员工具（www.google.cn/intl/zh-CN/webmasters）是 Google 提供的一个在线服务平台，帮助用户从 Google 的角度，诊断企业网站存在的问题，获取 Google 对网站的意见，同时还提供免费的简易方法，让网站更容易被 Google 抓取。

（1）抓取信息分析。了解 Google 是否已经访问过企业的网站，并查看 Googlebot 上次访问的时间。还可以查看 Google 在抓取时遇到问题的网址，并了解无法抓取的原因。这样便可以修正所存在的问题，让 Google 能够为企业所有的网页编制索引。

（2）热门查询。查看网站的热门内容，以及其他网站用来链接到自己网站的字词。找出提高网站点击量的热门查询，以及网站出现在热门搜索结果中的位置。

（3）索引统计信息。了解对网站编制索引的方式，以及哪些网页目前已编入索引中。如果企业网站上有违规行为，Google 会给机会修正问题，并可申请对企业网站进行重新审核。

（4）查看链接数据。查看 Google 已在网络上找到的指向网站上网页的所有链接，包括外部链接和内部链接，以帮助企业更好地了解网站的访问者。

（5）抓取速度控制。可以向 Google 提供希望 Googlebot 抓取自己网站信息的方式，如减慢或加快抓取网站的速度。

4. 参与关键词竞价排名

全文搜索引擎曾经是互联网上最常用的免费服务之一，随着网络公司对利润的追求，国内外许多重要的全文搜索引擎都改变了原来仅仅为吸引注意力，完全提供免费登记的方式。许多搜索引擎都开发出了新的收费服务，比如关键词竞价排名、关键词广告等，这也为企业搜索引擎营销提供了新的工具。

下面来分析一下澳优公司在搜索引擎中的表现，看有没有必要参与关键词竞价排名。

（1）分析企业在搜索引擎中的表现。在百度中输入“能力多”和“澳优”两个关键词，搜索结果中澳优都排名第一，表现不错，如图 4-7 和图 4-8 所示。

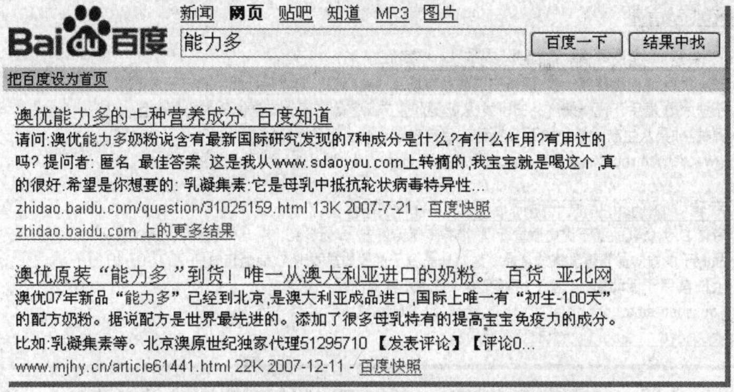

图 4-7 在百度中输入关键词“能力多”的搜索结果

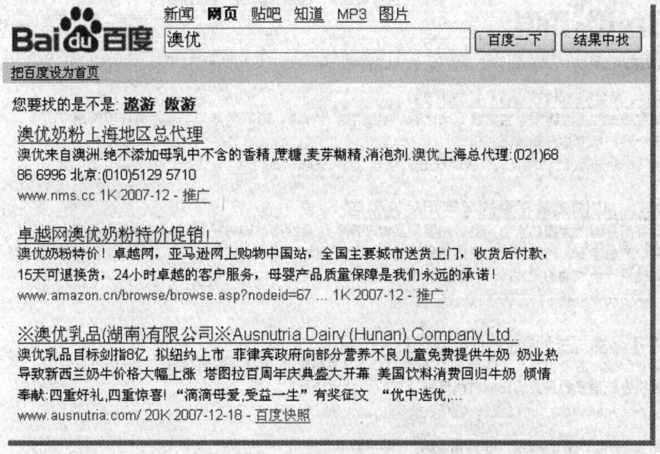

图 4-8 在百度中输入关键词“澳优”的搜索结果

但输入“奶粉”、“优质乳品”、“宝宝”等，搜索结果中，澳优不在自然搜索结果排列的前面，这影响了消费者对澳优品牌的认知，如图 4-9～图 4-11 所示。

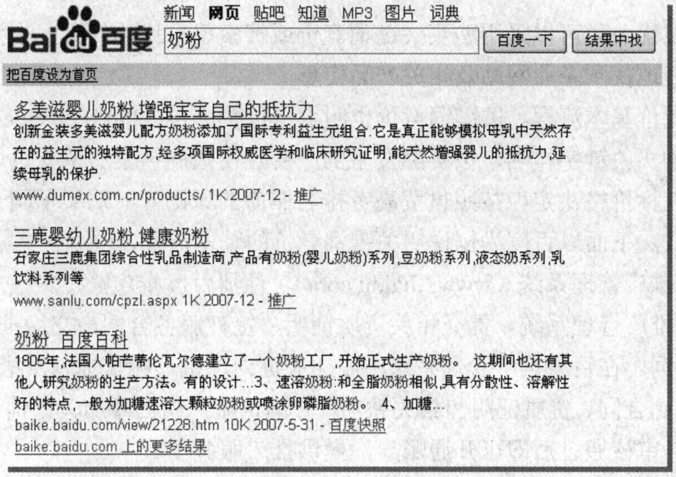

图 4-9 在百度中输入关键词“奶粉”的搜索结果

第四章

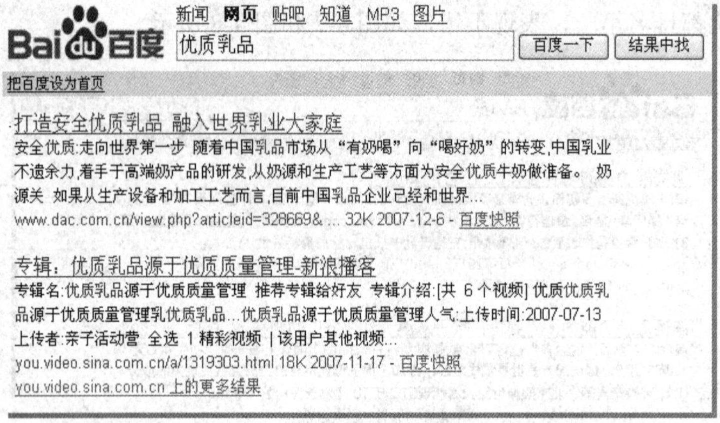

图 4-10 在百度中输入关键词“优质乳品”的搜索结果

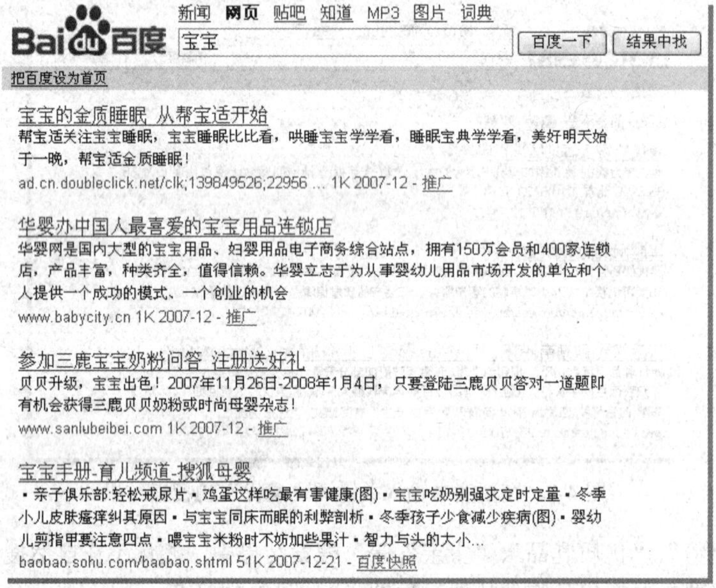

图 4-11 在百度中输入关键词“宝宝”的搜索结果

由此可见，澳优公司可以采用购买关键词竞价或搜索引擎优化的方式来推广自己的网站，从而方便用户快捷地找到企业网站及相关产品信息。

（2）关键词竞价基本流程。关键词竞价也叫点击付费广告（Pay Per Click，PPC），是由客户为自己的网页购买关键字排名，按实际发生的广告点击数向搜索引擎支付广告费用，客户的广告排名主要由竞标价格决定，按照付费高者排名靠前的原则，对购买了同一关键词的网站进行排名的一种方式。下面以百度为例说明关键词竞价的基本流程。

① 登录百度推广管理系统（www2.baidu.com），注册百度推广账户。

② 登录百度推广管理系统，提交相关资质证明，签订服务合同，交纳推广费用。

③ 添加关键词。在百度推广管理系统中添加关键词，撰写网页标题及描述等信息。

④ 百度在收到合同、资质证明和相关款项，并确认账户内已添加关键词后，两个工作日内将审核通过信息。审核通过后即可开通账户，提供推广服务了。

目前国内大部分搜索引擎，如搜狗、搜搜等，都提供了竞价排名服务。澳优公司可采用的关键词如表 4-2 所示。

表 4-2　澳优公司可采用的关键词

分　类	关　键　词	分　类	关　键　词
产品词	奶粉	口碑词	澳优
	婴儿奶粉		澳优公司
	婴幼儿奶粉		澳优乳业
	盒装奶粉		澳优集团
	听装奶粉		澳优官方网站
育儿	育儿知识	促销	促销
	育儿经验		促销活动
	育儿常识		活动
	育婴知识		奶粉促销
	育婴		奶粉促销活动
	育儿心得		澳优奶粉促销

（3）评估搜索引擎推广的效果。对于搜索引擎关键词广告，无效点击现象是付费搜索引擎营销不得不面对的难题。这里所指的无效点击，包括恶意点击和非目标用户的无意点击。关键词广告中的恶意点击，主要有如下几种情况。

① 竞争者所为，目的是消耗竞争对手的预算费用，让广告不再显示，从而获得自己广告排名的上升。

② 来自搜索引擎广告联盟网站，他们为了获得每次点击的广告佣金，而故意实施的无效广告点击行为。

③ 可能来自竞价排名代理服务商。由于部分搜索引擎竞价排名服务商给代理商的佣金来自用户所投入的费用，用户的竞价排名广告被点击次数越多，服务商可以获得的收益越多。

总之，恶意点击增大了企业的无效投入，使企业蒙受经济损失，甚至失去对按点击付费模式搜索引擎广告的信任。

除了恶意点击之外，广告客户还不得不面对无效点击所带来的困扰。用户的无意点击造成的无效点击，主要是由关键词广告信息与用户期望的信息不一致造成的。比如，用户希望获取关于数码相机的知识，而非打算购买产品，但在检索结果页前列的是数码相机厂商的推广信息，用户点击之后并没有获得自己期望的信息，但厂家也要为这样的点击付费。在这种情况下，进行关键词的精准优化是唯一的解决策略。例如售卖郁金香的花店，使用“郁金香”而非“鲜花”作为产品关键词，目标客户就要精准得多。

搜索引擎推广效果的评估，对于提高推广效率非常有必要。目前还没有统一的评价模式。比较方便的办法是，用网站流量统计分析软件，对搜索引擎营销的点击率和带来的访问量进行监测。当然，在条件允许的情况下，还有必要监测访问转化情况并进行投资回报分析。

三、搜索引擎优化

搜索引擎优化是指根据搜索引擎对网页的检索特点，让网站建设各项基本要素适合搜索引擎的检索原则，从而尽可能多地使搜索引擎收录网页，并在搜索引擎自然检索结果中排名靠前，最终达到网站推广的目的。搜索引擎优化的过程是逆向推理，从搜索引擎的搜索排名开始，去探究搜索引擎为什么会将一些网站排列在搜索结果前列。

一般情况下，搜索引擎倾向于与关键词匹配程度高的内容；原创、有特色的内容；经常更新的网页；受到其他有价值的网页推荐的网站。

搜索引擎优化内容广泛，下面将从网站内容与主题、关键词策划、网页设计、网站链接四个方面来探讨搜索引擎的优化策略。

1. 网站内容与主题的优化

必须明确，网站的实际内容是搜索引擎优化策略的本质因素。网站有明确的主题，有关主题的内容丰富多彩，有较多的与主题相关的页面，并时常更新，且专注于该领域的动态，这才是搜索引擎优化的良好开端。

搜索引擎的“蜘蛛”程序，一般只能根据网页文本内容判断网站的质量，而不能对图片、Flash 动画进行阅读和判断。因此，让所有的页面有充足的内容供搜索引擎进行索引，这一点非常重要。否则，内容匮乏的网站即使排名上去了，也毫无意义，因为这是对广大网络用户的欺骗，甚至可能产生负面的影响。反之，如果网站内容丰富，自然会吸引很多用户，随着用户不断积累，流量越来越大，搜索引擎排名自然会靠前，从而形成良性循环。

2. 关键词策划的优化

搜索就得用关键词，关键词分析和选择是搜索引擎优化最重要的工作。网站的排名是与具体关键词息息相关的，因此要正确选择适当的关键词。选择时要注意以下几点。

（1）尊重用户习惯。选取那些人们在搜索时喜欢使用，并且与该网站所要重点推广的产品、服务、信息密切相关的关键词。

（2）给网站确定的主关键词不要太多。要符合搜索工具的要求，一般在五个左右，然后针对这些关键词进行优化。

（3）充分利用关键词分析工具软件。例如，借助百度工具中的推荐关键词功能（百度注册用户登录后才能使用），输入某关键词后，会列出高频率的、与该关键词相关的短语或词组供参考。也可以用 Google 关键字工具（adwords.google.com/select/KeywordToolExternal）进行查询，如图 4-12 所示。

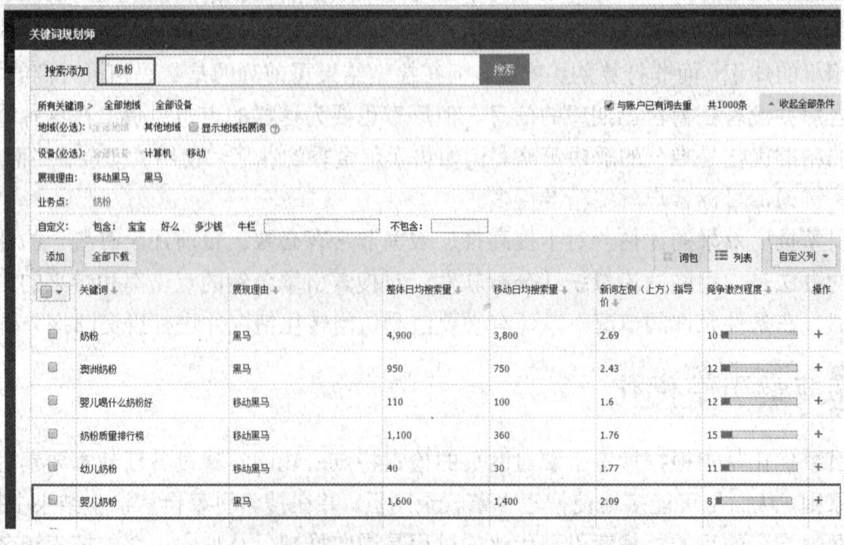

图 4-12　Google 关键字工具页面

（4）确定关键词密度。关键词在网页上出现的次数与该页面其他文字的比例称为关键词密度，这也是搜索引擎优化策略中一个重要的因素。一个网页上通常会有众多的词语，搜索引擎会统计该页面的字数，再利用自身的算法来统计页面中每个词的重要程度，当然那些重复出现的词或短语被认为比较重要些。一般情况下，关键词的密度最好是文本数的 2%～8%。

（5）重视关键词位置。关键词要放在有价值的地方，以吸引搜索引擎的注意。搜索引擎会更关注网页中某些特定部位，处于这些位置的词语显得比其他部位的词语重要得多，这样的部位主要有以下几处。

① 标题标签和 Meta（无数据）标签。标题标签是网页中最重要的标签，是网页中最先被看到的部分，所以在标题标签中放置关键词显得非常重要。标题设计不要超过 20 个汉字。Meta 标签包含着网页的一些隐藏信息，其中 Description（描述）属性内容可以是一小段句子，用来正确地反映网站的主题，尽量在描述中加入主要的关键字；在 Keyword（关键词）属性中多个关键字用逗号分开，一般只需关注 1～5 个关键词。

② URL 文本。URL 是统一资源定位符，如在该网页 URL 中直接出现关键词，对于搜索引擎排名会产生很大的影响。这样的关键词被称为 URL 文本。对于搜索引擎优化来说，域名的易记性不是最主要的，最主要的是域名里是否包含了所优化的关键词。

③ 页首、页尾和段首。网页顶部的文本、底部的文本，以及每段开头的内容，都是关键句或导航条，所以尽量在这些地方把关键词包含进来。

还要特别注意，仅通过一个首页来命中所有希望推广的关键词是不可能的，因此还要让网页尽可能多地进入搜索引擎的索引。另外，把握好整个网站的主题风格是非常重要的，最好让网站的主题关键词能够比较均匀地按照金字塔模式分布到网站各页面中。

3. 网页设计的优化

HTML 代码要精简，网页内容要充实，远离搜索引擎不友好的东西，如 Flash、JavaScript、图片等。即使是图片，也要对图片的 Alt（替换）属性等内容进行优化，以便于搜索引擎抓取。如图 4-13 所示的网页中，图片周围有丰富的描述信息，而且描述的内容围绕关键词展开；图片所在的页面标题和 URL 包含了图片信息中提炼的关键词；图片添加了外部链接，而且链接锚文本包含了关键词。这种网页虽然含有图片，但由于其搜索引擎优化做得不错，同样也容易被搜索引擎抓取。

图 4-13　网页图片的搜索引擎优化

网页设计中，可以用加粗、加大字体等方式突出关键词，特别是导航系统要清晰，栏目尽量使用纯文本而非图片的导航条，这样对搜索引擎更友好。另外，最好提供网站地图或网站导航，如图4-14所示，方便网页爬虫（spider）快速遍历网站所有的页面。

图4-14 阿里巴巴中国站首页底部的网站导航

4. 网站链接的优化

增加链接数被认为是搜索引擎优化的一个重要方面。根据PR算法，搜索引擎会认为外部链接较多的网站重要性也较高。链接数量是关键因素之一，链接质量更为重要，不同链接的权重也不一样。从PR值高的网站引用的链接，会增加你的网站的PR值。但外部链接不容易控制，例如竞争对手就不太可能为你做链接。以下是外部网站链接优化的常用方法。

（1）在网站外部链接上，链接要有质量，而不仅仅有数量。尽量与一个高质量的有价值的网站友情链接，不要随便与那些质量低且存在作弊行为的网站交换链接，至少要与有相同网页级别的网页链接。交换外部链接时，尽量要求对方以你所优化的关键词作为链接的关键词。

交换链接完成后，还应保持相对的稳定性，要不定期回访友情链接的网站，看对方的网站是否正常运行，自己的网站是否被取消或出现错误链接。

另外，还可以考虑在重要的网站中做广告，或者向多个搜索引擎、收费目录提交所推广的网站。

（2）在网站内部链接上，要使网站的结构合理化。在星形结构与树形结构的网站中，每个网页间是容易相通的。要保持网页内容链接的稳定性和持久性，当网页中有链接更新时，最好能保留旧的页面并做好链接转向，以保持内容的连续性。

网站的设计对搜索引擎要友好，千万不要使用一些被搜索引擎拒绝的优化技术，如Google明令禁止的有Spam（垃圾邮件）性质的优化技术，像隐藏文本或链接、误导性或重复性关键词、欺骗性重定向（Deceptive Redirects）、作弊链接技术或恶意链接等，以免被搜索引擎惩罚。尽量遵从搜索引擎官方的站点设计指南。

总之，网站或内容在搜索引擎中的排名，关键要“长期培养”，而不能“拔苗助长”。

技能训练4-1 企业网站的搜索引擎推广与优化

山西杏花村汾酒集团有限责任公司（www.fenjiu.com.cn）是一家国有独资公司，以生产经营中国名酒——汾酒、竹叶青酒为主营业务，是全国最大的名优白酒生产基地之一。核心企业汾酒厂股份有限公司为公司最大的子公司，1993年在上海证券交易所挂牌上市，为中国白酒第一股、山西第一股。公司拥有“杏花村”、“竹叶青”两个中国驰名商标，公司主导产品有汾酒、竹叶青酒、玫瑰汾酒、白玉汾酒、葡萄酒、啤酒六大系列。汾酒文化源远流长，是晋商文化的重要一支，与黄河文化一脉相承。

近年来，公司倾力打造名白酒基地、保健酒基地和酒文化旅游基地，为了扩大公司和公司网站的知名度，公司打算采用搜索引擎推广来进行公司网站推广。

请帮助其完成搜索引擎推广过程中相关任务的实施。

（1）将公司网址提交到搜索引擎。为了利用搜索引擎进行推广，必须先将公司网址www.fenjiu.com.cn提交给各大搜索引擎。请写出百度和雅虎提交网站的入口地址，将公司网址提交到百度、雅虎中，并将提交成功的返回结果截图填写在表4-3中。

表4-3　将目标地址提交到百度、雅虎的成功结果截图

百度提交入口网址	
提交到百度成功界面截图	
雅虎提交入口网址	
提交到雅虎成功界面截图	

（2）检查收录情况。检查百度是否成功收录了公司的网站地址，并将检查结果通过截图的方式填写到表4-4。

表4-4　百度收录公司网址检查结果表

检查方式	
检查结果	
检查结果截图	

（3）公司网站目前被搜索引擎收录的基本情况调查。为了了解公司网站目前在各大搜索引擎中的收录情况，便于今后进行的网站优化推广，请完成表4-5，并将操作的步骤进行截图，填写到表4-6中。

表4-5　网站的收录情况、反向链接数、PR值、Alexa排名结果

网站名称	Google（收录情况）	百度（收录情况）	百度（反向链接数）	PR值	Alexa排名
www.fenjiu.com.cn					

表 4-6　查询过程记录表

公司网站被 Google、百度的收录情况截图	
PR 值截图	
Alexa 排名截图	

（4）搜索引擎优化。请了解该网站首页的搜索引擎优化情况，并对不妥的地方加以改进，填写表 4-7。

表 4-7　汾酒集团网站首页搜索引擎优化情况评价

序　号	项目名称	公司网页情况	是否需改进	改进后
1	Title（标题）			
2	Keyword（关键词）			
3	Description（描述）			
4	关键词密度基本情况			
5	网页用户体验整体评价（网页打开速度、导航栏是否清晰、是否有网站地图、内容更新是否及时等）			

（5）关键词的设计。为了打开湖南市场，请根据湖南地区方言特点、产品特点、用户搜索习惯，设计四个关键词，并说明理由，完成表 4-8。

表 4-8　汾酒集团针对湖南市场的关键词设计

序　号	设计的关键词	设计的理由
1		
2		
3		
4		

（6）撰写百度创意。百度创意是指网民搜索触发百度竞价排名推广结果时，展现在网民面前的推广内容，包括标题、描述，以及访问 URL 和显示 URL 等。请为公司撰写一则百度创意，填入表 4-9。创意标题最长不能超过 50 个字符，每行描述最长不能超过 80 个字符，且总字数控制在 300 字以内。

表 4-9　公司百度创意

标题：
描述：
URL：

第二节　网络广告推广

一、网络广告概述

网络广告主要是指在互联网上发布的广告，是利用网站上的广告横幅、文本链接或其他多媒体方式，在互联网刊登或发布广告，并通过网络传递到互联网用户的一种高科技广告运作方式。与传统四大传播媒体（报纸、杂志、电视、广播）广告及户外广告相比，网络广告具有得天独厚的优势，是实施现代营销媒体战略的重要一部分。互联网是一个全新的广告媒体，发展速度惊人，传播效果良好，是广大中小企业扩展壮大的必由之路，对于开展国际业务的公司更是如此。

网络广告与传统广告有很多类似的地方，只不过载体不同而已，可分为 Banner 广告、分类广告、赞助式广告等不同形式。一般以广告发布的时间或效果来计算网络广告的费用。

1. 网络广告的特点

（1）覆盖面广，观众数目庞大。网络广告的传播范围广泛，不受时空限制，通过互联网络可以把广告信息全天候不间断地传播到世界各地。我国网民数量巨大，并且在快速增长，这些网民具有较高的消费能力，可以在世界上任何地方的互联网上随时随意浏览广告信息，这种宣传效果是传统媒体难以达到的。

（2）方式灵活，非强迫性传送资讯。众所周知，传统的报纸广告、杂志广告、电视广告、广播广告、户外广告等，都具有强迫性，都是要千方百计吸引受众的视觉和听觉，将信息强行灌输到受众的脑中。而网络广告则属于按需广告，具有报纸分类广告的性质，不需要所有受众彻底浏览，而是可以自由点击查询，甚至可根据潜在客户的需要选择展示与否，这样就节省了整个社会的注意力资源，提高了广告的针对性和有效性。

（3）可以准确统计受众数量及广告效果。利用传统媒体做广告，很难准确地知道有多少人接触了广告信息。以报纸为例，虽然报纸的读者是可以统计的，但是刊登在报纸上的广告有多少人阅读过，却只能估计推测，而不能精确统计。至于电视、广播和路牌等广告，受众人数就更难估计了。而在互联网上，可通过权威公正的访客流量统计系统，精确统计出每个广告的浏览人数，以及这些用户查阅的时间和地域分布，从而有助于正确评估广告效果，优化广告的投放策略。

（4）制作简捷方便，广告费用相对低廉。在传统媒体上做广告，发版后很难更改，即使可改动，往往也需付出很大的代价。在互联网上做广告，能按照需要及时变更广告内容、修正错误，几乎不需要多少成本，这让企业经营决策的变化能够及时得到推广和实施。

（5）有强烈的交互性与感官性。网络广告的载体是多媒体、超文本格式文件，只要受众对产品感兴趣，仅需轻点鼠标就能进一步了解更多、更详细、更生动的信息，甚至让消费者能亲身“体验”产品、服务与品牌。如果使用虚拟现实等新技术，可让顾客身临其境般感受商品或服务，并能在网上预订、交易与结算，大大增强网络广告的实效。

2. 网络广告的主要形式

（1）弹出广告。弹出广告也称为间隙广告、插入式广告、弹跳广告，即在用户进入某些网页时会跳出一个小窗口，这个窗口往往会吸引人们去点击。如图4-15所示是新浪新闻中心首页的弹出广告。

图4-15 弹出广告

（2）旗帜（Banner）广告。旗帜广告也称为横幅广告，是互联网上最常见、最有效的广告形式。常用的广告尺寸是486像素×60像素、400像素×40像素。以gif、jpg等格式建立的图像文件，定位在网页中，大多用来表现广告内容，同时还可使用Java等语言使其产生交互性，用Flash等工具增强表现力，如图4-16所示。随着网络技术的发展，旗帜广告经历了静态、动态及富媒体（Rich Media）的演变过程。

（3）按钮（Button）广告。按钮广告有时也被称为图标广告，显示的是公司或产品、品牌的标志。最常用的按钮广告尺寸有5种，分别是125像素×125像素、120像素×90像素、120像素×60像素、100像素×30像素、88像素×31像素。按钮广告由于尺寸偏小，所以表现手法较简单，如图4-17所示。

（4）浮动广告。浮动广告是网上较为流行的一种广告形式。当拖动浏览器的滚动条时，这种在页面上浮动的广告，可以跟随屏幕一起移动或者自行移动，如图4-17所示。这种形式对于广告内容的展示有一定的实用价值，但妨碍了浏览者阅读，影响了浏览者的阅读兴趣，因此，不能滥用浮动广告。

图 4-16　旗帜广告

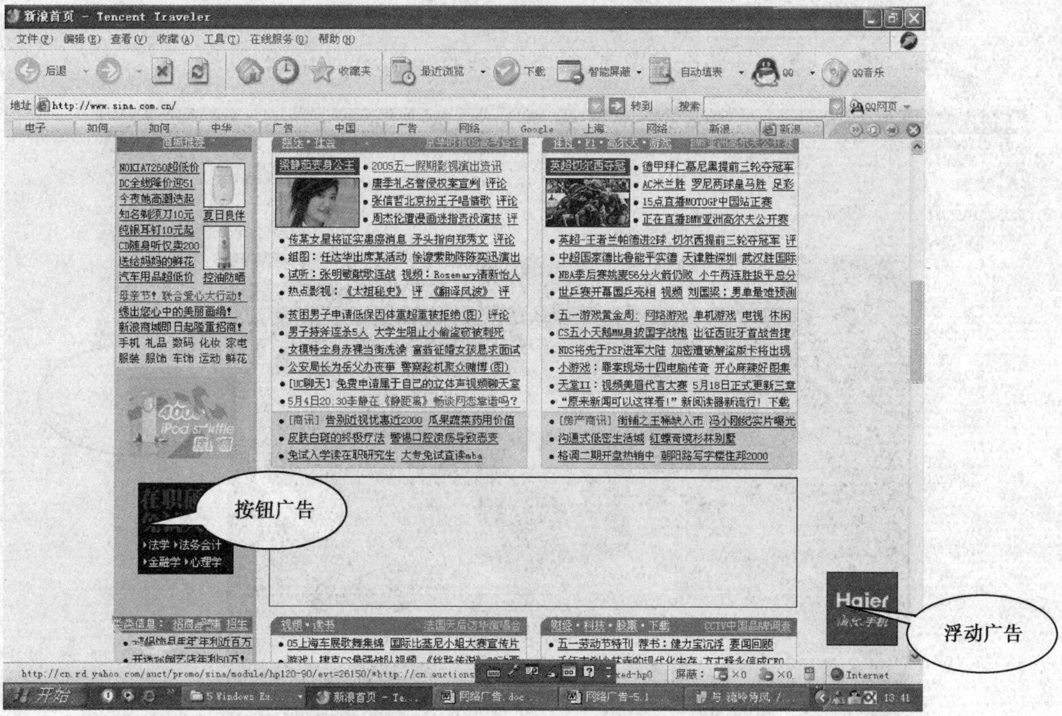

图 4-17　按钮广告、浮动广告

（5）文字链接广告。通过一般性的简短文字链接，直接链接到客户的广告内容页面上，促使将浏览者转化为顾客。广告简单明了，直接涵盖主题，对访问者而言具有较强的针对性和引导性，如图 4-18 所示。

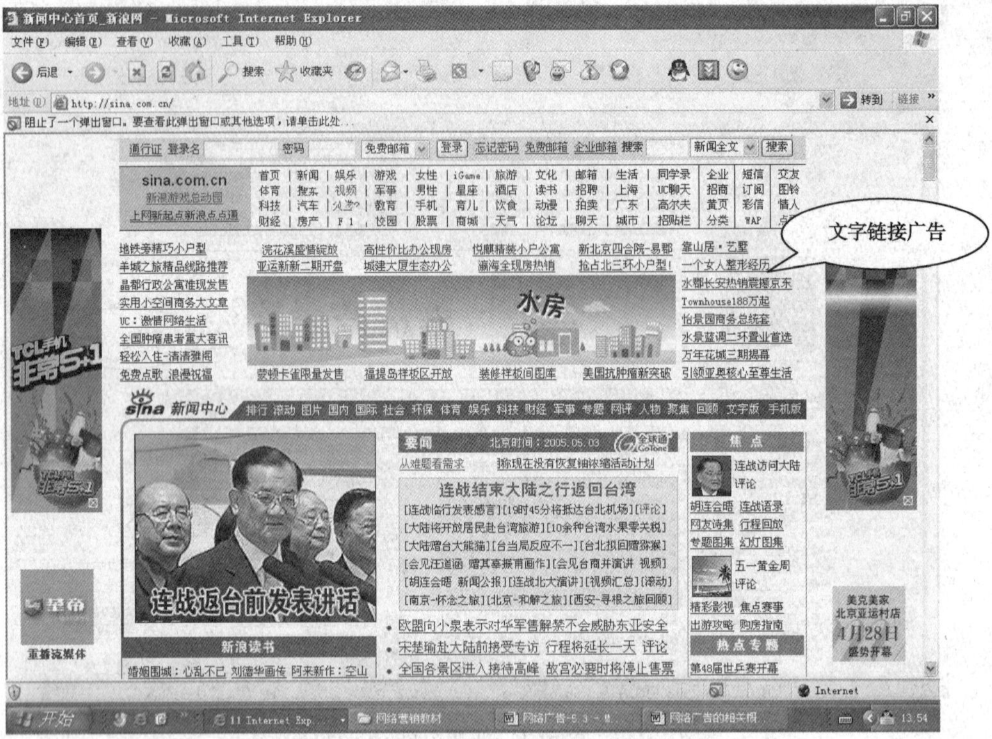

图 4-18　文字链接广告

（6）全屏广告。这类广告将全屏覆盖，具有强烈的感召力，如图 4-19 所示。

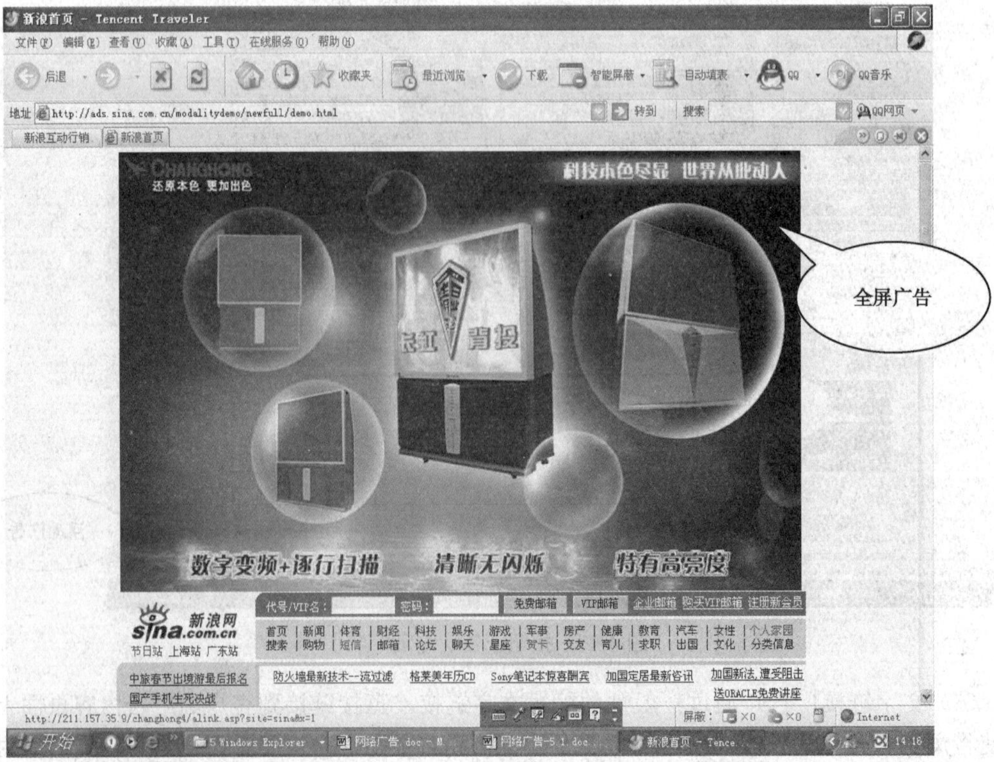

图 4-19　全屏广告

（7）画中画广告。画中画广告一般在新闻、娱乐、数据、研究等各频道文本窗口中出现，篇幅较大，信息丰富，视觉冲击范围较大，在页面中有较大的吸引力，加上使用 Flash 的动态与声音效果，点击率一般比旗帜广告高，如图 4-20 所示。

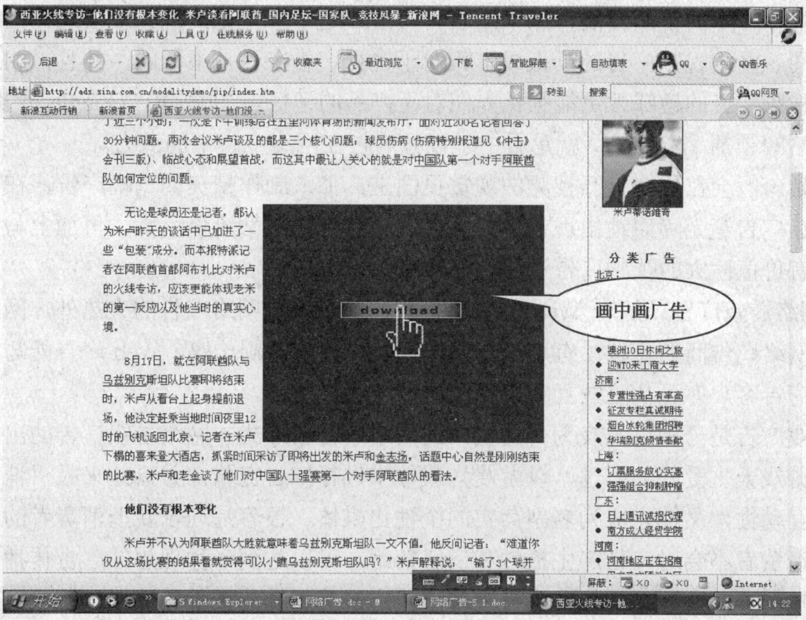

图 4-20　画中画广告

（8）对联广告。在页面两侧空白位置呈现对联形式的广告。此种形式的广告因版面所限，仅表现于 1024 像素×768 像素及以上分辨率的屏幕上，800 像素×600 像素分辨率下无法观看。它的特点是不干涉使用者浏览，注目焦点集中，能提高吸引率，并有效传播广告相关讯息，如图 4-21 所示。

图 4-21　对联广告

（9）视频网络广告。融视频、音频、文字及互动于一体的新型视频网络广告，正逐渐成为网络广告商的新宠，它具有多媒体广告的交互功能，可以在网络广告播放过程中控制播放内容、角色和环境。

随着多媒体技术的不断发展，未来网络广告形式趋于丰富化，视频及富媒体广告将会有更大的发展空间。网络视频广告的千人成本相对于电视广告来说是很低的，并且，相对于粗糙的电视广告，视频广告的趣味性更能强化人们对于产品的记忆。2006 年，Google 斥资 16.5 亿元买下视频网站的领袖 YouTube，就是看中了视频广告在网络广告中的潜力。

视频网站一般会在用户打开视频的观赏页面上，加入制作精美的宽幅广告，在等待视频的缓冲期可以让广告毫无障碍地出现在客户面前。一些视频网站流量巨大，再加上与网友沟通良好，从而拥有价值巨大的视频广告资源。

（10）网络游戏广告。随着 Web 的更新换代，除了视频网络广告的火热外，网络游戏广告也同样受到网络广告商的青睐。有别于一般电视、户外或印刷传媒，Web 广告能与消费者有更多的互动，广告客户亦可从这些互动中得到更多的用户资料。

网络游戏广告是一种以游戏为传播载体的网络广告新形式。网络游戏广告的出现，正是利用了人们对游戏天生爱好的心理，以游戏为载体来进行广告宣传，并借此来吸引消费者。广告游戏特有的互动性，又使它成为名副其实的个性化媒体，很容易迎合新型消费者的需求。在传播过程中，消费者不会对广告产生抵触和反感情绪，可以达到一种理想的广告传播效果。随着全球游戏市场的繁荣发展，再加上广告主对游戏广告优越性的接受和认可，游戏广告作为互动广告的新方向，将在互动营销中扮演越来越重要的角色。

除了以上广告形式，常见的还有电子邮件广告、邮件列表广告、墙纸式广告、竞赛推广式广告等。

阅读材料 4-3　网络广告效果评估

1. 广告曝光次数（Advertising Impression）

广告曝光次数是指网络广告所在的网页被访问的次数，这一数字通常用 Counter（计数器）来进行统计。假如广告刊登在网页的固定位置，那么在刊登期间获得的曝光次数越高，表示该广告被看到的次数越多，获得的注意力就越多。但是，在运用广告曝光次数这一指标时，应该注意以下问题。首先，广告曝光次数并不等于实际浏览广告的人数。在广告刊登期间，同一个网民可能光顾几次刊登同一则网络广告的同一网站，这样他就可能看到了不止一次这则广告，此时广告曝光次数应该大于实际浏览的人数；还有一种情况就是，当网民偶尔打开某个刊登网络广告的网页后，也许根本没有看上面的内容就将网页关闭了，此时的广告曝光次数与实际阅读次数也不相等。其次，广告刊登位置不同，每个广告曝光次数的实际价值也不相同。通常情况下，首页比内页得到的曝光次数多，但不一定是针对目标群体的曝光，相反，内页的曝光次数虽然较少，但目标受众的针对性更强，实际意义更大。最后，通常情况下，一个网页中很少刊登一则广告，更多情况下会刊登几则广告。在这种情形下，当网民浏览该网页时，会将自己的注意力分散到几则广告中，这样对于广告主的广告曝光实际价值到底有多大无从知道。总体来说，得到一个广告曝光次数，并不等于得到一个广告受众的注意，只可以从大体上来反映。

2. 点击次数与点击率（Click & Click Through Rate）

网民点击网络广告的次数就称为点击次数。点击次数可以客观准确地反映广告效果。而点击次数除以广告曝光次数，就可得到点击率（CTR），这项指标也可以用来评估网络广告效果，是广告吸引力的一个指标。如果刊登这则广告的网页的曝光次数是5 000，而网页上广告的点击次数为500，那么点击率是10%。点击率是网络广告最基本的评价指标，也是反映网络广告最直接、最有说服力的量化指标，因为一旦浏览者点击了某个网络广告，说明他已经对广告中的产品产生了兴趣，与曝光次数相比，这个指标对广告主的意义更大。不过随着人们对网络广告的深入了解，点击率这个数字越来越低。因此，在某种程度上，单纯的点击率已经不能充分反映网络广告的真正效果。

3. 网页阅读次数（Page View）

浏览者在对广告中的产品产生了一定的兴趣之后进入广告主的网站，在了解了产品的详细信息后，可能就产生了购买的欲望。当浏览者点击网络广告之后即进入了介绍产品信息的主页或者广告主的网站，浏览者对该页面的一次浏览阅读称为一次网页阅读。而所有浏览者对这一页面的总阅读次数就称为网页阅读次数。这个指标也可以用来衡量网络广告效果，它从侧面反映了网络广告的吸引力。广告主得到的网页阅读次数与网络广告的点击次数事实上是存在差异的，这种差异是由于浏览者点击了网络广告而没有去浏览阅读造成的。目前由于技术的限制，很难精确地对网页阅读次数进行统计，在很多情况下，就假定浏览者打开广告主的网站后都进行了浏览阅读，这样的话，网页阅读次数就可以用点击次数来估算。

4. 转化次数与转化率（Conversion & Conversion Rate）

网络广告的最终目的是促进产品的销售，而点击次数与点击率指标并不能真正反映网络广告对产品销售情况的影响，于是，引入了转化次数与转化率的指标。“转化”被定义为受网络广告影响而形成的购买、注册或者信息需求。那么，可以推断转化次数就是受网络广告影响所产生的购买、注册或者信息需求行为的次数，而转化次数除以广告曝光次数，即得到转化率。网络广告的转化次数包括两部分，一部分是浏览并且点击了网络广告所产生的转化行为的次数，另一部分是仅仅浏览而没有点击网络广告所产生的转化行为的次数。由此可见，转化次数与转化率可以反映那些浏览而没有点击广告所产生的效果，同时，点击率与转化率不存在明显的线性关系，所以出现转化率高于点击率的情况是不足为奇的。但是，目前转化次数与转化率如何来监测，在实际操作中还有一定的难度。通常情况下，将受网络广告的影响所产生的购买行为的次数视为转化次数。

（资料来源：www.docin.com/p-308674325.html，2011-12）

二、网络广告推广应用

网络广告的作用，是通过广告信息的传播，使消费者对企业品牌产生认识、情感以及态度和行为的变化，从而实现企业的营销目标。

企业在不同发展时期，广告目标的侧重点会有所不同。另外，在产品不同的生命周期，也应采用不同的广告策略。一般情况下，导入期重在介绍产品功能特点，让消费者了解产品，引起兴趣；成长期重在刺激消费者的购买欲望，从而产生购买行为；成熟期则应强化品牌的宣传，培育对品牌的忠诚，从而产生重复购买行为；衰退期则应注意与消费者情感的沟通，以扩大销售，延长产品的生命周期。

网络广告的运作，主要包括网络广告媒体选择、网络广告投放策略及网络广告效果评价等几个方面。引导案例中的澳优公司，根据自身的实力及定位，可考虑在综合门户网站、地方门户网站、专业频道及相关的网络社区中投放广告。

1. 综合门户网站推广

（1）综合门户网站的选择。中国 IDC 评述网 2013 年 3 月 1 日报道：中国互联网协会发布的中国网站排名最新数据显示，截至 2013 年 2 月 27 日，国内网站独立访问量排名前五的是百度、腾讯网、淘宝网、新浪网和新浪微博。对澳优公司而言，腾讯网受众年龄偏小，与目标受众不符。在女性网民经常上的网站中，新浪网排第一，其次是搜狐和网易，如图 4-22 所示。综合考虑这些因素，可选择新浪、搜狐、网易作为网络推广门户网站的媒介。

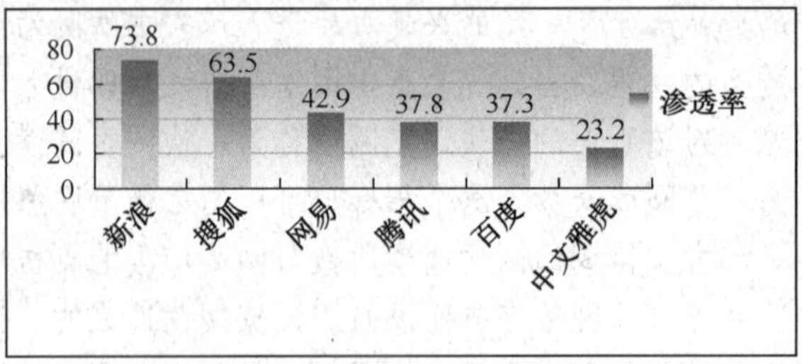

图 4-22　女性网民经常上的网站

（2）网络广告形式的确定。考虑到澳优产品的特点及企业实际情况，澳优可以在新浪首页发布通栏广告（旗帜广告）、对联广告、文字链接广告及浮动广告，在新闻正文中可以发布底部通栏及画中画广告，也可在新浪育儿频道发布相应广告，如图 4-23 和图 4-24 所示。

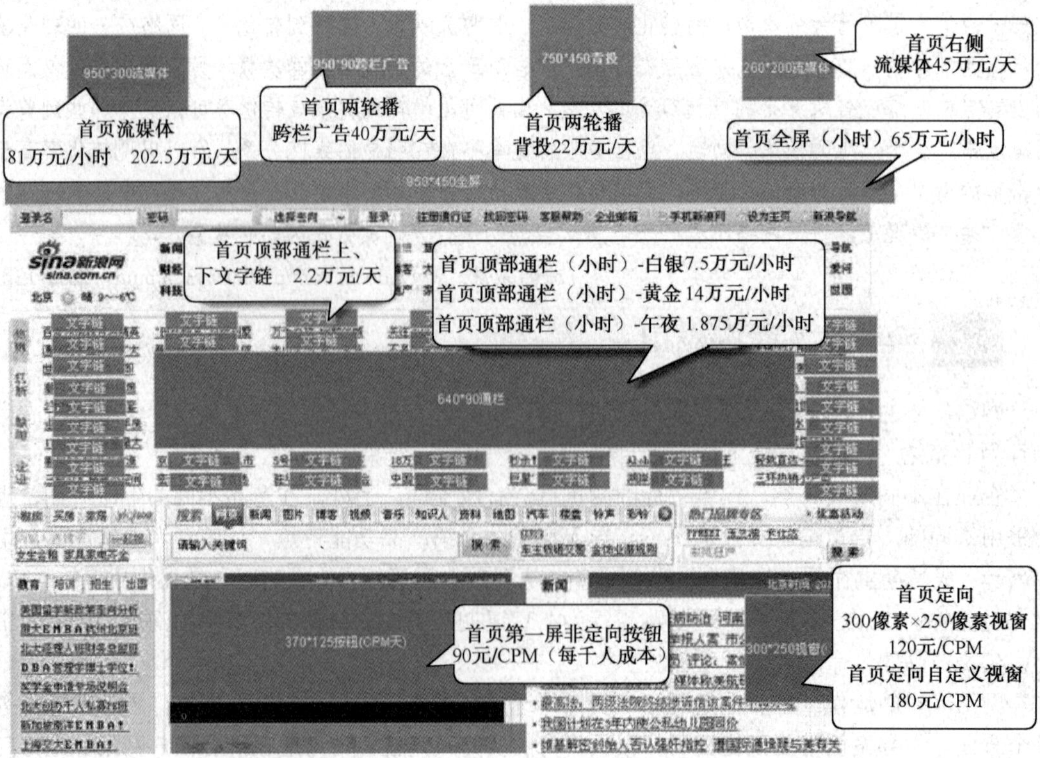

图 4-23　新浪门户网站首页广告价格（2013 年 3 月）

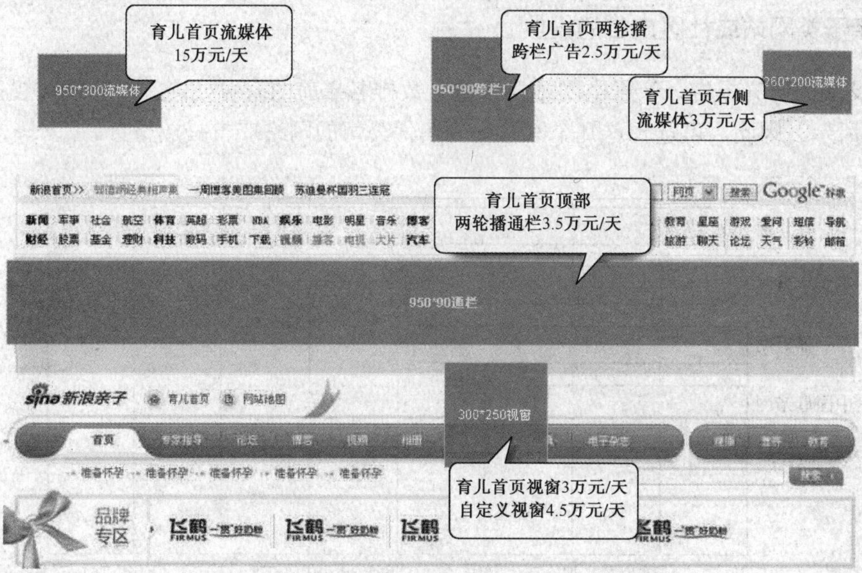

图 4-24　新浪育儿频道广告价格（2013 年 3 月）

2．地方门户类网站推广

澳优公司作为一家湖南省的合资企业，为了加强对湖南市场的渗透，可以考虑在湖南省的门户网站投入网络广告。

（1）地方门户网站的选择。红网是湖南第一新闻门户网站，在中国地方门户网排名前三，日均到访网民近 650 万名；2013 年 4 月 15 日查询的 Alexa 全球排名为第 770 位，中国排名第 184 位；网络新闻和信息日更新量逾 3 万条。红网网民层次高于游戏网站、娱乐网站，并高于其他传统媒体。据《中国媒体购买指南》调查总结，红网网民集中在较高收入、接受过高等教育、年龄在 22～55 岁的人群，其中，78%为湖南人群，57%为长株潭人群，可见覆盖群体与目标顾客基本一致。

（2）网络广告形式的确定。可选择在红网的健康频道投放旗帜广告，如图 4-25 所示。

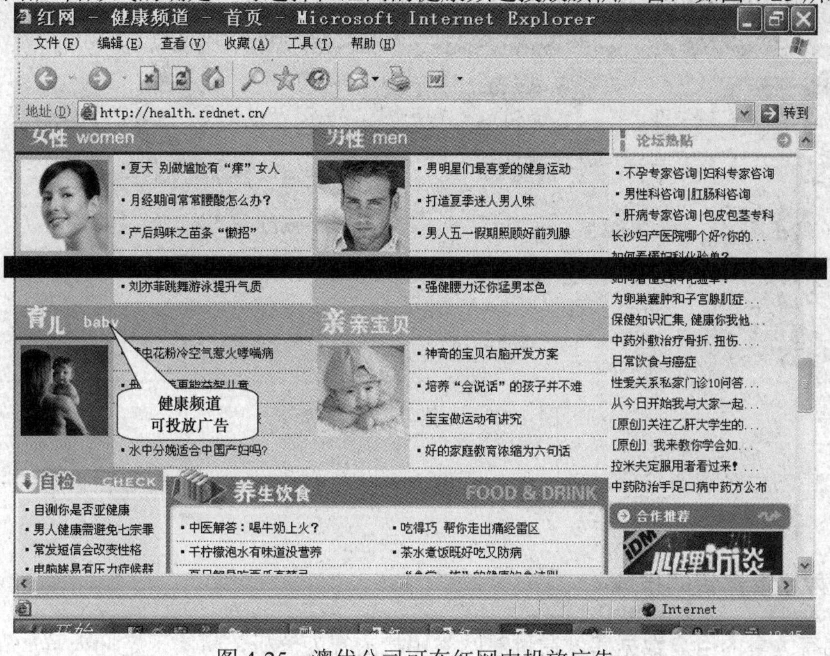

图 4-25　澳优公司可在红网中投放广告

3．亲子类网站或社区广告的投放

依据艾瑞的研究报告，亲子类网站月覆盖人数排名靠前的有育儿网、早教网、摇篮网等，如图4-26所示。因此，可选择这几个网站作为澳优公司的网络广告投放平台。

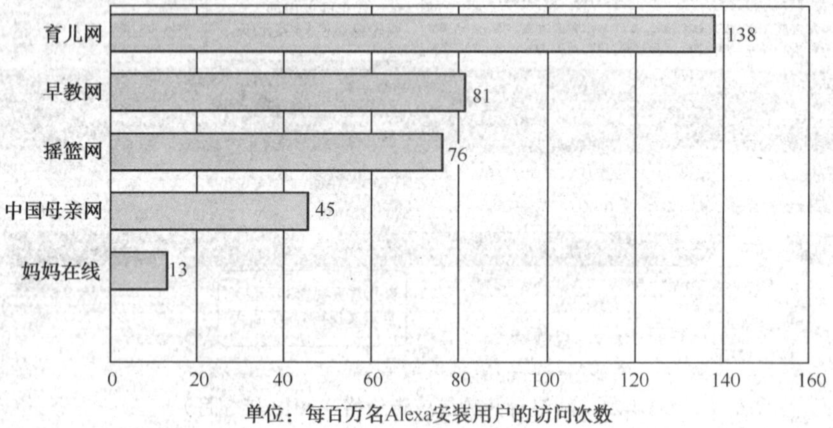

图4-26　亲子类网站月覆盖人数排名

以摇篮网为例，可在摇篮网的首页通栏、首页按钮、首页文字链接、专家答疑入口处发布相应的广告，如图4-27所示。

图4-27　在摇篮网投放广告

另外，作为一家湖南企业，可以在地方亲子类网站或社区，如长沙妈妈网等投放广告或参与活动。

4．百度精准广告的投放

百度拥有大量的用户数据库，通过对网络用户的行为分析，可实现定向人群的精准广告投放，如图 4-28 所示。对于同一页面，不同属性的受众会看到不同的广告。

图 4-28　百度中的精准广告

5．网络视频广告的投放

利用互联网视频领域的联盟优势，可将软性视频广告作为节目，在各大视频网站上进行播放。以高流量为基础、创新的形式为吸引点的视频类媒体，能够达到良好的推广效果。常见视频广告发布网站有优酷、酷 6、56 我乐、六间房、迅雷、百度视频、搜狐视频等。

6．即时通信工具（Instant Messenger，IM）广告的发布

中国互联网发展具有自己的特色，这个特色最重要的体现之一，就是即时通信在中国的火爆发展。近年来，即时通信是最受中国网民欢迎的网络应用。据 2016 年 1 月 CNNIC 发布的第 37 次《中国互联网发展状况统计报告》，截至 2015 年 12 月，我国即时通信用户规模达 6.24 亿人，网民使用率为 90.7%，年增长率为 6.2%。

在众多即时通信工具中，以腾讯 QQ 的覆盖率最高，其次是阿里旺旺、飞信、歪歪和 MSN，如图 4-29 所示。因此我们选择腾讯 QQ 作为 IM 广告发布媒介。

排名	软件	日均覆盖人数	日均网民到达率	排名变化
		万人	%	
1	腾讯QQ	18561	67.0%	→
2	阿里旺旺	3691	13.3%	→
3	飞信	1722	6.2%	→
4	歪歪	[illegible]	2.6%	→
5	MSN	[illegible]	2.5%	→
6	人人桌面	501	1.8%	→
7	微博桌面	363	1.3%	→
8	腾讯通RTX	261	0.9%	→
9	腾讯TM	223	0.8%	→
10	Skype	193	0.7%	→

注：日均网民到达率=该网站日均覆盖人数/所有网站总日均覆盖人数

Source：iUserTracker. 家庭办公版 2012.9，基于对40万名家庭及办公（不含公共上网地点）样本网络行为的长期监测数据获得。

©2012.10 iResearch Inc.　　www.iresearch.com.cn

图 4-29　IM 软件 2012 年 9 月即时通信软件日均覆盖人数排名度覆盖分析

阅读材料 4-4　网络广告费用预算常用指标

目前主要有以下几种网络广告的成本计算方法。

1. 按时间或播放数量计费

按时间或播放数量计费即按天（全流量）购买或按 CPM 购买某广告位，也有包月的计价方式。按天购买，又称为全流量广告，即在一天的 24 小时中，不论该广告播放多少次，投放的都是同一则广告。

2. 按千次广告播映率所付出的成本

按千次广告播映率所付出的成本即每千人成本（Cost Per Mille，CPM），通常以广告所在页面的曝光次数为收费依据。国内收费标准为人民币 120～320 元/CPM 不等。就是说广告在所有客户浏览页面中累计显示超过 1 000 次，就得支付 120～320 元。

计算公式：CPM=（总成本/广告曝光次数）×1 000。

注意这里的关键是“显示”，不管用户看不看广告、点不点击你的广告，只要它显示在用户的浏览器上就会产生费用。但是高显示率并不等于高回报率，所以从单位成本角度看，这种方式比较适合有实力的企业进行网上形象宣传。

3. 按每次广告点击付出相应的成本

按每次广告点击付出相应的成本（Cost Per Click，CPC）即每点击成本，这里的点击以广告图形被点击并链接到相关网址或详细内容页面 1 000 次作为计费单位。如广告主购买了 10 个 CPC，意味着投放的广告可被点击 10 000 次。从性价比上看，CPC 比 CPM 要好一些，广告主也往往更倾向于选择这种付费方式，但其单位费用标准却比 CPM 要高得多。

计算公式：CPC=总成本/广告点击次数。

4. 按每行动成本

所谓每行动成本（Cost Per Action，CPA）就是广告主为每个行动所付出的成本。

计算公式：CPA=总成本/转化次数。

例如：一定时期内一个广告主投入某产品的网络广告的费用是 6 000 元，这则网络广告的曝光次数为 600 000，点击次数为 60 000，转化次数为 1 200。那么这个网络广告采用不同方式的成本：

CPM=（6 000÷600 000）×1 000=10 元

CPC=6 000÷60 000=0.1 元

CPA=6 000÷1 200=5 元

如何判断花费多少才算适当呢？如果支出太少，达不到宣传的目的，效果不明显，是一种浪费；如果支出太多，更是明显的浪费。因此，公司应该根据广告目标，为每个产品做出合理的广告预算。营销学家已经研究出多种广告预算模式，常用的有量力而行法、销售百分比法、竞争对等法、目标任务法等。其中，目标任务法要求营销人员通过确立特定的目标、为实现目标所要采取的步骤和完成的任务，以及估计完成任务花费的多少等，这样来确定营销预算，由于这种方法促使公司明确广告活动的具体目标，因此得到了广泛的认同。

（资料来源：blog.sina.com.cn/s/blog_7341106b0100uoa5.html，2011-11）

技能训练 4-2　企业网站的网络广告推广及效果评估

（1）请访问湖南怡清源茶业有限公司的官方网站，并针对公司的产品特点，确定发布网络广告的主要网络媒介及相应的网络广告形式，将结果填入表 4-10 中。

表 4-10　发布网络广告的媒介及广告形式

媒介类型	网络广告媒介选择	广告形式选择	选择理由
综合门户类网站			
地方门户类网站			
社区类网站			
其他媒介			
结论与建议			

（2）公司经过一段时间的网络广告推广后，需要对推广效果进行分析。相关数据统计报表如表 4-11 所示。请根据报表统计的数据，按表中的要求进行回答。

表 4-11　数据分析和优化改进措施表

请解释转化率的含义：
请计算 CPM、CPC、CPA、转化率：
该行业的平均转化率大约是 4%。请分析该网站是偏高还是偏低，并提出改进建议：

一个月内该企业在某网站上投放广告，总费用是 6 000 元。经过统计，这则广告的曝光次数是 600 000，点击次数是 60 000，广告转化购买次数是 1 200。

第三节　电子邮件推广

一、电子邮件推广概述

电子邮件（E-mail）最早出现于 1972 年，现在这一发明已成为人们生活中不可缺少的一部分，并由此带来了人类通信史上革命性的变化。电子邮件最初的目的是作为电子沟通工具，现在已成为一个非常重要的营销工具。研究发现，网民学历越高，电子邮件使用率越高；办公室文员、管理者、大学生等的电子邮件使用率明显高于其他人群，他们也是最具消费潜力和营销价值的群体。

1. 电子邮件推广的价值

电子邮件推广是指把文本、HTML或多媒体信息发送到用户的电子邮箱，以达到营销目的。电子邮件推广的价值主要表现在以下几个方面：使用户认识某一品牌；使用户形成对某一产品或服务的兴趣或偏好；使用户能与广告方取得联系，获取信息或购买产品、服务；管理客户关系或实现其他相关的营销目标。

与传统的营销方式相比，电子邮件推广这种一对一的沟通方式优势明显。

（1）将信息提供给愿意接受的用户。企业可以通过电子邮件将产品和服务方面的信息，直接送到对此感兴趣，并愿意接受该信息的用户手中。

（2）与用户建立更为紧密的在线关系。企业可以通过收集用户的需求信息，然后“投其所好”，向用户发送定制化邮件，介绍企业的产品与服务。这种颇有针对性的主动式营销，迎合了用户需求，企业同用户之间的关系也可以潜移默化地得到改善。

（3）低成本。电子邮件推广的费用与传统直邮方式相比大大降低。企业向自己的客户发送邮件几乎免费，利用第三方平台进行邮件推广的费用也不算太高，如新浪2015年第四季度邮件广告报价是0.2/封（5万封起，HTML格式，小于200KB），每增加一个定向要求加收20%的费用，并提供阅读率监测数据等服务。

（4）方便快捷。美国Gartner公司的分析表明，完成一个营销活动所需要的时间，传统邮递广告平均4～6个星期，而电子邮件平均只需7～10个工作日。在获得市场反馈方面，传统邮递广告平均3～6个星期，而电子邮件平均3天。如果采用电子邮件推广方式，从开始制作、发行到获得反应所需的时间，可能只有过去邮递广告的1/10左右。

（5）易于测试、跟踪和评价。许可电子邮件推广活动还能实时跟踪其效果，如可以测试企业不同的列表来源（List Source）、受众选择（Audience Selection）、提议（Offer）、方法创新（Creative Approach）、及时性（Timing）、产品吸引力（Product Appeal）等。

2. 电子邮件推广的许可原理

从形式上来看，发送的邮件是否事先获得许可，是区分许可邮件与垃圾邮件的重要标志；从内涵上来看，邮件所提供的价值和利益，才是决定邮件能否获得用户欢迎的关键所在。

真正意义上的电子邮件推广是指许可电子邮件推广。垃圾邮件不仅不符合网上商业伦理，给用户造成极大的麻烦，同时也违反有关的法律法规。

许可营销的原理很简单，企业在推广产品或服务前，事先需征得用户的“许可”，然后再通过电子邮件的方式向用户发送产品或服务信息。因此，许可营销也就是许可电子邮件营销。例如，一些公司在要求注册为会员或者填写在线表单时，会询问“是否希望收到本公司不定期发送的最新产品信息”，或者给出一个列表让用户选择希望收到的信息类型等。

许可营销的主要方法是通过邮件列表、新闻邮件、电子刊物等形式，向目标用户提供有价值的信息的同时附带一定数量的商业广告。在传统营销方式中，许可营销很难行得通，但是互联网的交互性使得许可营销成为可能。

3. 电子邮件推广的基本步骤

许可电子邮件推广可用于任何营销组合，将电子邮件融入企业的营销策略，有利于建立强有力的客户关系。

（1）制订推广目标。电子邮件推广目标必须和企业整体营销、品牌战略相一致。因此，必须评估许可电子邮件推广在企业营销目标中承担的角色，确定主要目标是塑造企业品牌形象，开拓消费市场，还是维系客户关系等。

（2）明确受众目标。为了达到目标，要明确电子邮件推广的目标客户是哪些人。企业可以向已有的理想目标受众进行推广，同时使用兴趣、人口统计、地理统计等指标，定向开发潜在方法。为了提高推广效率，必须对数据库进行细分，以确保企业目标与客户需求保持高度一致。

（3）设计邮件标题及内容。邮件标题也是设计的重点。一个有创意的标题会吸引接收者打开邮件，只有打开邮件才会看到邮件里面的内容。根据经验，邮件标题会直接影响邮件的打开率，所以在进行邮件营销的过程中，需要反复测试邮件接收者的喜好，以选择一个可以令邮件接收者打开邮件的创意。

一个好的邮件内容需要贴近邮件接收者，与营销目的结合，在不会让邮件接收者反感的基础上进行策划。如果邮件的内容是接收者感兴趣的，那么会大大增加营销的效果。以下是小杨老师接收到的小也香水发来的、让她久久难以忘怀的一封广告邮件，如图 4-30 所示。

图 4-30 小也香水的邮件广告

这封让人记忆深刻的邮件，至少具有以下几个关键要素。

第一，邮件已得到用户的许可，由标题可见，该邮件是小也香水发给其注册会员的。

第二，标题具有足够的吸引力，“香奈儿大牌尊享会——小也会员享超特惠折上折价格！”品牌足够大，优惠足够多，不能不让人心动神驰。

第三，邮件内容设计简约精致，图文并茂，既有经典香水品类的推荐，又有“本周特惠”、“新品上市”等热点链接；既有足够的视觉冲击，又方便了用户的了解和选购。

（4）选择邮件列表服务商。选择高质量的邮件列表服务商，就等于许可电子邮件推广活动获得了成功的保障。邮件列表的质量、提供服务的水准、定向能力的高低、追踪和报告反馈的能力、市场信誉等，都是在选择服务商时需要考虑的因素。

阅读材料 4-5　电子邮件营销十大忌

1. 滥发邮件

有专家建议，对于未经许可的电子邮件，有两条恒定的规则：第一，不要发送；第二，如果打算只做一次，请参阅第一条执行。

使用电子邮件营销工具，只能发给那些事先经过许可的人（关于如何取得收件人的许可，有许多方法，如会员制、邮件列表、新闻邮件等）。

2. 邮件主题不当

电子邮件的主题是收件人最先看到的信息，邮件内容是否能引人注意，主题起到相当重要的作用。邮件主题应言简意赅，以便收件人决定是否继续阅读邮件内容。

3. 隐藏发件人姓名

这种邮件给人的感觉是发件人在做什么见不得人的事情，否则，正常的商务活动为什么害怕露出自己的真面目呢？这样的邮件，其内容的可信度有多高呢？

还有一些邮件，把发件人写成“美国总统”、“你的朋友”、“漂亮女孩”等，不一而足。其实，无论怎样伪装，发件地址还是会被方便地查出来的。

开展网上营销活动，还是以诚信为本吧！

4. 邮件内容繁杂

电子邮件宣传不同于报纸、杂志等印刷品广告，并不是篇幅越大越能显示出企业的实力和气魄。而应力求内容简洁，用最简单的内容表达出诉求点，如果必要，可以给出一个关于详细内容的链接（URL），收件人如果有兴趣，会主动查看链接内容，否则，内容再多也没有价值，只能引起收件人的反感。而且，对于那些免费邮箱的使用者来说，因为有空间容量限制，太大的邮件肯定是被删除的首选对象。根据经验，每封邮件不宜超过7KB。

5. 邮件内容形式不妥

有些发件人为图省事，将一个甚至多个不同格式的文件作为附件插入邮件内容，自己省事了，却会给收件人带来很大麻烦。所以，最好采用纯文本格式的文档，把内容尽量安排在邮件的正文部分，除非插入图片、声音等资料，否则不要使用附件。

6. 发送频率过于频繁

研究表明，同样内容的邮件，每个月发送2～3次为宜。

不要错误地认为，发送频率越高，收件人的印象就越深。过于频繁的邮件“轰炸”，只会让人厌烦，如果一周重复发送几封同样的邮件，发件人肯定会被列入“黑名单”，这样便永远失去了那些潜在客户，电子邮件营销计划只能是赔钱赚吆喝了。

7. 没有目标定位

也许目标邮件地址是从网上收集的，也许是从他人手中买来的，或者是根据某种“规律”推断出来的，总之，得到这些“资源”后，不管（实际上也无法知道）是不是自己的目标受众，只管不加区分地发送邮件，这样的“营销”有效果才怪！

8. 邮件格式混乱

虽然说电子邮件没有统一的格式，但作为一封商业函件，至少应该参考普通商务信件的格式，包括对收件人的称呼、邮件正文、发件人签名等因素。

时常可以见到这样的电子邮件：

我公司是生产×××的企业，质量上乘，价格优惠，欢迎选购。

这样的邮件（倒是够短小），至少可以理解为对收件人不够尊重，如果你收到这样的邮件，会购买对方的产品吗？

9. 不及时回复邮件

评价电子邮件营销成效的标志之一是客户反应率，有客户回应，当然是件好事，理应及时回复发件人。然而并非每个公司都能做到这一点。

可以想象，一个潜在客户发出了一封关于产品询问的邮件，一定在急切地等待回音，如果等了两天还没有结果，他一定不会再有耐心等待下去，说不定早就成了竞争对手的客户。

10. 抬高价格

打开收件箱，发现有一封顾客主动发来的订购函时，如果认为顾客选定了自己的产品，可以对其索要高价，那就大错特错了！因为在互联网这个开放的大市场里，同类产品的供应者总是很多，一般来说，顾客会同时向多个厂家发出同样的询问信件，他会对比各家产品的性能和价格，如果报价偏高，绝对争取不到这个客户！

相对于面对面报价，通过电子邮件报价相当被动，发出的邮件无法改变，又无法探听到竞争者的价格状况，更不可能根据顾客的反应灵活报价。

所以，为顾客提供最优质的产品、最低廉的价格才是取得成功的唯一法宝。

二、电子邮件推广应用

结合澳优网上的推广活动，可以定期向亲子类网站会员或企业自己掌握的客户列表发送电子邮件。电子邮件内容可以为澳优网站积分换礼活动、澳优举办的各种互动活动等，以吸引网民参与，扩大品牌影响。另外，除电子邮件方式外，还可以使用手机短信等方式通知网民参与活动。

1. 通过专业邮件列表服务商投放邮件广告

邮件列表（Mailing List）起源于1975年，是互联网上最早的社区形式之一，也是互联网上的一种重要工具，用于各种群体之间的信息交流和信息发布。专业的邮件列表服务商通常提供某些类型的电子杂志、新闻邮件、商业信息等吸引用户参与，然后在邮件内容中投放广告主的商业信息。广告主可借助邮件列表服务商的用户资源开展宣传、促销等活动。

邮件列表的好处体现在以下几个方面：一是企业不需要配备专业的电子邮件营销队伍；二是可以利用比较丰富的潜在用户资料；三是可以在最短时间内将信息发到客户的电子邮箱中，

而不像自己经营邮件列表那样需要长时间的积累过程。它的不足之处有两点：一是不可能完全了解潜在客户的资料，邮件接收者是否是公司期望的目标用户，也就是说定向选择受众的程度有多高，事先很难准确判断；二是要支付相应的广告费。邮件列表服务商拥有的用户数量越多，或者定位程度越高，收费也越高。目前，几乎所有的邮件列表服务商都承接邮件列表广告，如国内知名的邮件列表服务商有 QQ 邮件列表（list.qq.com）等。

益派咨询发布的调研报告显示，2010 年以来我国网民最常使用的免费邮箱前三名的分别是：腾讯（QQ）邮箱（68.2%）、网易 163 邮箱（61.2%）、新浪邮箱（30.1%），如图 4-31 所示。这些数据，是企业服务选择邮箱广告服务商的重要依据。

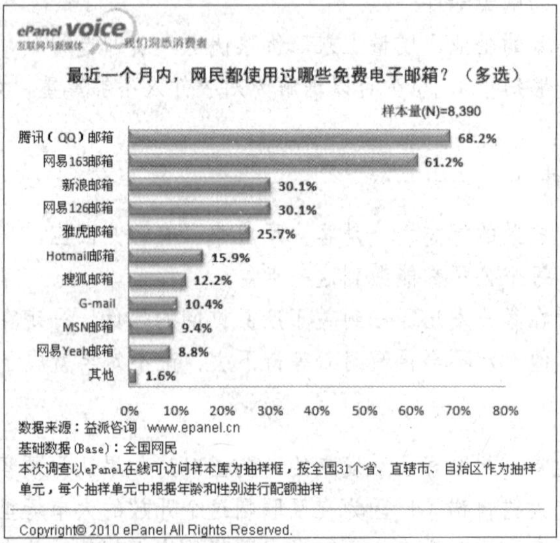

图 4-31　2010 年我国网民最常用的免费邮箱产品

2. 利用自己建立的邮件列表发送邮件广告

拥有自己的邮件列表始终是企业的追求，越来越多的传统企业意识到使用电子邮件和互联网来维系顾客关系的边际成本是相当低的，而且，越来越多的人开始使用电子邮件，所以经常可以看到网站上充满了“请订阅本站 E-mail 通告”等要求访问者留下电子邮件地址的文字。

一般而言，企业或者网站建立自己的邮件列表主要有以下目标：作为公司产品和服务的促销工具；方便和顾客交流，增进顾客关系；获得赞助或出售广告空间；提供收费信息服务。

前两种目标是将邮件列表作为营销或公关工具，间接达到增加销售收入的目的；后两种目标则直接反映了网站希望通过邮件列表获得利润的目的。就目前的环境来看，大部分网站的邮件列表主要是实现前两个目标，因为，一般网站的邮件列表规模都比较小，靠出售广告空间获利的可能性较小，而收费信息服务的条件还不太成熟。不过，这些目标也不是相互孤立的，有时可能是几种目标的组合。

3. 电子邮件推广效果的评价

（1）电子邮件推广效果评价指标。电子邮件推广的作用体现在多个方面，如加强与顾客联系、促进销售、提升品牌形象等。如果将电子邮件推广看做一种网络广告形式，就可以采用一些具体的指标来评价其广告效果。

在投放电子邮件广告时，主要考虑的因素是目标用户数量和目标市场定位。如果接收邮件的用户数量少，信息的覆盖面很小，自然不会有很好的营销效果，但是，如果没有良好的目标用户定位，即使发送大量的邮件，同样不能产生预期的效果。在目标用户确定后，就可使用以下三个指标来进行具体分析。

① 开信率（Open Rate）。开信率是指一批大量发出的邮件中，究竟有多少封邮件被打开看过，又有多少封邮件根本还没被看就直接被删除了。假设一共寄出 10 万封邮件，其中 5 万封曾被打开，则开信率是 50%。如果邮件订户是正确的目标客户，应能得到不错的开信率；反之，若开信率过低，则应检查邮件是否送错对象或者是否应改善邮件主题行的写法等问题。

② 点击率（Click Rate）。点击率指收件人在打开邮件后，有多少人实际点击邮件里所列出的超链接（hyperlink），进入广告主所要宣传的网页阅读。点击率同时也是网络广告公司经常使用的效果统计法，因为“点击”是读者受了广告刺激而引起兴趣，进而采取的行动，这显示该广告的目的至少已经达成一半。

③ 转化率（Conversion Rate）。转化率指收件人在读完邮件的广告后，同意接受或购买广告主所推销的服务或产品。这项指标能比点击率更具体地显示广告是否成功地刺激观众、改变其行为。

（2）电子邮件推广效果评估应注意的问题，主要有以下几点。

① 不能仅以某一项指标来评估电子邮件推广的效果。如果盲目地依据某一项指标评估电子邮件推广的效果，就可能出现瞎子摸象的情形。如有 50 人收到邮件，其中 25 人看了邮件之后都点击了广告，那么点击率便是 50%，虽然点击率很高，但是吸引到的观众只有 25 人。而如果有 10 000 人收到邮件，即使点击率只有 10%，也有 1 000 人因为看了广告而造访网站。

同样，只注意邮件的开信率也不足以论定推广的成败，因为在 10 000 封寄出的邮件中，即使开信率只有 30%，若有 25%的点击率或 15%的转化率，最后成功吸引到的客户仍不少。而即使开信率 70%，但其他两项统计数字都极低，那么对于增加销售并无多大帮助。

② 根据不同的电子邮件推广目标选择相应的评价指标。如果以建立品牌知名度或凝聚顾客向心力为主要目的，那么不宜使用点击率作为评价指标。因为顾客没有点击电子邮件，并不意味着不会增加将来购买的可能性或者增加品牌忠诚度。为了分析电子邮件的功效，可将那些收到电子邮件的顾客的态度和没有收到电子邮件的顾客进行对比，这是评价电子邮件推广对顾客产生影响的典型的经验判断法。

如果以增加网站浏览人数或销售量为主要目的，则采用点击率和转化率更能直接反映广告的效果。因为点击率和转化率强调的是如何改变观众的“行为”，也就是吸引顾客登录广告主的网站或者产生购买行为。

阅读材料 4-6　如何提高电子邮件的打开率和阅读率

据相关学者的分析数据，影响用户打开电子邮件的因素主要有知道并且对于邮件发件人信任、邮件主题、邮件可以正常打开、曾经打开过并且认为有价值等。通过对表 4-12 列举的因素分析，可采取相应措施来提高电子邮件的打开率和阅读率。

表 4-12　影响用户打开电子邮件的因素

影响用户打开电子邮件的因素	所占比例
知道并且对于邮件发件人信任	59.2%
邮件主题	41.1%
邮件可以正常打开	33.6%

续表

影响用户打开电子邮件的因素	所占比例
曾经打开过并且认为邮件有价值	30.1%
预览窗口的内容吸引收件人的注意	19.0%
有折扣信息	17.5%
有免费送货信息	15.1%
该公司不是大量发送邮件	10.9%

（1）邮件主题：提供收件人感兴趣的信息。表4-13所示为一些让收件人感兴趣的邮件主题。

表4-13　让收件人感兴趣的邮件主题

主　　题	男	女
有吸引力的信息/新闻	69%	46%
提供折扣	50%	64%
新产品发布	37%	39%
提供免费送货	28%	43%

（2）发信人：让收件人产生信任。一般来说，应该如实地显示发件人地址，以给用户提供真实的信息。这样，一方面即使用户不打开邮件也可以在一定程度上起到宣传的效果；另一方面用户也可以根据发信人是否和自己有关来判断要不要阅读邮件内容。但也有一些营销邮件为了获得较高的开信率，将发件人和主题都设置得标新立异，这样的邮件表面上看来可能会多获得一些点击，但却会让人对邮件广告用户的诚信产生怀疑，甚至产生厌烦心理。

（3）内容预览：留住读者的最后机会。如果收件人看了邮件主题和发件人之后决定不打开邮件，无论多么有价值的邮件也与垃圾邮件无异，这封邮件很快会从用户的邮箱中消失，但是，还有最后一点希望可能使他回心转意，就是邮件预览区中的内容。对于使用OutlookExpress之类的邮件程序接收电子邮件的用户，在程序默认情况下，有一个邮件内容的预览区。虽然这个区域不大，但可充分利用这一点营销资源，向用户推广信息、品牌、产品和服务。预览区中的内容之所以重要，还有另一层意义，因为已经决定打开邮件的用户，也不一定都会认真看完邮件的全部内容，尤其邮件内容比较复杂时。这时候，预览区中的内容就显得更为重要，因为用户很可能已经从中获得了对他有价值的信息。

（4）收件人：让读者感觉与自己有关。例如一些网上购物网站发送的会员邮件内容往往是一个完整的网站首页，并非专门为邮件列表所设计，其中甚至还有浮动广告，这种邮件给用户的感觉就是缺乏必要的关怀，商家推销的只是自己的产品，并没有考虑用户的感受。

电子邮件营销中值得引起注意的地方还有很多，在这里只是探讨了部分决定用户是否打开邮件的主要问题。有些问题实现起来可能还有一定的难度，例如，大量发送的商业邮件要做到每封都可以显示出用户的名字，与用户资料数据库中的信息和邮件处理技术等因素有关。

技能训练4-3　家居用品的电子邮件推广

1. 背景资料

湖南梦洁家纺股份有限公司于1956年创立，2010年在深圳证券交易所中小板成功上市，是国内品牌家纺生产企业。上市初期，该公司有以下两大产品系列。

（1）“觅牌”产品系列。“觅牌”产品系列主要通过网络购物、电视购物、电话购物等方式直接主营，是针对网上购物大众人群研发的产品系列，以色彩丰富、风格简约的单层四件套为主，价格一般在 400～900 元。“觅牌”的理念是让追求成为卓尔不群的生活方式，让自我体验在舒适享受中得到升华。“觅牌”产品系列的目标客户：①经常在网上购物；②追求良好的生活质量；③中等收入水平；④有良好的科学文化素养；⑤多为初入社会，有着不错的工作或者事业刚起步的人群。

（2）“平实美学”产品系列。“平实美学”产品系列迎合部分消费者绿色环保的心理，针对热爱环保人群，“平实美学”倡导环保、低碳、天然的家居生活，在顺应了可持续发展战略的同时提升了企业的形象。“平实美学”系列的目标客户，主要针对社会上越来越多关心环保低碳的消费者，这类客户有以下主要特点：①社会责任心重；②追求高质量的生活品质；③关心环保事业；④多为支持环保事业的中坚分子。

2. 实训要求

马上要到元旦了，湖南梦洁家纺股份有限公司网络营销人员小张想利用公司的客户关系管理系统实施邮件推广，请帮助小张将方案填入表 4-14 中。

表 4-14　电子邮件推广

项　目	邮件 1“觅牌”产品系列潜在客户	邮件 2“平实美学”产品系列潜在客户
邮件标题		
邮件正文		
邮件签名		

（1）分别给公司“觅牌”产品系列和“平实美学”产品系列的潜在客户各发一封 E-mail，实施电子邮件推广。

（2）告诉这些客户，为了答谢客户对公司多年来的关注，公司准备在元旦期间举办大型的产品让利酬宾活动。活动时间之长，力度之大，前所未有，望广大客户抓住时机。

（3）邮件主题鲜明，紧扣活动主题，能吸引客户打开邮件；邮件对客户的称呼合理；邮件结构严谨、文笔通顺，邮件内容能突出产品的卖点，并把促销信息传递给潜在消费者。

（4）邮件字数在 200 左右。

（5）邮件要设置邮件签名，并体现公司联系方式和发件人。

第四节　论坛推广

一、论坛推广基础

论坛推广是指利用论坛这种网络交流平台，通过文字、图片、视频等方式发布企业产品和服务信息，让目标客户更加深刻地了解企业的产品和服务，以宣传企业品牌、加深市场认知的网络营销活动。论坛推广具有以下特点。

（1）利用论坛的超高人气，为企业提供有效的营销传播服务。由于论坛话题的开放性，几乎企业所有的营销诉求都可以通过论坛得到有效传播。

（2）专业的论坛帖子策划、撰写、发放、监测、汇报流程，能在论坛空间提供高效传播，如各种置顶帖、连环帖、论战帖、多图帖、视频帖等。

（3）论坛活动具有强大的聚众能力，利用论坛举办的各类踩楼、灌水、视频等活动，能调动网友与品牌之间的互动。

（4）论坛中的事件炒作，通过炮制网民感兴趣的活动，将客户的品牌、产品、活动内容植入传播内容，从而引发新闻事件，产生传播的连锁反应。

（5）运用搜索引擎内容编辑技术，不仅能使内容在论坛上有好的表现，而且能在主流搜索引擎上快速寻找到发布的帖子。

二、论坛推广目标人群定位

企业在策划论坛推广方案前，必须对企业目标客户进行恰当定位，明确目标客户的群体特征及上网行为，从而确定帖子发布的论坛范围。以长沙搜门面网（www. somenmian.com）为例，作为一家提供商业门面出租信息的服务型公司，其论坛推广的目标人群定位，可以从以下两类目标群体入手。

（1）打算找门面创业的群体。年龄以20～30岁为主体，他们正值事业打拼期，充满激情，有清晰的目标感。他们有创业的想法，需要一个好的平台给他们提供创业信息，需要一个专业的平台给他们做创业分析。

（2）投资门面的业主。希望寻找一个信息发布平台，把自己的门面出租信息传递给创业者。

三、寻找合适的论坛并注册

注册论坛时，应明确目标客户的特征及上网行为，目标客户经常浏览的论坛及版块，就是企业推广发帖的重点。

第一，论坛推广人员要有在目标客户经常浏览的注册账号（马甲）。第二，论坛推广人员在每个论坛要多注册几个账号，这是保证前期推广的条件。不同产品、不同营销事件，需求的马甲数量不定：如知名品牌进行论坛推广不需过多马甲，即可产生效应；而普通企业，则需要多一些马甲配合。第三，企业要在各大型论坛有专门的人员负责管理账号、发帖、回帖等。很多企业都有专人负责论坛推广，经常发帖、回帖，是为了融入论坛核心，从而积累更多的威望。

寻找合适论坛的基本原则：目标客户经常去的论坛就是企业要找的论坛。以搜门面网的推广为例，该网站的主要目标客户经常访问的论坛主要分为以下几类。

（1）综合性论坛：如天涯、猫扑、百度贴吧等。

（2）区域类论坛：如天涯类的湖南（长沙）版块、百度贴吧类的区域性吧、红网论坛、华声论坛等。

（3）行业性网站论坛：如搜房网、搜狐焦点网、创业网、中国大学生创业网、青年创业论坛等。

（4）各种中小网站论坛版块：如阿Q校园网、香樟树下等小论坛。

搜门面网在天涯社区“创业家园”版块的推广，如图4-32所示。

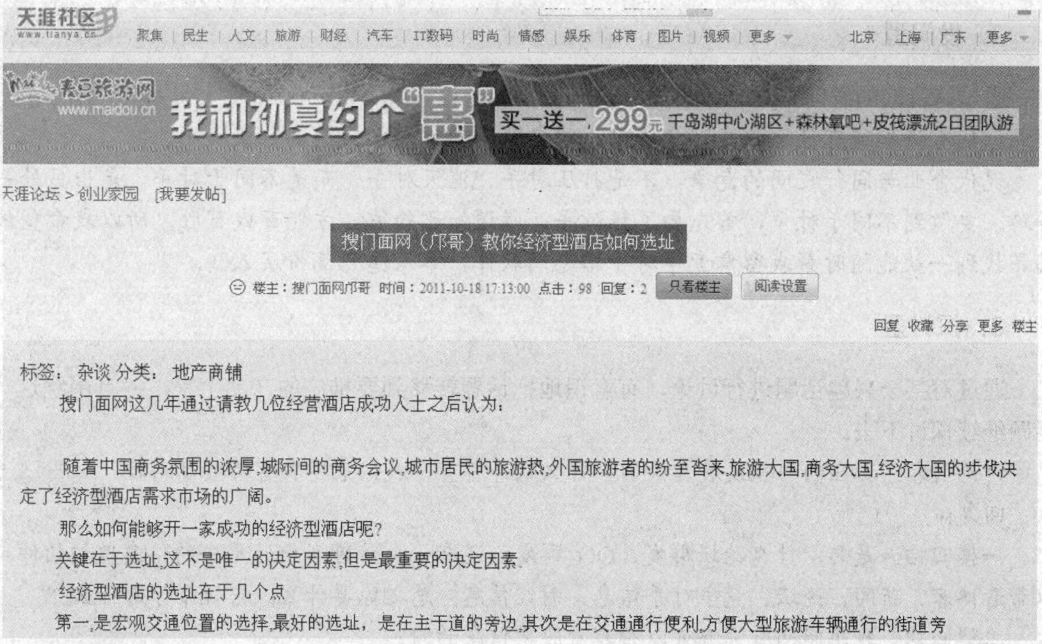

图 4-32　搜门面网在天涯社区“创业家园”版块的推广

四、设计帖子话题

在论坛推广和传播中，要成功设计帖子话题，可以从以下几个方面着手。

首先，需要一个可信的信息源。信息源必须可以持续提供新颖有价值的信息，并且容易被其他人接受，没有广告嫌疑，这也是论坛推广最重要的一块。

其次，论坛推广策划的帖子题目要新颖，也就是有创意性，这样才会吸引读者。另外，论坛推广策划的题目要能吸引眼球，即标题要有一定的号召性以吸引读者。标题是敲门砖，要有一定的含义或歧义，让读者产生疑惑进而想得到答案。

最后，论坛推广的内容一定要具有一定的水准，网友看了之后觉得有话要说才行。

某公司要推广其新开发的一款软件，打算在相关论坛上进行推广，帖子话题的设计可以有以下几种类型。

1．故事型

通过讲述自身体验、情感遭遇，从侧面来谈某产品，从而引导用户产生想了解这一款产品的欲望。

历时一个月，新家装修终于完成了，看着新房里的布局，每一件都是自己精挑细选的，内心充满了感动。还记得当初选床上用品时，我的那个他说要实用、舒服，我说要温馨、浪漫、时尚，毕竟是未来两人劳累一天休息的地方，不可能一回来就面对一堆硬邦邦的棉花吧！来来回回在家纺商场逛了好久都没有买到合适的床上用品，但又不愿意将就，就一直拖着。后来在网上和死党聊天，她说多喜爱有我所需要的家纺，抱着一种试试看的态度，我进入了多喜爱的官方网站，网站上确实有很多时尚温馨的床上用品，有最 Hot 的潮流元素的六件套，也有普通的高支高密线纯棉用品。看网站企业介绍后，知道多喜爱还是国内家纺用品著名品牌，产品质量应该有保证，因此第二天便在多喜爱网上商城订了喜玫瑰婚庆六件套。

2．发问型

通过有目的的发问方式，吸引用户进来交流和讨论。

你们有谁知道有什么收集"竞争对手信息"的软件吗？我想高价买一个。

现代企业与同行之间的竞争，不是打压对手、消灭对手，而是不同于对手，走出另外一条路。要做到不同于对手，首先要了解对手，所谓知己知彼，方能百战百胜。所以我希望能够寻找到一款能随时帮我留意竞争对手信息的软件，本人愿意高价买入。

3．探讨型

通过对某一兴趣话题进行讨论，有意识地把话题转移到要推广的产品上来，并且围绕这一话题继续探讨下去。

讨论内容：现在的科技发展真快啊，什么软件都有，我们来聊聊有哪些高科技？

回复：

一楼回帖：是啊，什么论坛群发、QQ 群发，还有一个最近新出的更牛的信息监控软件可以帮看博客、新闻、论坛、竞争对手信息、财经信息。总之你要什么，它就帮你看什么。

二楼回帖：我想问问有没有可以帮我看股票信息的啊？

三楼回帖：不知道哦，要是有这样的软件大家也告诉我一下，我估计美国现在应该有。

四楼回帖：我在淘宝开了个服装店，有可以帮我看店的软件吗？

五楼回帖：听说有可以偷看别人电脑和信息的软件，不知道哪里有。

六楼回帖：如果要看店或者帮看股票信息的软件，我推荐大家用信息监控软件吧，确实不错，而且直接到 xxx.com 下载就可以，它能轻松帮看博客、新闻、论坛、竞争对手信息、财经信息，及时跟踪名人、明星、股票、热点事件最新动态，而且会在第一时间及时通过电子邮件等方式通知您。

4．娱乐八卦类

通过对当前比较热门的娱乐话题等进行发帖，并在后面继续发表一些更多吸引用户的话题，从而以在中间或后面插入链接的方式把用户带到要推广的产品上来。

5．求助型

设计好求助话题，以发问题的方法寻找帮助，再把话题转到将要推广的产品上来，后面围绕该话题进行探讨和宣传。

6．知识型

用最传统的推广方式，从产品的本身特性出发，对产品进行进一步的解说，而让更多的用户更加清楚产品的用途，吸引一部分用户到公司网站浏览或购买产品。

五、发布帖子及设计回复

论坛推广人员要积极参加回复、鼓励其他网友回复，也可以用自己的马甲回复。网友的参与是论坛推广的关键环节，如果策划成功，网友的参与度会大大提升。通常企业在论坛做活动营销居多，可利用一些公司产品或礼品鼓励网友参与。

同时，论坛推广人员要正确地引导网友的回帖，不要让事件朝相反方向发展。当然，具体情况要具体分析，有时在论坛产生争论也未必是件坏事，特别是不知名企业，通过论坛途径演变成大范围病毒式营销，知名度会有很大提升。

六、论坛推广效果评估

论坛推广人员要仔细监测论坛推广的效果，同时注意及时改进。这需要进行细致的数据分析和用户群体分析。通过一次营销，会总结出很多问题，下次策划时可以借鉴。另外，不同领域的用户群体习惯会有不同，方式、方法并不通用。

论坛推广人员要及时和论坛管理员沟通交流。熟悉各大论坛的管理员和版主有助于论坛营销的开展。经常发帖、回帖，会与这个圈子近距离接触，和管理员、版主有很好的沟通机会，再加上其他资源辅助，论坛营销会开展得更顺利。

技能训练 4-4　家纺用品论坛推广

1. 背景资料

多喜爱家纺用品有限公司是一家专业设计生产和销售床上用品的公司，产品涉及被套、床笠、床单、床裙、枕套、被芯、枕芯、婚庆产品、垫类产品、床具等。现为了扩大公司产品的市场占有率，加大产品的销售，公司积极进军电子商务领域，入驻各大时尚电子商务生态圈，开展网络销售。现公司入驻淘宝商城，为提升公司商城人气、带动店铺销量，公司拟在淘宝平台实施一些推广措施。

2. 社区软文推广

社区网络推广中软文的写作是非常关键的一部分，广告性太强不但容易被版主删除，而且会受到网民的抵制。请为多喜爱时尚系列的床上用品撰写一篇推广软文，填入表 4-15 中。

表 4-15　多喜爱时尚系列的床上用品推广软文

软文标题	
软文内容	
软文拟发布的平台与版块	
选择此版块发布的理由	

第四章

要求：字数在300左右，软文能够让潜在客户了解产品的特点和卖点，能很好地把推广信息传递给潜在消费者，形式不限，但不能直接以广告形式发布。文章主题紧扣推广目标；文章内容要吸引网民，结构严谨、文笔通顺；选择合适的平台与版块，与产品特点吻合。

第五节　网盟推广

一、网盟推广概述

1．网盟推广简介

网盟推广是指通过聚集海量的网站媒体，在互联网渠道组成的一个联盟，再根据广告客户的需求，在联盟网站中以动画、图片、文字等表现形式，进行广告投放的一种网络推广方式。

网盟推广，本质上来说是一种按效果付费的网络推广方式，最早成功运用网盟推广的是亚马逊网站。通过这种网络推广方式，亚马逊为数以万计的网站提供了额外的收入来源，并使之成为网络SOHO族的主要生存方式。网盟推广是继竞价排名后，百度和Google等主流搜索引擎的又一主推产品。

脱胎于传统媒体的网盟广告，其表现形式与传统媒体类似，却更易于被消费者接受，且符合消费者媒体接触习惯。网盟推广与传统营销的流程类似，它的特点在于以互联网为依托，提供一个展现企业信息与资讯的媒体平台。

网盟推广包括三个要素：广告主、联盟会员和联盟营销平台。广告主根据目标人群的行为和需求，在联盟营销平台选择投放广告的站点（联盟会员），将广告投放给目标人群。这是一种按广告的实际效果（如点击、引导、销售等）付费的推广方式。本章将以百度网盟为例进行介绍。

目前，百度网盟系统主要包括“网盟推广首页、推广管理、工具、报告、我的网盟”五个模块，以下依次进行简单介绍。

（1）网盟推广首页。显示账户概况、账户分日报告等信息，帮助用户快速了解账户和推广的基本概况。

（2）推广管理。推广管理模块是网盟系统的核心模块，可进行投放设置、数据查看、推广优化操作，其中，投放设置主要通过新建流程完成。网盟系统的账户结构主要由推广计划、推广组等组成；数据查看和推广优化可在推广计划、推广组、投放网络等列表中完成，如图4-33所示。

图4-33　“推广管理”栏目界面

（3）工具。网盟系统提供各种工具，方便用户快速、高效地完成相关操作。

（4）报告。目前主要提供定制报告功能，可定制每日标准化报告和各层级效果报告。

（5）我的网盟。该模块主要包括账户信息、自动转账设置、提醒设置、账户优化设置等功能。

2．网盟推广优势

（1）覆盖面广。成熟的网盟推广平台，往往集聚了数以十万计的联盟网站，当网民进入互联网海量网站时，网盟推广可以通过网站定向、主题词定向、地域定向等多种定向方式，精确锁定客户（广告主）的目标人群，并将客户的推广信息以文字、图片、动画等多种形式展现在目标人群浏览的网页上。

让企业及其产品信息，在正确的时间、正确的地点，展现给正确的人群。通过视频、动画、图片、文字等形式，吸引用户的关注，让他们对企业和产品信息从知道到感兴趣，从了解到购买。

百度网盟推广平台经过多年精心运营，涉及 24 个一级行业及数十万家联盟网站，如图 4-34 和图 4-35 所示，已发展成国内最具实力的联盟体系之一。

音乐影视	生活服务
休闲娱乐	房产家居
游　戏	汽　车
网络服务应用	交通旅游
博　客	体育运动
网址导航	投资金融
计算机软件硬件	垂直行业
数据及手机	新闻媒体
教学及考试	人文艺术
医疗保健	小　说
女性时尚	人才招聘
社交网络和在线社区	网络购物

图 4-34　百度网盟服务的 24 个一级行业

图 4-35　百度网盟的合作网站

（2）物料多样。物料是指网盟推广的广告载体及其表现形式，主要有文字、图片、动画等，百度网盟物料的展现形式主要有固定、悬浮、贴片三种。

① 固定形式。显示于网页正文区域内，在页面中有固定位置的推广，即普通的文字和图片，称之为固定形式推广。嵌入式固定展现，可以是文字、图片、动画，会潜移默化地影响网民，

如图 4-36 所示。

图 4-36 固定形式推广

② 悬浮形式。悬浮形式展现独立于页面内容之外，随浏览器的滚动而移动，可以是图片，也可以是 Flash。网民打开网页，企业的产品和品牌立刻就呈现在眼前，如图 4-37 所示。

图 4-37 悬浮形式推广

③ 贴片形式。贴片是在游戏或者视频加载前，在窗口中央展示的多媒体推广形式，如图片或动画等，能够为客户带来 5～10 秒的展现机会，如图 4-38 所示。

图 4-38 贴片形式

总之，不同的物料形式，在创意格式、覆盖媒体、影响力等方面各有特点，如图 4-39 所示。具体操作时，可根据企业需求及定位合理选择。

	创意格式	覆盖媒体	影响力	推荐使用
 固定形式	文字链 图片/动画	多	较强	推荐
 悬浮形式	图片/动画	较多	强	推荐
 贴片形式	图片/动画	站点发展中 相对有限	强	推荐

图 4-39 网盟推广不同物料形式对比分析

（3）定向精准。一般的网盟系统将为企业提供每个联盟网站的简介、流量量级、支持物料类型等详尽信息，帮助广告主更为全面深刻地了解和选择投放网站。

网盟推广最大的特点在于广告的定向投放，实现了精准营销。精准定向的方式主要有人群定向、主题词定向、网站定向、地域定向四种类型，如图 4-40 所示。

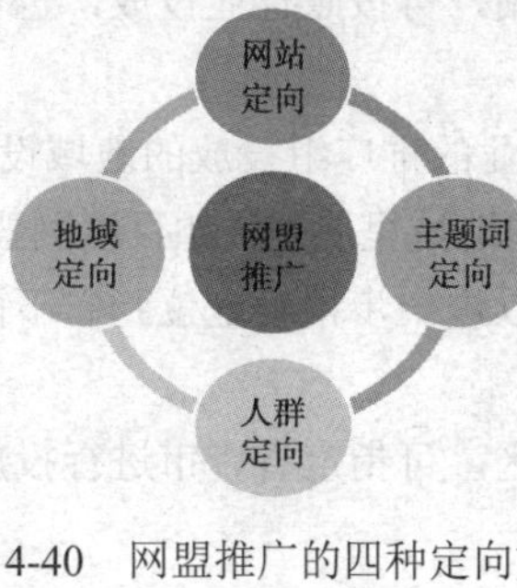

图 4-40 网盟推广的四种定向方式

① 人群定向。人群定向是指与搜索配合，捕捞有需求人群，再多次展现推广的品牌信息。网盟系统人群定向有以下三种实现方式。

基于点击的定向（回头客——点击定向）：对在百度点击过网盟推广广告的人，当其浏览其他的联盟网站时，投放与该广告相关的其他网盟广告。

基于到访的定向（回头客——到访定向）：对到访过网站指定页面的人群，当其浏览广告主指定的投放网站时，即投放相应广告。

基于搜索的定向（搜客）：对在百度搜索过某关键词的人，在其浏览指定的投放网站时，投放与该关键词相关的广告。下面以爱尔眼科医院为例，介绍其在百度网盟投放广告之后，基于搜索定向的运作流程，如图4-41所示。

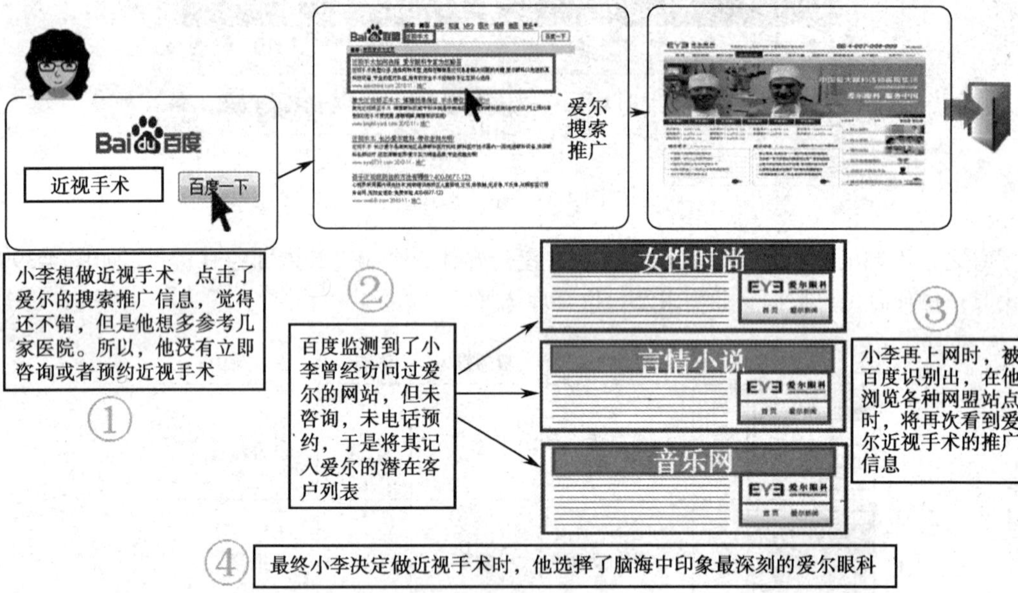

图4-41　基于搜索定向的运作流程

② 主题词定向。主题词定向是根据目标人群浏览的网站页面内容，来进行有针对性投放的定向方式。根据投放需求，在网盟系统中为推广信息指定相关的主题词，系统则会根据所指定的主题词，在联盟网站中分析匹配出与主题词内容最相关的网页，并进行推广信息展现。

③ 网站定向。网站定向是根据目标人群的浏览兴趣和习惯，来进行有针对性投放的定向方式。如百度网盟系统将海量联盟网站划分为24个一级行业、114个二级行业，并据此按照网站行业类型进行投放。同时还可以指定具体的网站进行更有针对性的重点投放。

网站定向针对目标人群活动网站，可按照行业投放，也可按照网站类别、名称投放，或按照网站评级、流量等投放。

④ 地域定向。地域定向是指企业的推广组投放的地域设置。设置地域定向后，企业的推广信息（物料）只会在广告客户选择的地域里展现。如百度网盟系统提供了一级、二级地域设置，不仅可以投放到省、直辖市，还可以进一步精确定位到省下面的地级市、直辖市下面的区，为投放提供了更为灵活和精准的选择。

地域定向抓住目标人群活动地区，可指定省、市进行投放，甚至可指定联通、电信、校园或网吧等不同线路进行投放。

（4）按效果付费。网盟推广客户可免费获得海量展现、按点击付费。海量展现能有效激发顾客购买欲望，提高品牌形象。有效点击带来潜在客户，直接提升产品销量。网盟推广按潜在客户点击付费，没有点击不计费：网盟推广收费金额=点击价格×推广单元被点击次数。

点击价格不等于出价。每次点击价格不会超过广告主所设定的出价。出价是广告主愿意为一次点击所支付的最高推广费用，出价的大小会影响创意的展现机会。点击价格是创意被点击一次后实际支付的推广费用，点击价格的大小取决于广告主和其他客户的出价和质量度。

点击价格会受到质量度的影响。质量度主要由两个因素决定：创意点击率，是决定质量度的最重要因素，点击率越高，创意的质量度越高；账户表现，包括账户内其他创意的点击率等，账户表现越好，创意的质量度越高。

同等情况下，创意的质量度越高，点击价格越低。由于竞争环境不同，即使出价不变，同一推广单元在不同网站或在相同网站的不同时刻的点击价格也可能不同。

二、网盟推广应用

1．营销目标分析

由于行业差异以及产品生命周期的不同，推广目标的设定也大相径庭。因此，首先需要明确如何帮助企业实现整体营销目标，这里面包括了推广目标的定位：是要打品牌，还是要卖产品；是要让网站获得更多的流量、注册，还是要带来更多的订单。

在整个推广流程中，营销目标可以分为品牌传播、流量促进、销售促进等几种情况。

（1）品牌传播：面向大众和潜在受众进行品牌和活动信息的展示。

（2）流量促进：让潜在受众产生兴趣，了解产品、活动的细节信息，让企业获得销售的机会。

（3）销售促进：直接与客户在网上/线下达成交易。由于部分用户无即时需求，或者决策较慢，部分销售会有一定的延时。

具体操作时可根据企业的营销目标，来确定推广方案和市场推广预算等。

2．推广方案制作

在营销目标分析的基础上，可以进行推广方案的制作。明确产品的优势，提炼产品的卖点，有助于确定推广创意和推广的时间段。不同用户的网上浏览习惯不同，因此，对产品的受众进行深入分析，有助于确定投放的网站或地域。

从整个推广流程上看，网盟推广与传统营销的流程相似，如图 4-42 所示。

根据推广流程，再来制订推广方案，确定整个流程中涉及的关键推广信息，主要内容包括以下方面。

（1）设置预算：基于推广周期和总预算，规划每日投放预算。

（2）确定推广范围：根据推广对象的特点和推广需要，分析受众行为，选定需要推广的网站和地域。

（3）制作创意：根据产品优势等方面，为推广对象制作符合推广需要的创意。

（4）效果优化和总结：对推广效果数据进行分析，调整下一步的推广方案。

某化妆品企业网盟推广方案制作流程（可与图 4-42 的流程图对照）如图 4-43 所示。

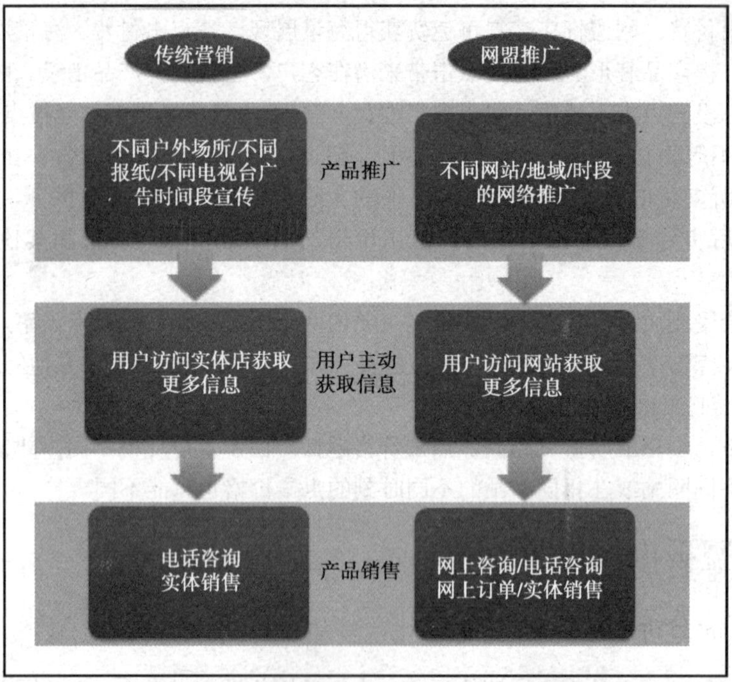

图4-42　网盟推广与传统营销流程比较

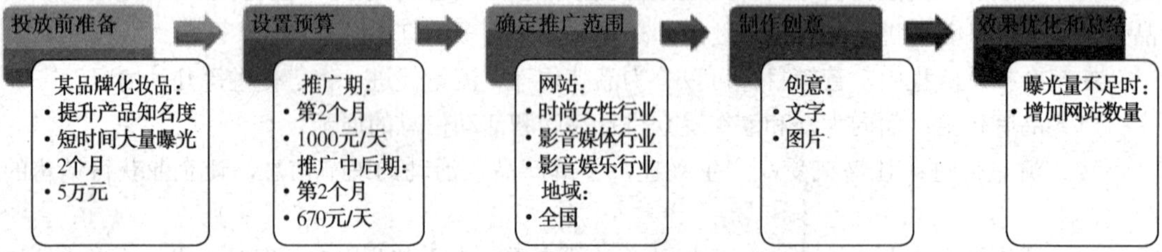

图4-43　某化妆品企业网盟推广方案制作流程

3. 广告投放

（1）了解账户结构。完成方案制作后，根据确定好的方案，即可进行网盟推广账户设置，设置完毕就可以在百度丰富的联盟站点资源上进行推广了。

首先来了解一下网盟推广的账户结构，如图4-44所示。

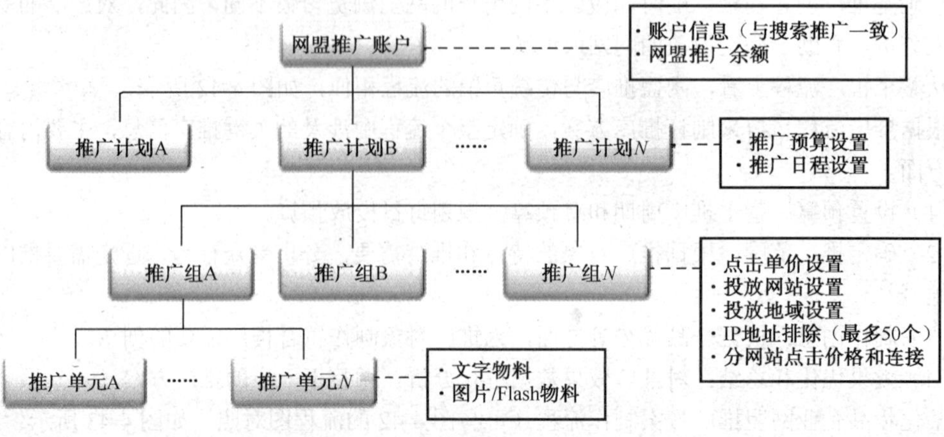

图4-44　百度网盟推广账户结构

网盟推广账户结构由账户、推广计划、推广组、推广单元四个层级组成。一个账户可以创建多个推广计划，一个推广计划可以创建多个推广组，一个推广组可以添加多条推广单元，层级之间是包含关系。

账户：客户的账号信息应与搜索推广的账户一致，包括网盟推广余额等基本信息。

推广计划：可以设置计划名称、每日预算、投放时间、投放时段等。

推广组：可以设置推广组名称、定向方式、出价、创意展现类型等。

推广单元：展现给潜在客户的文字、图片、Flash 等形式。

（2）创建推广账户。完整的账户创建流程由三步组成：创建推广计划—创建推广组—创建推广单元。账户创建完成之后，推广计划才能正常投放。

① 创建推广计划。为一个推广活动制作一个推广计划，依据推广方案进行如下设置。

推广计划名称：为企业的推广计划设置一个名称。

每日预算：为这个推广计划设置日消费限额，该推广计划的推广信息在消费达到预算后将下线，不再进行展示。

② 创建推广组。根据不同的推广方案设置不同的推广组，相应设置如下。

点击价格：设置推广组的点击价格，这个推广组的推广信息默认情况下将按此点击价格进行计费。

网站推广设置：设置希望推广信息展示的网站。

地域推广设置：可选择特定的地域进行推广，可以设定投放到省市级与直辖市的区。另外也可以在地域的高级设置中选择限定用户 IP 属于校园/网吧/中国联通/中国电信等来源的设置。

③ 创建推广单元。设置推广物料，上传创意，最后企业的推广信息将展示在指定的网站上，相应设置如下。

文字单元：由文字创意和两个链接组成。文字创意形式为一行标题、两行描述，两个链接分别是显示链接和点击链接。显示链接和文字创意一起展示在推广页面上，组成一个文字广告，如图 4-45 所示。点击链接是用户点击推广信息时会访问的实际链接。

图 4-45　文字单元

图片单元：可以进行多媒体物料的上传设置，包括图片、Flash 广告，有多种尺寸可供选择，只有当多媒体物料尺寸与广告位尺寸一致时，才能展示客户的广告。客户可以自行制作图片物料，也可以通过百度创意专家平台（chuangyi.baidu.com）在线制作，如图 4-46 和图 4-47 所示。

完成基本的账户设置操作后，就可以按照推广方案在百度联盟站点上进行正常推广了。

（3）开始网盟推广。通过百度推广账户来开通网盟、完成账户搭建与设置后，即可以开始网盟广告推广。

通过审核之后，广告主的推广信息就以固定、贴片、悬浮等展现形式出现在联盟网站上。

当被网盟锁定的网民发现推广信息之后，便会进入企业网站进行相关的浏览、咨询或者购买等。

图 4-46　百度创意专家平台

图 4-47　创建图片单元

网盟对于网民的影响不是只有一次，广告主可以通过网盟持续长时间的影响刺激目标受众，实现长期的良好推广效果。网盟推广流程如图 4-48 所示。

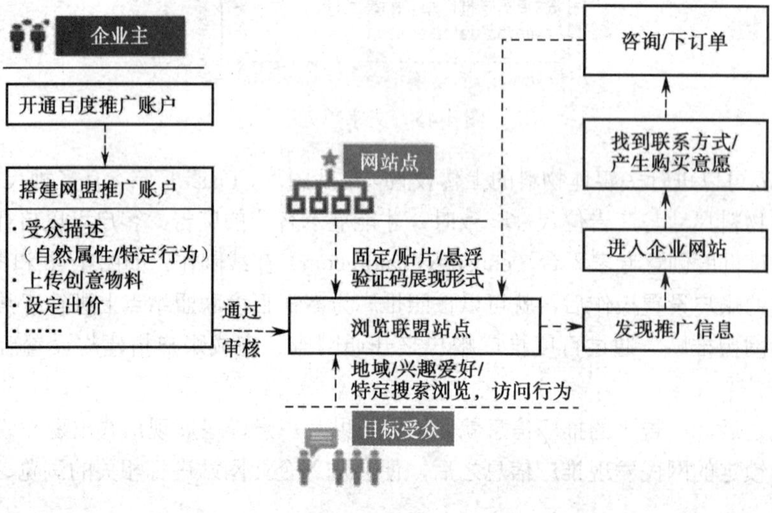

图 4-48　网盟推广流程

阅读材料 4-7 网盟推广信息展现及计费的原则

1. 网盟推广信息展现的原则

已经确定了推广方案，并进行了账户设置后，系统是如何进行推广信息展示的呢？当一个用户在联盟网站上浏览时，系统如何确定展现哪个推广信息呢？

在这里，首先需要了解百度网盟推广信息的展现原则：当不同推广商户的推广信息在同一个联盟网站上竞争同一个推广信息位时，系统会考虑不同推广信息的点击单价、推广信息的历史表现（历史点击率）、推广信息与联盟网站页面的相关度和推广目标链接页面的质量等，这些信息共同决定推广信息的展现排名。系统最后将根据展示位数量展示排名前几位的推广信息。

如果推广信息在指定的站点上没有展现，可能的原因是：推广信息点击单价设置过低或历史点击率表现不好；网站主对推广信息进行了过滤；进行了地域限制，导致可用流量过少；未提供所有尺寸的图片物料，网站的推广信息展示位与物料尺寸不符。

为了让推广信息获得更好的展现，百度建议不要设置过低的点击单价，并要不断优化推广创意和推广页面。

2. 网盟推广计费的原则

百度网盟推广的基本计费原则为按点击计费。为了保证推广商户的利益，百度会对点击进行无效点击过滤。

例如：当广告被同一用户频繁点击时，百度不会记录多次点击；当广告在某一网站某时段内发生频繁点击时，百度也不会记录多次点击。这些只是最常用的策略，百度同时采用各种点击监控策略对点击进行监控，无效点击过滤策略的高度保密性有效防止推广商户的推广信息被个别站点恶意攻击。

除了对无效点击进行过滤外，百度会定期核查站点的点击情况。当来自于一个站点的无效点击过多时，百度会取消该站点的合作资格，以维护推广商户的利益。

（资料来源：百度文库、百度贴吧）

4．推广效果优化

账户优化可以有效提升网盟推广的效果，帮助广告主以更低的成本获得更大的收益，即通过专业化的投放优化，最大化投资回报率。

（1）账户优化原则。让效果好的推广计划、推广组、推广单元、网站/关键词获得更多的展现，对效果差的推广组、网站、关键词降价，甚至暂停、过滤。

账户优化可以有效提升网盟推广的效果，帮助广告主以更低的成本获得更大的收益。

（2）账户优化步骤。按照营销环节，有三个核心优化部分，如图 4-49 所示。

展现优化：预算优化、展现不足优化、下线时间过早优化等。

点击优化：创意优化等。

转化优化：投放网站的关键词、兴趣点、投放日程、投放地域的优化等。

着陆页优化：到达转化页面的路径要明显；着陆页面内容与创意要高度相关，并突出优势；要提高着陆页面的打开速度；加强对着陆页面的测试，如在同一推广组中投放相同尺寸和内容的创意，在不同着陆页面进行测试，择优选择。

（3）账户优化技巧。对于网盟推广的广告主来说，网盟推广可控的环节主要有三个：投放站点/地域选取、建立优质网站、有效转化咨询。

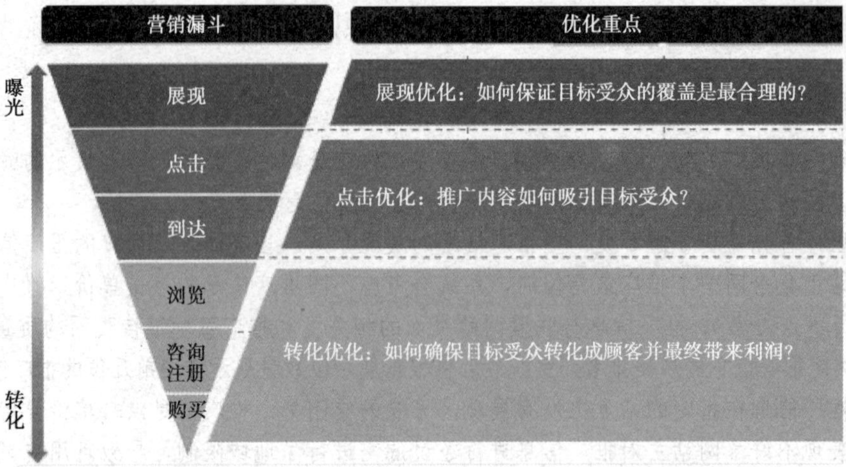

图 4-49　网盟推广优化步骤

① 投放站点/地域选取。在海量的网盟站点中寻找到适合推广商户产品的站点/地域，是网盟推广的关键一步。在该环节中，需要了解推广商户的推广信息和它在不同站点/地域上受到的关注程度，进而有针对性地对推广商户产品关注度更高的站点/地域进行投放，并针对不同的人群特点设计有吸引力的推广信息。

② 建立优质网站。建立优质网站是网盟推广的保障。在推广信息的同时，企业也需要在网站建设上下一番功夫，使企业的网站在竞争中脱颖而出。

③ 有效转化咨询。有效转化咨询是网盟推广的有效支持。企业需要做的就是，充分调动线下资源，把握潜在受众的每次咨询（例如：保证及时接听咨询电话，提高销售技巧，注意回复礼仪等），增强他们对企业的产品或服务的信心，促成他们的实际行动，为企业带来收益。

技能训练 4-5　网盟推广需求分析及物料制作

请选择两家本地知名传统旅游行业企业（如湖南中青旅、湖南华天国际旅行社等），或两家本地知名教育培训行业企业（如北大青鸟、新东方等），收集信息、设计创意，并完成物料制作，最后将结果填入表 4-16。

表 4-16　________行业物料需求分析及制作

调查内容	企业 1：______	企业 2：______	备　注
主推旅游线路			
线路特色			
广告语			
预订方式			
联系电话			
物料设计思路			
物料制作截图（矩形、长条、竖幅各 1 张）			
实训总结			

第六节 博客、微博推广

一、博客营销

1．博客营销的概念

博客，英文为 Blog（Web Log 的缩写），意为网络日记，其内容通常是公开的，人们可以发表自己的网络日记，也可以阅读别人的网络日记，是一种个人思想在互联网上的共享，是网络媒体进入 Web 2.0 时代最风光的先行军。

真正的博客营销是靠原创的、专业化的内容吸引读者，培养一批忠实的潜在用户，在博客圈中建设信任度、权威度，进而形成个人品牌，最终影响读者的思维和购买决定。

对等的交流、广泛的传播，是 Web 时代的基本精神，也是精明的商人所需要开拓的商业潜质。随着索尼、亚马逊、耐克、通用电气、奥迪等大公司利用博客做广告的风潮渐劲，博客营销随之被广大企业所接受。

很多知名企业都建立了企业博客，以塑造和宣传企业形象和理念，如 IBM、Google、万科等。企业博客在企业与客户/潜在客户之间建立了直接的沟通桥梁，构建了一个客户了解企业动态、产品、促销活动，乃至企业内部的信息平台，从而拉近了企业与客户之间的距离，并通过互联网巨大的覆盖面影响到了更为广泛的人群。

2．博客营销的特点

（1）博客内容增加了搜索引擎可见性，能为网站带来更多的访问量。Google、Yahoo 等搜索引擎都有强大的博客内容检索功能。因此，企业可以利用博客来增加被搜索引擎收录的网页数量，提高网页内容搜索引擎可见性。甚至，企业无须建立博客网站，只要在提供博客托管的网站上开设账号即可发布文章。

（2）以更低的成本宣传企业信息。博客营销的传播是一种低成本、传播广的形式，从而被许多企业所接受。另外，博客可以部分替代广告投入，减少直接广告费用。企业可能并不需要在博客文章中大肆做广告，博客文章被搜索引擎收录所带来的免费流量，至少有部分可以替代在搜索引擎广告中的投入。

（3）博客的互动性便于开展市场分析和研究。企业可以在博客文章中设置在线调查表的链接，让有兴趣的读者参与调查。这不仅扩大了在线调查表的投放范围，还可以直接就调查中的问题与读者进行互动交流。

（4）博客是企业的信息库。如果企业坚持不懈地“博客”下去，企业相关产品及服务的信息资源不断积聚，其所沉淀的信息资源将为企业带来可观的访问量。这些信息资源中，不仅有企业的原创内容，也包括企业收集的各种有价值的文章、网站链接、实用工具等。

（5）节省保持客户的费用。在市场营销学中有一个著名的规律：获得一个新顾客的成本要远高于维持一个老顾客的成本。在网络客户的保持方面，也遵循同样的道理。只有不断更新信息，才能获得客户的长期关注，不至于失去已经获得的客户。运营良好的企业博客，应当在保持现有客户、间接降低获取的客户成本方面做出自己的贡献。

3．企业博客的分类

企业博客是指以企业名义开设的、作为企业网上对外宣传窗口的博客。商业博客是一个更宽泛的概念，它包括了企业博客，同时也包括了那些借助广告盈利的博客服务提供商，以及那些以盈利为目标的个人博客。

与通常的商业博客相比，企业博客的目标并不是马上赚钱，它是一个沟通和市场营销的渠道。一般情况下，人们很难精确预见企业博客的效果，但通常其好处要远远大于坏处，更为重要的是，通过这个渠道，可以把企业及其产品，放到全球的话题讨论区——博客世界。

以公关和营销传播为核心的企业博客，已经成为博客商业应用的主流，其表现形式主要有CEO博客、产品博客等。

（1）CEO博客。以CEO为代表的企业高层管理者，他们写博客，许多直接表现为写产品文化，是一种在高层次上推介产品的办法，如潘石屹、王石等企业家的个人博客，就积聚了大量的粉丝和超强的人气。这类博客，能够呈现出公司元老的最初见解，他们是真实的人，具有人性化的一面，经营得当，能够成功营造出和谐与信赖感，传达公司的重要信息，对产业话题做出回应，让大家了解公司的状况。

从本质上来说，通常的企业博客，还是没有彻底打消个人对于庞大组织机构天生的戒备心和疏离感，而这一盲点，被CEO的个人博客扫除了。CEO的博客看似个人行为，因为CEO自己建，自己写，说的大多是自己的生活或想法，甚至有些CEO在博客上对自己的企业只字不提，实际上，CEO博客把企业因素揉碎，再个人化地呈现出来，隐去了组织机构投射在个人身后压迫的阴影，以鲜活的、有形的“人”的形象来与客户沟通，使企业信息的传递以潜移默化的方式进行。因此，对于企业来说，CEO博客是一种直接且隐蔽的高效营销和公关手段，能让企业获得原来仅掌握在传统媒体手中的话语权，让企业在信息发布和危机处理中，进可攻、退可守。

一般情况下，站在CEO博客背后的应该是训练有素的营销和公关团队，应该由他们与CEO共同决定博客的形式、内容和信息传递的分寸，在营销的最大限度内同时保证企业信息安全。

（2）产品博客。产品博客指专门为了某个品牌的产品进行公关宣传，或者以为客户服务为目的所推出的博客。产品博客和其他类型的博客具有明显的不同，它首先要瞄准的是行业圈——最核心的目标受众群。一般情况下，产品博客的营销策划要具备四个特点：精准的目标群体分析；对博客平台的精确选择；推广步骤的循序渐进；针对不同人群传播不同主题。产品博客营销流程策划分为五步。

第一，产品发布会，邀请领袖级博主现场同步直播。

第二，邀请企业所在行业领袖博主进行测评及讨论。

第三，针对目标客户群体，开展一个形式新颖的博客活动。

第四，设立独立主题博客辅助宣传，邀请若干名博客写手对活动大赛进行辅助推广。

第五，邀请专业的营销评论博客对整个活动做营销角度的评论。

4．博客平台的选择

搭建企业博客，有两个选择：一是架设独立的企业博客，二是依托于第三方平台。

（1）独立的企业博客。独立的企业博客是指具有自己独立的域名、独立的空间以及独立的管理权和控制权的博客，如英特尔的企业博客——博客@英特尔中国，戴尔的企业博客——戴尔直通车等。独立企业博客的最大好处在于具有高度的独立性，一旦受到搜索引擎认可，在搜索引擎上的权重会很有优势。但同时，建设独立博客也有一些弊端：首先，建设独立的企业博客，需要投入大量的人力资源，如需要负责技术的员工、负责内容的员工，甚至需要专门的搜索引擎优化以及搜索引擎营销队伍；其次，独立博客因为一切都是从头开始，从平台的搭建，到内容的建设，再到推广营销，需要一个较长的时间。这个时间，最短也需要三个月以上，长则多达几年。

（2）第三方平台。对于绝大部分企业而言，使用第三方的托管平台搭建企业博客是最合适的选择。因为它具有大量的、明确的目标用户，可以在较短的时间内，以较少的投入，获得较好的效果。同时，第三方博客平台的选择合理的话，直接利用其现有的搜索引擎权重优势，以及平台本身的人气，在平台内获得认可的前提下，可能获得极大关注。目前国内比较有名的博客平台有 QQ 空间、新浪博客、阿里巴巴商人博客、网易博客、搜狐博客、中国博客网等。

5. 博客的设置及优化

（1）永久链接。使用第三方博客平台，博客帖子的网址通常都是自动生成的，无法改变。好在大部分平台已经生成了静态的永久链接。使用博客时需要自行在博客后台进行设置。以新浪博客为例，可以在“个人中心”单击“账户设置”，然后选择“博客地址”进行修改，将博客地址设置为简单易记的个性化名称，如徐静蕾的博客地址为 blog.sina.com.cn/xujinglei。

（2）博客名称的选择。博客名称不同于企业官方网站的名称。企业网站通常不得不使用公司的正式名称，但无论是企业博客还是个人博客，博客名称都不适合太八股、太正式，而应该选择一个轻松独特的名称。比如“我爱水煮鱼”、“总统博客”、“谷歌黑板报”、“不许联想”等都是非常好的名字，让人没办法不注意到，也让人很难忘记这些名字。

（3）博客的优化。在撰写博文的时候，要注重关键词的选择，可利用百度关键词推荐工具（www2.baidu.com）进行选择。博文写出来以后，可以去类似中国站长工具（tool.chinaz.com）之类的网站去查看博客文章中关键词的密度情况。博客建立好或更新文章后，可以主动到百度等搜索引擎提交自己的博客地址和博文地址，还可以搜索“博客目录”、“博客登录”等相关词，把自己的博客提交到目录搜索引擎及 RSS 目录等。

6. 博客的推广

（1）有稳定的更新周期。博客是日记格式的网站，内容需要经常更新才能留住老读者，吸引新读者。博客的更新应有一个大致稳定的周期。博客文章篇幅不一定很长，有话则长，无话则短。博客的更新不要走向另一个极端，每天更新太多。

（2）阅读和评论其他博客。要想在本行业的博客圈中建立威望，阅读其他博客也是必不可少的功课之一。在其他博客发表自己的想法，也是推广自己博客的重要手段之一，看似简单，其实效果很好。要有效利用留言推广，首先要做些调查研究，找出本行业中权威性的博客。留言时切忌诸如“非常感谢”、“顶”、“好文章”、“有同感”之类的话，应有针对性，有自己鲜明的观点，才能引起其他读者、博客作者的关注。

有些帖子会引起共鸣，如感想较小，就留言；感想较多，就可以写一篇新文章，并在自己的博客中发表。有时不妨提出不同意见，但在自己的帖子中，一定要链接到对方博文。评论要言之有物，才能真正引起对方关注，并最终把你加入 Blogroll，或者在以后的帖子中推荐或评论你的博客。

（3）争取 Blogroll。Blogroll（作者推荐、友情链接）也是推广自己的重要手段之一。如果能进入行业权威博客 Blogroll，效果当然更好。并不是每个加入 Blogroll 的博客都希望对方也链接回来。Blogroll 中有真正的行业权威，才能体现权威性和公正性。不提倡直接交换链接，这样会适得其反，一些专家不会交换链接。他们喜欢的内容自然会链接，而不是以交换作为前提条件。

（4）尝试专家访谈和客座博客。博客访谈包括主动访谈行业专家及接受其他人的访谈两种方式。

主动访谈行业专家可以通过 QQ、E-mail 或 Skype 等方式，与对方交流，然后整理成文发表到博客，以借助对方的知名度提升自己博客的影响力。接受访谈也有异曲同工之妙，其他人和你做访谈，把内容发在他的博客上，也可以让你的个人品牌或企业品牌扩展到对方的读者群中。

客座博客就是请其他人在你博客里写文章，或你在其他博客上写客座文章，这种方式国内非常少见，在英文中运用得不少，这也是一种双赢的博客推广方式。

（5）撰写教程。教程式的帖子最容易被大量转载和传播。教程与书籍不同，比如：怎样为网店拍摄最好的产品图片？0～3 岁婴幼儿的膳食安排；长沙最物有所值的 20 家饭馆等。虽然现在的互联网看起来是一个信息爆炸的场所，但真正深入、全面研究和解决某个特定问题的信息却并不常见，这也就是教程式文章受欢迎的原因。

（6）注重线下社交。博客是社会化网络的最典型方式之一，而社会化网络的特点就在于人与人之间的交往。不管圈子中的人在现实生活中是否见过面，但在网络上看对方博客、留言评论、在 QQ 等及时交流，甚至很多博客圈会组织线下活动，这些社交活动其实都是很好的推广机会。这种社交活动看似与博客推广没有直接关系，但参加一个线下活动，认识一批行业博客作者，就意味着增加了自己博客推广到对方读者群的机会。

（7）回复留言及时。大部分写手会看自己博客里的留言，但只有少部分博客作者有及时回复留言的良好习惯。读者留言，只要做出回应，他们就会很高兴，觉得受到重视。在博客中积极互动往往会带来更多的推广机会。

阅读材料 4-8　用博客卖葡萄酒

国外有一个名不见经传的小葡萄酒品牌，通过博客，进行了一次成功的营销，使得自己的产品迅速扩大了销量，提高了知名度。2004 年，马尔在南非的 Doolhof 谷买了 80 公顷葡萄园开始了他的新事业，创建了 Stormhoek 葡萄酒公司。Stormhoek 是一家小葡萄酒厂家，其产品是 Freshness matters 牌葡萄酒，该厂家的葡萄酒在英国的 Asda、Threshers、Waitrose、Majestic、Sainsbury 和 Oddbins 等大小商场均有销售。“新西兰有最好的酿造白葡萄酒的技术，但南非的葡萄比较好”，Stormhoek 的葡萄酒据称就是这两者的结合。马尔深信这里肥沃的土壤一定能生产出好酒，但不久他就陷入了困境，酒厂的位置偏僻，他的品牌如何才能越过南非的崇山峻岭赢得英国消费者的关注并与超市签订大宗销售合同呢？Stormhoek 是一家小企业，没多少钱，因而也没有在英国投放任何广告。马尔产生了一个看似不可能的想法，即利用博客。2005 年 5 月，也就是 Stormhoek 葡萄酒诞生后的六个月，马尔给英国最热门的 150 名博客主每人寄了一瓶中等价位的葡萄酒。只要博客满足以下两个条件就可以收到一瓶免费的葡萄酒。

（1）住在英国、爱尔兰或法国，此前至少三个月内一直写博文。读者多少不限，可以少到 3 个，只要是真正的博客。

（2）已达法定饮酒年龄。收到葡萄酒并不意味着你有写博文义务——你可以写，也可以不写；可以说好话，也可以说坏话。马尔给他的一份公告起了一个吓人的题目“Stormhoek：微软真正的竞争对手”，他在里面写道，如果你口袋里装着 400 美元无所事事，你可以有多种选择，你既可以买一台微软的 Xbox360 主机，也可以买一箱葡萄酒。发放免费葡萄酒的公司都希望网上赞誉如潮，但 Stormhoek 品牌的不凡之处在于通过虚拟世界的闲聊引发了现实世界的销量攀升。

马尔的到来并未引来众博客们的攻击，他说，“我们很诚实，我们没有声称自己是南非最好的葡萄酒，我们只是告诉人们这里的酒品质不错，价格合理，然后请人们说出自己的看法。”博客们开始工作了，他们敲出了葡萄酒的优点。估计全世界范围内有 1 500 万～3 000 万名博客，每天诞生 8 万页博客日记。2005 年 6 月在 Google 搜索引擎里搜索 Stormhoek 这个词，弹出 500 条结果，但到 8 月，这个数字变成了 85 000 条，而在这两个月中，他们自己估计有 30 万人通过博客开始知道这家公司，写酒的博客包括伦敦皇家学院的天体物理学家安德鲁亚弗博士和微软的技术专家罗伯特斯考伯。

马尔通过博客发动的病毒营销，对其产品产生的滞后效应还很难具体估量，但马尔发现，在过去不到一年的时间里，他们的葡萄酒销量翻倍了，达到了“成千上万箱”的规模；Stormhoek 的月销售量翻了一番，这个品牌已经得到了 Sainsbury 超市和 Majestic 葡萄酒公司的订单。互联网上的对话也引爆了零售市场的巨大需求，零售商 Asda 和 Threshers 都和马尔进行过网络对话，现在他们也在销售 Stormhoek 的产品。在英国 5 英镑以上的瓶装酒市场，Stormhoek 占了南非葡萄酒销售量的五分之一。马尔说，我们这些年取得了辉煌的成绩，博客对此功不可没，一些消费者告诉葡萄酒商店和超市的售货员，他们是通过博客知道 Stormhoek 品牌的。博客不仅使我们销量飙升，而且彻底改变了我们的行为方式。

Stormhoek 的公司网站本身就是一个博客。马尔在自己公司的博客上，发布一些关于 Stormhoek 葡萄酒的产品信息和最新的市场活动信息。举例说来，当决定改变瓶子上的商标时，公司把这个消息发到了博客上，还通过博客举行了评酒会。Stormhoek 登陆美国的时候也会举行一系列针对美国博客作者的活动，希望能通过这种形式激起美国人的消费热情。

当然，博客日记上也有一些尖酸的评价。马尔说，博客的伟大之处在于我们能看到别人的评价，能够回复评价，“公司能和他们的顾客进行双向交流”。Stormhoek 并不是唯一一家通过博客与顾客交流的公司，饮料界的巨人吉百利史威士公司也鼓励自己的雇员在公司写博客。大公司之所以不敢贸然进入博客世界是因为博客们比较刻薄，倾向于把现有权威或大公司作为首选攻击目标。马尔说，博客世界能迅速传递讯息，但如果以傲慢的态度行走江湖就会遭到众人攻击，立刻损失惨重。现在马尔所面临的挑战是让博客们对葡萄酒保持兴趣。他说，我不知道下一步的对话是怎么样的，因为无法控制信息，无法控制事态的发展。

Stormhoek 发言人尼克·迪牟克·马尔（Nick Dymoke marr）说，他们的葡萄酒在南非 5 英镑以上葡萄酒市场的份额 2005 年已经占到 19%，销售量从 2004 年的 5 万箱升至 2005 年的 10 万箱之多。有一篇新闻报道说微软公司在伦敦举办的一次“怪才聚餐”中点名要求提供这个酒。Stormhoek 已经成为所谓“伦敦数码人”的首选葡萄酒。

（资料来源：钟伟山，陈格雷，wenku.baidu.com/view/bf260f41b307e87101f69609.html，2011-12）

二、微博营销

1. 微博营销的概念

以微博作为营销平台，每个听众（粉丝）都是潜在营销对象。企业利用微博向网友传播企业信息、产品信息，树立良好的企业形象和产品形象。每天更新内容就可以跟大家交流互动，这样来达到营销的目的。目前主要的微博平台有新浪、腾讯、网易、搜狐等，其中以新浪和腾讯微博最为火爆。

2. 微博营销和博客营销的比较

微博营销与博客营销的本质区别，可以从下列三个方面进行简单的比较。

（1）信息源表现形式的差异。博客营销以博客文章（信息源）的价值为基础，并且以个人观点表述为主要模式，每篇博客文章表现为独立的一个网页，因此对内容的数量和质量有一定要求，这也是博客营销的瓶颈之一。微博内容则短小精炼，重点在于表达现在发生了什么有趣（有价值）的事情，而不是系统的、严谨的企业新闻或产品介绍。

（2）信息传播模式的差异。微博注重时效性，3天前发布的信息可能很少会有人再去问津。同时，微博的传播渠道除了相互关注的好友（粉丝）直接浏览之外，还可以通过好友的转发向更多的人群传播，因此是一个快速传播简短信息的方式。博客营销除了用户直接进入网站或者RSS订阅浏览之外，往往还可以通过搜索引擎搜索获得持续的浏览。博客对时效性要求不高的特点，决定了博客可以获得多个渠道用户的长期关注，因此建立多渠道的传播对博客营销是非常有价值的，而对于未知群体进行没有目的的微博营销通常是没有任何意义的。

（3）用户获取信息及行为的差异。用户可以利用电脑、手机等多种终端方便地获取微博信息，发挥了“碎片时间资源集合”的价值，也正因为是信息碎片化以及时间碎片化，使得用户通常不会立即做出某种购买决策或者其他转化行为，因此微博不宜作为硬性推广手段。

总之，博客营销以信息源的价值为核心，微博营销以信息源的发布者为核心。博客营销可以依靠个人的力量，而微博营销则要依赖社会网络资源。

当然，微博营销与传统的博客营销也有很多相似之处，某些规律是可以参照的，例如：都是以文字或者图文信息为主；信息对用户要有价值；都需要持之以恒的毅力，在潜移默化中达到营销目的，而不是生硬推销。

3．企业微博的分类

企业微博大致有以下几种常见类型。

（1）企业官方微博：正式的、以企业官方信息发布为目的的企业微博。

（2）公司所属或关联机构微博：包括关联公司、下属部门的官方微博等。

（3）特定功能的专题微博：如客服微博、人才招聘微博。

（4）品牌或产品微博：多品牌或多产品系列的公司，每个品牌或者每个产品都可能开设独立的微博账号。

（5）由公司运营但不直接包含公司信息的微博：如专门发布某行业动态的微博，在一定程度上具有行业社会化媒体的属性。

（6）公司/品牌+个人名字的微博：通常是公司的主要负责人，靠个人影响力进行传播。

（7）以传播企业及产品信息为主要目的的员工个人微博：全员网络营销时代，每个员工都有网络传播的力量，在微博上尤其如此。

（8）以公司品牌/产品名称+代理商命名的微博：对企业品牌和产品具有传播效果，可以延伸和扩大企业信息的可见度。

阅读材料4-9　天津住房公积金官方微博 大白话解读专业政策

天津市住房公积金管理中心的官方微博通过一段时间的试运行终于正式开通！今后，“天津市住房公积金”不仅能发布最新的政策和活动，还将在线与广大网友一对一交流。

1．官微主动提出“为您做主”

“请问：单位面试的时候说是私企，没有公积金，但是后来我通过社保得知，单位有公积金，老板只是给自己上，我只能忍气吞声吗？”网友@MY 孟小瑶通过微博向公积金中心询问。不一会儿，就得到回答：“当然不能忍气吞声了，您可持工资条、劳动合同等来我们管理部维权，一定给您做主哈！”

截至 2013 年 5 月 30 日 16 时 14 分，天津市住房公积金管理中心已经发表了 47 条微博，拥有粉丝 591 位，像上述这样的私人问题已经不止一位网友提出，都得到了一对一的答复。

“继门户网站、手机网站、短信服务平台之后，官方微博是公积金中心为网民搭建的又一个了解公积金政策的快捷公共服务通道。”天津市住房公积金管理中心有关负责人表示，“网民有任何问题都可以@天津市住房公积金，发布或私信我们进行交流，我们将第一时间答复咨询和受理投诉、建议。”

2. 用大白话来解读专业政策

除可实现实时交流外，住房公积金官方微博的另一特色是语言贴近网民。“不可以了，亲。公积金贷款可以使用两次，第一次公积金贷款还清后可以申请第二次公积金贷款。”昨天，网友任小姐看到这条微博后非常感慨：“还记得我办理公积金贷款的时候也问过同样的问题，当时是在管理部，受理咨询的工作人员虽然态度好，但一本正经的语气让我不好意思再问下去，现在微博上的一句‘亲’一下子就拉近了彼此的距离。”

此外，还有不少网友反映，住房公积金政策太过专业，而微博上能够以日常的白话来解释这些政策，是服务的一大进步。“希望公积金中心能用这种通俗的语言，把基本政策给网民解释一番。”有网友提议。

对此，天津市住房公积金管理中心有关负责人表示：“未来我们将通过这个平台发布住房公积金最新政策、服务举措、业务办理指南、权威数据、重要活动公告及网友关注的住房公积金热点、难点问题。”

（资料来源：www.enorth.com.cn，2013-6）

4. 微博营销的基本步骤

企业微博营销流程及操作要点如图 4-50 所示。

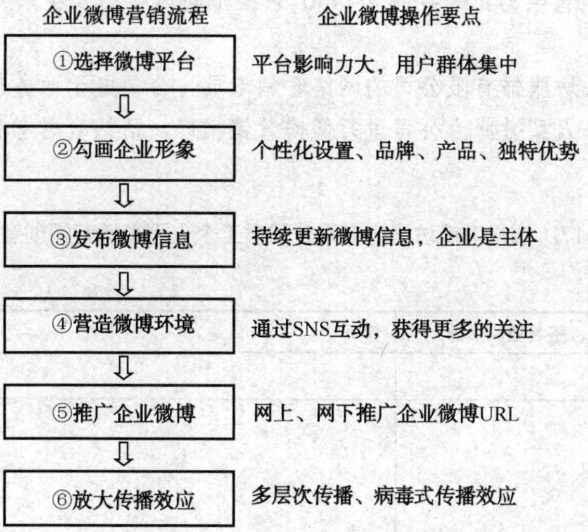

图 4-50　企业微博营销流程及操作要点

（1）选择微博平台。应该选择一个有影响力、集中了目标用户群体的微博平台，在此平台上开设企业微博账号，获得发布信息的基本资格。一般情况下，不建议企业自行开设独立微博。

（2）勾画企业形象。通过微博的“个人设置”，让别人通过微博首页可以了解企业的基本信息并产生信任感，如品牌名称、核心产品、独特优势等，此后应发布若干有关企业介绍的微博，再开始寻求别人的关注。

（3）发布微博信息。这是一项持久的、连续的工作，微博应保持不断更新。同时要注意，微博内容的写作和选择至关重要。企业微博虽然以个人操作为主，但在表现方式上应以企业为主体，尽可能避免个人情绪化的表达方式。

（4）营造微博环境。尽可能参与微博平台的互动活动。微博是社会性网络服务（SNS）的一种形式，独自发布信息而没有别人关注是没有意义的，参与互动的方式包括：关注业内重要机构和人物、关注与企业相关的行业动态、关注那些关注自己的人，通过转发、评论他人微博等方式获得他人关注，获得尽可能多的被关注。

（5）推广企业微博。与企业网站推广类似，可以通过电子邮件、QQ、名片、印刷品、产品外包装等方式，把企业微博网址告诉更多的用户，同时也可以邀请更多用户加入微博阵营，让大家通过微博实现更好的沟通。

（6）放大传播效应。微博最大的特点之一是，可以通过SNS好友圈子快速实现信息在更大范围的传播，当拥有一定量的好友资源之后，通过信息的有效设计（如一定的激励手段），实现在好友之间，以及好友的好友之间信息传播的全方位放大传播。

技能训练 4-6　杭州南瓜坊服饰有限公司微博营销实战

杭州南瓜坊服饰有限公司成立于1999年，开发、生产、销售“南瓜娃娃”童装。“南瓜娃娃”品牌童装以优异的品质、精细的做工、完善的售后服务展现最独特的童装品牌风格。设计来源于日本、韩国、中国香港三大设计中心，以敏锐的时尚触觉，捕捉国际、国内流行的最新潮流。公司针对1～6岁这一年龄层穿着及审美情趣已隆重推出时尚个性的童装系列，其中，“南瓜娃娃”童装正以高档品质和中低档价位迅速占领国内市场，受到很多朋友的喜爱。公司凭借过硬的设计、生产、销售实力，每年推出450余款不同风格的童装系列，来满足新老客户的需求。

如果你是杭州南瓜坊服饰有限公司的网络营销专员，公司电子商务经理希望你依托新浪微博平台创建一个员工个人型微博为公司进行微博营销推广，请认真思考和实践，并将过程填入表4-17。

表4-17　杭州南瓜坊服饰有限公司员工个人型微博营销创意设计

时间：__________　　　　设计人：__________

微博用户信息设置（微博名、签名档、头像）	
个性化域名设计	
自定义微博模板（截图）	
关注5个行业内活跃用户	

续表

关注 10 个明星妈妈	
发起一次网络投票（截图）	
提供一次有奖活动	
设置一次病毒式营销	

第七节　其他在线推广方式

一、病毒式营销

1. 病毒式营销概述

病毒式营销（Viral Marketing，也可称为病毒性营销）是一种常用的网络营销方法，常用来进行网站推广、品牌推广等。病毒式营销利用的是用户口碑传播的原理。在互联网上，这种“口碑传播”更为方便，可以像病毒一样迅速蔓延，因此，病毒式营销成为一种高效的信息传播方式。由于这种传播是用户之间自发进行的，所以几乎是不需要费用的网络营销手段。

2. 病毒式营销的主要形式

病毒式营销的概念在网络上已经很普遍，人们都在研究如何做好一个吸引人的内容，并希望别人去扩散传播，但在实际运作中，这一点是很难实现的。目前病毒式营销主要有以下几种形式。

（1）免费服务。一些大型的网站或公司会提供免费二级域名、免费空间、免费程序接口、免费计数器等资源，这些资源中可以直接或间接地加入公司的链接或者其产品的介绍，也可以是广告。特别是推出的窄告（“窄而告之”、“专而告之”，是一种新型的网络广告模式，指将广告直接投放到与之内容相关的网络媒体上的文章周围，并根据浏览者的偏好、使用习性、地理位置、访问历史等信息，有针对性地将广告投放到真正感兴趣的浏览者面前），很适合放在这些免费资源中。这些服务都是免费的，对用户有着很大的吸引力。另外，当用户自己在使用并对外宣传的时候，同时为提供该服务的公司做了免费宣传。

（2）便民服务。便民服务不像免费服务一样需要一定的财力、物力，比较适合小公司或个人网站。在网站上提供日常生活中常会用到的一些查询，如公交查询、电话查询、手机归属地查询、天气查询等，把这些实用的查询集中到一起，能给用户提供极大的便利，会得到用户很好的口碑，有可能很快地在网民中推广开来，但要分清主次内容。

（3）节日祝福。每当到节日时，可以通过 QQ、E-mail 等工具向朋友发送一些祝福，后面附上网页地址或精美图片。由于节日里，大家都很高兴收到来自朋友的祝福和喜欢发祝福给朋友，一个病毒链就这样形成了。

（4）精美网页。娱乐是人们生活中最本质的追求之一，不管定下什么目标，最终都是为了生活、娱乐。做一个精美的网页或精彩的笑话发给朋友，朋友可能会很高兴，并很快发送给他的好朋友。

（5）口头传递。网络上使用最普遍的“口头传递”方式是“告诉一个朋友”或“推荐给你的朋友”等。很多网站在网络广告、新闻信息、电子邮件后面使用类似的语句。对这种方法，各种网站的使用率是不一样的。对于一些娱乐网站，“告诉一个朋友”的使用率可能会高些。但对于大型网站，这类语言的使用率主要取决于所推荐内容的类型和用户群的特点。这种病毒式营销启动成本低并能快速执行，其效果还可以通过引入竞赛和幸运抽签等形式得以增强。

（6）人际关系网络。社会学家指出：人际关系网络是由家庭成员、朋友或同事构成的，每个人都生活在人际关系网络中，几乎没有人是生活在人际关系网络之外的。根据社会地位的不同，一个人的人际关系网络中可能有几十、几百甚至数千人。

互联网的网民同样也在发展虚拟社会中的人际关系网络，他们收集电子邮件地址，建立邮件列表与众人沟通，通过洽谈室结交新的朋友。网络营销人员需要充分认识实体社会和虚拟社会中这些人际关系网络的重要作用，通过病毒式营销把自己的信息置于人们的各种关系网络之中，从而迅速地把促销信息扩散出去。

3.“凡客体”病毒式营销案例

（1）事件回顾。2010年7月，凡客诚品（VANCL）邀请了青年作家韩寒和青年偶像王珞丹出任形象代言人，一系列广告也铺天盖地地出现在公众的眼帘。该广告意在戏谑主流文化，彰显该品牌的自我路线和个性形象。然而其另类手法也招致不少网友围观，网络上出现了大批恶搞“凡客体”的帖子。

（2）效果分析。

① 惊人的传播速度。2010年7月，凡客诚品推出的“凡客体”首次出现在公众的眼帘，但截至2010年8月5日，已经有2 000多张“凡客体”图片在网上疯狂传播，传播速度呈几何倍数增长。

② 少量的投入成本。“凡客体”只是用了一张小小的图片，就引起了转载的狂潮，随之带来的商业价值不可估量。病毒式营销的这种低成本甚至无成本的投入，主要是利用了目标消费者的参与热情，但渠道使用的推广成本依然是存在的，只不过目标消费者受商家的信息刺激自愿参与到后续的传播过程中，原本应由商家承担的广告成本转嫁到了目标消费者身上，因此对于商家而言，病毒式营销是无成本的。

③ 飞快的更新速度。任何网络产品都有其独特的生命周期，一般都是来得快去得也快，病毒式营销的传播过程通常呈S形曲线，即在开始时很慢，当其扩大至受众的一半时速度加快，而接近最大饱和点时又慢下来。凡客在“凡客体”传播力逐渐衰减时，利用网络推手将群众引入凡客群，使传播力转化为购买力，达到了较好的营销效果。

（3）案例总结。“凡客体”是一个典型的病毒式营销案例，其成功让人们切身感受到了病毒式营销的威力。究其成功的原因，主要有以下六点。

① 简单直白的台词。凡客的“无心插柳”已在网络上掀起一场大范围的病毒式营销。当网友看到这些简单直白的生活化的描述后，会感觉它想和自己互动、沟通、交朋友。

② 异于传统营销的方式。“凡客体”与传统营销方式截然相反，多以诱导为主，同时还为消费者提供可参与的娱乐活动，受到广泛欢迎。而且“凡客体”一般是受众从熟悉的人那里获取或是主动搜索而来的，并根据兴趣制作同类型的文体，在接受过程中自然会有积极的心态，接受渠道一般来说也比较私人化，使病毒式营销克服了信息传播中的干扰影响，增强了传播的

效果。

③ 多病毒传播。“凡客体”的营销在病毒式营销的基础上更进了一层，传播的信息是“多病毒”，而非“单个病毒”，发动的群体也不是商家个体，而是庞大的网民。

④ 内容娱乐化趋势。随着当今生活节奏不断加快以及竞争日益激烈，人们的工作、生活压力也随之增加，使得人们希望通过娱乐的方式来进行自我宣泄，因而对娱乐的需求也越发强烈。网络时代的到来所赋予的自由性，使人们在一定程度上能够以娱乐的方式运用自己的公共话语权，个性特征的娱乐化将在网络时代发挥得淋漓尽致。

⑤ 创意至上。最有效的病毒式营销往往是独创的。同样一件事情、同样的表达方式，第一个是创意，第二个是跟风，第三个做同样事情的则可以说是无聊了，甚至会遭人反感，因此病毒式营销吸引人之处就在于其创新性。这次“凡客体”病毒式营销取得成功，最关键的是极富“创意”。 这种创意符合网络时代的两大传播特性，即娱乐和自由。

⑥ 文化认同。“爱网络，爱自由，爱晚起，爱夜间大排档，爱赛车，也爱29块的T-Shirt，我不是什么旗手，不是谁的代言……”从“凡客体”的广告文案中可以露出一种青春的张扬与个性。这种极富个性的广告作品，并选择“80后”代表韩寒和王珞丹作为品牌代言人，通过个性化的语言，迎合了当下戏谑主流文化和彰显个性的网络潮流。

二、事件营销

1. 事件营销概述

所谓事件营销，是指企业通过策划、组织和利用具有新闻价值、社会影响以及名人效应的人物或事件，吸引媒体、社会团体和消费者的兴趣与关注，以求提高企业或产品的知名度、美誉度，树立良好品牌形象，并最终促成产品或服务销售的手段和方式。由于这种营销方式具有受众面广、突发性强，在短时间内能使信息达到最大、最优传播的效果，为企业节约大量的宣传成本等特点，近年来成为国内外流行的一种公关传播与市场推广手段。

2. 事件营销的类型

（1）新闻事件营销。2008年5月12日下午14时28分，四川省汶川县发生7.8级地震，牵动亿万名中国人的心。新浪新闻及时开设“地震”相关专题栏目，第一时间关注灾情状况，在网民中树立了良好的网站权威度。

（2）造势事件营销。“番茄花园事件”是微软一次强有力的反盗版造势事件。微软通过向国家版权局和公安部投诉番茄花园版Windows XP作者洪磊等人，对Windows XP系统进行美化和改造，并传播Windows XP盗版系统，影响正版Windows XP销售，违反知识产权，影响正版软件销售与市场占有率。微软通过此次事件，表明反盗版的决心与立场。此次造势事件，影响到了中国盗版Windows XP市场，成功促成了一些公司、团体、个人纷纷停止盗版Windows XP的开发制作与传播。

（3）人物事件营销。人物事件营销可以说在娱乐圈影响极大，“明星打人事件”、“明星电话被曝光事件”、“艳照门事件”、“明星奶粉门事件”等影响了很多明星人物的发展。明星闹绯闻，导致很多明星不得不因事件而下岗，退出娱乐圈，还有一些明星也通过事件快速提高知名度，短时间成为影响力惊人的“网络红人”。

（4）活动事件营销。四川地震灾难来临，无数中国人向地震灾区捐款捐物，此时企业的责任心与社会责任感在灾难面前得以显露。在CCTV赈灾捐款晚会上，作为中国民营企业代表的王老吉集团异常慷慨，一下就捐款 1 亿元。绝大部分网友都在赞扬这个企业，表示“今后只喝王老吉，全面封杀王老吉”，其含义是“不能让王老吉的凉茶出现在超市的货架上，见一罐买一罐，坚决买空王老吉。”“今年爸妈不收礼，收礼就收王老吉！”“支持国货，以后我就喝王老吉了，让王老吉的凉茶不够卖！让他们着急去吧！”此次事件不亚于在 CCTV 投放广告，王老吉被更多的中国人了解，形成了良好的口碑，获得了大众的认可。

（5）广告事件营销。“今年过节不收礼，收礼只收脑白金。”脑白金广告虽然粗俗直白、饱受争议，却常盛不衰、直入人心。礼品消费市场，是一个让太多人眼红的市场。中国人自古是礼仪之邦，讲究礼尚往来，其中送礼不可或缺。脑白金通过幽默搞笑的三维动画，加上风趣幽默的广告词，确实够不上一、二线城市消费群体的高大上，但在三、四线城市，特别是广大农村市场，却大有信众，所以能快速席卷中国，成为家喻户晓的保健品牌。

3.“封杀王老吉”事件营销案例

（1）事件回顾。

2008 年 5 月 12 日，汶川大地震震动了全中国人民的心。在这场特大灾难中，企业的赈灾善举成为备受关注的焦点，捐赠额度和速度成为人们评判企业是否乐于履行社会责任的重要标准。

5 月 18 日，在中央电视台《爱的奉献》大型募捐活动中，王老吉集团为四川灾区捐款 1 亿元，一夜之间，这个民族饮料品牌迅速成为公众聚焦的中心。

5 月 19 日晚，天涯论坛上出现了名为《让王老吉从中国的货架上消失，封杀它！》的帖子：“王老吉，你够狠！捐 1 亿元，胆敢是王石的 200 倍！为了整治这个嚣张的企业，买光超市的王老吉！上一罐买一罐！不买的就不要顶这个帖子啦！”这个热帖迅速被搜狐、网易、奇虎等国内人气最旺的论坛转载，受到网友的热捧。几天之后，类似的帖子已经充斥大大小小各类网络社区，相关言论，如病毒般迅速在网络里扩散，成为民众热议的话题。

（2）效果分析。

① 主题帖子：3430 条。5 月 19 日晚，名为《让王老吉从中国的货架上消失，封杀它！》的帖子首现天涯论坛后，受到了网民的追捧，“封杀”事件在回复、转帖中迅速走热，一时间成为各大社区论坛的热点话题。通过奇虎网论坛搜索引擎提供的数据来看，标题中出现“封杀王老吉”主题的帖子数为 3430 条。

② 新闻报道：111 篇（百度新闻）。紧随论坛贴吧之后，网络新闻媒体对“封杀王老吉”事件的报道也顺势跟进。从 5 月 21 日至 7 月 10 日，百度新闻标题搜索关于“封杀王老吉”的新闻报道达到 111 篇（不包括转载）。5 月 27 日前后，从百度指数提供的数据来看，媒体对“封杀王老吉”的“用户关注度”达到峰值。

③ 相关网页：54 800 篇（百度）、70 400 篇（Google）。百度上与“封杀王老吉”相关的网页搜索结果达到 54 800 篇，而此数据在谷歌上为 70 400 篇，王老吉一下子成为了网民关注的焦点。

④ 网民态度：我的英雄，我支持。在中央电视台《爱的奉献》大型募捐活动现场，当王老吉亮出 1 亿元时，在灾难之后，在那特殊的场合，无数的掌声与感动给了王老吉。“王老吉，你够狠！”可能是当时大多数人的第一反应。借助央视的影响力，再在网络中“振臂一呼”，万千网友变感动为支持，“王老吉”在“封杀”声中堂皇加冕。

（3）案例总结。

① 敢为天下先的胆略。企业进行事件营销，一方面可以通过一些策略来亲自制造，另一方面也可以借助“热点事件”开展营销活动。比如，香港回归、澳门回归、申奥成功、非典流行

等，都是世人关注的热点，尤其是汶川大地震更是亿万人关注的焦点。万众瞩目之下，也正是营销人员可资利用的事件营销资源。

为达到预期的效果，事件营销必须策略先行。对于企业而言，公益赞助可视为一项企业营销行为，所以在执行公益赞助时，必须视同企业其他营销行为一样，策略先前，预先将整个过程的每个步骤考虑周到，具体包括何时赞助、赞助多少、何时举行新闻发布会、是否邀请政府官员见证、媒体宣传计划如何执行等。只有考虑充分，把握得当，才能使企业避免成为“无名英雄”，使结果朝着企业所希望的方向发展。虽然不可能完全预测事件的发生，但企业也应有整体的预案，以做到有备而来。

② 准确把握时机。公益性事件营销要把握时机，在恰当的时机进行恰当的赞助。当社会出现重大事件或重大事故时，社会、媒体、民众对事件的关注度最高，如果企业能够在第一时间主动表态，必然可以引来更多注意力，也最能吸引媒体的报道。与市场营销一样，最重要的并不在于投入的数量，而是能够预先抓住最适合的时机，达到四两拨千斤的效果。

③ 贯彻长期坚持的原则。公益赞助不是权宜之计，而是一项长期性的营销策略。持续投入与持续回报，才能使企业积累起深厚的品牌美誉度，获得媒体持续的报道与关注。王老吉持续八年的“学子情”活动，将自助和助人的信念贯彻始终，为企业、贫困学生、热心公益的个体建立了互助学习平台，让关爱和帮助始终延续和传递下去。王老吉的种种善举，同时也展现了“中国饮料第一罐”企业所应有的大家风范。所以，在实力允许的情况下，企业应将公益赞助纳入企业战略的一部分，通过对某一公益项目持续性的赞助，最终获得政府、媒体的高度认可与持续关注。

在事件营销的具体运作中，企业在展现爱心、责任、业绩过程中，都应该尽量淡化商业痕迹，引导第三方进行评价，增加大众对企业价值的认可。任何企业的成功都与社会良性生存和发展紧密相连。只有远离经济效益的短视行为，倡导和谐发展，才能与社会、政府产生良好的互动，为企业的长远发展提供必要的支持。

教学案例：王老吉的得与失

三、名人营销

1. 名人营销的定义

所谓名人，是指广为社会大众所知、具有较高社会知名度的人物。名人营销，就是指利用名人作为营销手段，帮助企业做宣传，来推动产品销售的营销方式。名人效应的关键是名人的知名度，而知名度又是一个人的社会认知程度。为了快速出名或达到一些商业目的，甚至有人会故意惹上名人，牺牲自己的某些利益来“傍”到一个名人，以制造事由、吸引媒体，自己则随之出名并达到目的。

2. 名人营销的作用

（1）完善品牌个性。名人代言可以完善品牌的品牌个性，使抽象的品牌概念变得鲜活生动。合适的形象代言人用自己独特的性格特质，来诠释代言产品的特性，往往可以收到良好的营销推广效果——比如男性西装，说其“成功潇洒有涵养”，就不如直接找个成功的男明星进行角色演绎，让消费者自己进行品牌联想。

（2）提升品牌名气。以明星或名人做广告，有利于借助其名气来提升产品及品牌知名度，对于市场知名度不高的企业来说，这更是一条捷径。如服装行业的“以纯”，聘请名人古天乐等作为产品代言人，迅速获得了极高的知名度。

（3）增加使用者。名人营销策略的应用，可以使名人的粉丝直接成为产品的使用者。名人营销挖掘了消费者信任并善于模仿的心理特点。如周杰伦作为美特斯邦威的形象代言人之一，某次到西安给美特斯邦威做宣传，引发一场抢购狂潮，这足以显示名人的个人魅力对一个品牌产生的强烈影响。

（4）体现品牌价值感。利用名人形象代言知名品牌，可以体现企业和品牌的价值感。在女性化妆品市场，知名女影星代言品牌数不胜数，阵容强大。不同知名度的影星，代言的品牌价值就不同。尤其是新产品上市，如果名人选用适当，有可能使企业及其产品一夜成名。

（5）提高业绩。利用名人炒作新闻，可以吸引市场的注意力，提高企业业绩。前些年网络上曾一度刮起了名人博客之风，从文化界、娱乐圈到体育界的名人们，顿时成了几大著名门户网站争夺的对象，新浪网旗下的名人阵容最为庞大。新浪网所推出的“名人博客”，引起网络界的“骚乱”，佼佼者如徐静蕾的“老徐”博客点击量高达千万次，帮新浪挣得了巨大的浏览量和商业价值。

3. 名人营销的实施

（1）围绕品牌个性选名人。名人形象要与产品相匹配，企业应围绕品牌个性选用代言人。名人形象与产品特点具有一致性，与产品档次相符合，这种和谐一致有利于在产品与名人之间建立联系，能让人由名人自然联想到产品，只有这样，名人才能成为名副其实的代言人。

（2）名人形象应与目标市场相匹配。社会心理学研究表明，人们从心理上倾向于自己喜欢的人。名人形象及其所代表的核心价值观和目标市场越接近，就越容易被目标市场所认同。比如，当百事可乐随着市场的开拓，把目标群锁定在新的青年一代时，正确地选择了充满青春动感和活力的F4、古天乐、谢霆锋、周杰伦、蔡依林、Rain等名人来代言，这样的组合赋予百事崭新的内涵，可以让新一代消费者跟上百事的步伐。

（3）考虑名人自身的因素。名人的专业性、吸引力、可信度等，是企业选择代言人的重要依据。代言人应该遵纪守法、道德高尚，不能有或尽量避免不良传闻，这是名人营销策略中选择名人最起码的要求。只有把握住这个前提，才有可能对品牌提供附加值，树立独特的品牌形象。

（4）根据品牌建设长远计划选名人。选取名人时还应考虑品牌发展的阶段性目标，过于频繁地更换代言人，往往会造成传播上的混乱，对品牌形象造成一定程度的损害。一个好的明星广告，往往是先分析该明星的状态，找到明星被世人认同的巅峰状态，并使之成为无限可被传播的资源。立白集团很好地执行了这条原则，当陈佩斯的小品被人津津乐道的时候，立白集团请陈佩斯为洗洁精和洗衣粉做代言人；当林心如因出演《还珠格格》一炮而红时，立白牙膏请林心如做代言，使立白产品销量大增，品牌知名度迅速攀升。

（5）切忌模仿。名人营销策略的制订应切实结合企业发展实际，不能盲目模仿。比如，一段时期内，国内汽车厂家明星代言就停留在单纯模仿阶段，是其他行业“名人营销”的翻版。本来希望名人效应能带来品牌与销售的双丰收，然而，国内汽车行业的名人营销却忽略了根本的一点，那就是我国国内当时处于汽车品牌建设初期，在产品与品牌基石没有打牢之前，明星代言的结果往往是“虚不受补”。而一汽大众的捷达却另辟蹊径：珠海的“捷达之家”，一个家庭前后买了12辆捷达做生意。朴实而鲜活的生活事例，对市场的示范效应可能更胜一筹。

（6）关注政治、经济环境变化。开展名人营销应适应当地的政治、经济环境。名人营销是一把双刃剑，蒙牛因“超级女声”而乐，康师傅为明星而“伤”。2000年5月，我国台湾地区歌手张惠妹因在陈水扁就职典礼上献唱，引起大陆广大歌迷对其统“独”立场的质疑，甚至有人公开抵制张惠妹。所以，2004年夏天，张惠妹在杭州为康师傅冰红茶做宣传时，一群大学生因怀疑她支持“台独”而进行抵制，致使张惠妹登台献艺受阻。此名人营销就因名人选择不当，让康师傅“反蚀一把米”，造成重大损失。

四、数据库营销

1. 数据库营销概述

数据库营销，就是企业通过收集和积累会员（用户或消费者）信息，经过分析筛选后，有针对性地使用电子邮件、短信、电话、信件等方式，进行客户深度挖掘与关系维护的营销方式，其流程示意图如图 4-51 所示。实际上，数据库营销是以与顾客建立一对一的互动沟通关系为目标，依赖庞大的顾客信息库进行长期促销活动的一种全新的销售手段，是一套内容涵盖现有顾客和潜在顾客、可以随时更新的动态数据库管理系统。数据库营销的核心是数据挖掘。

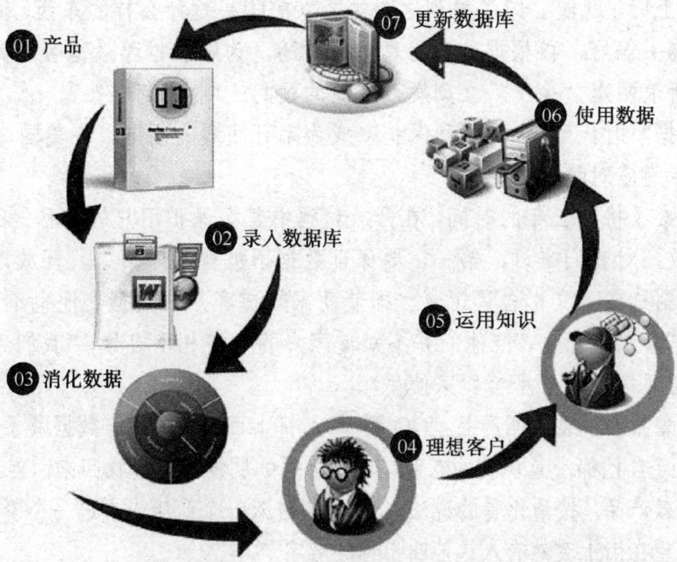

图 4-51　数据库营销流程示意图

数据库营销可以帮助企业聚焦目标消费群体；帮助企业确定目标消费者及其消费标准，并对其进行准确定位；帮助企业在最合适的时机以最合适的产品满足顾客需求；帮助营销者结合最新信息和数据制定新的策略。合理运用数据库营销，有助于企业与消费者建立紧密关系。

阅读材料 4-10　互联网营销，比拼数据库

“在么？我想买洗发水。”“亲，你是油性发质吧，要不试试我们店铺的××产品……”今后逛店，只要你授权，天猫、淘宝的店家客服也许马上就能给你提供专门的指导。昨天，天猫联手阿里云、万网联合推出“聚石塔”平台，为天猫、淘宝平台上的电商及电商服务商等提供数据云服务。支付宝、淘宝、阿里金融、B2B 的数据都会成为这个平台的一部分，而“聚石塔”背后则是关于“大数据”的巨大商机。

1. 争抢“数据”商机

“It’s all started with the big bang（一切从大爆炸开始）.”这是美剧《生活大爆炸》歌词里所唱的情景。自从互联网诞生以来，庞大的数据总量及其多样性并不输于地球上数以亿万计的生物物种。点击率、浏览量不仅仅意味着企业成长指标，更可能是潜在庞大的消费群和用户群体、模式或趋势。正是看到这样的价值，拥有大量用户群、点击量或搜索量的 IT 企业纷纷在“大数据”领域开始“淘金”之旅。

“如果你是一个股民，登录腾讯网首页财经频道，你的自选股也许就自动出现在登录页面；如果你是刘翔的粉丝，有关刘翔的动态新闻也会推送到你的个人页面……”7月3日，腾讯宣布启动门户、微博、视频和无线的跨平台深度整合策略，着力将下一代腾讯网打造成大数据时代的智慧门户，最终目标是构建一个“能读懂用户心理的门户”。

而三大IT巨头之一的百度，早在几年前就提出了“云计算”的概念。IT新秀搜狗公司将于下季度发布一套“探索引擎”系统，其原理同样是数据挖掘，根据网民的具体访问情况，智能调取云端的海量搜索结果。

2. 注意保护隐私

“只要有顾客上门，就能立即了解到这个顾客以前购买过什么样的东西、浏览过什么样的网页、有什么样的购买偏好，再根据这些信息对症下药，为顾客推荐最适合的商品。”“聚石塔”的功能一发布，新浪网友“徐汶”立刻发表了他的疑问：“隐私何在？”

的确，“大数据”时代到来，“隐私保护”成为无可回避的问题。在美国，Facebook甚至设立了首席隐私官专门应对隐私问题。

“我们已经摸索了将近三年的时间，在开放过程中怎么保护用户的隐私。我们现在比三年前更加知道怎么开放。对我们来讲，第一，要保证数据不被盗取；第二，开放以后，会员的隐私是保密的。”天猫副总裁王文彬告诉记者，即使商家知道客户的数据，他也不知道客户的名字；他想知道这批用户喜欢买什么，但他们并不知道客户的名字和手机号，“我们希望把用户特殊明确的信息隐含，但还是开放信息给卖家使用”。

此前，腾讯也曾推出一款内测产品“QQ圈子”，将上百亿个关系链数据做了一个分析，能够让用户发觉到他可能连自己都没意识到的东西，比如丢失的朋友可能会找回来，但最后也因为隐私问题而不得不暂停这款产品。按马化腾的说法：“你希望进入一个商店或者进一个餐厅，店家叫得出你的名字，但你不希望在街上突然有人也能叫出你的名字。”

（资料来源：浙江日报，2012-7）

2. 数据库营销分类

数据库营销的第一步是要获取客户数据来建立数据库，可以通过以下几条途径。

（1）通过一定的方式和方法，让所有和你接触的客户留下关键性资料。工作人员应该采用客户容易接受的方式，请客户留下资料。

（2）通过展会、营销活动或者优惠券、折扣券、抽奖活动等方法收集资料。

数据库营销包括DM（Direct Mail，直邮）、EDM（Email DM，电子邮件营销）、电话营销、SMS（Short Message Server，短消息服务）等多种形式，如图4-52所示。

（1）DM。DM意为直邮广告，宣传页由8开或16开广告纸正反面彩色印刷而成，通常采取邮寄、定点派发、选择性派送到消费者住处等多种方式，是超市最重要的促销方式之一。

DM除了用邮寄以外，还可以借助于其他媒介，如传真、杂志、电视、电话、电子邮件及直销网络、柜台散发、专人送达、来函索取、随商品包装发出等。DM与其他媒介的最大区别在于：DM可以直接将广告信息传送给真正的受众，而其他广告媒体形式只能将广告信息笼统地传递给所有受众，而不管受众是否是广告信息的真正受众。

DM营销包括信件、海报、图表、产品目录、折页、名片、订货单、日历、挂历、明信片、宣传册、折价券、家庭杂志、传单、请柬、销售手册、公司指南、立体卡片、小包装实物等。

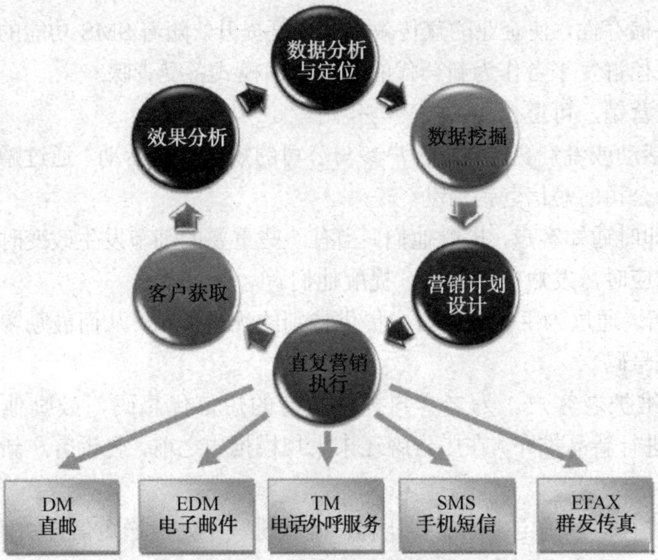

图 4-52　数据库营销的主要形式

一般而言，DM 的效果，40%取决于客户名单的质量，30%取决于传递给客户的信息，30%取决于设计的视觉效果与创意性。

在具体操作时，要对数据库进行合理筛选。数据仓库的管理人员必须和 DM 目录的策划编撰人员有效沟通，精确地把握和筛选匹配的数据进行投递。在直邮 DM 之前，首先必须对消费者数据进行科学挖掘，精细分类。

总之，精准的数据库营销，需要对消费者进行全面系统的深度分析，同时还要为不同消费者群体量身定制不同的 DM 内容。

（2）电话营销。电话营销是指通过使用电话，有计划、有组织并且高效率地扩大顾客群、提高顾客满意度、维护老顾客的市场推广方式。成功的电话营销应该使电话双方都能体会到电话营销的价值。一般情况下，基于优质数据库的电话营销比普通电话营销的反应率会高 10～20 倍。

在进行电话营销时，有以下几个技巧值得注意。

① 在打电话前准备一个名单。

② 给自己规定工作量。无论如何要完成这个任务，而且要尽可能多地打电话。

③ 寻找最有效的电话营销时间。

④ 开始之前先要预见结果。打电话前要事先准备与客户沟通的内容，并猜想客户的种种回应，以提高自己的应变力，做到有问必答，达到良好的电话沟通效果。

⑤ 电话要简短。电话销售应该持续大约 3 分钟，而且应该专注于介绍自己和产品，大概了解一下对方的需求，最重要的是别忘了约定与对方见面。

⑥ 定期跟进客户。

⑦ 坚持不懈。大多数的销售都是在第 5 次电话访谈之后才成交的。

⑧ 应有先进的电话营销系统。

（3）SMS 营销。SMS 即短信服务，是现在普及率较高的一种短消息业务，通过它，移动电话之间、移动电话与上网计算机之间可以互相收发短信。作为“第五媒体”，手机短信平台以其速度快、效率高、成本低、精度高、受众广等无可比拟的优点，备受关注，并广为使用。比起传统的广告牌、传单、宣传册等耗费人力物力、见效时缓、范围有限的宣传手段，手机拥有最为庞大的用户群体，群发短信平台能在一瞬间完成其他媒体无法做到的大面积辐射轰动效果，高度的传阅率以及储存性，使企业的宣传效果大幅度提升。随着SMS功能的扩展、通信技术的日新月异，手机短信群发平台作为新一代的商业营销模式备受青睐。

企业进行短信营销，可遵循如下技巧与策略。

① 通过举办活动或者竞赛，鼓励客户参与公司的短信营销活动。通过赠送礼品的方式，鼓励客户注册，参与公司的短信营销活动。

② 利用短信即时通知客户，提醒他们。当有一些重要的细节发生改变时，或者公司需要客户做出某种即时响应时，发短信给他们，提醒他们。

③ 优惠、打折。通过为手机登记客户提供特别的优惠折扣，从而鼓励客户来购物，鼓励顾客登记他们的手机号码。

④ 通过短信维护老客户。为老客户提供独特的短信优惠码，鼓励他们再次消费。

⑤ 利用短信进行新品推介。在广告牌还未大规模推出之前，告诉客户新产品的特色，加速广告扩散。

⑥ 利用短信进行信息确定。当需要让客户确认时，不妨发送短信告知他们。

⑦ 通过短信告知客户有即将过期的优惠。当客户即将错失一个特别的优惠，或者很长时间都未使用企业提供的产品和服务时，发短信告诉他们。

⑧ 短信提醒。遇到突发情况时，没有比短信更好的预警工具了。

⑨ 利用短信节省客户时间。允许客户通过短信完成简单的操作行为，而不是强迫客户必须通过电话或者Web的方式来操作。例如，美国天然气公司允许客户通过短信缴纳燃气费和水电费。

⑩ 通过短信提供资讯或视频链接信息。例如，奔驰公司允许客户通过短信索取车型信息。

⑪ 通过短信收集客户的反馈建议。通过短信将问卷内容发给客户，鼓励他们进行意见反馈。

3. 甲骨文数据库营销案例

（1）事件描述。甲骨文公司为了推广公司产品及其IT解决方案，制定了全球推广目标，并将关注焦点定位在企业的财务总监、财务经理上。由于统一的推广方案无法兼顾不同国家、地区的客户需求差异和文化差异，甲骨文公司虽然投入了巨额营销费用，但传播效果并不理想。甲骨文中国公司发现，仅仅将目标联系人定位在财务总监、财务经理是不够的。鉴于此，甲骨文中国公司策划了一套整合的营销沟通方案来推广产品。此次活动采用EDM、财务类网站的Banner广告、直销、针对性报刊夹寄、电话访问等多种传播形式，向企业高层管理者、财务主管、IT负责人等20万名目标受众传播甲骨文公司的公司治理理念及其产品，挖掘销售机会，提升甲骨文公司的品牌知名度。

（2）效果分析。经过2个多月的实施，甲骨文中国公司在市场竞争中脱颖而出，有近2万人表示对活动有兴趣，阅读了宣传资料或是访问了宣传网站。最终甲骨文中国公司挖掘出900多个销售机会。

（3）案例总结。此次甲骨文中国公司能在中国市场取得良好的业绩，可以说数据库营销发挥了巨大作用。甲骨文中国公司的数据库营销对其他企业来说，也是很有借鉴意义的。

① 准确的数据是项目高效运行的基础。本项目通过仔细甄选，从多种途径选择有效、符合要求的目标客户，成为项目顺利进行的保证。

② 产品诉求迎合了传播对象的关注热点。公司治理是企业管理层普遍关心的热点问题，伴随着国家相关法规的出台，国内公司对此更是高度重视，甲骨文中国公司适时推出这一理念，立即引起了客户的共鸣。

③ 数据库营销成为整合传播的支撑。客户数据的采集、反馈管理、后期跟踪等数据库营销服

务成为良好效果的保证。多种方式组合的整合传播极大地增强了推广效果，吸引了众多客户反馈。

五、网络公关

1. 网络公关的定义

网络公关（Electronic Public Relation，EPR），又叫线上公关（PR On Line）或E公关，它利用互联网的高科技表达手段营造企业形象，为现代公共关系提供了新的思维方式、策划思路和传播媒介。处理好网络公共关系，大到国家，小到企业及个人，都具有重要的作用。

网络空间存在着形形色色的“大众群体”，企业通过其网络上的各种存在形式，采取各种方式与网络公众增进了解，进而维持与公众的良好关系与互动，以此来加强品牌的影响力，促进品牌的推广。

2. 网络公关的特点

（1）突破时间和空间的局限。互联网把企业的公关活动带到了一个虚拟的平台上，在这个平台上，企业的公关行为不再受时间或地域的局限。

（2）实现多方即时互动。通过互联网技术，让企业与客户、媒体与受众之间的即时互动成为可能。企业可通过网上公关活动的开展，与受众进行实时互动交流，向受众传递企业信息，收集用户对企业的评价与反馈等。这一切不再需要繁杂的市场程序和众多的人力资源。

（3）拓展企业公关的渠道和形式。互联网为企业公关提供了多种多样的公关渠道与形式，企业可根据自身特点及需要，合理选择、恰当使用。同时，互联网带来了即时性、娱乐性、个性化、互动性等特点，将大大增强企业公关的效果。

（4）更加人性化。网络公关更加人性化，受众的目的性更强。传统传播媒介的单向性、强迫性，总是让受众处于被动接受信息的地位，而网络平台给受众提供了主动选择和接受信息的机会，从某种意义上来说，网络是真正的“大众”的媒体，而不是“媒体机构”的媒体，在这里，受众与信息传播者有着同等的地位。因此，受众对于企业公关信息的选择与公关活动的参与，将具有更强的主动性和目的性。

3. 网络危机公关及应对方法

（1）网络危机公关的定义。网络危机公关，是指利用互联网对企业的相关品牌形象进行公关，尽可能避免在搜索企业的相关人物与产品服务时，出现负面信息，影响企业形象。在网络时代，网络已经成为企业危机公关的触发器与放大器。在网络的作用下，精英媒体时代转向草根时代，来自于网络的企业危机随时都可能一触即发。尤其是随着论坛、微博、SNS等传播渠道的增加，以往看似微不足道的过失，很可能在网络上被扩大成一场危机。因此，网络危机公关，有可能影响到企业能否在市场上立足，必须被企业高度重视。

（2）网络危机的来源。

① 竞争者。在当今纷繁复杂的市场竞争中，难免会有一些不法之徒，出于个人或集团的利益，采取非正常手段给竞争者制造“危机”，如通过互联网发布恶意攻击、混淆视听的虚假信息，以制造事端，打击竞争对手。

② 媒体。还有一些不良媒体，可谓“好事不出门，坏事传千里”，抓住大众往往对负面报道更感兴趣的心理，或受广告利益的驱使，更愿意为负面事件推波助澜，以获得更高的点击量。甚至一些不负责任的媒体人员，干脆非法捏造事实，造成企业的信任危机。

③ 公众。互联网的开放性，使得发布信息的成本大大降低，作为草根阶层的消费者在受到不

满意的服务或者是对所使用的产品有疑义时，在网络上发布对企业不利的信息，并以此手段为自己维权，加上情绪化的夸张言辞，很容易被其他消费者关注。网络使得公众对事件的参与程度日渐提高，为危机的蔓延提供了土壤；公众的自觉传播，反复回帖热议，极易酿成企业的巨大危机。

（3）网络危机的表现形式。

① 网络谣言。网络谣言是网络上十分常见，且对企业具有很强杀伤力的网络危机。造谣者出于娱乐、发泄或者商业竞争的需要散布网络谣言。

例如腾讯与 360 之间的纷争，出现的谣言有：①根据“国家权威中心”出具的报告，QQ 保镖可以轻易造成大面积用户掉线；②声称 QQ 保镖令用户备份自己的好友列表、信息，其后可以通过服务器全部转到 360 的云端服务器；③QQ 保镖可以下载补丁，实现用 360 浏览器接管 QQ 链接，或者是从后台下达指令，就让 QQ 无法运行 QQ 音乐；④腾讯公司称，通过“后门”直接破坏 QQ 的自我升级能力，对 QQ 造成根本性破坏；⑤腾讯公司称，用户上 QQ 必须经过 QQ 保镖的“搜身”，泄露了用户信息用户也不会知情……事后证明，这些都是谣言。

② 病毒及黑客攻击。这是企业网站及相关经营职能陷入停滞的常见原因。曾经有一个 16 岁的计算机黑客非法使用软件袭击了一些重要的互联网站，包括 CNN 和雅虎。遭受攻击时，这些公司的网站充斥了成千上万条类似的消息，导致正常使用者无法登录。五天内造成的进攻累计达到了 16 个小时，其中最长的一次持续了 5 个小时。戴尔公司、亚马逊、eBay 的网站，都受到了袭击。随着对互联网依赖程度的加强，黑客进攻事件引发了全球范围内对这些重要网站脆弱性的关注。腾讯与 360 的大战中，也使用了类似的手段，如使 QQ 与 360 不能兼容，与病毒及黑客攻击的不同之处只是用这些手段的人的身份不同，但最终的影响是相似的。

③ 一般性事件的升级。一般性事件，主要是指企业生产和经营中发生的个别的产品质量问题或者服务的纠纷。一般性事件经由网络放大升级，是一种常常被企业忽视或反应缓慢的网络危机。有人将腾讯和 360 的纷争分为三个阶段，即“技术暗战”阶段、“弹窗口水战”阶段、“公然激战”阶段。在前两个阶段，纷争还处于公共事件阶段，并没有引起公众的过度反馈，此时大多处于“观众”的状态。真正由事件演变成企业危机的诱因是在第三阶段，腾讯在采取法律措施的同时，以一纸声明的形式发出通知：“我们决定将在装有 360 软件的电脑上停止运行 QQ 软件”。至此，双方的纷争进入白热化阶段，整个事件也上升到威胁企业自身的状态。此举立即遭到了公众的强烈指责和质疑，对腾讯的舆论压力由此形成，政策的不合理导致公众对企业美誉度的丧失，企业形象在公众心目中饱受贬损。

（4）应对网络危机。企业在面对危机时，如何应对才能转危为安、战胜危机呢？可以从以下几方面入手。

① 事前预防：通盘考虑。进行网络危机公关和名誉管理，应该以防范为主，从根本上解决问题，加强自身产品和品牌的建设，治标又治本。事前充分的准备包括：对所有产品及企业信息，有通盘的了解，并且洞悉危机发生的潜在原因，具体内容如下。

- 列出一张危机评估表。详细列出可能发生的危机，并且评估它们的等级，依发生的可能性从最可能到不太可能依序排列。
- 成立危机处理小组。成员包括公司内部以及顾问公司的人员，分配好职责和任务，每个人都适时扮演适当的角色。
- 设立企业的新闻发言人。这一点非常重要。他可能是公司的负责人、总裁、执行长，或是对某危机最了解的人，要具有强大的沟通能力，能够在短时间内建立可信度及权威感，能在第一时间传递出最适当的讯息。
- 建立企业的及时预警机制，将危机扑灭于萌芽期。每天以品牌名称作为关键词，利用搜索引擎进行搜索。负面新闻通常始于论坛、博客等社会化网络。注重品牌和公关的企业，可以派专人负责在主要的社会化媒体、新闻门户以及搜索引擎上进行监测，以便将危机及时消除。

② 危机控制：快、狠、准。危机降临时，要在第一时间查出原因，找准危机的根源，并尽快将真相公之于众。同时要严肃处理相关责任人，及时转变战略，展示企业拯救危机的决心与信心。如果出现了被恶意中伤的情况，最好的方法莫过于借用第三方权威机构对产品进行检测，向大众出示有利的证据，借助媒体在网络上传播，切忌不理不睬。另外，也可利用 SEO 等技术遏制负面信息，通过优化正面信息的网页排名来挤掉负面信息的有关网页，可达到稀释负面信息的作用。

③ 善后处理：坦诚示人。企业出现危机，特别是出现重大责任事故、导致社会公众利益受损时，必须承担起应有的社会责任，给予公众一定的精神补偿和物质补偿。在善后处理过程中，必须做到一个"诚"字。以社会公众和消费者利益为重，迅速做出适当反应，及时采取补救措施，主动、有意识地以该事件为契机，变坏事为好事。因势利导，借题发挥，不仅可以恢复企业的信誉，还有可能提高企业的知名度和美誉度。一个优秀的企业，越是在有危机的时刻，越能显示出它的综合实力和整体素质。一个成熟的、健康的企业与其他企业的区别，往往就在于此。

④ 注重线上、线下相结合。危机一旦发生，采取线上、线下同步进行的方式，力争将危机造成的损失降到最低。媒体的反应往往最为敏感，要积极与媒体密切沟通，组织可以借助的媒体，做好信息主动控制工作。如果真的犯了错，就要增加企业的透明度，放低姿态，向公众承认错误，将真相告知大众；如果产品存在质量缺陷，要及时召回，并和有关受到损失的消费者商谈补偿措施或赔偿事宜。一般而言，大型危机来临时，企业可以组织新闻发布会，收集与危机有关的图片、表格、模型等资料，由训练有素的新闻发言人回答记者提问，真诚直接地给予回答，尽可能让公众满意，切勿避重就轻、言不由衷，导致再次惹怒公众。公众可能会允许企业犯错，可不会允许被欺骗，给出的承诺及有关解决方案，必须完全兑现。企业可将有关视频通过网络媒体在网络上传播，让大家及早看到企业有效的解决方案，同时要对企业员工说明情况，争取理解，共渡难关，统一口径，以免再出差错。

4．大白兔危机公关营销成功案例

（1）事件回顾。大白兔奶糖是上海冠生园出品的奶类糖果，是中国名牌产品、国家免检产品和国家原产地标记注册产品，畅销四十多个国家和地区。但"大白兔"的成长并不是一帆风顺的，在其辉煌的背后经历了两次生死危机。

① "大白兔"的第一次危机。2007 年 7 月 16 日，菲律宾宣布，中国上海冠生园公司生产的大白兔奶糖含有致癌物质——甲醛。此消息由菲律宾 GMA 电视新闻网公布后，大白兔奶糖的食品安全在全球广受质疑，产品出口和销售严重受损。

危机事件出现以后，冠生园公司十分重视，马上成立了事件应急领导小组，统一口径，分析原因，制定合理有效的危机公关方案，连夜对大白兔奶糖实施标准检测，并将产品送上海市权威检测机构进行测试。

7 月 18 日上午，冠生园公司向社会公众发出郑重声明，否认产品含有甲醛，并且使用的原材料均符合国家标准。冠生园公司在向菲律宾食品药品检测机构索取检测报告和产品实样未果的情况下声明：菲律宾食品药品检测机构在既未公布检测报告，又未得到生产企业确认的情况下，贸然通过媒体发布此消息是极不负责任的。冠生园公司保留法律诉讼的权力。

7 月 19 日上午，国际公认的权威检测机构 SGS（通标标准技术服务有限公司）上海分公司公布检测结果：大白兔奶糖未检出甲醛。20 日，时任国家质量监督检验检疫总局局长李长江在国务院新闻办举行的新闻发布会上，对中外记者作下述表示：“第一，我们没有接到菲律宾政府有关方面的情况沟通；第二，我们同菲律宾驻中国使馆进行联系，想取得这方面的资料，他们表示无法提供；第三，我们经过了认真的检查测试，大白兔奶糖在生产过程中没有添加甲醛。”中国香港食物安全中心在当地超市抽取大白兔奶糖样本，经化验证实无甲醛成分。新加坡农粮与兽医局对中国出品的大白兔奶糖进行检验后，发布文告声明其所含的防腐剂甲醛分量很少，不超过世界卫生组织规定的安全水平。7月20日文莱卫生部发表声明宣布，经过该部检测，中国产的大白兔奶糖不含甲醛，完全可以放心食用。这些“完全一致”的检测结果，让中国产的大白兔奶糖含甲醛这一不实说法不攻自破。

② “大白兔”的第二次危机。2008年9月22日，新加坡农粮与兽医局发表的文告声明，产于中国的大白兔奶糖受到三聚氰胺污染，劝公众不要食用。消息传出，光明食品集团十分重视，马上听取冠生园公司的相关报告，同时成立了事件应急领导小组。9月26日，又采取了一系列应对措施：一是全面停止大白兔奶糖的出口；二是对海外检出的问题奶糖，抓紧实施下架、召回；三是国内的相关检测正在进行中，但结果尚未出来，企业本着对消费者负责的态度，26日起暂停国内销售。最后，检测结果又一次证明，大白兔奶糖是安全的。9月26日，大白兔奶糖开始全面恢复生产。仅五天时间，“大白兔”再次摆脱危机。

（2）案例分析。

① 勇于承担责任。菲律宾相关媒体和新加坡相关机构贸然发布消息是极不负责任的。尽管最后真相大白，但对大白兔的出口和品牌形象却造成了很大损害。冠生园没有在事件发生后四处推脱，也没有在事后追究相关方责任，而是在整个事件中默默承担全部责任，顶着舆论压力和销售出口压力，全力配合检测，给广大公众呈现的是一个敢于承担责任的企业形象。

② 积极真诚沟通。对于“甲醛门”事件和“三聚氰胺”事件，尽管海外媒体炒得热火朝天，但国内传媒在报道时冷静又客观。这是冠生园及时与媒体沟通、协调关系的表现。同时又及时向社会大众发表声明，说明事实，促使双方理解和信任。

③ 速度第一。仅三四天的时间，公司就完成了检测、沟通，将危机影响降到最小。

④ 系统运行。在面对危机时，冠生园公司沉着冷静，成立领导小组，统一口径，决策果断，实施迅速，借助外力，解决高效。

⑤ 权威证实。发布权威机构的检测结果，巧用“第三方”力量，从正面出击到侧面突围，最快地遏制了事态，化解了危机。

技能训练 4-7　英氏食品病毒式营销创意设计

如果你是湖南英氏营养食品有限公司的网络营销专员，公司电子商务经理希望你为公司做一份病毒式营销创意的设计，请借助网络以调研、访谈等形式来完成创意的设计，并将调研结果填入表4-18。

表4-18　英氏食品网络调研与病毒式营销创意设计

调研时间：__________　　　　调研人：__________

产品是什么？	产品的特点	
	与网络的联系	
易感人群有哪些？		
易感人群有哪些兴趣点？		

续表

兴趣的集中地有哪些？	
可以制造哪些热点？	
可以选择哪些平台？	
英氏食品病毒式营销的创意设计	

知识框架图

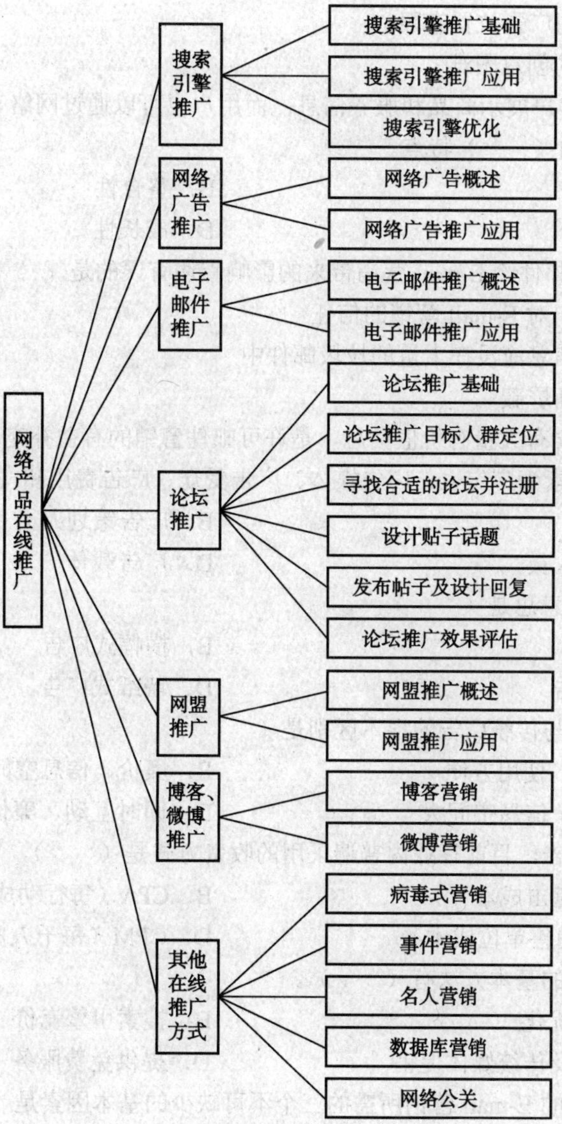

思考与练习

一、选择题

1. 以下属于网络广告优势的是（　　）。

A. 网络广告的效果评估困难

B. 网络广告表现形式灵活，界面具有交互性

C. 可供选择的广告位置有限

D. 网络广告的创意困难

2. “企业可以向客户展示商品和服务信息；而用户也可以通过网络查询相关商品的详细信息”体现了网络营销的（　　）特点。

A. 互动性　　B. 整合性

C. 跨时空性　　D. 成长性

3. 以下关于垃圾邮件给 E-mail 营销带来的影响叙述有误的是（　　）。

A. 降低了用户对 E-mail 营销的信任

B. 有价值的信息淹没在大量的垃圾邮件中

C. 邮件服务商屏蔽

D. 垃圾邮件含有大量有价值信息，是许可邮件营销的有益补充

4. 广告的五个要素为广告主、广告媒体、广告受众、广告费用和（　　）。

A. 广告信息　　B. 广告策划人员

C. 广告发布人员　　D. 广告载体

5. Banner 的中文意思是（　　）。

A. 网站广告　　B. 横幅式广告

C. 按钮式广告　　D. 墙纸式广告

6. 网络营销广告与传统广告的根本区别是（　　）。

A. 即时互动、使用方便　　B. 廉价、信息空间大

C. 使用方便、信息空间大　　D. 即时互动、廉价、信息空间大

7. 对网络营销广告，目前行业内普遍采用的收费方式是（　　）。

A. CPC（每点击成本）　　B. CPA（每行动成本）

C. CPS（每销售单位成本）　　D. CPM（每千人成本）

8. 搜索引擎推广的基本方法有（　　）。

A. 搜索引擎优化　　B. 搜索引擎竞价

C. 新闻发布及传统媒体促销　　D. 提供免费服务

9. 能称之为有效的 E-mail 营销所需的三个不可缺少的基本因素是（　　）。

A. 信息对用户是有价值的　　B. 通过电子邮件传递信息

C. 合法的 E-mail 地址取得途径　　D. 基于用户许可

10. 网盟广告有（　　）类型。

A. 百度网盟　　B. 阿里妈妈

C. AdSense　　D. 返利网

11．事件营销成功的三个关键要素包括（　　）。

A．寻找品牌与事件的关联性　　B．做别人没做过的

C．提高事件公众参与度　　D．多找水军

12．对于企业而言，最为严重的网络危机是（　　）。

A．网络谣言　　B．黑客攻击

C．病毒攻击　　D．一般事件在网络上的升级

13．企业进行数据库营销，一般采用的方法有（　　）。

A．举行线下市场活动　　B．采用邮件直投

C．发送电子邮件　　D．短信和电话营销

14．企业实施名人营销战略时，选择名人的前提应该是（　　）。

A．所选择的名人要与品牌个性和产品定位相吻合

B．选择可信度高的名人代言，发挥意见领袖的魅力

C．选择名人代言时，企业要量力而行

D．居安思危，有效控制名人代言的风险

15．病毒式营销有别于传统营销的最主要特征是（　　）。

A．传统营销的基础是企业告诉消费者，病毒式营销是让大家告诉大家

B．传统营销花钱多，病毒式营销花钱少

C．传统营销成果是企业营销和受众传播的结果，病毒式营销不是

D．传统营销是企业的主动行为，病毒式营销是网民的自发行为

二、简述题

1．简述搜索引擎对企业的营销价值。

2．与传统媒体广告相比，网络广告有什么特点？

3．请简述企业开展 E-mail 营销的基本流程。

4．请简述病毒式营销创意设计的主要步骤。

参考答案

第五章　网络产品移动推广

学习目标

知识目标	了解微信的主要功能
	熟悉微信的主要种类和特点
	掌握微信推广的原理和方法
	了解 QQ 营销的特点
	掌握开设微店的方法和流程
	熟悉微店推广的方法与步骤
	了解 QQ 营销、QQ 群营销的特点
	掌握 QQ 群营销的方法和步骤
	熟悉 QQ 空间营销的方法和规则
技能目标	能根据企业及产品的特点，开展一般形式的微信营销
	能根据企业定位及目标用户的特点，选择合适的微信公众平台，有效地开展公众号推广
	能根据企业的需要开设微店，并进行有效的微店推广
	能根据企业及产品的特点，选择合适的 QQ 群，进行有效的 QQ 群推广
	能合理利用 QQ 空间的特点和规则，进行富有成效的 QQ 空间推广
	能根据企业定位及目标用户特点，开设和打理好企业 QQ 群，进行有价值的营销及推广

以微信为代表的移动营销方式，自 2011 年开始出现，短短的几年时间，用户数已超过 6 亿。如今，身边的朋友、地铁的人群对着手机“隔空喊话”的现象，我们已经司空见惯。随着用户规模迅速扩张，微信在功能上的创新使其在商业应用领域不断创下新的应用案例。从“查找附近的人”功能的探索，到“扫一扫”O2O 模式的引入，再到公众平台及近期被广泛关注的微信商城，微信打开了微经济的魔盒，释放出无限的想象空间。

以“双十一”为例，2014 年，阿里平台的 571 亿元销售额中，移动端下单占比约为 43%，达 243 亿元；2015 年，阿里平台“双十一”全天成交 912 亿元，移动端占比 68%，京东移动端这一天的占比更是高达 74%。由此可见，从 2015 年开始，移动端已成为网络营销的主场，全网络覆盖、跨平台综合、全方位营销时代已经来临。

教学案例：2015 年移动互联网白皮书

引导案例　养殖户如何玩转微信

“8 月 21 日，全国生猪平均收购价格为 14.96 元/千克，较昨天的 14.97 元回落 0.01 元，玉米价格继续上升，猪粮比下跌至 5.58 : 1。”李先生指着手机上的猪价行情既兴奋又有点失落地对笔者说。

同笔者交流的李先生是湖南省宜章县的一家小型养猪场的主人，2014 年上半年，全国猪价一直处于“跌跌不休”的状态。李先生通过提高养殖技术来提升母猪的产仔率和成活率，借助互联网直接和饲料厂对接购买饲料来降低养殖成本等有力措施挺过了上半年这段艰苦时光。下半年，随着全国生猪收购价格的回升，李先生对猪价行情趋势非常关注。每天起床后做的第一件事情就是打开手机查看他订阅的“猪E网”、“爱畜牧”、“新牧网”、“猪场动力网”等微信公众号，了解近几天的养殖行业动态。李先生说：“除了能知道最新的养殖业新闻、国家相关政策法规，掌握基本的市场价格外，平时闲的时候还能学到很多养猪方面的知识，如怎样进行科学的饲养管理，如何搭配出更有营养、更健康的饲料，如何在平时进行疾病的预防和疾病的医治等，还可以直接在微信商城里下订单买饲料。最重要的是获得这些资讯再也不用傻呆呆地坐在电脑前了。”说到这些，李先生的脸上露出了欣喜的笑容。像李先生这样的养殖户，如何玩转微信？

1. 通过微信结交养殖圈内的朋友

可以通过手机通讯录或 QQ 好友转换成微信好友，也可以通过微信页面上端“发现”里的扫一扫、摇一摇、附近的人或漂流瓶等功能找到周边的兴趣爱好相同的朋友。对于自己在养殖过程中碰到的养殖技术困惑，可以向熟悉的朋友咨询，也可在朋友圈中转发，让朋友为自己出谋划策。同时，自己在养殖过程中的一些饲养心得体会也可以在朋友圈内发布，从而帮助其他需要的圈内朋友，赢得朋友们的信任。

2. 订阅畜牧行业微信公众号，学习养殖技术

目前很多畜牧行业门户型网站及部分畜牧生产企业都建设好了相应的微信公众号。畜牧行业门户型网站的主要价值是为用户提供养殖资讯，由于其信息来源广、专业水平高，因此通过畜牧行业门户型网站公众号发送的信息及时、贴近养殖户的需求，像养殖户平常浏览较多的“猪E网”、“爱畜牧”、“新牧网”、“猪场动力网”等公众号，每周都会精心挑选一些养殖行业影响较大、与养殖户息息相关的市场信息及与养殖相关的专业知识通过微信公众号发送。

畜牧行业企业公众号主要由畜牧行业企业经营管理，一般提供本企业的最新动态、新产品介绍及产品促销信息等。像“百宜饲料”微信公众号，每周都会发布两篇全国生猪收购价格分析及趋势的相关文章，同时，由湖南百宜集团控股的湖南百宜种猪有限公司的养猪专家会定期撰写一些关于提高生猪养殖技能及猪疫防治的相关文章。另外，“百宜饲料”微信公众号也会定期发布公司的一些优惠促销产品信息，养殖户如能抓住时机，也能为自己的养殖节约一大笔开支。

养殖户订阅了这些公众号后，通过手机微信就可以获得很多实用、有价值的养殖信息，省去了在互联网搜索相关信息的时间成本和精力成本。

3. 通过微信商城购买优质饲料产品

微信购物是2014年移动电子商务最火爆的事件之一。微信商城是腾讯和淘宝争夺移动端客户的重要阵地。目前，人们的消费习惯逐渐向移动端转移，时间越来越碎片化，消费时间和地点越来越不拘泥于形式，只要方便就行。不像淘宝或京东等电子商务平台，微信商城顺应了“去中心化”的发展趋势，用户在微信上本来就是畜牧企业公众号的订阅用户，是企业的粉丝，来企业的微信商城购物本身就是基于对企业品牌有足够认可。

据笔者了解，“百宜饲料”开通了微信商城，养殖户只要关注“百宜饲料”微信公众号，成为其订阅用户，在此微信公众号页面中，找到“百宜商城”菜单里的“微信商城”，选择满意的商品后就可以下单，下单后既可以通过支付宝、银行卡付款，也可以联系客服，直接把饲料款转账到公司指定的账号上。整个购物体验既便捷又安全，同时还能享受到百宜微信商城开业的优惠促销政策，如图5-1所示。

图5-1 “百宜饲料”公众号

（资料来源：百宜饲料微信公众号，2014-8）

【案例思考】

百宜饲料的案例，给我们展现了一个令人震惊的现象：即使作为饲料生产等古老而原始的传统加工经销类企业，以及社会生产最末端的养殖户，都已经在利用微信等手机移动端应用，有条不紊地推广自己的业务了！正是这些最新信息技术的弄潮儿，他们掘得了自己的第一桶金，在激烈的竞争中不仅站稳了脚跟，还找到了网络商业的成功密码，发现了通往未来之路的阳光大道！那么，微信营销究竟是什么？它为什么在短短的几年时间内变得如此火爆呢？我们该如何掌握它的核心和技术呢？

第一节　微信推广

一、微信简介

微信是腾讯公司于2011年年初推出的一款通过网络快速发送语音短信、视频、图片和文字，支持多人群聊的手机聊天软件。用户可以通过微信与好友进行形式上更加丰富的类似于短信、彩信等方式的联系。微信软件本身完全免费，使用任何功能都不会收取费用，产生的上网流量费由网络运营商收取。因为是通过网络传送，因此微信不存在距离的限制，即使是在国外的好友，也可以使用微信对讲。

微信营销是网络经济时代对企业营销模式的重大挑战。用户注册微信后，可与周围同样注册的“朋友”形成一种联系，用户订阅自己所需的信息，商家通过提供用户需要的信息，推广自己的产品。作为一对一的互动交流方式，微信具有良好的互动性，精准推送信息的同时，更能形成一种朋友关系。

1．微信是一个变相的即时通信工具

跟 QQ 一样，微信也是一个即时通信工具，可以发送语音、视频、图片、文字，可以通过手机客户端和网页登录；此外，微信还提供公众平台、朋友圈、漂流瓶、摇一摇、消息推送等功能，这些功能体现了与 QQ 的差异化。但是，与 QQ 最大的不同还在于微信与手机通讯录的联系，形成了更加真实的关系链，打通了人们之间的真实关系与互联网之间的联系。

2．微信是一个简化的 App（应用程序）

打开智能手机，全是 App，但现在利用率最高的可能就是微信了。对于那些没有 App 客户端的公众账号来说，微信给了一个低成本、高效率的解决之道：简化生产流程，降低维护成本，让客户专注于生产与服务。没有 App 开发能力的个人或企业，完全可以在拥有 6 亿位用户的微信平台上建立一个公众账号，在几乎没有生产成本、维护成本、渠道成本的情况下，直接推送内容或提供服务。

另外，微信还提供网页版。微信网页版（wx.qq.com）指通过手机微信（4.2 版本以上）的二维码识别功能在电脑网页上登录微信，能实现和好友聊天、传输文件等功能，但不支持查看附近的人、摇一摇等功能。

QQ 浏览器微信版的登录方式保留了网页版微信通过二维码登录的方式，但是微信界面将不再占用单独的浏览器标签页，而是变成左侧的边栏，方便用户浏览网页的同时使用微信。

3．微信成就了一个自媒体时代

自媒体又称为公民媒体，是指私人化、平民化、普泛化、自主化的传播者以电子化的手段向单个人传递信息的新媒体。目前，微信已成为自媒体的最主要形式。

移动互联网时代，每个人获取信息的方式都改变了，还有多少人拿着报纸或者打开电脑去看新闻呢？前几年还是打开微博获得信息，但现在很多人一下飞机就可能打开微信，刷朋友圈。

二、微信的功能

1．基本功能

（1）强大的聊天功能。

借助微信，在聊天过程中除了可以发送最基本的文字信息外，还可以发送表情、图片、视频、地理位置和名片，多媒体的互动非常丰富，按住话筒还能直接语音聊天。

值得一提的是微信还支持视频聊天功能。在与好友聊天时，在“+”里就能找到视频通话的选项，可以方便地进行视频聊天，如图 5-2 所示。

最后，微信还可以自由地建立群聊，也就是多个好友在一起聊天。在“通讯录”窗口点“群聊”，然后选择“发起聊天”，就可以选择多个好友进行聊天了。在聊天过程中，点聊天窗口的右上角，还可以随时添加进新的好友来一起聊天。

（2）丰富的找朋友方法。

既然是一款社交软件，首先要做的就是找到志趣相投或有缘分的好友，为此微信提供了非

常丰富的找朋友功能。在“通讯录”中可以看到“新的朋友”选项，如图 5-3 所示。点进去就能看到多种找朋友方式。

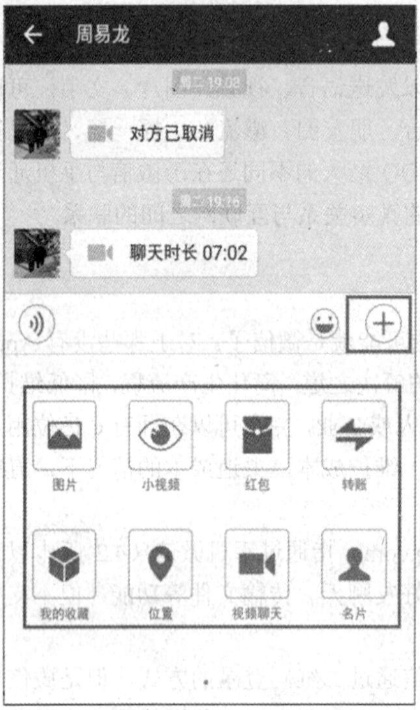

图 5-2　微信的视频聊天功能

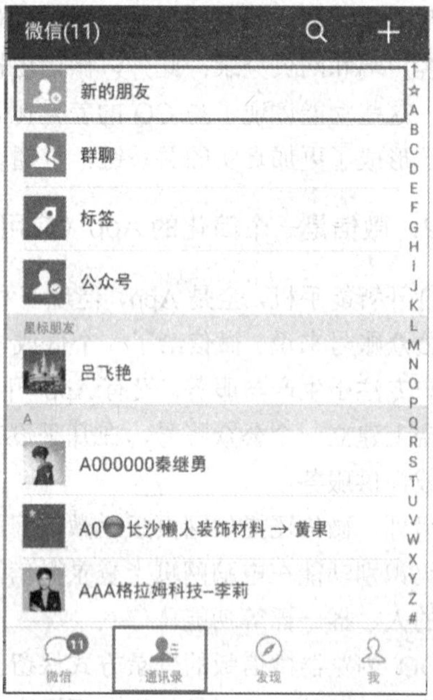

图 5-3　通过微信加新朋友

如果已经知道对方的微信号、QQ 号或手机号，那么就可以直接输入号码添加好友。当然如果想批量将好友加入联系列表，则可以使用“从 QQ 好友列表添加”和“从手机通讯录列表添加”，这样 QQ 好友和手机通讯录中开通了微信的好友就都能加进来了。

为了更广泛地交友，微信还准备了“附近的人”和“摇一摇”功能，前者可以搜索到附近正在使用微信的人，后者则是与自己一同摇晃手机的微信用户，如果觉得这些有缘人很有意思，也可以申请加他们为好友。

（3）朋友圈分享。在“发现”中有一个叫做“朋友圈”的功能，如图 5-4 所示。其实它是一个分享平台，可以把自己喜欢的图片上传并配上文字，这样好友就都可以看到分享的内容。也可以对别人的文字和图片进行评论，算是一个独立的社交平台。

2．支付功能

微信支付是集成在微信客户端的支付功能，用户可以通过手机完成快速的支付流程。微信支付向用户提供安全、快捷、高效的支付服务，以绑定银行卡的快捷支付为基础。

支持支付场景：微信公众平台支付、App（第三方应用商城）支付、二维码扫描支付、刷卡支付，用户展示条码，商户扫描后，完成支付，如图 5-5 所示。

用户只需在微信中关联一张银行卡，并完成身份认证，即可将装有微信 App 的智能手机变成一个全能钱包，之后即可购买合作商户的商品及服务。用户在支付时只需在自己的智能手机上输入密码，无须任何刷卡步骤即可完成支付，整个过程简便流畅。

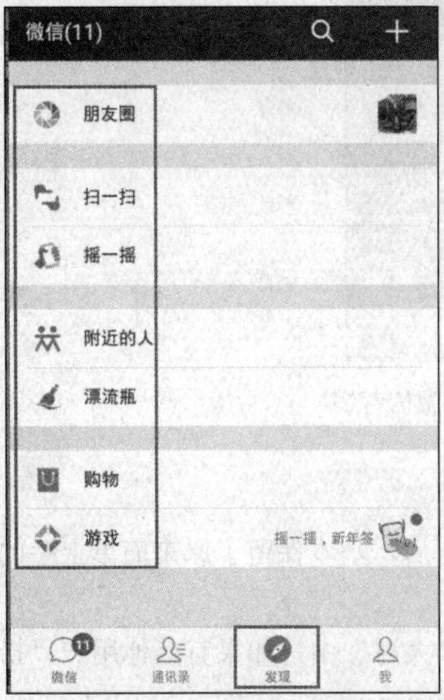

图 5-4 “发现”中的“朋友圈”等功能

图 5-5　微信支付功能

3．其他功能

购物：微信购物链接的是京东商城。点“发现”中的“购物”，就进入了京东商城的页面。

游戏中心：可以进入微信玩游戏（还可以和好友比高分），如“飞机大战”。

语音提醒：用户可以通过语音提醒自己打电话或查看邮件。

QQ 邮箱提醒：开启后可接收来自 QQ 邮箱的邮件，收到邮件后可直接回复或转发。

群发助手：可通过群发助手把消息发给多人。

流量查询：微信自身带有流量统计的功能，可以在“设置”里随时查看微信的流量动态。

账号保护：微信与手机号进行绑定，该绑定过程需要四步：①在“我”的栏目里进入“设置”，点“账号与安全”；②在“手机号”一栏输入手机号码；③系统自动发送六位验证码到手机，成功输入六位验证码后即可完成绑定；④当“账号与安全”一栏显示“已保护”时，即表示微信已启动了全新的账号保护机制。

三、微信的一般推广方式

1．草根广告式的位置签名

微信植入了 LBS（Location Based Service，基于位置服务）功能，借助“查看附近的人”，用户可以查找自己所在地理位置附近的微信用户。系统除了显示附近用户的姓名等基本信息外，还会显示用户签名档的内容。商家可以利用这个免费的广告位为自己做宣传，甚至打广告。

阅读材料 5-1　“饿的神”的微信营销

一家叫“饿的神”的快餐店，在午间向附近的人打招呼，以宣传自己的快餐生意，如图 5-6 所示。“微信太酷了，我正饥肠辘辘，拿不定主意吃什么好呢，就收到了来自附近的快餐店的热情招呼，我吼上一嗓子就有人送餐上门了，太方便了!”有着与图中类似经历的小王如是说。

图 5-6 “饿的神”商家的微信营销

2．品牌活动式的漂流瓶

漂流瓶是移植 QQ 邮箱的一款应用，移植到微信上后，基本保留了原来简单上手的风格和功能。

扔一个：用户可以选择发布语音或者文字后投入“大海”中，如果有其他用户“捞”到则可以展开对话。

捡一个：顾名思义是“捞”“大海”中无数个用户投放的漂流瓶，“捞”到后也可以和对方展开对话，但是每个用户每天只有 20 次捡漂流瓶的机会。

阅读材料 5-2　招商银行的“爱心漂流瓶”用户互动活动

活动期间，微信用户用“漂流瓶”或“摇一摇”功能找朋友，就会看到“招商银行点亮蓝灯”，只要参与或关注，招商银行便会通过“小积分，微慈善”平台为自闭症儿童捐赠积分。和招商银行进行简单的互动就可以贡献自己的一份爱心，这种简单却又可以做善事的活动，颇为吸引人，如图 5-7 所示。

图 5-7 招商银行的“爱心漂流瓶”用户互动活动

3．O2O 折扣式的二维码扫描

二维码是一个黑白相间的印刷图形标志。安装有微信客户端的消费者用手机扫描这个二维码，其手机号或 QQ 号立刻被记录到商家后台；用户可以通过扫描识别二维码身份来添加朋友、关注企业账号；企业可以设定自己品牌的二维码，用折扣和优惠来吸引用户关注，开拓 O2O 的营销模式。

阅读材料 5-3　深圳海岸城“开启微信会员卡”营销

深圳大型商场海岸城借助“开启微信会员卡”搭建移动会员体系。微信用户只要使用微信扫描海岸城专属二维码，即可免费获得海岸城手机会员卡，凭此享受到众多优惠特权，如图 5-8 所示。此后，用户不必携带实体会员卡，也能第一时间得知商家信息并享受特权。活动期间，大饱口福、许留山、面包新语、味千拉面、仙踪林、禾绿回转寿司、棒约翰、思妍丽等 20 多家商铺成为商场首批微信会员卡的支持商家。

图 5-8　深圳海岸城“开启微信会员卡”营销

4．社交分享式的开放平台+朋友圈

利用微信开放平台，应用开发者可通过微信开放接口接入第三方应用，还可以将应用的 Logo 放入微信附件栏中，让微信用户方便地在会话中调用第三方应用进行内容选择与分享。

朋友圈可以将手机应用、电脑客户端、网站中的精彩内容快速分享到朋友圈中，支持以网页链接方式打开。朋友圈的交流比较封闭，口碑营销会有一定的效果。但朋友圈并非万能的营销圈，只适合口碑类产品、私密性小产品的推广，否则可能引起朋友的反感。

阅读材料 5-4　“美丽说”微信开放平台应用营销

“美丽说”是首批登录微信开放平台的应用之一，用户可以将自己在美丽说中的内容分享到微信中。用户通过微信，可以使一件美丽说上面的商品得到不断的传播，通过微信做口碑营销，如图 5-9 所示。

5．互动营销式的公众平台

微信公众平台，是一个门槛较低的微信营销模式。每个用户都可以用一个 QQ 号码，打造一个自己的微信公众号，并在微信平台上实现和特定群体的文字、图片、语音的全方位沟通、互动。微信公众号可以通过后台的用户分组和地域控制，实现精准的消息推送。

普通公众号可以群发文字、图片、语音三个类别的内容，认证号则有更高的权限，不仅能推送单条图文信息，还能推送专题信息。

图 5-9 “美丽说”微信开放平台应用营销

阅读材料 5-5 “凯迪拉克”微信公众号运营

凯迪拉克举办了一个“你心中的 66 号公路在哪里”活动，微信公众号上每天会发一组很美的旅行图片给用户，以引起共鸣。其他的内容，基本以车型美图为主，如海外车展、谍照等，如图 5-10 所示。凯迪拉克也利用账号发布实时内容，如上海有暴雨橙色警报时，就做了一个安全出行提醒。

图 5-10 “凯迪拉克”微信公众号运营

技能训练 5-1 个人微信账号的设置与优化

请注册你个人的微信账号，再按顺序完成以下操作，并将每次操作的结果截图保存，附上简要的文字说明。

（1）设置微信头像、名称、个人签名、二维码名片、微信号。

（2）完善朋友圈，设置朋友圈的封面，将“网络营销实务”任课教师加为好友。

（3）通过通讯录和QQ联系人，或通过微信扫一扫、雷达加好友等方式，增加微信好友至50人以上。

（4）关注五个以上自己正在关注和研究的行业的相关微信公众号（点“添加朋友”→点“公众号”→输入关键词搜索公众号→关注公众号）。

（5）查看你所关注的微信公众号，有什么有价值的信息（点“通讯录”→点“公众号”→点开一个微信公众号→点右上角人头标志→点“查看历史信息”），把你认为有价值的信息分享到朋友圈。

四、微信公众平台

微信公众平台是腾讯公司在微信基础平台上新增的功能模块，通过这一平台，每个用户都可以用一个QQ号码，打造一个自己的微信公众号，并在微信公众平台上实现和特定群体的文字、图片、语音的全方位沟通、互动。利用微信公众平台进行自媒体活动，简单来说就是进行一对多的媒体行为活动，如商家通过申请服务号，通过平台二次开发接入微信会员云营销系统，实现展示商家微官网、微社区、微会员、微推送、微支付、微活动、微报名、微分享、微名片等，还可以实现部分轻应用功能。

微信公众平台分订阅号、服务号、企业号三类平台。

订阅号：为媒体、个人提供一种新的信息传播方式，构建与用户之间更好的沟通与管理模式，主要用于为用户传达资讯（类似于报纸、杂志），认证前后都是每天只可以群发一条消息；如果想简单地发送消息，达到宣传效果，建议选择订阅号。

服务号：给企业和组织提供更强大的业务服务与用户管理能力，帮助企业快速实现全新的平台功能，主要用于服务交互（类似于银行、114，提供服务查询），认证前后都是每个月可群发四条消息；如果想进行商品销售，建议申请服务号。

企业号：主要用于公司内部通信使用，需要先有成员的通信信息验证才可以成功关注企业号。

1．微信公众平台注册

注册微信公众号前需要准备以下资料。

（1）准备一个没有注册过公众号的邮箱，如果是QQ邮箱，那么对应的QQ号也要没有注册过公众号。

（2）身份证扫描件，每个身份证可以注册五个公众号。

（3）一个能通信的手机，用来接收注册验证码。

（4）设计好公众号名称（非常重要，一旦申请成功，名称不能修改）。

准备工作做好后开始进行注册，在浏览器地址栏输入 mp.weixin.qq.com，进入微信公众平台，单击“注册”按钮后按流程操作即可完成，如图5-11所示。

2．微信公众号主要功能介绍

（1）群发功能。群发功能比较强大，可以选择群发的对象：全部好友或是有目的性的分组、男性或女性好友、地区按城市等。发送的内容包括文字、音频、图片、视频等，基本包含了所有格式的信息。

图 5-11　微信公众平台注册页面

为了避免商家无休止地群发广告骚扰用户，微信公众平台限制了一个账号每天只能发送一条消息，所以在发送时，要认真编辑发送的内容。发送过的消息可以在“已发送”中查看到。

（2）自动回复。自动回复分为被添加自动回复、用户消息回复及关键词自动回复。

① 被添加自动回复。用户一旦添加公众号，则设置好的信息将自动发送给用户。可以选择发送的内容为文字、语音、图片或视频。

② 用户消息回复。可以实现系统与用户间的自动对话。在“自定义回复”中，可以定义好规则，如果用户发送过来的文字中包含某些关键词，则自动回复相应的内容。如果设置了“用户消息回复”，当用户发送过来的文字中不包含“自定义回复”定义好的关键词，则回复“用户消息回复”中设置好的内容。

③ 关键词自动回复。只要用户发过来的一句话中包含了关键词，则触发规则，系统自动回复事先设置好的内容，如图 5-12 所示。

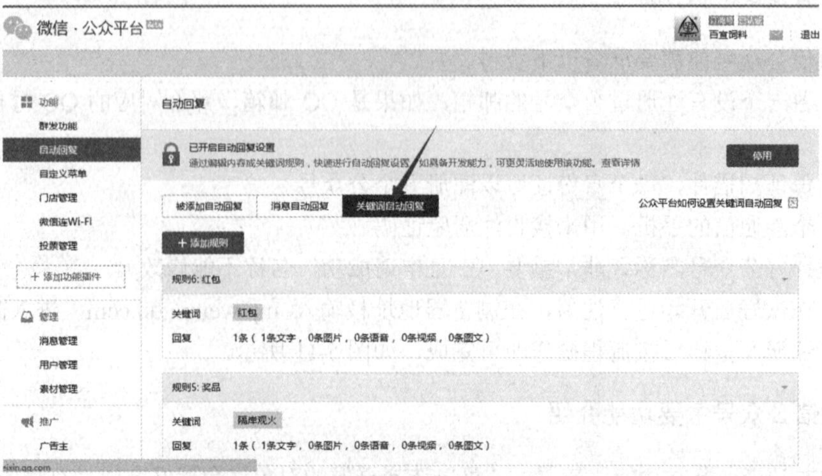

图 5-12　微信公众号后台“关键词自动回复”设置

（3）自定义菜单。微信的功能越来越强大，申请认证后的开发者能自定义菜单。用户通过微信界面下方的菜单，就能直接查看指定的页面，如图 5-13 所示。在微信公众号后台，点“自定义菜单”，可设置相应的一级菜单和二级菜单，并可设置菜单的跳转链接。

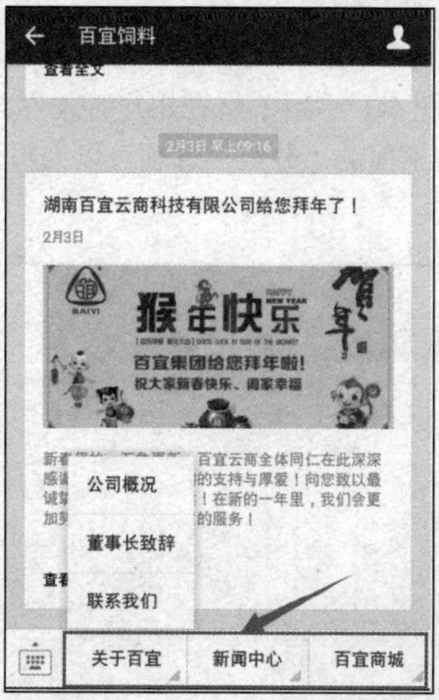

图 5-13　“百宜饲料”微信公众号后台的自定义菜单

（4）消息管理。进入微信公众平台界面后，每天都会用到的就是“管理”菜单下的“消息管理”、“用户管理”、“素材管理”。

消息管理后台只保存最近五天内的消息，但是，只要把消息标记为“星标消息”（在用户消息条右侧点星星图形），就可永久保存。

如需与用户进行简单交流，可直接使用快捷回复，但快捷回复最多为 140 字，且只能发送文字与表情，输入完成后可直接按“Enter”键发送。如果要与用户进行深入交流，可点用户头像，进入聊天界面——聊天界面可显示用户最近的 20 条消息，回复内容可包括文字、图片、图文、语音、视频等，如图 5-14 所示。

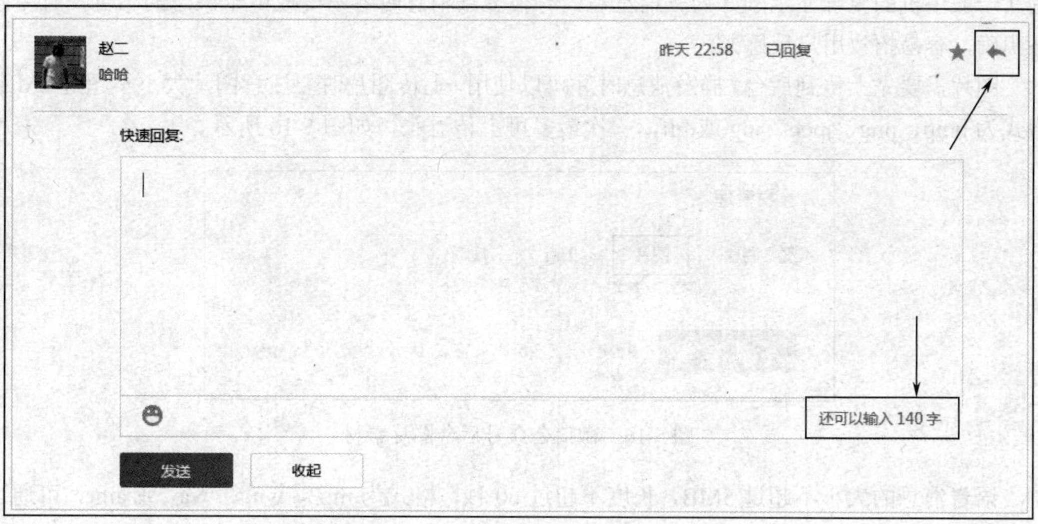

图 5-14　微信公众号后台消息管理

第五章

（5）用户管理。微信用户管理后台是可以进行分组管理的，尤其对企业类的公众号而言，对用户进行分组管理是极有必要的。比如企业有很多业务时，用户的喜好肯定也是分类的，这个时候对用户进行分组管理很有必要。而且很多平台并不是一个人在运营，清晰的分组，可以让每个运营者都对用户的喜好有所掌握。

为用户分组的方式有三种：①在用户管理界面，每个用户所在行的最右边，会出现默认组的选项，点击可为用户分组，如图5-15所示；②在用户管理界面，把鼠标移动到用户头像处时，会出现用户的详细信息，借助最下面的“分组”选项可以为用户分组；③在消息管理界面，也可以用同样的方法为用户分组。

图5-15　微信公众号后台用户管理

（6）素材管理。素材管理是每天与用户互动时最常用到的，一般发送图文消息较多。素材类型分为图文消息、图片、语音、视频。

图文消息分为单图文与多图文两种。单图文消息尤其要注意摘要，一定要填写，如果没有填写，会默认从正文中直接提取120字为摘要；多图文最多可以有八篇文章，一般三篇左右为宜（一般手机的整屏显示刚好为三篇左右，有很多条消息时容易变成电子杂志的感觉，且主题不明确，容易招致用户反感）。

图片需要先上传到后台，群发消息时才可以使用。上传图片时要注意图片大小不超过2MB，格式为bmp、png、jpeg、jpg或gif，一次最多可上传五张，如图5-16所示。

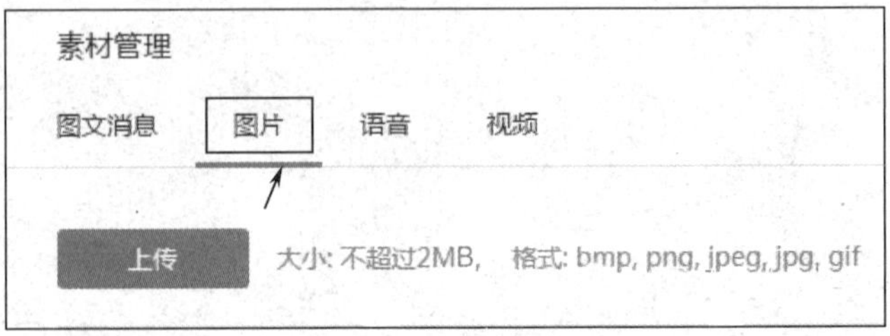

图5-16　微信公众号后台图片素材

语音消息的大小不超过5MB，长度不超过60秒，格式为mp3、wma、wav或amr，可通过电脑剪辑后上传，亦可像聊天一样对着后台发送（可以直接保存）。

视频消息支持微视与本地上传。本地上传的视频大小要求不超过 20MB，格式为 rm、rmvb、wmv、avi、mpg、mpeg 或 mp4，也需要上传到后台才可以进行群发。

技能训练 5-2　微信公众号建设

请以小组为单位，注册微信公众号中的订阅号，并完成以下操作，最后将操作的结果填入表 5-1。

表 5-1　微信公众号的建设

实训内容	操作结果	备　注
微信公众号名称		
微信公众号二维码		
微信公众号定位		
微信公众号自动回复		
相关公众号特点分析		
实训结论		

（1）根据公众号的用途，给自己的公众号一个恰当的名称。

（2）策划公众号的定位，规划好自动回复（被添加自动回复、用户消息回复、关键词自动回复）和基本功能模块。

（3）了解同类行业的三个公众号，对其功能特点进行调研，并与自己的公众号进行对比分析。

特别注意:

① 一个组可注册多个公众号，但一个身份证号只能注册一个，公众号一旦确定不能更改，头像可以一个月更改一次，名称在认证时可以更改一次。所以请谨慎选择公众号名称。

② 上传身份认证照片时，请确保身份证信息清晰可见。如第一次审核不通过，第二次将影响微信平台的使用。请勿使用 QQ 传图，容易造成图片不清晰，可使用邮箱或微云等平台传图。

五、微店营销

微店是微信兴起后的产物，是通过微信而发展起来的电子商务。微店作为移动端的新应用，让任何人通过手机号码即可开通自己的店铺，并可一键分享到社交网络服务平台来宣传自己的店铺并促成成交，这在一定程度上降低了开店门槛和手续。

2013 年，微店开始崛起。

2014 年 1 月，电商导购 App 口袋购物推出微店。

2014 年 5 月，腾讯微信公众平台推出微信小店。

2014 年 10 月，京东拍拍微店也宣布完成升级测试，并与京东商城系统实现全面打通，开始大规模招商。与此同时，淘宝微店也大举进入。淘宝可以让卖家的淘宝店架设到微信公众平台上。

根据微店的经营模式，可以把微店划分为两类模式：一类为 B2C 模式，如京东微店，直接通过商家对接消费者；另一类类似于 C2C 模式，多面向个体。其中 C2C 类模式的玩家居多。

根据目前微店的发展情况，一般将微店整体分为三大阵营：第一阵营为平台类型，如微信小店、京东拍拍微店、淘宝微店、有赞购物微店等；第二阵营主打为服务，如微盟、京拍档、各大电商平台自己推出的微店（主要服务于开放平台，一方面立足自身的购物App主打中心化移动电商，另一方面借助微店形成去中心化移动电商的布局）；第三阵营主要是个人推出的，提供一种建微商城的工具，属于小打小闹。

当然，微店有一定的优劣势。

主要优势：微店对众多想发家致富的创业者是有益处的。淘宝就像商场，大而全，但杂而乱；微店就像路边小店，胜在方便、有风格。而且，多一个平台，多一个流量入口，多一个销售渠道，多一份收入，何乐而不为。况且进驻微店的资金、人力等门槛较低，大大降低了开店的成本，风险可得以有效控制。此外，有大量与微信接口的微店工具可以选择，使用简单，人人都能学会。可以预见，中小商家入驻微店将有很大的发展空间。

主要劣势：有人认为，微店搭着传销的架构，披上B2C电商的虎皮，打着全民创富一根网线就搞定的口号，在短期内火起来，主要靠炒作。微店的这种模式只会流行一时，从长期来看，供货商卖货效果难以保证，网民在互联网上发广告越来越难拉到人头，赚钱的都是极少数上家，因此微店的可持续发展情况并不乐观。

无论如何，微店作为一种新型商业推广模式，还是值得学习和探索的。

目前，互联网上提供的开设微店的平台很多，下面以市场上使用较多的“微店”（www.weidian.com）为例，阐述一下开设微店的流程。

1．开启微店

（1）通过手机下载 “微店”App并成功安装后，按照提示注册微店，添加自己店铺的基本信息，即可完成微店创建，如图5-17所示。

图5-17　微店登录、注册页面

注册时要填写真实信息，若注册姓名与身份证号码和银行卡号不一致，会导致提现失败。根据国家《网络交易管理办法》，应监管部门要求，微店对卖家进行实名制核实，注册完成之后需将注册手机号，以及身份证正反面、银行卡正反面拍照或扫描件发送至shrz@weidian.com，邮件主题为“实名认证审核”。

（2）进入微店，同步导入淘宝店铺的产品。

快速搬家操作流程：登录微店，进入“我的微店”，选择右下角齿轮形的“设置”，点“淘宝搬家助手”，再点“快速搬家”，如图 5-18 所示，输入淘宝店铺账号和用户密码即可。微店预计 24 小时内完成搬家。

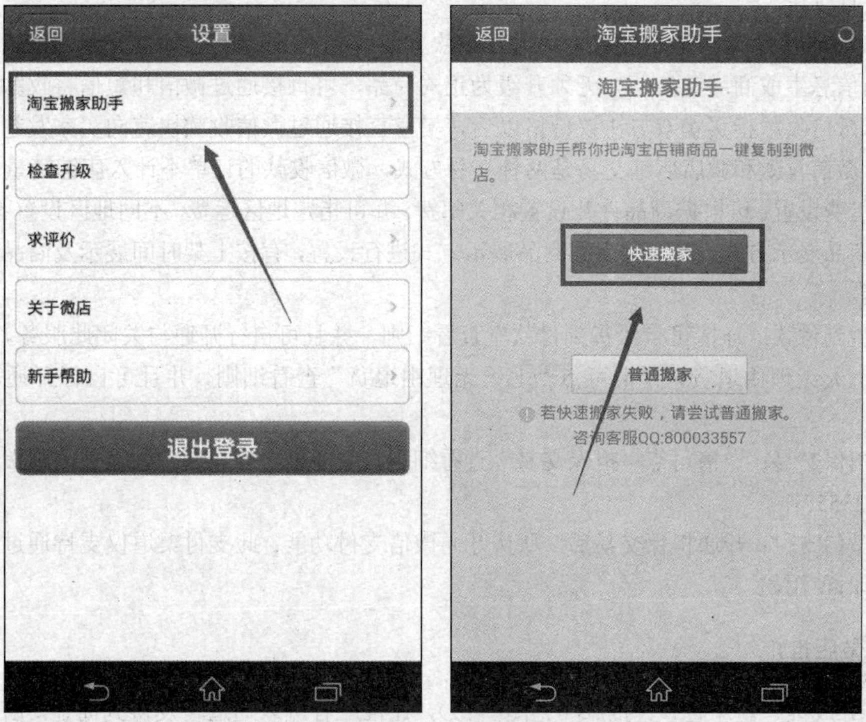

图 5-18　微店“淘宝搬家助手”页面

普通搬家操作流程：登录微店，进入“我的微店”，选择右下角齿轮形的“设置”，点“淘宝搬家助手”，再点“普通搬家”，记录以 wd 开头的序列号，将序列号加入淘宝店铺的某个商品标题里，进行保存。然后再将保存后的商品重新打开，记录商品 ID（浏览器网址的最后一串数字），将商品 ID 填写在微店淘宝搬家第二步中，点“开始搬家”。设置后 24 小时内不要修改淘宝商品标题，微店预计 24 小时内完成搬家。

2．微店设置及管理

（1）店铺设置。

① 店铺头像：选择（220 像素×330 像素）图片，修改店铺头像。

② 店铺名称：输入所开店铺的名称。

③ 微信号：添加微信号后，可以将微信号作为联系方式展示在微店中，可使与买家沟通更加便捷。

④ 店铺等级：点“查看评分规则”，可查看微店卖家等级计算方式与积分规则。

⑤ 店铺公告：可以编辑店铺须知、重要通告等展现给进店浏览的买家。

⑥ 店铺招牌：选择（640 像素×330 像素）图片，修改店铺招牌。

⑦ 店铺封面：以导航形式设置店铺分类展示，把更具吸引力的商品类型优先展示给买家。

⑧ 微店地址：如果有实体店铺，可以添加实体店铺地址，便于买家光顾。

（2）店铺管理。点“微店”→“微店管理”，进入店铺管理设置界面。

① 店铺二维码：点“查看”自动生成微店二维码，可分享到微信好友与朋友圈，也可下载保存。

② 店长笔记：可以添加文字及图片说明展示在店铺中，可以分享给好友，以便好友对店铺和商品进行宣传。

③ 微信收款：点“微信收款”，输入收款金额后点“下一步”。如需升级为正式商品，需添加商品信息生成商品链接。如无须升级为正式商品，可直接通过微信和短信将收款链接发送至买家。微信收款指买卖双方协议价格以后，卖家直接通过微信收款快速向买家发起收款，促成交易。微信收款和微店店铺交易是两种交易方式，微信收款的订单不计入店铺销量。

④ 运费设置：可根据商品件数设置相关邮费，并可指定地区运费，不同地区设置不同邮费。

⑤ 商品展示方式：可以对店铺商品展示方式进行设置，有按上架时间展示及商品分类展示两种方式。

⑥ 货到付款：详情可点“货到付款”查看细则，并且可自行开通与关闭此服务。

⑦ 七天无理由退货：详情可点“七天无理由退货”查看细则，并且可自行开通与关闭此服务。

⑧ 担保交易：详情可点“担保交易”查看细则，服务可自行开通，如需关闭则拨打客服电话 4008933557。

⑨ 微信支付：开通担保交易后，默认开通微信支付功能，此支付渠道仅支持通过微信进入店铺下单时使用。

3．微店推广

（1）分成推广。开通分成推广（见图5-19），让推广者可以通过转发得到佣金，店主只需为成功售出的商品付出佣金。分成推广的商品成交后，佣金自动从成交金额中扣除，转到推广者的账户中。

图5-19 微店“分成推广”页面

（2）进入微店第二屏，点“我要推广”→“分成推广”，按提示设置佣金，如图 5-20 所示。

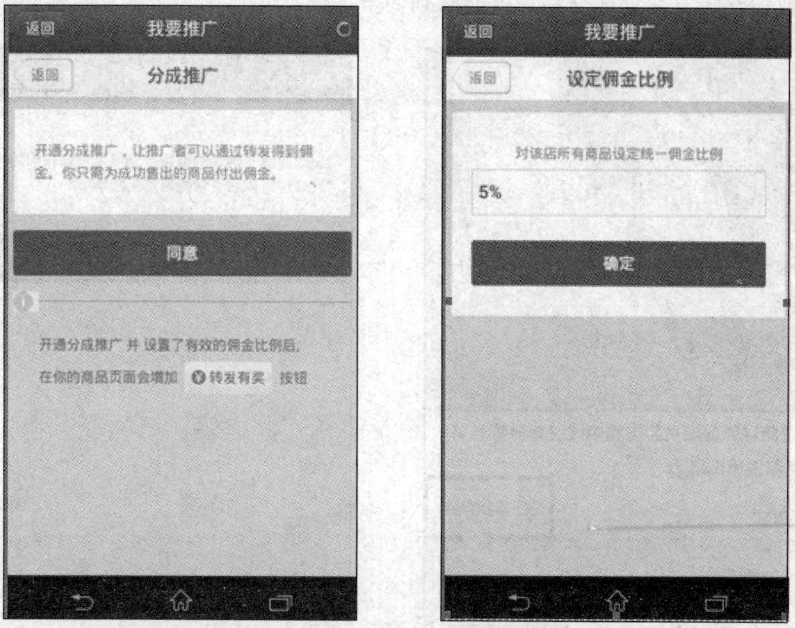

图 5-20　微店“我要推广”设置页面

（3）在朋友圈分享宝贝，可让朋友和粉丝看到物美价廉的宝贝。

（4）发展分销（微店最有效的推广方式）。介绍、教会微信里的朋友和粉丝转发自己分享的宝贝，让他们成为自己的分销商，分销商越多，商业影响力越大。打理微店是不需要分散精力的，业余的时候通过 QQ、朋友圈、微博、论坛分享等发布出去，就有佣金收入了。这也相当于帮助身边的人找到了一份清闲的兼职，为他们创造额外收入。

首先，进入“我的微店”，选择要推广的宝贝（见图 5-21），把宝贝分享到微信、朋友圈、微博、QQ 空间等。

图 5-21　微店商品页面

朋友和粉丝在朋友圈、微博等处看到宝贝后，点“点我有奖”，生成推广链接，如图5-22所示，朋友或粉丝转发并促成交易后就能拿到佣金了。

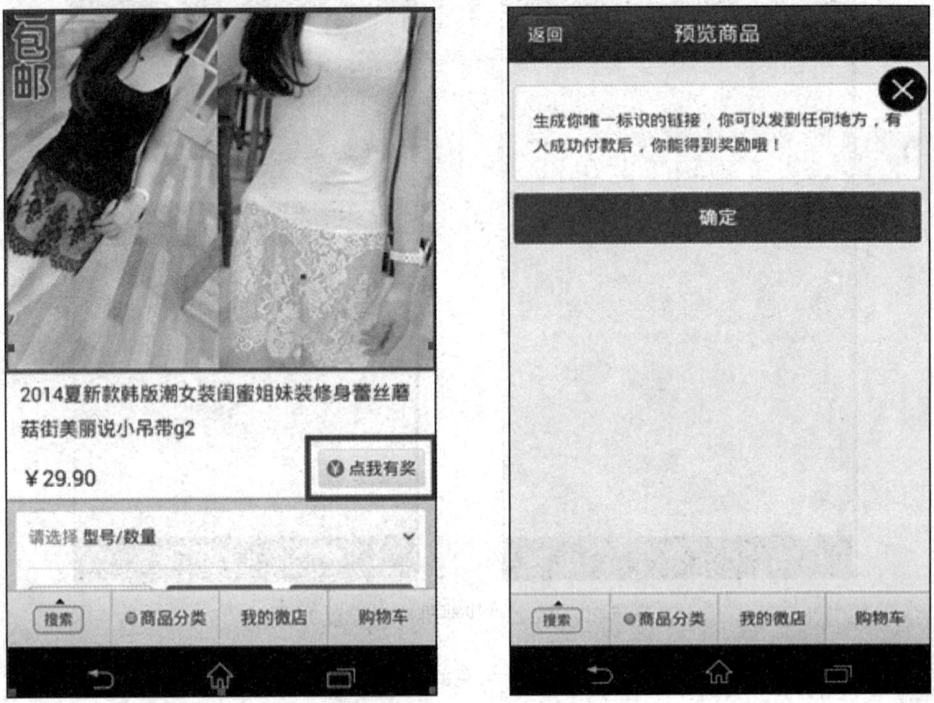

图5-22　微店商品分享页面

阅读材料5-6　适合做微商的产品

什么样的产品适合做微商？面膜？保健品？食品？古玩？……貌似看起来什么都行！但是如果把微商看做一种正常的商业模式的话，还是可以从众多消费品当中筛选一下的。所以，今天就重点讲讲适合做微商的产品具备哪些特征。

首先来理解一下微商的“微”。

微就是小的意思，而不是微信的微，或者微博的微！这个微可以有很多含义，比如小规模，利用微工具，在一个微圈子范围内，建立起微信任等，平台可以是微博、微信、陌陌、QQ、微视、论坛、YY频道、QT平台等。

比如很火爆的在YY的游戏公会里面卖零食，市场非常大，也可以称此为微商，另外还有拍拍微店、淘宝的淘小铺、有赞等，不必太拘泥于微信朋友圈，那样就太狭隘了。

那么，微商建立的前提是什么呢？

不管是微信也好，微博也罢，从这些互联网工具的本质看，都是沟通社交的工具，是用于交流的，之所以能够通过微信、微博等实现成交，是因为分享了之后，好友基于信任才去购买的。

所以，适合利用微商销售的商品，应该从两个核心关键词上去考虑：分享、信任。

1. 有特色的商品比较适合做

用微博、微信等进行分享，肯定要分享一些不普通的、真正有价值的、有特色的商品，如果发微信“我今天用了一种卫生纸，特别好，五层的!”这样好像不是特别好吧。

但如果分享“我今天吃了一个特别好吃的比萨，是我吃过的最好的比萨!”结果会怎么样？

肯定很多人就会问在哪里吃到的。因为吃的东西更容易形成特色，更适合分享！是不是朋友圈比较多的内容就是吃喝玩乐？这是本质的属性！

2. 真正有价值的商品适合做

写过一篇文章，一直拿面膜举例，其实我的意思并不是说面膜一定不适合做微商，也没有一棍子打死。但是试想一下，一个没有听过的牌子，10 片面膜，300 多元的话，你会买吗？即使是熟人推荐的，你会买吗？那种面膜，大家都知道成本也就几十元，不对脸有伤害就是好的了。为什么一直被人误解成传销，原因就是：东西没有价值，不靠传销模式是不可能成功的，因此只能忽悠那些想赚钱的来囤货。

3. 客单价 300 元以内的适合做

首先声明，这只是一个大概的数字，因为朋友圈里面几千元甚至上万元的成交依然存在。为什么这么说呢？在朋友圈里面分享，好友买一般是出于信任，信任度越高，愿意成交的客单价就越高！如果是亲人，分享的哪怕是几万元的东西，他认为有用就有可能成交（这也是搞传销的都要从熟人开始骗起的原因）。

可是在做微商的时候，这种高度的信任毕竟是少数，只有亲人、挚友、闺蜜才可以。很多时候只能是微信任，也就是说：我相信你，但是有一个度！这个度差不多就是 300 元之内。300 元之内，即使被骗了，大部分人还是能够承受的。

4. 重复性购买的商品适合做

对于微商来讲，可能最头疼的就是客源问题。前已述及，其实微商成交，首先一定要有信任。不管是谁，建立信任肯定是需要一个过程的。有的微商在朋友圈晒图："你看，刚加我的代理，马上就微信打款（上千元，甚至几千元的)!"别人不认识你，没有任何担保，能直接给你打款？况且商品是莫名其妙的牌子。

所以，建立了信任一定是微商成交的第一步！可是这一步还是比较累的，耗时也是比较长的！所以最好跟客户建立起来信任后，充分挖掘客户的价值，让客户重复消费，而不是需要不断寻找新客户，那样的话微商的优势就荡然无存了。

5. 非标准化的商品适合做

其实这跟第一条是相通的，非标准化的商品可以塑造特色，可以提炼能够深入人心的东西。

当然，除了以上这些外并不是说别的就肯定不适合。事在人为，哪怕是工业品，只要选择的人群是精准的，也可以做微商（如果把微营销也理解成微商的话）。

（资料来源：bbs.paidai.com/topic/442820，2015-10）

技能训练 5-3　微店的建立

请按以下步骤，建立自己的微店，将相关操作结果截图并配以文字说明，最后将相关图片及文字内容提交到指定的网络空间。

（1）打开 www.weidian.com，或在手机上下载并安装"微店"App。

（2）设置微店名称、店铺招牌、店铺公告等。

（3）通过"淘宝搬家助手"，把淘宝店铺的商品同步到微信上。

（4）店铺管理：查看店铺二维码并分享；设置微信收款方式；设置运费等。

（5）对微店开设的过程进行总结。

第二节　QQ推广

QQ 营销在实际的工作中有着重要的作用：能够实现及时、面对面的交流，及时反馈和回答交流者双方的问题和答案，在交流中增进买卖双方成功的概率，因此已成为现在流行的一种营销手段，也是目前应用最广泛的营销方法之一。

一、QQ推广概述

即时通信（Instant Messenger，IM）营销，指营销工作者运用现有的网络通信工具实现的及时、实时的信息交流和收发从而产生效益的一种销售手段。IM 营销手段又可以分为几种：QQ 营销、百度 HI 等。QQ 营销是 IM 营销中的一种，也是最主流的即时通信营销工具，主要利用它的 IM、空间、说说、校友、微博等功能，进行的社会化媒体营销策划。

1. QQ营销的特点

（1）高适用性，覆盖广。作为中国最大的 IM 软件，QQ 的注册用户已经超过 10 亿人，同时在线用户数常年不低于 1 亿人，QQ 已经成为网民的必备工具之一，上网没有 QQ，就如现实中没有手机一样稀奇。从营销推广的角度来说，对于用户覆盖率如此之大、用户如此集中的平台，是必须好好研究并加以利用的。QQ 实时使用人数如图 5-23 所示。

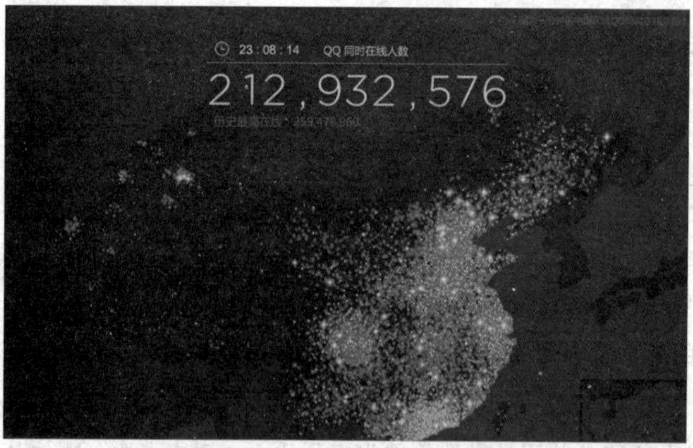

图 5-23　2016 年 3 月 20 日 23:08:14 QQ 在线人数及地域分布

（2）精准，有针对性。QQ 的特点是一对一交流及圈子内小范围交流（群交流），而这种交流方式，有助于对用户进行更加精准和有针对性的推广，甚至可以根据每个用户的不同特点进行一对一的沟通。这种特点，是其他推广方式所不具备的。

（3）易于操作。与其他营销推广方法的专业性和繁杂程度相比，QQ 推广真的非常简单。只要会打字、会聊天，就有可能成为一名 QQ 推广高手。

（4）近乎零成本。QQ 营销的实施非常简单，准备一台可以上网的电脑，再申请一个免费的 QQ 号，就可以马上操作了，申请 QQ 会员（每月 10 元）都已经算是大投入了。和其他动辄上百万元的营销项目相比，几乎是零成本。

（5）持续性。由于 QQ 推广的第一步是先与用户建立好友关系，所以可以对用户进行长期、持续性的推广。这个优势，是其他营销推广方式所不具备的。比如网络广告，根本不可能知道是谁看了广告、是男是女、叫什么名字，以及看完后有何感受。而在 QQ 上，可以明确地知道用户是谁，第一时间获得反馈。

（6）高效率。由于 QQ 推广的精准性与持续性，使得它最终的转化率要高于一般的网络推广方法，节省了大量的时间与精力，提升了工作效率。

2. QQ 营销的优势

（1）QQ 营销的即时效果好，可用于推广短期的活动 。因为 QQ 群总是有一批用户时时在线，QQ 营销广告像聊天信息一样发布出来后，用户立即可以看到，可以即时让用户了解营销信息，门户广告能够达到这样的效果，但是搜索引擎营销、论坛营销基本上都达不到这个效果。

（2）QQ 营销的互动性强，可用于新商品的市场调研活动。论坛营销也有这样的互动性，但互动速度略显慢；搜索引擎营销和 Banner 广告的互动性都较差。QQ 营销因为依赖于 QQ 成员，所以当信息发布后，可以紧接着与有意向的用户互动，可以在用户的 QQ 空间刷留言，与用户互动，收集用户对产品的建议，或者一步步引导用户了解产品。

（3）QQ 营销的效果可追踪，可应用于 CPS/CPL 营销。QQ 群营销中可以附带网页链接，如果在链接的登录页中加入用户行为跟踪程序，就可以精确计算出用户互动的最终效果，CPS（Cost Per Sale，以实际销售产品数量来换算广告刊登金额）/CPL（Cost Per Leads，以搜集潜在客户名单多少来收费）都是没有问题的。可以用 QQ 群发器来实现。

（4）QQ 营销的定位精确，可应用于任何营销行为 。物以类聚，人以群分，QQ 营销又可分为 QQ 群营销，可按用户习性特点自然分群，所以 QQ 群营销可以精确定位。如推广保健品“汉方清新茶”可以去养生保健群，推广化妆品可以去时尚白领类的群。

（5）QQ 营销的形式多样，可用于整合营销，组合式宣传。QQ 营销不仅可以用链接的形式引导客户利用网页进行二次营销，而且可以用软文营销、图片营销、QQ 表情营销，另外，QQ 群营销还包括群内的邮件营销、群内论坛营销等。

二、QQ 群营销

QQ 群营销，就是通过加入指定行业、兴趣、爱好的 QQ 群，在群里面直接发广告，通过 QQ 群把自己的产品、技术、服务等发送给群成员，让更多有兴趣的人了解企业、品牌及产品。

另外，QQ 群邮件营销，就是加入 QQ 群，通过 QQ 邮箱给加入 QQ 群的用户发送群邮件，让群里的每个成员都有机会看到企业的优惠活动等宣传推广信息。

1. QQ 群营销的特点

（1）用户意向明确、互动性强。QQ 群是根据相同的兴趣爱好或特定的行业组成的专业群体，某类客户群体都会在这些群里面，更直接精准。

（2）QQ 群可为网站培养忠实用户。QQ 群是一种更有效、更简单的互动平台，通过 QQ 群发送推广信息，会在第一时间吸引客户的关注度。

（3）QQ 群邮件及时覆盖提醒。通过发送 QQ 群邮件，做到全面覆盖，及时提醒，不会漏掉每个 QQ 群用户，用户只要登录 QQ 便会自动弹出新邮件提醒。

（4）QQ 群推广成本低、见效快。加入 QQ 群去宣传和推广产品和服务，只需要设计自己的宣传广告，花费很小的成本，就能得到较大的推广效果。

2．QQ 群营销的关键

（1）要设计有吸引力的群发信息。QQ 群是即时的通信群组，信息的传播一闪而过，QQ 群推广要达到很好的推广效果，必须设计一则具有吸引力且具有特色的群发信息，这个信息的表现形式是多样化的，可以是文字、图片表情，也可以是图文结合等。通过一瞬间的传播，能迅速抓住用户的眼球，让用户产生强烈的好奇心或者购买欲。

（2）要发到正确的地方。再好的群发信息也要发到正确的地方，才能实现它的效果。用户在建立 QQ 群时，可按照不同地区、不同行业、不同兴趣来划分，因此要明确自己的目标客户群体，然后把这些信息发布到这些目标客户所在的 QQ 群中。只有这样，才能达到有的放矢、事半功倍的效果。

3．QQ 群营销的基本步骤和方法

（1）QQ 群营销的前期准备。开展 QQ 群营销要注意以下几个方面。

① 选择“符合标准”的 8～9 位的 QQ 号，QQ 号需要好记、易记。

②“太阳号”才能建立 QQ 群。

③ 根据营销对象设置性别、所在地、签名、年龄、昵称。

④ 开展大矩阵营销，即购买连号的 QQ 群号。

⑤ 给 QQ 号充值成为 VIP 会员（1～3 个月），以便可以创建级别更高的群。QQ 号 VIP 级别及其开通群类型如表 5-2 所示。

表 5-2　QQ 号 VIP 级别及其开通群类型

群类型 \ QQ 级别		VIP1	VIP2	VIP3	VIP4	VIP5	VIP6	VIP7
普通群	500 人群	4 个	4 个	4 个	4 个	4 个	4 个	4 个
	1000 人群	无	无	无	无	无	1 个	2 个
VIP 群	500 人群	4 个	4 个	4 个	4 个	4 个	4 个	4 个
	1000 人群	1 个	1 个	1 个	1 个	1 个	2 个	3 个

⑥ 建立新群，命名的同时注意搜索引擎的关键词。

（2）营造 QQ 群基本环境。首先添加 20～30 人的小号，或者朋友号码垫底；设置多位管理员，并赋予不同的责任和职责，比如客服、意见领导、保安、主持人等；更改群公告，制定群名片规则。

（3）QQ 群的搜索优化。群搜索结果的排名，系统会在 3～7 天更新一次，同时会再次按排名规则重新计算用户群排名位置。所有经过分类的群都可以参加搜索排名榜，搜索结果最多只显示前 300 名，排名规则主要参照以下几点进行。

① 群名称和群简介与关键词匹配程度高优先。

② 根据群类型排名，如超级群→高级群→普通群。

③ QQ 群等级越高，排名越容易靠前。

④ 群聊天消息数、QQ 群成员数、群论坛帖子数、群相册照片数。

⑤ 公开群优先非公开群。

⑥ 该群是否允许他人加入（允许优先）。

QQ 群搜索引擎主要依据上述几点综合分值来决定群排名的顺序，若想让群在搜索时排名

更靠前，请参考以上几点来增加 QQ 群的活跃度，历史活跃度高的群更容易被搜索到，排名也会更靠前。

阅读材料 5-7　QQ 营销技巧

1. “大批量”（成千上万条）转发（或直发）日志、说说已经基本上不可能

在使用任何网络软件之前，都要亲自将软件的每一步操作一遍，这个习惯必须养成。大家可以亲手做一个试验，将一条链接在说说里或日志里重复地发送多次之后（不需要太多次，几十次就足够了），之前发过的链接就会全部被腾讯屏蔽，就是说直发或转发 100 条说说，就要用 100 条不同的链接，否则如果第 100 条说说不巧被屏蔽，那么之前发的 99 条相同链接的说说也会同时被屏蔽。如果想发 10 万条说说，首先要准备 10 万条不同的链接（哪怕是同一款商品），然后再考虑 IP 号段、MAC 地址、敏感关键词等常规限制。

2. 现在拉 QQ 群即使是常用 IP，也要先挂 10 分钟再拉

现在拉 QQ 群（将小号中的好友邀请加入群），如果是异地 IP 登录 QQ 账号进行拉群操作，会马上被腾讯冻结账号，这一点大家试一试都知道。如果是本地 IP，也要挂 10 分钟才能拉群，否则 QQ 好友有可能收不到入群邀请，这一点是否每个人都注意到了呢？

3. 拉群之后，小号不能马上被踢出群

向小号中的好友发出入群邀请之后，不要马上把小号踢出此群，否则用这个小号邀请的好友就收不到邀请入群信息了。

4. 加好友时，同一 IP 下发出相同的加好友验证语过多，会被限制

当批量向不同的 QQ 号发出加好友申请时，即使是使用不同的 QQ 批量向不同的好友发出相同的申请加为好友的验证语，那么之后此条验证语再次出现时被屏蔽的可能性大增。所以每条验证语尽量都不要相同，验证语里加上一个变量比较好一些，这种变量比如用对方 QQ 的“QQ 昵称”，即“‘QQ 昵称’ +你好，是我呀”这类验证语相对好一些。

5. 验证语中“数字”容易激发腾讯限制

如电话号、QQ 号等数字，甚至 www、com 等敏感字眼出现在验证语中，不管是加群还是加好友，都容易被腾讯屏蔽。经过测试，只要数字超过三位，就极容易引发腾讯的限制，即对方无法收到你发出的入群或加为好友的申请。

6. 充值会员之后加满好友，会员消失后，好友不会消失

普通 QQ 号的好友上限是 500 人，QQ 会员的好友上限是 1 000 人，VIP7 级的好友上限可以达到 2 000 人。如果会员到期之后不续费，好友人数不会随之下降回 500 人，也就是说好友不会因为会员到期而丢失，所以，充值会员加到 1 000 人后，你还会傻乎乎地继续充钱“维持”群人数吗？

7. 充值超级 QQ 可以多建 4 个 500 人群，超级 QQ 到期不续费，群也不会消失

这个和 QQ 会员的原理一样，如果充值了超级 QQ 就可以多建四个 500 人群，当超级 QQ 到期之后，通常情况下，这四个 500 人群也不会消失。

8. 设置自己的小号验证权限时，往往被人忽略的地方

一般来说，系统默认的防骚扰验证方式是需要验证信息加为好友。如果你加别人为好友的时候要别人同意（同意之后，对方就出现在你的好友列表中）并添加你为好友（只有同意并添加你为其好友之后，你才会出现在对方的好友列表中，即双向好友），此时对方才能够看得见你发表的QQ空间动态，如果仅仅同意但并没有添加你，对方是看不见你的QQ空间动态的。另外提一句，对“同意并添加对方为好友”这个动作每天是没有次数限制的。

而如果你把权限设置为“允许任何人”加为好友，别人主动加你的时候，你想要双向好友又主动加他的话，对这个添加动作每天是有限制的，超过了一定次数会频繁提示。简单点说：如果你主动加别人为好友，你就把权限设为“允许任何人”；如果你是让别人主动加你，你还想和对方成为双向好友的话，就设置为“需要验证信息”并在通过审核的时候主动将对方加为你的好友。

9. 采集QQ空间访客需要对方同时也加你为好友（双方需要是双向好友）

以前，只要打开对方的QQ空间比如“某网络红人的QQ空间”，就可以直接看到对方的空间访客，并将这些访客名单采集下来留着自己用。但现在为了减少QQ用户遭到的无辜恶意骚扰，腾讯对此进行了升级限制，对方同时需要加你的QQ为好友，你才能采集到对方QQ空间的访客。

10. QQ克隆只能克隆双向好友

把QQ号A中的好友克隆到QQ空号B中，假设原来A中的好友有500人，其中双向好友200人（对方在你的好友列表中的同时，你也在对方的好友列表中）、单向好友300人（对方在你的好友列表中的同时，你并不在对方的好友列表中，你只是在对方的陌生人中），那么你只有200名纯双向好友可以成功地克隆到QQ账号B中。

11. 不要轻信卖QQ号的人所谓的“删档”

买过QQ号的人会知道，所谓的全部“秒改”是几乎不可能的，就算是1 000个号用软件批量改密保，里边一般会有10%～20%的号不能马上改。因为系统会提示不在常用IP下操作，禁止修改。并且很多人急需使用这些QQ号，所以很长一段时间也不会修改这些密保资料。但这些QQ号会在几个月后被卖号者重新登录一遍，也就是“晒”一遍，这个时候他们如果“晒”信成功，会把这些密保先修改一遍（一般来说不会马上改密码）。

但是由于你已经使用了这些号一段时间，他也不能百分之百修改成功，因为他也同样有可能存在“不在常用地”操作的限制。但是当你有一天发现账号被冻结（需要改密解冻）时，这些没有被你改过密保的QQ号，就算用最初买号的时候卖家给你的密保解冻，密保也是错误的，原因就是这些密保已经被卖家找回了，在未来的某一天，这些号会重新被对方出售。

12. 拉QQ群时，手机用户需要确认才能进群

过去，如果你有5万个QQ好友，把这些好友拉到QQ群里的话，5万个QQ好友最终能有2万人以上被拉进QQ群，也就是40%左右的比例。也就是最初的5万个QQ好友最终可以建成40个500人QQ群。然而现在就算是自己有QQ好友的人也放弃了QQ秒杀群项目，最重要的原因就是“早先拉QQ群时，QQ好友列表中手机QQ好友被拉进群时，腾讯系统默认将其拉入QQ群，无须通过QQ好友主人同意，而升级之后，手机上QQ的人也会接收到系统消息，需要本人确认才能进入QQ群”。

现在对5万个QQ好友拉群，最终大概能拉进5 000人进群，然后在未来的2周内会有近2 000人退群，所以导致最终只有3 000人成为QQ群里的好友，即6%，所以现在建群的效果相当于比之前下降了近85%，现在5万个QQ好友最终只能建成6个500人QQ群，而且收效还在逐渐下降中。

网络营销没有永远有效的方法，没有永远不衰败的项目，没有永远能使用的软件，不存在永远不被修补的漏洞，也没有永远能依赖的所谓“数据”，更没有永远能“依靠”的人。网络营销道路上唯一的“永远”，是通过大量的亲身实践所积累出来的丰富的网络营销实战经验，和在以“价值对等”为前提的条件下所建立起来的属于自己的人脉圈子。

（资料来源：卢松松，www.qinmeijituan.com/reed/1573.html，2015-10）

三、QQ 空间营销

相比于目前火热的微信和微博营销渠道，QQ 空间似乎有点过于风平浪静，但是从大数据上来看，QQ 空间的营销能力绝对不容小觑。不管是从最原始的以文字为载体的博客形式，到如今集文字、视频、音频、图片、对话等丰富多彩的展现方式于一身的交友互动平台，还是对比微博的言简意赅和微信的朋友圈营销，QQ 空间将两者集大成且有着自己独特的优势。这种灵活性和时代性使 QQ 空间有了非常强大的生命力。

QQ 空间是一个独立的平台，但是 QQ 空间上的内容却不能够被百度收录，正是这个原因，导致很多人忽略了 QQ 空间的营销作用，其实 QQ 空间所具备的营销能力，就是通过好友之间的分享实现的，这种特点非常类似于软文营销和微博营销，所以 QQ 空间往往也成为软文营销的主要发布平台。

1. 空间日志

做空间营销，实质是在打造一个自媒体。每天都是分享自己的原创文章或者转发写的特别好的别人的文章，无论是自创还是转发，内容要有价值。在这些文章中可巧妙地嵌入推广内容的链接，避免太过于明显，至少不让读者反感。

日志要多次发布。不要每次都是写完文章发上去就完事了，没有什么后续的工作。其实空间的信息量还是非常巨大的，文章可能很快就沉下去，所以需要每天多次发送，增加文章曝光率，吸引更多人关注，让文章底部的链接被更多的人点击。

然后需要自己点击链接。做营销的人，勤奋是必不可少的，这个和论坛发帖类似，论坛需要马甲来顶帖，空间也需要，自己的 QQ 里一定要有一些好友，一旦文章发布，就去评论，并且评论越多越好，甚至可以提反方向的思路，这样既能吸引人参与进来，又可以让文章不断在好友动态里更新。

2. 评论和点赞

要多去客户或者潜在客户空间评论和点赞，不管是文章还是说说，多去点赞。很多时候就我们一个人和他们互动，或者他们经常在其好友的动态里看到我们的评论，这份毅力会很让人敬佩，时间久了看到我们空间里有动态或是广告，他们都会很自然地去评论或是打开我们分享的链接。

3. 相册和说说

做营销的第一步就是需要先把自己营销出去，所以工作 QQ 不应该有什么秘密，相册中肯定要有照片，可以分享一些生活照，也可以把和客户的合影或成功案例发上去，这样不但能加深别人对我们的信任度，也很好地推广了业务。

至于说说不要去发自己的感慨，好友里熟悉程度都是很低的，没有人喜欢看这种东西。但说说可以把我们对营销的一些感悟或是技巧缩短成几句话，这样可能会引来一些回复，然后产生互动，加深感情，对以后的针对性营销很有帮助。

QQ 空间中的说说，可以显示在好友动态里面。说说可以发布文字、动画、图片、视频、网址等，里面有一个@用户，可以针对 QQ 好友，利用“与我相关”，有针对性地进行推广。相片评论里面也有@用户可以利用。通过 QQ 空间“设置”→“同步设置”，可以将空间说说与朋友说说同步设置，将 QQ 签名与说说同步设置，将 QQ 空间与微博同步设置。

4. QQ 空间推广

很多人都认为空间营销就是要批量添加好友，用分类信息平台营销的方式发海量的信息占领好友空间，其实没有必要。比较好的做法是，把每天写的文章拿去投稿和发论坛，在其中留下自己的 QQ，让一些喜欢这些文章的人主动加好友，这和做外链是一个道理，单向链接才是好的链接。并且主动添加好友的人才是对我们营销的产品感兴趣的。

在一篇文章发表之后，应该至少把空间的链接发给 50～100 个好友，让他们注意到我们的文章，如果他们感觉还不错，可能会评论，会转载，这样文章所带来的链接的点击频率肯定会大大增加，这样总比赤裸裸的一条广告效果要好很多。

四、企业 QQ 营销

企业 QQ 是企业用户专门为客户定制的在线客服与营销平台，主要是在线解决客户问题和进行售后服务。企业 QQ 与自己的私人 QQ 相比，有非常多的优势。

1. 账号设置及身份认证

企业 QQ 的账号也就相当于树立一个企业形象。以医院为例，一个权威专家的头像，还有一个给人信赖度的专家名，很容易就突出企业是做什么的，这也是让患者更容易搜索到的原因，并且在添加患者的时候，比较容易通过。

企业 QQ 相对于私人 QQ 来说有很多优势，比如企业 QQ 可以容纳 10 万个好友，可以无限制地添加客户，这主要根据企业定制的套餐而定，普通的私人 QQ 只能添加 500 人。这也是官方为更多营销行业推出的一种营销模式。

2. 企业 QQ 营销界面

企业 QQ 营销界面分为会话窗口、消息记录、客户管理、数据分析、增值服务和企业空间。

应该设置企业 QQ 客户的快捷回复，通过关键词的回复功能可以让客户通过回复来进行互动，简单的话语就可能会引起很大的轰动，不用采用所有功能，只要满足客户的需求即可。

3. 其他技巧

企业空间是腾讯在企业 QQ 产品的基础上提供给企业，帮助企业进行专业化信息展示的产品。它向客户提供了以下功能。

（1）可自主设定网站皮肤，让展示更加专业。

（2）可灵活定义网站布局，目前支持两套布局。

（3）可灵活定义企业空间主题图。

（4）可自由定义企业空间招牌欢迎语。

（5）五个频道全面展示企业信息，频道分别为首页、公司介绍、公司动态、资质证书、联系我们。公司动态频道可发布企业动态，客户可对动态进行回复和评论；资质证书频道可上传企业资质证书并展示，最多支持十张。

对于企业 QQ，空间账户名称、标语、日志更新、图片展示都非常重要。以医院为例，企业 QQ 空间起到了对患者提供价值和教育顾客的作用，每天更新一两篇比较好的饮食文章或者关于治疗的方法，能够更好地调节和改善身体，能够通过一些饮食来改善身体状况，因为每个人都是渴望健康的。

企业 QQ 还可以群发邮件，可以把 QQ 邮箱提取出来，群发邮件，如图 5-24 所示。个人用户限制群发 QQ 消息，如果海量发消息，账号还会被禁用。企业 QQ 可以在逢年过节时给客户群发问候语，还支持向每个特定组发送。这样就能更好地让客户记住自己，促进二次消费。

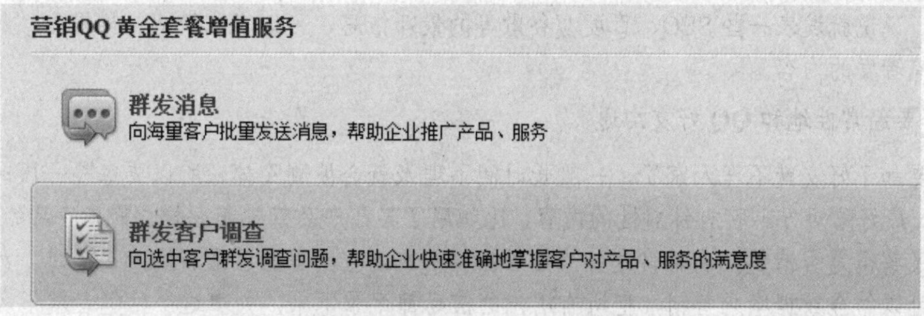

图 5-24　企业 QQ 的增值服务

阅读材料 5-8　企业利用 QQ 空间做营销推广的四大盈利技巧

1. 把 QQ 空间装扮成企业官网

既然选择了 QQ 空间来做推广和营销，那就做得有模有样，可以把 QQ 空间装扮成官方网站，让用户打开空间之后看到的是网站形式的 QQ 空间，而且导航链接、首页内容链接等都是可以点击的，点击后跳转的是企业主站。这样做的用意是让用户觉得我们的 QQ 空间更有权威度和信任度，一般来说都是认证后的 QQ 空间做成这样，那么非认证空间也可以做到这种程度，怎么做？用 Photoshop 设计一下即可，前提是要有黄钻，因为黄钻有自定义上传功能。如 343031031.qzone.qq.com，可以点击查看案例，导航、内容都是可以点击的，是完全模仿真实的官方网站做的空间模板。

优点：QQ 空间更有权威度、可信度，让好友进入空间就有一种访问官方网站的感觉，可以看到更多的企业信息、产品、形象等。

缺点：要求黄钻等级为三年黄钻，设计和装扮麻烦。

2. 加入目标 QQ 群并加其他人为好友

当将空间装扮好之后，接下来的工作是加入大量的目标 QQ 群，每天都加一些目标群，而且要加那些 200 人以上的群，低于 200 人的就别加了，加到群里之后改下马甲，然后跟群里的人混熟，没事的时候就跟群里的人聊天，保证自己和他们都认识。接着把群里的人都加为好友，加的人越多越好，如果有资金可以开个会员，会员等级越高，加的人越多，加人的目的是省去宣传 QQ 空间的过程，好友打开空间就可以看到对方空间的信息，比如每天更新的说说、日志等。其实说到这应该都比较清楚了，加了目标群之后再把里面的人加为好友，这正好就是针对性地加了目标用户，对自己的好处是无穷的。

例如：笔者是做 SEO 诊断服务的，然后大量地加 SEO 行业的群，每天都加一些，而且定下了数量目标，一个星期加到 1 000 个群，加入之后每天都加一些群里的人为好友，长时间下来越来越多，这样对自己的好处也就越来越多。

3. 每天定时更新原创日志和说说

更新原创日志和说说是为了让好友能够打开 QQ 空间就可以看到信息，在更新的时候要定时定点更新，可以有规律地去更新，比如上午 10 点、下午 3 点和晚上 8 点更新，这样去更新，不用担心用户看不到，而且用户会自动点击查看好的信息，如果 QQ 好友达到 2 000 人，肯定有一半的人会点击说说和原创日志，每天都推送一下，每天的空间访问量也是出乎意料的多，可以尝试。

例如：笔者的 QQ 空间每天都更新 SEO 类型的原创文章，一般都是写经验心得和 SEO 基础知识，说说就发表一些 SEO、百度、谷歌等的最新信息，可以当成微博一样操作，然后让用户参看笔者发的内容。

4. 要经常性地和 QQ 好友沟通

不要加了好友就不理人家了，一般长时间不理人就会被删除掉。所以要每隔一段时间就沟通一次，最好陪对方聊聊有针对性的内容，比如用了某某产品感觉怎么样，某某产品的知识点、常识都了解得是否清楚。多聊聊这些，然后推荐用户到空间里查看最新的产品信息，如果可以的话，可以结合数据库来营销，把所有用户的信息都记录下来，关于这个，笔者就不多说了。

（资料来源：www.admin5.com/article/20131029/528717.shtml，2013-10）

技能训练 5-4　个人营销 QQ 的设置及应用

长沙仁和医院（www.renheyy.com）是一所综合二级医院，是省、市基本医疗保险及省、市医疗生育保险定点医院，长沙市（四县五区）农村合作医疗、长沙市城镇居民医疗保险定点医院，现有职工 236 人；是湖南省抗癌协会乳腺研究所、湖南省抗癌协会长沙咨询中心，长沙市雨花区井湾子街道社区卫生服务中心，省直“双文明先进单位”，卫生部“爱婴医院”。医院妇产科获得了“全国三八红旗集体”及湖南省“芙蓉标兵岗”荣誉称号；外科获得了省直“青年文明号”荣誉称号。如果你是医院的网络营销专员，现在医院要针对性地对外推广妇产科，希望有更多的准妈妈选择在医院待产和生产，请设置你的个人营销 QQ，创建和加入合适的群并进行推广，设置空间并在空间进行推广。请将你的营销设计填入表 5-3。

表 5-3　个人营销 QQ 的设置及应用

设置项目 / 设置类目	QQ	空间
名称设置		
说明设置		
Logo 设计		
签名档设置		
软文设计方案		
推广方案		
结论		

知识框架图

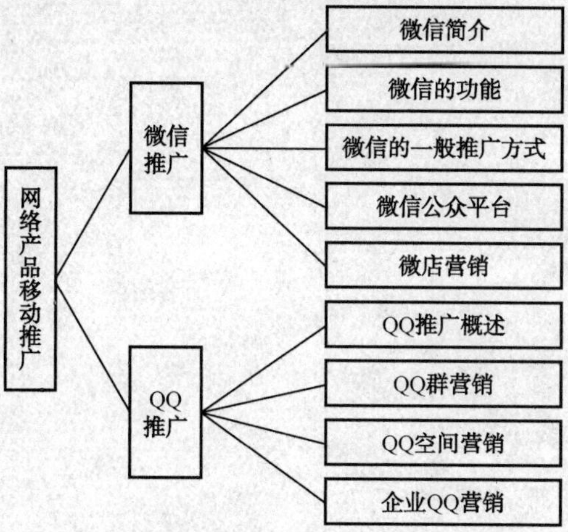

思考与练习

一、选择题

1．下面关于微信的描述，正确的有（　　）。

A．微信是一种聊天工具

B．微信是一种手机的 App（应用程序）

C．微信是自媒体的一种主要形式

D．移动营销也就是微信营销

2．微信的功能主要有（　　）。

A．聊天功能　　B．交友功能

C．支付功能　　D．购物功能

3．关于微信公众号，下列描述正确的有（　　）。

A．每个人都可以用一个 QQ 号码，打造一个自己的微信公众号

B．微信公众号目前有订阅号、服务号和企业号三种类型

C．每个身份证可以注册五个公众号

D．公众号主要有群发、自动回复、消息管理、用户管理等功能

4．QQ 推广的特点是（　　）。

A．高适应性，覆盖面广　　B．针对性强，可精准推广

C．可持续性　　D．易于操作

5．QQ 推广的方式主要有（　　）。

A．QQ 群推广　　B．QQ 空间推广

C．企业 QQ 推广　　D．朋友圈推广

二、简答题

1．哪些产品适合用微信来推广？微信推广有哪些方式？请举例说明。

2．QQ 推广的方式主要有哪几种？它们各有何特点？

参考答案

第三篇　营销篇

第一篇　定位篇

第一章　网络营销实务导引

第二章　网络营销市场定位

第二篇　推广篇

第三章　网络营销平台建设

第四章　网络产品在线推广

第五章　网络产品移动推广

第三篇　营销篇

第六章　网络营销推广方案策划与实施

第七章　网络营销效果评估与优化

第六章　网络营销推广方案策划与实施

学习目标

知识目标	理解网络营销推广目标的内涵和特性
	了解网络营销 SWOT 分析
	掌握网络营销的竞争对手分析
	理解网络营销推广目标市场定位
	掌握常见的网络营销推广工具
技能目标	能正确制订企业的网络营销推广目标
	针对企业的实际情况，能正确分析企业的网络营销 SWOT
	能正确识别企业的竞争对手，并对它们的网络营销方法进行正确分析
	根据企业的产品，能正确定位企业网络营销推广的目标市场
	根据企业的实际情况，能选择恰当的网络营销推广工具帮助企业制订网络营销推广方案
	能恰当实施网络营销推广方案
	能正确评估网络营销推广效果并进行优化

网络营销策划，是指企业以互联网为媒介，在对内外环境进行准确分析的基础上，围绕企业发展目标，全面构思、精心设计企业未来一定时期内网络营销战略、阶段目标及实施方案的过程。网络营销策划方案的制订，要围绕网络营销推广目标，对将要发生的网络营销行为，进行前瞻性的规划和设计，制订具体的行动及措施，提供整套的网络营销推广执行方案。

引导案例　长沙巴顿公司如何规划网络营销推广方案

美国巴顿集团成立于 1918 年，是世界领先的冰淇淋机、烧烤机零售商，旗下产品包括 30 多款全球顶级的冰淇淋机、烧烤机。长期以来，公司致力于向顾客提供最优质的冰淇淋设备服务，营造独特的“巴顿体验”，让全球各地巴顿店成为人们除了工作场所和生活居所之外温馨舒适的“第三生活空间”。该公司看好中国市场的巨大潜力，准备在中国长期发展，与中国经济共同成长。

长沙巴顿机电设备贸易有限公司（以下简称长沙巴顿公司），作为美国巴顿机电国际集团有限公司的在华企业迅速崛起，已成为全国最大的冰淇淋和烧烤设备销售代理商之一。长沙巴顿公司主营的设备有两种：巴顿冰淇淋设备和巴顿烧烤设备，主推巴顿冰淇淋设备，以冰淇淋品牌加盟形式和单卖设备形式经营。创立初期，为了进一步提升品牌形象，提高产品销量，长沙巴顿公司启动网上营销推广活动，着手制订公司网络营销推广方案。

【案例思考】

进行企业网络营销推广方案的策划前，应充分了解市场竞争信息，深入分析互联网环境，综合考虑外部环境的机会与威胁、自身资源条件及优劣势、竞争对手的谋略和市场变化趋势等因素，通过构思、分析、归纳、判断，再到策略拟订、方案实施、跟踪、调整与评估等一系列环节，才能编制出规范化、程序化、操作性强的行动方案。

长沙巴顿公司要完成网络营销推广任务，可以从市场环境及竞争对手的分析入手。通过以下几个步骤，来合理规划企业的网络营销推广方案。

- 公司网络市场SWOT分析。
- 分析竞争对手的网站及推广方式。
- 确定网络营销推广的目标市场。
- 规划网络营销推广的主要目标。
- 选择恰当的网络营销推广方式。

教学案例：柯尚品牌推广方案

第一节　网络营销推广方案策划

一、网络市场SWOT分析

SWOT分析是指分析企业网络市场优势（Strengths）、劣势（Weaknesses）、机会（Opportunities）和威胁（Threats）。因此，SWOT分析实际上是对企业网络营销内外部条件进行综合和概括，进而分析企业优势与劣势、机会和威胁的一种方法。通过SWOT分析，可以帮助企业把资源和行动聚焦在自己的强项和有最多机会的地方，并让企业发展战略变得更为清晰。下面是对长沙巴顿公司的SWOT分析。

1. 优势分析

（1）价格优势。长沙巴顿公司生产、销售冰淇淋设备，由于省掉了中间渠道费用，因此，公司销售的冰淇淋机的价格，相对其他品牌，优势明显。

（2）技术优势。长沙巴顿公司销售的巴顿设备，均采用美国巴顿集团先进的生产制造技术，都是电脑数控或智能型机器设备，具有品种丰富、技术先进的优势。

（3）团队优势。长沙巴顿公司拥有先进的管理理念和健全的管理制度，有专业的网络、业务、技术、物流等团队，团队间合作紧密、凝聚力强，大家相互协作、共同奋斗，打算齐心协力共同做好公司品牌的网络推广。

2. 劣势分析

（1）公司成立较晚。长沙巴顿公司于2011年成立，网站于2012年上线，公司品牌和网站推广起步较晚，主要竞争品牌在网络上已占据一定优势。

（2）网络推广经验不足。网络市场瞬息万变，而长沙巴顿公司刚刚着手网络营销推广，经验明显不足。

3. 机会分析

（1）冰淇淋市场发展前景广阔。当时，我国冰淇淋人均年消费水平约为1千克，与美国等发达国家的人均年消费量 40 千克差距甚远。随着我国国民经济的发展，人们生活水平的提高，冰淇淋将成为老百姓的日常消费品，市场发展前景广阔。

（2）经营模式新颖。长沙巴顿公司以销售设备、免费加盟模式经营，客户只要在巴顿设备商城购买设备就可以加盟公司品牌，而其他品牌都需要较高的加盟费，这种新型经营模式可以吸引更多想投资创业的人群。

4．威胁分析

（1）网络营销推广效果需要较长时间才能显现。网络营销推广效果的体现需要较长的时间，特别是一些免费的网络推广手段，在短时间之内效果很难凸显出来。而公司一旦启动网络推广战略，就要增加人力、资金的投入，这将对公司管理层决策带来一定影响。

（2）同行业竞争较激烈。在冰淇淋行业中已有众多知名品牌，如哈乐雪、多喜爱、星班客、冰雪皇后等。这些品牌知名度较高，在消费者中已经形成一定影响力。

（3）潜在进入的竞争者多。由于冰淇淋市场前景广阔、产品利润较高，有很多企业也看到了商机，纷纷加入冰淇淋行业中，因而市场中不断有新品牌加入，这让冰淇淋市场的竞争压力较大，给公司发展带来了一定挑战。

二、分析竞争对手网站及推广方式

“知己知彼，百战不殆”。企业要制定正确的竞争战略和策略，就必须明确谁是主要的竞争对手，他们的战略和目标是什么，他们的优势与劣势、反应模式是什么，因此，企业必须仔细认清并且密切关注当前竞争对手，深入分析其网络推广的手段和策略。

经网络调研发现，湖南长沙地区主营冰淇淋加盟、冰淇淋设备的主要公司及品牌有哈乐雪、多喜爱、星班客、冰雪童话、锐奇设备商城等。这些竞争对手大致可分为两类：一类是主营冰淇淋加盟，客户加盟需要一定的加盟费用；另一类是冰淇淋设备商城，客户无须加盟费，竞争对手主要单卖设备。加盟形式的竞争者主要以哈乐雪为代表，单卖设备形式的竞争者以锐奇设备商城为代表。

1．哈乐雪

（1）哈乐雪概况。哈乐雪是广州好食佬食品设备有限公司旗下的一个品牌。哈乐雪冰淇淋源自 18 世纪的美国，从其诞生之日起哈乐雪人就精工细作，严格采用纯天然原料，是哈乐雪优秀品质的保证。哈乐雪紧跟时代步伐，不断推陈出新，在现代先进工艺的帮助下，成功开发出百余款国际冰淇淋时尚先锋产品。渗透着 300 年的醇厚香浓，再加上 DIY 自助经营的新潮理念，更让哈乐雪走在行业的前沿。

（2）哈乐雪网站 SEO 诊断。

① 搜狗权重和 Google PR 值。哈乐雪网站搜狗权重是 1，Google PR 值是 3，如图 6-1 所示。

图 6-1　哈乐雪网站搜狗权重和 Google PR 值

② 哈乐雪网站收录和反链情况如图 6-2 所示。

有www.hl579.com的网页	百度流量预计	百度快照	今日收录	最近一周	最近一月
6390	365	2012-5-11	6	9	319

网站 www.hl579.com 的收录/反链结果						
搜索引擎	百度	谷歌	SOSO	搜狗	Bing	有道
收录	291⬇	查询失败	192	317	0	
反链	7610	7	839			113

图 6-2　哈乐雪网站收录及反链

③ 哈乐雪网站关键词排名情况如图 6-3 所示。

关键词	出现频率	2%≤密度≤8%	百度指数	百度排名	Google排名
哈乐雪冰淇淋冰激凌招商	0	0.0%	查询	1,26,28,29,48	查看
冰淇淋加盟	0	0.0%	825	3	查看
冰激凌品牌连锁	0	0.0%	查询	1	查看
冰淇淋加盟店	0	0.0%	133	8	查看
哈乐雪冰淇淋加盟总部	0	0.0%	查询	1,50,51	查看
哈乐雪健康营养冰淇淋	0	0.0%	查询	1,39,44	查看
最佳冰淇淋加盟品牌	0	0.0%	查询	1,46,48	查看
冰淇淋加盟连锁机构	0	0.0%	查询	1	查看
冰淇淋首页	1	1.1%	查询	11	查看

图 6-3　哈乐雪网站关键词排名

（3）哈乐雪主要推广方式。哈乐雪主要采用电视广告和网络广告两种方式进行推广，推广的力度比较大，如图 6-4 所示。哈乐雪参与了百度的竞价排名，购买了 CPC 价格较高的关键词，如“冰淇淋”和“冰淇淋加盟”等，还在各大创业平台投放了广告，如 28 商机网、3158 招商加盟网等。电视广告主要是在四川卫视、江苏卫视、河南卫视等地方电视台投放冰淇淋品牌的报道。

CNTV
中国网络电视台
www.cntv.cn www.cctv.com

中国网络电视台 > 新闻台 > 新闻中心 >

小葡萄代言哈乐雪 再掀冰淇淋时尚狂潮（组图）

发布时间:2011年12月08日 12:19 | 进入复兴论坛 | 来源：云网 | 手机看视频

近日，从闻名全国的哈乐雪冰淇淋总部传来好消息，以可爱机灵著称，且长相极像卡通人物阿拉蕾的真人版阿拉蕾小葡萄项滢璇近日成功代言哈乐雪冰淇淋，从而再度掀起风靡全国的哈乐雪时尚冰淇淋狂潮。

图 6-4　哈乐雪广告新闻

通过以上分析发现，哈乐雪公司网站 Google PR 值较低，被百度收录网页数量不高，网站部分关键词在百度收录中排名较好，公司主要的网络营销推广方式有网络软文及网络广告。

2. 锐奇设备商城

（1）锐奇设备商城简介。上海锐奇国际集团有限公司是一家专业生产、销售食品机械的公司，公司主要经营燃气电烤箱、烤饼炉、电饼铛、冰淇淋机、炸鸭炉、烤鸭炉、炒货机、保温柜、烤禽箱。公司的质量方针是“互利发展、持续改进、优化产品、真诚服务”。公司对产品质量严格把关，先后获得了 CQC 中国质量认证中心认证、ISO9001 国际质量体系认证。

（2）锐奇设备商城 SEO 情况。

① 百度权重和 Google PR 值。锐奇设备商城百度权重是 3，Google PR 值是 2，如图 6-5 所示。

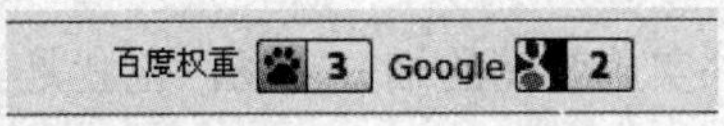

图 6-5　锐奇设备商城百度权重和 Google PR 值

② 锐奇设备商城收录和反链情况如图 6-6 所示。

网站 www.ruiqi888.com 的收录/反链结果						
搜索引擎	百度	谷歌	SOSO	搜狗	Bing	有道
收录	1360↑	4530↓	2万3100↓	734↑	1↓	
反链	1万7600↑	9	6万7200↑			303

图 6-6　锐奇设备商城收录和反链

③ 锐奇设备商城部分关键词排名情况如图 6-7 所示。

关键词	出现频率	2%≦密度≦8%	百度指数	百度排名	Google排名
食品机械	4	0.6%	1161	25	查看
炒货机	4	0.4%	119	3	查看
电烤箱	1	0.1%	362	10	查看
烤地瓜机	4	0.6%	67	15	查看
多功能小吃车	4	0.8%	321	3	查看

图 6-7　锐奇设备商城关键词排名

（3）锐奇设备商城主要推广方式。锐奇设备商城网络营销推广的主要平台是各大搜索引擎、创业加盟平台、网络商铺等，推广手段以视频、网络新闻等方式为主，推广的力度较大。锐奇设备商城在 3158 批发网、各大新闻网上发布食品机器行业新闻，如图 6-8 所示。

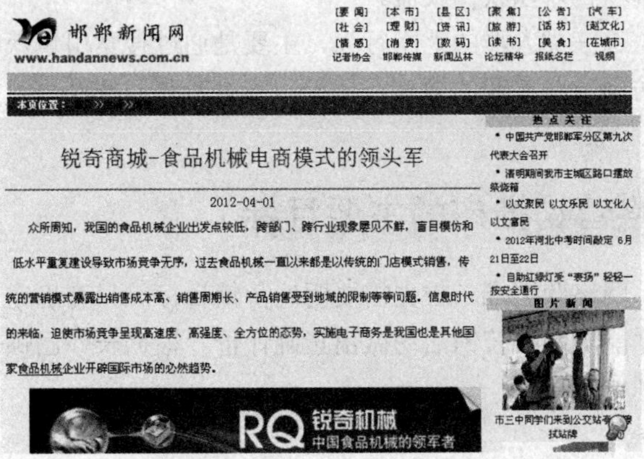
邯郸新闻网
www.handannews.com.cn
[要 闻] [本 市] [县 区] [聚 焦] [公 告] [汽 车]
[社 会] [理 财] [资 讯] [旅 游] [话 坊] [赵文化]
[情 感] [消 费] [数 码] [读 书] [美 食] [在城市]
记者协会 邯郸传媒 新闻丛林 论坛精华 报纸名栏 视频
本页位置：

锐奇商城-食品机械电商模式的领头军

2012-04-01

众所周知，我国的食品机械企业出发点较低，跨部门、跨行业现象屡见不鲜，盲目模仿和低水平重复建设导致市场竞争无序，过去食品机械一直以来都是以传统的门店模式销售，传统的营销模式暴露出销售成本高、销售周期长、产品销售受到地域的限制等等问题。信息时代的来临，迫使市场竞争呈现高速度、高强度、全方位的态势，实施电子商务是我国也是其他国家食品机械企业开辟国际市场的必然趋势。

RQ 锐奇机械 中国食品机械的领军者

热点关注
• 中国共产党邯郸军分区第九次代表大会召开
• 清明期间我市主城区路口摆放祭烧箱
• 以文聚民 以文乐民 以文化人 以文富民
• 2012年河北中考时间敲定 6月21日至22日
• 自助红绿灯秀“表扬” 轻轻一按安全通行
图片新闻
市三中同学们来到公交站擦拭站牌

图 6-8　锐奇设备商城发布新闻

上述分析表明，上海锐奇设备商城网站的 Google PR 值仅为 2，低于哈乐雪公司网站。该公司网站被百度收录网页数量为 1 360，高于哈乐雪公司。企业网站关键词在百度收录排名较前的有“炒货机”、“多功能小吃车”、“电烤箱”等，而“冰淇淋机”、“冰淇淋加盟”、“冰淇淋设备”等重要关键词的排名则靠后。

通过以上分析发现，作为长沙巴顿公司的几家主要竞争对手，尽管已经开始了网上的营销推广，也产生了一定的网络影响力，但他们并没有占据网络市场竞争的制高点，并没有形成难以超越的特色和优势，这给公司的网络竞争留下了足够的市场空间。

三、确定网络营销推广的目标市场

目标市场是企业打算进入并实施营销的细分市场，也就是企业打算满足的、具有特定需求的顾客群体。与企业在进行传统营销时要确定目标客户并选择与目标客户一致的广告媒体一样，在开展网络营销推广时，也要明确目标客户是哪些人，他们经常会浏览哪些网络媒体，然后，再选择合适的网络媒介进行网络推广。

企业进行网络营销推广时，还必须深刻了解客户习惯，以采取不同的策略进行推广。有些目标顾客喜欢去聊天论坛，企业推广人员就应当去聊天论坛宣传企业和产品信息，也可以在聊天论坛里投放网络广告；还有些目标顾客喜欢去淘宝等第三方电子商务平台，企业推广人员就应当选择淘宝等平台发布相关信息。经分析发现，长沙巴顿公司的目标客户主要有如下几类。

1. 计划创业的年轻人群

现在大学毕业生越来越多，就业压力越来越大。很多刚毕业的大学生或者已经毕业几年的大学生不想为他人打工，想自己开店创业、自己当老板，而长沙巴顿公司的冰淇淋加盟需要的资金较少、门槛低，比较适合这些具有创业梦想的年轻群体。

2. 无业失业人群

由于各种原因，在家待业的人群如家庭主妇、下岗人员等，可能一直在寻找机会重新创业。加盟冰淇淋项目，既方便照看家庭，又可以增加家庭收入。

3. 已有店铺想增加创业项目的人群

这类人群已有店铺或门面，想在已有生意的基础上增加冰淇淋项目，或者因为目前店铺生意不好，想改做冰淇淋项目，以获得收益。

经调查分析发现，这三类人群的上网行为，主要是通过搜索引擎获得创业、加盟方面的信息。除此之外，还会访问一些专业的博客、论坛，查看一些问答及百科类文献，浏览邮件和广告等。

四、规划网络营销推广的主要目标

与传统推广一样，网络营销推广首先需要明确营销目标。只有确定了营销目标，网络营销推广才有行动方向，才能对网络营销活动做出正确评价。根据长沙巴顿公司具体情况，对公司网络营销推广目标规划如下。

1．初期目标

长沙巴顿公司商城前期网络推广以提升品牌知名度和关键词排名为主要目标，主打产品为冰淇淋设备，由一个产品品牌带动其他产品。初期主要通过论坛、贴吧、博客、信息平台和网络广告等方式来推广网站，以提高冰淇淋设备、冰淇淋机等关键词排名，并获得相应的客户资源。

2．中期目标

网络营销推广中期目标是提高巴顿设备商城在各大搜索引擎上的收录，保持收录量的平稳增加，提高巴顿设备商城的反链链接，提高巴顿设备商城网站的整体权重，提升网站 PR 值。同时将冰淇淋相关的关键词（如冰淇淋机、冰淇淋加盟、冰激凌机、冰激凌加盟等）的排名提升至百度首页位置，然后逐渐推广公司第二品牌——巴顿烧烤设备。

3．终极目标

长沙巴顿公司网络推广的终极目标是使公司网站在同行业网站中具有一定的品牌影响力，能够让人们一提冰淇淋设备和烧烤设备就想到巴顿设备商城。如果有人想加盟烧烤或者做冰淇淋加盟，就可能会直接搜索巴顿设备商城，从而打造出一个具有一定品牌影响力、可信度及美誉度的品牌网站。

五、选择恰当的网络营销推广方式

网络营销推广方案的制订，是对各种网络营销推广工具和资源的具体应用。在网络信息技术日新月异的今天，网络营销推广方式层出不穷，企业网络营销推广方案有繁有简，表现形式也各不相同。

通过调研，长沙巴顿公司营销人员已经发现公司目标人群主要是计划创业的年轻人群、无业失业人群、已有店铺想增加创业项目的人群这三类。研究其上网行为特点，结合公司自身特点（是一家中外合资企业的长沙分公司，产品品牌在市场上出现较晚，资金实力一般）等实际情况，最后决定，主要采用搜索引擎推广、博客推广、第三方网络营销平台推广、问答及百科类推广、论坛推广、电子邮件推广、网络广告推广等方式来进行网络营销推广，具体的推广计划如表 6-1 所示。

表 6-1 长沙巴顿公司网络营销推广方案策划简表

网络营销推广方式	网络营销推广具体计划	备 注
搜索引擎推广	（1）增加网站内链； （2）在公司网站添加网站流量统计工具； （3）在首页添加即时交流模块，提升用户体验； （4）及时更新网站内容； （5）添加友情链接，提高网站的权重； （6）参与百度关键词竞价排名	百度关键词竞价根据广告总预算设置每天消费额
博客推广	（1）推广平台：新浪博客、天涯博客、网易博客、企业博客等； （2）主要关键词：巴顿冰淇淋、巴顿冰淇淋机、巴顿冰淇淋加盟、巴顿冰激凌、巴顿冰激凌机、巴顿冰激凌加盟	

续表

网络营销推广方式	网络营销推广具体计划	备　注
第三方网络营销平台推广	（1）信息发布平台包括：58同城、赶集网、中国分类信息网、今题网、易登网、百姓网、站台网、列表网、天涯分类信息网、去114网、解忧网、时不时信息网、帮帮网、百业网、我易网、生活123、u88创业加盟网等； （2）每天发布信息的目的：增加公司网站反链，提高公司网站权重，提升公司知名度； （3）在编辑信息时要注意：关键词密度，信息的图文并茂，以及留下公司网站网址和联系方式； （4）编辑信息的关键词：冰淇淋机、巴顿冰淇淋、巴顿冰淇淋机、冰淇淋加盟、冰激凌机、冰激凌加盟等	
问答及百科类推广	（1）问答类推广：主要是在百度及搜搜问问等发布关键词为品牌冰淇淋加盟、巴顿冰淇淋加盟的相关问题，然后组织团队成员自问自答； （2）百科类推广：主要是在百度百科、互动百科等建立巴顿冰淇淋等词条，并在扩展阅读中加上公司官网的链接	
论坛推广	可在天涯论坛、猫扑论坛、网易论坛、百度贴吧、站长论坛等权重比较高的网站发布创业故事和巴顿加盟优惠政策等帖子	
电子邮件推广	公司可以从各种广告平台、公司网站的客户服务系统及其他方式获得一部分潜在客户的邮件地址，并通过邮件向这些客户发送公司招商政策和优惠活动的邮件	
网络广告推广	根据公司产品的特点，公司可以在78创业商机网和28商机网发布相应的创业广告	可外包给专业的广告公司

1. 搜索引擎推广

（1）增加网站内链。公司网站展示的产品只有图片有超链接，而图片下方文字没有超链接。通过修改后台，添加产品图片的文字链接，同时在网站 Logo 添加首页链接，增加公司网站内链，以方便搜索引擎抓取更多页面。

（2）添加网站流量统计工具。在公司网站底部加上 51 网站流量统计工具，便于网站管理人员每天查看网站流量和客户搜索的关键词等，分析不同地区的客户，及时调整每天的推广关键词。

（3）提升用户体验度。在网站上增加“在线客服”、“分享”等即时交流互动模块，如图 6-9 所示，以方便客户在浏览公司网站时，可随时与公司客服联系，从而更好地留住客户。

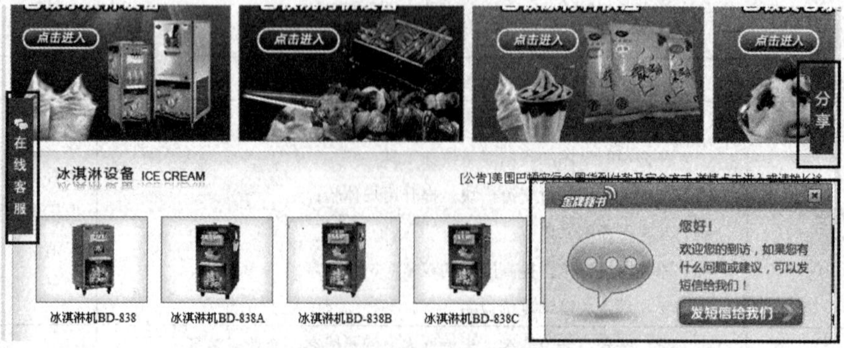

图 6-9　增加“在线客服”等模块

（4）更新网站内容。网站新闻版块每天更新 2～3 篇文章，更新的文章至少都是修改 40%～50%

的伪原创文章。文章标题要具有吸引力和原创性，文章内容主要是公司最新招商政策、优惠活动等，同时在文章内容中增加内链，通过锚文本的方式来添加内链和增加网站收录。

（5）添加友情链接。

① 寻找并筛选相关行业网站。主要寻找并筛选食品行业和设备类网站，要求对方 Google PR 值为 2 以上，网页快照至少是每隔一天更新一次。这类网站作为友情链接，能对公司网站权重的提升和关键词排名的改善带来较大帮助。

② 增加公司网站的友情链接。根据遴选的结果，增加巴顿冰淇淋官网、食品批发、管线机、家用净水器、阳澄湖大闸蟹、万家乐热水器维修、格力空调、武夷岩茶、粮食网等友情链接，如图 6-10 所示。

图 6-10　网站友情链接

（6）参与百度关键词竞价排名。考虑公司实力有限，目前只投放“巴顿冰淇淋”、“巴顿冰淇淋机”等几个主要关键词推广，百度竞价广告由 78 创业商机网平台和 28 商机网平台来负责投放。

2．博客推广

选择新浪、天涯、网易等知名博客进行推广，详细的推广计划表如表 6-2 所示。

表 6-2　博客推广计划表

名　　称	个　　数	更新频率	主要关键词
新浪博客	共 6 个 2 个主博客 4 个小博客	主博客每周更新 6 篇； 小博客每天更新 1 篇	巴顿冰淇淋、巴顿冰淇淋机、巴顿冰淇淋加盟、巴顿冰激凌、巴顿冰激凌机、巴顿冰激凌加盟等
天涯博客	共 4 个	每周更新 5 篇	巴顿冰淇淋、巴顿冰淇淋机、冰淇淋加盟、巴顿冰激凌、巴顿冰激凌机、冰激凌加盟等
网易博客	共 2 个	每周每个博客更新 3 篇	巴顿冰淇淋机、巴顿冰淇淋加盟、巴顿冰激凌机、巴顿冰激凌加盟
企业博客	共 2 个	每周每个博客更新 6 篇	同上
搜狐博客	共 2 个	每周每个博客更新 3 篇	同上
百度空间	共 6 个 1 个主空间 5 个小空间	主空间每周更新 5 篇； 小空间每周更新 1 篇，转载主博客文章	同上

（1）新浪博客。公司在新浪博客中添加了公司网站的友情链接，在博客中添加了公司产品图片，主博客每天都要更新文章，文章关键词与博客关键词相关联，同时做好文章关键词的锚文本，如图 6-11 和图 6-12 所示。

第六章

图 6-11　新浪“巴顿冰淇淋机”博客

图 6-12　新浪“巴顿冰淇淋”博客

（2）企业博客。公司在企博网建立了两个博客。企博网有两种形式的博客：一种是以公司形式开通的企业博客，如图 6-13 所示；另一种是以个人形式开通的职业博客，如图 6-14 所示。目前“巴顿设备商城”企业博客和“巴顿冰淇淋加盟博客”职业博客各有相关关键词排在百度首页，虽然博客建立前期没有多大作用，但这些博客建立后有利于提升公司网站的权重，且能给公司网站带来部分流量。

图 6-13 “巴顿设备商城”企业博客

图 6-14 “巴顿冰淇淋加盟博客”职业博客

3. 第三方网络营销平台推广

（1）第三方平台选择和信息发布。公司网络营销人员每天编辑好信息，在各大信息平台发布。信息发布平台包括：58 同城、赶集网、中国分类信息网、今题网、易登网、百姓网、站台网、列表网、天涯分类信息网、去 114 网、解忧网、时不时信息网、帮帮网、百业网、我易网、生活 123、u88 创业加盟网等。

每天发布信息主要是为了增加公司网站反链，提高公司网站权重，提升公司知名度。在编辑信息时要注意关键词密度，还要注意信息内容图文并茂，并留下公司网址和联系方式。编辑信息的关键词主要是冰淇淋机、巴顿冰淇淋、巴顿冰淇淋机、冰淇淋加盟、冰激凌机、冰激凌加盟等。

（2）信息发布案例展示。

巴顿冰淇淋机为您创造财富

巴顿冰淇淋机为您创造财富!巴顿新款冰淇淋机，美国先进技术生产制造，采用全数字电脑微控系统，选用进口压缩机，采用先进的生产工艺，具有故障诊断、软硬任意调制及自动修复功能，安全精确，可靠性高，通过ISO9001-2000国际质量体系认证。巴顿冰淇淋机有国际品质保证，请您放心使用，一年保修，终身维护!

巴顿冰淇淋机为您创造财富!目前在冰淇淋机市场上最受欢迎的是巴顿三头式冰淇淋机，这款冰淇淋机有两个储料缸、两个制冷缸和三个出料口，同时可以出三种颜色即三种口味的冰淇淋，其中包括两种纯口味和一种混合口味，还可以连续制作冰淇淋，无须等待，直接打制冰淇淋!

巴顿冰淇淋机为您创造财富!巴顿冰淇淋机通过专业成熟的制冷系统设计，选用美国大功率专用压缩机，大大缩短冰淇淋成型时间，在相同时间内冰淇淋产量大幅度增加，从调配原料到冰淇淋完全制作出来，只需很短时间。巴顿先进冰淇淋机让您的冰淇淋店生意火爆时依然得心应手。

免费热线电话：4006000808。

巴顿设备商城公司地址：湖南长沙市芙蓉区中路二段144号城市之心1422厅。

巴顿冰淇淋设备官网：www.XXX.com。

（3）第三方商铺平台推广。公司在商国互联、阿里巴巴、生意地、中铝网、勤加缘、马可波罗等第三方商铺平台建立了公司企业商铺。通过这些商铺进一步推广公司产品，提升公司知名度和增加公司网站反链。

① 商国互联。公司在商国互联平台上建立商铺，如图6-15所示。在商铺中发布巴顿冰淇淋设备产品信息，在信息内容中添加了公司网址、联系方式等，以增加公司网站反链。

图6-15　长沙巴顿公司在商国互联的商铺

② 勤加缘。公司在勤加缘平台上建立商铺，如图6-16所示，把公司产品信息（如设备图

片、型号、价格等）优势，在平台上展示出来。在勤加缘平台上发布产品信息时不要加网址和联系方式，一旦出现网址和联系方式，信息就会被删掉。

图 6-16　长沙巴顿公司在勤加缘平台的商铺

4．问答及百科类推广

（1）问答类推广方案。

① 百度知道推广前期。在开始做问答时，网络营销人员根据关键词来设置问题。例如，以“哪里的冰淇淋品牌好”、“什么品牌的冰淇淋好吃”、“品牌冰淇淋加盟”、“巴顿冰淇淋加盟”等关键词来提问，属于自问自答形式，回答问题时以热心网友身份来回复。

② 百度知道推广后期。随着百度知道推广工作的顺利进行，推广效果也慢慢体现，每天来自百度知道提问的咨询增加，此时，公司安排专人每天早上、中午、晚上三个时间段来检查百度问答，看是否有客户对公司品牌提问。如有问题，要及时回答，同时要解决一些来自竞争对手的恶意诽谤或攻击。下面是百度知道问答推广中的一个案例，如图 6-17 所示。

图 6-17　百度知道问答推广案例

有“网友”对冰淇淋加盟方式提出了反对意见，似乎是有理有据。发现这个问题后，公司马上采取了应对策略。

• 对这个知道进行了评论，及时回答了网民问题，同时修正了上面的说法。
• 由于这个问答已经排在百度相关关键词首页，公司又发布了相同关键词的问题，并编辑好问题和答案，发布后，这条影响不好的问答就排在后面了。

（2）百科类推广方案。

① 百度百科。公司在百度百科中建立了“巴顿冰淇淋”这一条词条，如图6-18所示，在词条中简单介绍了巴顿冰淇淋，词条扩展阅读中加上了公司官网的链接。

图6-18　巴顿冰淇淋百度百科词条

② 互动百科。虽然互动百科没有百度百科的效果好，但互动百科的发布比较容易，而且可以轻易加上网站链接，这样有利于提升网站权重和公司知名度。公司在互动百科中建立了“巴顿冰淇淋”和“巴顿设备商城”两个词条，如图6-19和图6-20所示。

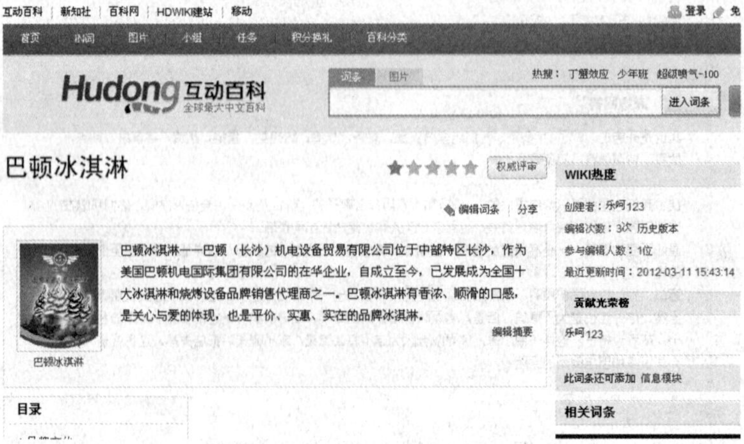

图6-19　巴顿冰淇淋互动百科词条

（3）图片推广。在做网站推广时，公司策划了一些相关图片，不仅是为了让文章图文并茂，吸引浏览者，也是为了让百度能更好地抓取公司产品图片，达到公司产品图片推广效果。在添加图片时应注意如下几点。

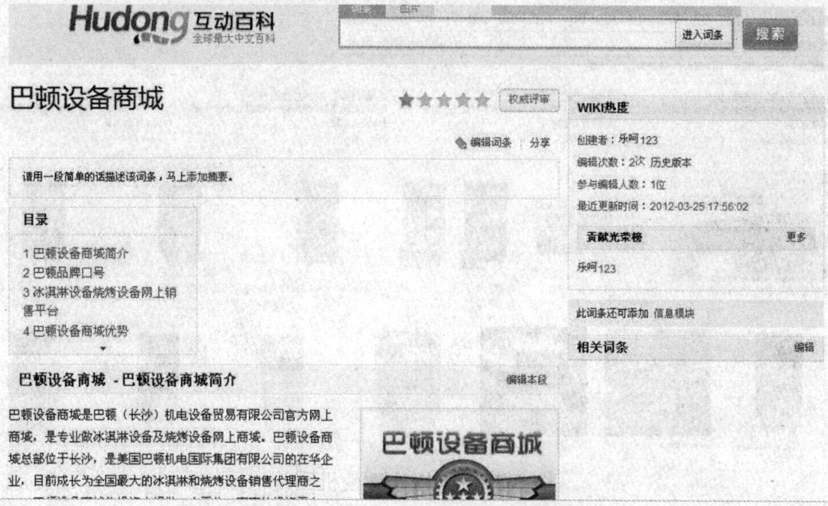

图 6-20 巴顿设备商城互动百科词条

① 图片命名。公司产品图片命名不能随意填写数字或者英文字母，应与公司关键词或者行业关键词相结合，如一张冰淇淋设备图片，可以把它命名为“巴顿冰淇淋机”，这样有利于搜索引擎抓取。

② 图片描述。在某些信息平台发布信息添加图片时，会有填写图片描述的要求，一定要根据信息内容填写图片描述，不能随意填写或者不填。

③ 图片水印添加。为了防止公司产品图片被其他公司盗用，一般会在图片上加上水印，图片水印一般内容为公司名称、网站网址及公司联系方式。

相关推广图片展示如图 6-21 和图 6-22 所示。

图 6-21 巴顿冰淇淋图片

5. 论坛推广

长沙巴顿公司在天涯论坛、猫扑论坛、网易论坛、百度贴吧、站长论坛等权重比较高的网站都进行了推广。公司根据论坛版块的特点发布了不同的帖子，如在天涯论坛的创业版块中发布了创业故事和巴顿加盟优惠政策等帖子。

（1）天涯论坛。公司在天涯论坛的创业家园、市场营销、家电天涯、招商加盟、灌水、天涯杂谈等版块发布了一些帖子。针对创业家园版块还编写了一些巴顿冰淇淋加盟创业故事；在招商加盟版块中发布了一些公司招商加盟最新的优惠活动，如图 6-23 所示。

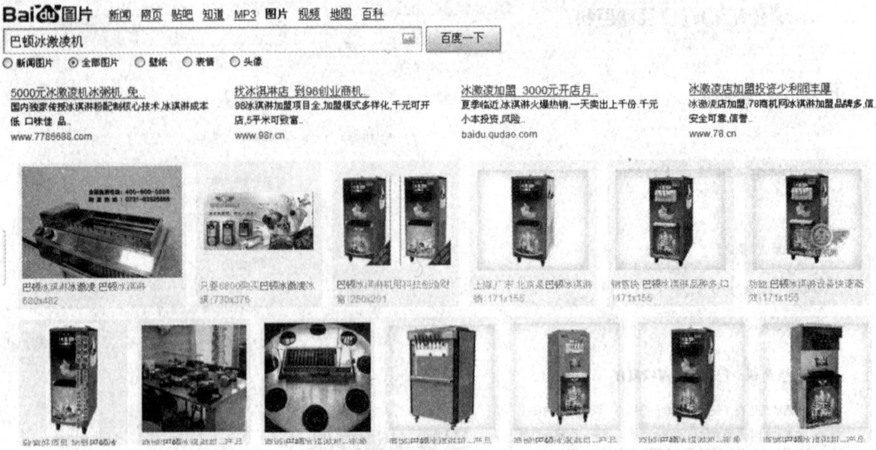

图 6-22　巴顿冰激凌机图片

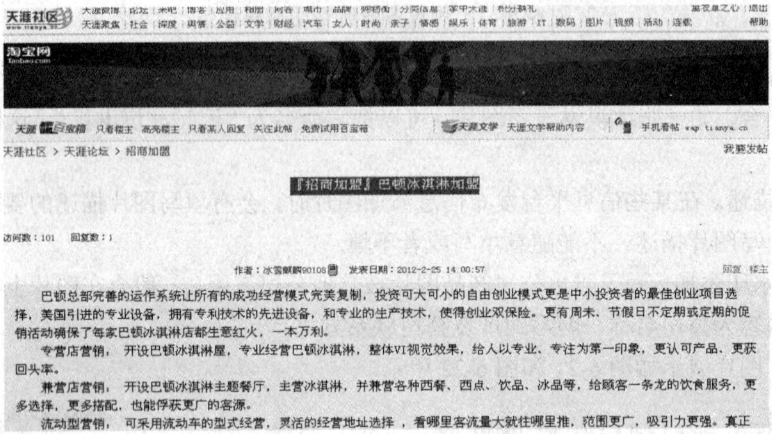

图 6-23　天涯巴顿冰淇淋加盟帖子

（2）猫扑论坛。公司网络营销人员在猫扑大杂烩五花八门原创区、猫扑贴贴等论坛版块发布了帖子《香草人生，忠诚伴侣》，如图 6-24 所示。在猫扑发帖需要审核，低等级的账号一般是带不了链接的，如果带链接通常很难通过审核。

图 6-24　猫扑巴顿冰淇淋帖子

（3）网易论坛。公司网络营销人员在网易居家论坛、网易财经论坛、网易女人论坛版块发布了帖子《小女人创业梦想，巴顿冰淇淋帮你实现》，如图 6-25 所示。在网易论坛中加链接的帖子是很难发表的，一般可留下公司其他联系方式，如公司地址、公司电话、公司邮箱等。

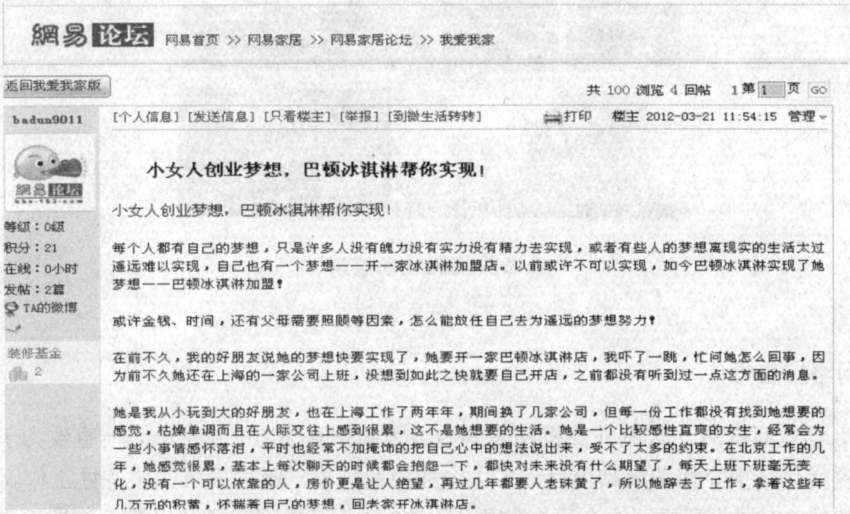

图 6-25　网易巴顿冰淇淋创业帖子

（4）百度贴吧。公司在冰淇淋贴吧、巴顿贴吧发帖。在冰淇淋贴吧中，公司编写了一些创业故事和公司最新优惠政策等相关内容的帖子，如图 6-26 所示。在贴吧中帖子一般是不能带链接的，一带链接就会被删掉，因此只能留下免费热线电话、QQ、公司地址等。

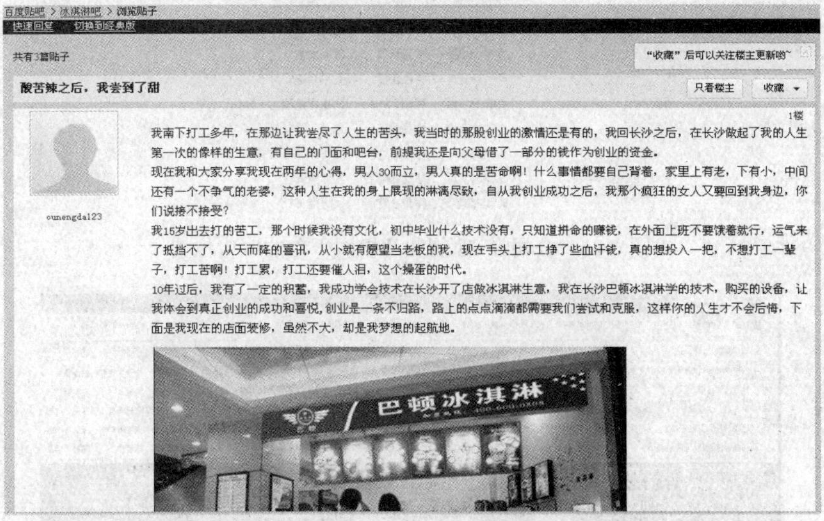

图 6-26　百度贴吧巴顿冰淇淋故事

6. 电子邮件推广

公司分别从各种广告平台、公司网站的客户服务系统等渠道获得了部分客户的邮件地址，并通过邮件向这些潜在客户发送公司招商政策和优惠活动。邮件内容首先展示公司实力，然后在邮件中突出公司产品价格优势和最新加盟优惠活动，吸引客户加盟公司。为了避免公司资源被盗用，采取以图片格式的文档来发送邮件。邮件图片如图 6-27 所示。

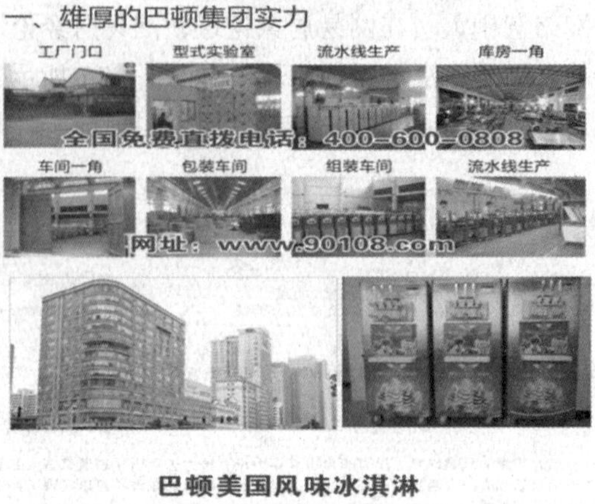

图6-27　邮件图片展示

7. 网络广告推广

（1）78创业商机网。78创业商机网是国内最大的招商加盟平台之一，一直致力于宣传中小型企业投资优势，推介相关精品项目，扩大企业招商规模，吸引投资的服务性工作。

公司选择78创业商机网这个平台的原因：78创业商机网有资源优势，其携手央视及各大卫视传媒，与搜狐、新浪、网易、腾讯等门户网站结成广告资源核心合作伙伴，并与百度、Google等多家品牌网络媒体建立了长期战略合作关系，为客户网络广告投放与渠道推广提供最全面、最快捷、最有效的媒体资源平台。公司在该平台投放的部分广告如图6-28和图6-29所示。

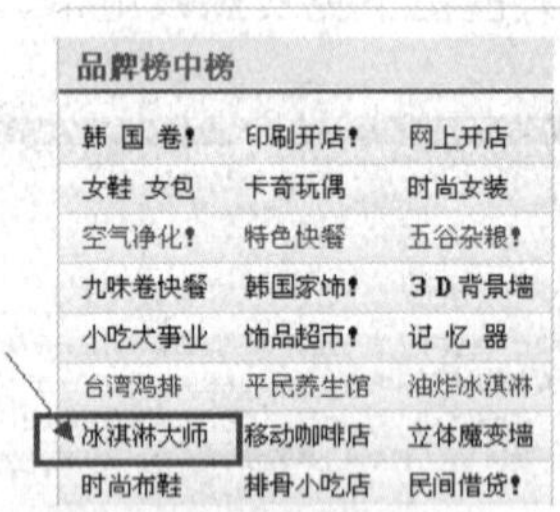

图6-28　公司在78创业商机网平台的广告位置

图6-29　公司在78创业商机网平台的广告详细页面

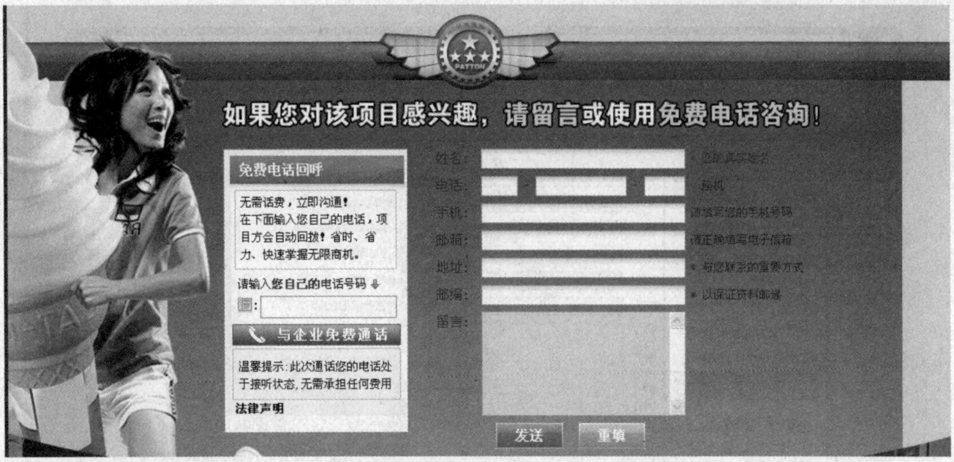

图 6-29　公司在 78 创业商机网平台的广告详细页面（续）

（2）28 商机网。28 商机网集中精力服务于行业客户，重点服务对象为特许加盟连锁企业，垂直定位于帮助特许加盟连锁企业建立完善的覆盖全国的加盟连锁营销渠道，实现了行业垂直门户网络广告产品的全国性推广。公司在 28 商机网投放的部分广告如图 6-30 和图 6-31 所示。

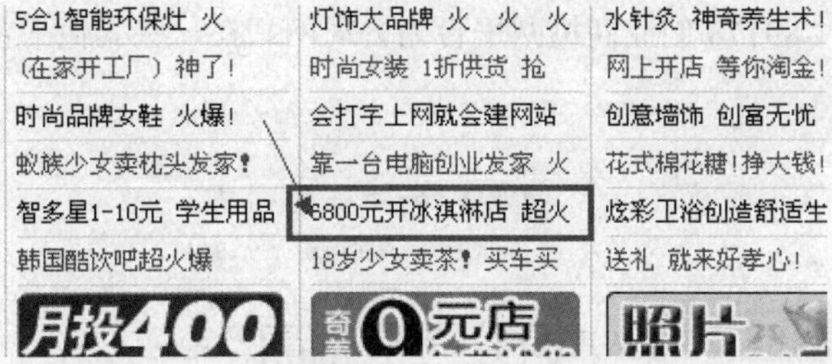

图 6-30　公司在 28 商机网平台的广告位置

图 6-31　公司在 28 商机网平台的广告详细页面

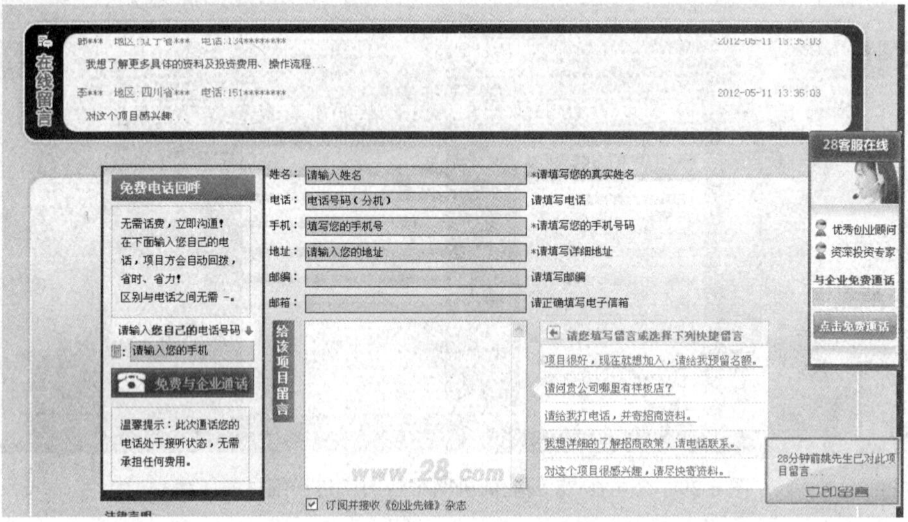

图6-31　公司在28商机网平台的广告详细页面（续）

（3）89178创业商机网。89178创业网络杂志与百度、四大门户等主流网络媒体共同打造创业商机网络平台，是创业者钟爱的创业商机网络杂志。公司通过在89178创业商机网上投放广告获得客户资源，同时89178创业商机网平台为公司网站在一些其他平台做广告，如图6-32和图6-33所示。

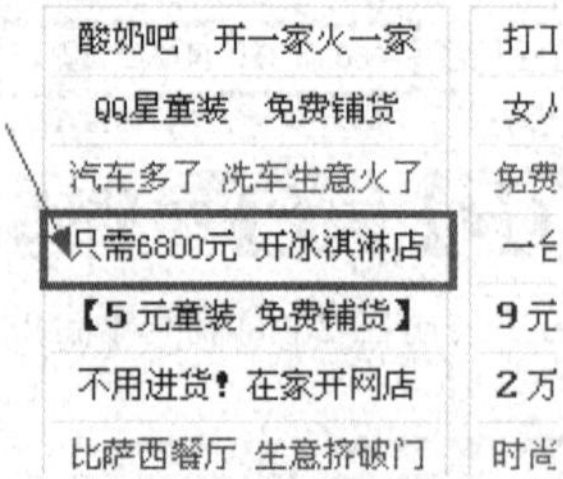

图6-32　公司在89178创业商机网平台的广告位置

图6-33　公司在89178创业商机网平台的广告详细页面

第二节　网络营销推广方案实施

网络营销推广方案是为了在网络上达到推广网站或产品的目的而制订的切实可行的计划。网络营销推广方案的实施是指企业为确保营销目标的实现，将网络营销战略和计划转化为具体营销活动的过程。网络营销推广方案是解决企业“应该做什么”和“为什么这样做”的问题，而网络营销推广方案实施则是要解决“什么人在什么地方、什么时候、怎么做”的问题。

网络营销推广方案是作出决策，网络营销推广方案实施是执行决策。一个网络营销推广方案必须得到有效的实施才能实现其价值。在实施过程中，企业可按照实际情况对方案内容进行部分调整。

一、方案实施过程

1．制订行动方案

为了有效地实施网络营销推广方案，必须制订详细的行动方案。这个方案应该明确网络营销策略实施的关键性决策和任务，并将执行这些决策和任务的责任落实到个人或小组。另外，还应包含具体的时间表，定出行动的确切时间。

2．建立组织结构

企业的正式组织在网络营销执行过程中起决定性的作用，组织将战略实施的任务分配给具体的部门和人员，规定明确的职权界限和信息沟通渠道，协调企业内部的各项决策和行动。

具有不同战略的企业，需要建立不同的组织结构。也就是说，结构必须同企业战略相一致，必须同企业本身的特点和环境相适应。组织结构具有两大职能：首先是提供明确的分工，将全部工作分解成管理的几个部分，再将它们分配给各有关部门和人员；其次是发挥协调作用，通过正式的组织联系沟通网络，协调各部门人员行动。

3．设计决策和报酬制度

为实施网络营销推广方案，还必须设计相应的决策和报酬制度。这些制度直接关系到方案实施的成败。就企业对管理人员工作的评估和报酬制度而言，如果以短期的经营利润为标准，则管理人员的行为必定趋于短期化，他们就不会有为实现长期备战目标而努力的积极性。

4．开发人力资源

网络营销推广方案最终是由企业内部的工作人员来执行的，所以人力资源的开发至关重要。这涉及人员的考核、选拔、安置、培训、激励等问题。在考核选拔管理人员时，要注意将适当的工作分配给适当的人，做到人尽其才。为了激发员工的积极性，必须建立完善的工资、福利和奖惩制度。此外，企业还必须确定行政管理人员、业务管理人员和一线工人之间的比例。

应当指出的是，不同的网络营销战略需要具有不同性格和能力的管理者。“拓展型”战略要求由具有创业和冒险精神、有魄力的人员去完成；“维持型”战略要求管理人员具备组织和管理方面的才能；而“紧缩型”战略则需要寻找精打细算的管理者来执行。

5. 建设企业文化

企业文化是指一个企业内部全体人员共同持有和普遍遵循的价值标准、基本信念和行为准则，对企业经营思想和领导风格、职工的工作态度和作风，均起着决定性作用。这些标准和信念是通过模范人物塑造体现，通过正式和非正式组织加以树立、强化和传播的。由于企业文化体现了集体责任感和集体荣誉感，甚至关系到职工人生观和他们所追求的最高目标，能够起到把全体员工团结在一起的“黏合剂”作用，因此，塑造和强化企业文化是执行企业战略不容忽视的一环。

与企业文化相关联的，是企业的管理风格。有些管理者的管理风格属于“专权型”，他们发号施令，独揽大权，严格控制，坚持采用正式的信息沟通，不容忍非正式的组织和活动。有些管理者的管理风格属于“参与型”，他们主张授权下属协调各部门的工作，鼓励下属的主动精神和非正式的交流与沟通。这两种对立的管理风格各有利弊。不同的网络营销战略要求不同的管理风格，具体需要什么样的管理风格取决于企业的战略任务、组织结构、人员和环境。

公司为有效实施前期制订的网络营销推广方案，可由电子商务部制订详细的行动方案，指定专人负责网络营销推广实施。公司人力资源部针对电子商务部制订完善的绩效考核机制，电子商务部对网络营销推广中的各负责人设计相应的激励报酬机制。

二、方案实施中易出现的问题分析

1. 计划脱离实际

网络营销战略和网络营销推广方案通常由上层的专业计划人员制订，而执行则要依靠网络营销管理人员。由于这两类人员之间往往缺少必要的沟通和协调，可能导致下列问题出现。

（1）方案策划人员只考虑总体战略而忽视执行中的细节，结果使网络营销计划过于笼统和流于形式。

（2）方案策划人员往往不了解计划执行过程中的具体问题，所定计划脱离实际。

（3）方案策划人员和网络营销管理人员之间没有充分的交流与沟通，致使网络营销管理人员在执行过程中经常遇到困难，因为他们并不完全理解需要他们去执行的方案。

2. 长期目标和短期目标相矛盾

网络营销策划方案中的战略策划通常着眼于企业长期目标，涉及今后3～5年的经营活动。但具体执行这些战略的网络营销人员通常根据他们的短期工作绩效（如网络销售量、市场占有率或利润率等指标）获得评估和奖励，因此，网络营销人员常选择短期行为。

3. 存在因循守旧的惰性

企业当前的经营活动往往是为了实现既定的战略目标，新的网络营销推广方案如果不符合企业的传统和习惯就会遭到抵制。新旧网络营销推广方案的差异越大，执行新方案可能遇到的阻力也就越大。要想执行与旧网络营销策划方案截然不同的新网络营销推广方案，常常需要打破企业传统的组织架构。

4．缺乏具体明确的执行方案

有些网络营销推广方案计划之所以失败，是因为计划人员没有制订明确而具体的执行方案。实践证明，许多企业面临的困境，就是缺乏一个能够使企业内部各有关部门协调一致行动的具体实施方案。

阅读材料 6-1　某茶叶公司淘宝店推广方案

1．总述

（1）目标。

① 通过推广实现 500 万元销售任务，完成 100 家网络专营店开店任务。

② 争取“黑茶”、“安化黑茶”、“湖南黑茶”关键词在淘宝网内搜索排名第一。

③ 推广费用控制在 100 万元以内。

（2）目标达成手段。

① 零售店铺引进 100 万次网站流量支撑。

② 分销平台、吸引意向加盟者 2 000 人。

③ 优化产品描述与关键词，提高成交量、收藏人数、信誉、好评率、浏览量等，争取用“黑茶”、“安化黑茶”、“湖南黑茶”关键词在淘宝网内搜索后，本品牌产品排在宝贝列表第一排。

（3）目标分析。

① 网站流量支撑：零售（淘宝等）任务的完成，需要总流量 100 万次支撑，目前自然流量 50 万次，新增推广流量 50 万次，如表 6-3 所示，其对应销量达成情况如表 6-4 所示。

表 6-3　百万次流量来源构成

推广方式	流量总比	总流量（万次）	操作手段	流量比例	网站流量（万次）	费用（万元）
付费推广	50%	50	直通车（单价 1.5 元）	25%	25	37.5
			钻石展位（单价 1.5 元）	20%	20	30
			卖霸（单次 8 000 元）	2.5%	2.5	3.2
			活动赞助（先试一次）	2.5%	2.5	3
站内免费推广	30%	30	站内搜索	20%	20	
			专题活动（商城，集市）	8%	8	
			帮派	0.5%	0.5	
			友情链接	0.02%	0.02	
			站内论坛	0.11%	0.11	
			淘江湖	0.3%	0.3	
			打听	0.02%	0.02	
			类目	0.5%	0.5	
			信用评价	0.05%	0.05	
老客户	15%	15	收藏	2.5%	2.5	
			阿里旺旺（老客户维护）	2.5%	2.5	
			直接回访	10%	10	

续表

推广方式	流量总比	总流量（万次）	操作手段	流量比例	网站流量（万次）	费用（万元）
站外免费推广	5%	5	QQ、旺旺群发	0.5%	0.5	
			行业门户	0.5%	0.5	
			搜索引擎	0.23%	0.23	
			博客	1.5%	1.5	
			站外论坛	1.5%	1.5	
			公司网站	0.5%	0.5	
			邮件群发	0.25%	0.25	
			百度知道	0.02%	0.02	
其他			软件（淘宝固定营销分析）			1
			四次大型活动（每次4万元）			16

表6-4　销量达成=流量×转化率×客单价

网站流量（次）	成交量（单）	出厂销售金额（元）	平均客单价（元）	月均成交量（单）	转化率
1 000 000	100 800	2 520 000	50	10 080	10.08%
1 000 000	84 000	2 520 000	60	8 400	8.40%
1 000 000	72 000	2 520 000	70	7 200	7.20%
1 000 000	63 000	2 520 000	80	6 300	6.30%
1 000 000	56 000	2 520 000	90	5 600	5.60%
1 000 000	50 400	2 520 000	100	5 040	5.04%
1 000 000	45 818	2 520 000	110	4 582	4.58%
1 000 000	42 000	2 520 000	120	4 200	4.20%
1 000 000	38 769	2 520 000	130	3 877	3.88%
1 000 000	36 000	2 520 000	140	3 600	3.60%
1 000 000	33 600	2 520 000	150	3 360	3.36%
1 000 000	31 500	2 520 000	160	3 150	3.15%
1 000 000	29 647	2 520 000	170	2 965	2.97%
1 000 000	28 000	2 520 000	180	2 800	2.80%
1 000 000	26 526	2 520 000	190	2 653	2.65%
1 000 000	25 200	2 520 000	200	2 520	2.52%

② 分销平台、吸引意向加盟者2 000人，如表6-5所示。

表6-5　平台及费用情况

操作手段	费用（元）	意向加盟者
阿里妈妈联盟广告（品牌广告）	100 000	2 000人
百度（竞价联盟广告）（品牌广告）	50 000	

③ 淘宝网内关键词排名：用“黑茶”、“安化黑茶”、“湖南黑茶”关键词在淘宝网内搜索后，

本品牌产品排在宝贝列表第一排。

④ 提高店铺整体成交量。

⑤ 保持店铺及产品信誉与好评率。

⑥ 增加店铺与产品的收藏人数。

⑦ 增加店铺浏览量。

⑧ 保持单品每天有成交。

⑨ 优化产品描述与关键词。

⑩ 与同级别产品相比，价格不能超过5%。

⑪ 不能出现产品质量问题。

⑫ 不能出现断货现象。

2. 推广方式

为了实现上面规划的推广目标，大致策划以下三种推广方式。

（1）四次淘宝大型推广活动。

（2）90.7万～99.7万元站内硬性广告投放。

（3）日常免费推广。

3. 推广计划

（1）全年至少四次大型活动推广。上一年春茶、中秋、双十一、1221、下午茶带来了10万次网站流量，今年淘宝此类活动争取活动满报名。

① 活动前期预热推广如表6-6所示。

表6-6　活动前期预热推广

平　台	推广途径	操作实施
站内	钻石展位、直通车	付费手段，投放前做好销售和评价记录（15单以上），设置好广告图片和关键词，按点击量和展现量收取费用
	淘宝活动（天天特价、卖霸）	运用秒杀等手段，先将主推产品的销量和评价做起来，达到淘宝活动报名要求和折扣后，淘宝提供免费资源位，达成销售，拉高人气（需牺牲产品利润）
	淘宝客	寻找站长做淘宝客； 设置合理的佣金，买家通过淘宝客链接购买产品后，淘宝客获得佣金
	在淘吧、导购、微博、社区、帮派、贴吧及其他店铺留言发布活动信息	在淘宝站内各个可以发布信息的地方，人工免费发布正在或即将开始的优惠信息或制作软性广告引导购买
	帮派合作、赞助（帮派发信息、发现金券）	寻找人气和活跃度高的帮派，支付费用和产品（付费）； 在活跃度和人气高的帮派发原创帖以及留言，制作软性广告吸引访客进店
	成交后旺旺信息提示	客服设置好旺旺快捷回复，在客户付款完成后告知即将开展的大型优惠活动
	寻找茶叶消费者发信息（在同行客户购买记录中添加好友发信息）	同行茶叶网店中有购买茶叶产品的客户，不以匿名方式购买的，可以添加为好友进行优惠信息发送（风险度高）
	活动网店相互链接	寻找不同行业的活动网店资源互换，相互链接
站外	邮件营销	收集新老客户邮箱信息并每天采集1 000个电子邮箱发布促销广告
	茶叶垂直网站软文、活动广告宣传	前期撰写产品或活动软文，发布在茶叶垂直网站，同时在茶叶垂直网站投放图片广告，活动结束撰写新闻稿（预先写好）发布

续表

平　台	推广途径	操作实施
站外	公司网站发布活动广告，新闻栏目发布成功信息	运用公司网站发布优惠信息及活动公告
	博客推广活动	运用博客发布活动信息、产品介绍、产品感受等主推产品相关内容
	阿里妈妈广告投放付费广告	通过阿里妈妈广告购买平台，长期稳定购买100家茶类行业网站图片广告
	百度广告投放	通过百度投放促销文字及图片，运用网盟投放茶类行业网站图片广告
	社区论坛推广发布活动信息	在社区论坛发布正在或即将开始的优惠信息或制作软性广告引导购买

② 活动中的推广如表6-7所示。

表6-7　活动中的推广

平　台	推广途径	操作实施
站内	大型活动支持（免费、付费）	稳保活动报名成功，制定合适的促销活动
	钻石展位、直通车、卖霸	付费手段，预热销售达成后，持续并加大广告图片和关键词投放力度，引进更多及更优质流量
	在淘吧、导购、微博、社区、其他店铺留言发布活动信息	持续发布促销信息
	淘宝客	同上
	帮派合作引入流量	要求合作帮派推荐或置顶促销活动
	成交后旺旺信息提示	客服设置好旺旺快捷回复，在客户付款完成后告知活动即将结束，欲购从速
	旺旺、QQ、邮件、手机短信群发信息	发旺旺软性消息，针对老客户发手机短信消息；在活动预热前十天，12个人每人申请10个QQ号，加入50个100人以上的QQ群，每个群发布促销信息，则12×10×50×100=60万人次看到，每个群如有两个人点击，则吸引流量12 000次
	活动网店相互链接	同上
	寻找茶叶消费者发信息（在同行客户购买记录中添加好友发信息）	同上
站外	茶叶垂直网站软文、活动广告宣传	同上
	公司网站发布活动广告，新闻栏目发布成功信息	同上
	博客推广活动	同上
	社区论坛推广活动	同上

③ 活动结束后的推广如表 6-8 所示。

表 6-8　活动结束后的推广

平　台	推广途径	操作实施
站内	买家秀（买家使用后写感受发到论坛）	在客户购买后邀请高质量买家撰写品饮感受并发布到网络，写后享受今后购买优惠，同时制造口碑（产品要好）
	钻石展位、直通车、焦点广告	持续投放广告吸引后期流量，同时适当降低费用
	帮派合作引入流量	选取合作良好的帮派进行后期合作
	淘宝客	同上
	在淘吧、导购、微博、社区、帮派、贴吧及其他店铺留言发布活动信息	同上
	旺旺回访	客户使用情况如何等
	寻找茶叶消费者发信息（在同行客户购买记录中添加好友发信息）	同上
站外	茶叶垂直网站软文、活动广告宣传	持续发布，并撰写活动成功新闻软文
	公司网站发布活动广告，新闻栏目发布成功信息	持续投放
	博客推广活动	同上
	社区论坛推广发布活动信息	持续发布，并撰写活动成功新闻软文

（2）80 万～105.2 万元硬性广告投放（负责人：×××）。

① 淘宝钻石展位：投入 30 万元，网站流量 20 万次。每月固定投放 3 万元/月×10 个月=30 万元，按目前钻石展位平均出价 1.5 元计算，预计获得展现量 1 亿次，以平均点击率 0.2%计算，预计获取流量 20 万次。

② 直通车：投入 37.5 万元，流量 25 万次。每月固定投放 3.75 万元/月×10 个月=37.5 万元，按目前淘宝站内茶行业关键词平均价 1.5 元计算，预计引入流量 25 万次。

③ 购买淘宝剩余广告位，如卖霸，投入 3.2 万元，网站流量 2 万～2.5 万次。通过卖霸展示平台，运用秒杀、特价等促销手段，拉高人气或爆单（需牺牲产品利润）。

④ 大型活动：投入 16 万元，网站流量 5 万～8 万次。其中，进行四次大型促销活动期间加大广告投放力度，每次新增广告费用 4 万元，共计 16 万元。

⑤ 帮派活动：投入 3 万～12 万元，网站流量 1 万次～6 万次。

- 结合大促联合帮派进行推广，在帮派内发红包（20 元/个），预计赞助费用约为 1 万元/次；先试一次，再决定是否继续。
- 赞助帮派或社区活动，提供奖品：论坛内符合要求，提供奖品的卖家，将会获得相应论坛首页醒目位置的广告位，到时候该版块的掌门护法会把你的店铺、产品链接放在最醒目的位置，为你做店铺推广。奖品预算为 2 万元/次。先试一次，再决定是否继续。

⑥ 固定软件费用 1 万元。

小结：共计投入费用 90.7 万～99.7 万元，实现新增网站流量 53 万～61.5 万次。流量与推广费用分解如表 6-9 所示。

表6-9　流量与推广费用分解情况

月　度	出厂销售金额（元）	月网站流量（次）	费用投入（元）	备　注
1月	100 000	32 000	26 500	每月预算推广固定费用，主要由钻石展位、直通车、卖霸组成，根据月度策划主题分配预算
2月	40 000	20 000	10 000	
3月	70 000	36 000	57 000	
4月	240 000	110 000	150 000	
5月	120 000	74 000	100 000	
6月	120 000	74 000	100 000	
7月	120 000	74 000	100 000	
8月	160 000	75 000	50 000	
9月	340 000	115 000	80 000	
10月	350 000	120 000	50 000	
11月	380 000	125 000	80 000	
12月	480 000	145 000	103 500	
总计	2 520 000	1 000 000	907 000	

（3）日常免费推广。

① 博客推广：网站流量1.5万次，负责人，博客主管。博客需带来网站流量1.5万次，平均每天需带来网站流量50次，按目前成交率2%计算，可产生交易量300单。分配给每个部门一个独立的链接统计账号，根据统计账号统计所带来的流量，由博客主管主抓。

② 帮派推广：流量0.5万次，负责人，×××。

- 建立公司帮派，设置茶叶知识、产品介绍、发表言论、话题讨论、促销活动、免费派茶、用茶体验等内容，吸纳帮众，维护帮派活跃度，以推广品牌、培养客户，提升销售，拉动店铺流量等。
- 其他帮派留言发帖，软文推广产品。
- 帮派合作、赞助（帮派发信息、发现金券）。

③ 淘宝免费活动报名：流量8万次，负责人，×××。促销是顾客非常关注的一个话题，经常做促销活动，开展有吸引力的促销活动，可以在顾客之间形成很好的反响，相互介绍，起到较好的推广作用。可利用淘宝提供的免费资源，如天天特价、聚划算、淘宝大型活动、店内活动一元秒杀、拍卖、抵价券等来增加流量。

④ 老客户维护：流量15.2万～15.5万次，负责人，客服。

- 旺旺、站内信群发（通知老客户、新客户）：流量2.5万次。

✧ 建立高质量客户QQ群、旺旺群。

✧ 加入其他QQ群、旺旺群，最直接的就是能提高自己的品牌知名度，经常在群里发表言论、参加群讨论，能让大家更熟悉和了解你的品牌，自然也会到你店里去看看，想买的时候自然也就会想到，还能带来许多潜在客户。不要一进群就开始打广告，在没有把自己推销出去之前，不要推销产品，过急或过分地推广产品会带来很多负面影响。

✧ 合理利用群发站内信（每天限发100条）进行促销推广和招商推广。

- 其他店铺留言发布活动信息及信用评价带网店地址：流量0.2万～0.5万次。客服在给买家评价的时候，可以适当进行广告推广，能起到一定的宣传效果。同时买家给店铺评价以后，我们可以充分利用解释的地方做宣传广告，对于中差评及时跟进处理。并不是只有中差评的时候才需要解释，好评的时候我们更应该好好利用这个机会进行宣传，因为很多顾客在购买之前都会先了解下产品的评价。

- 客户收藏：流量 2.5 万次。
- 客户回访：流量 10 万次。
- 超级买家秀：鼓励客户写心得体验或者提供相关资料，将信息发布在帮派、江湖或论坛等地方，不仅能使品牌形象在顾客心中有大幅度的提升，还能潜移默化地使许多潜在客户坚定选择我们的理由，并在客户群中流传，起到良好推广的作用。

⑤ 站内信息群发：流量 0.43 万次，负责人，×××。

- 在淘吧、导购、淘江湖、打听，以软文推广产品：流量 0.32 万次。关注淘宝打听，经常到淘宝打听求购区去看看，是否有人求购的宝贝是我们店里有的，这样能找到许多潜在客户，起到推广作用，提高转化率。同时也可以发布相关信息，吸引潜在客户。
- 淘宝论坛发帖：流量 0.11 万次。

⑥ 站内友情链接：流量 0.02 万～0.2 万次，负责人，×××。

- 与有相同客户群体的大卖家做友情链接。
- 与品牌旗舰店做友情链接。
- 与合作伙伴做友情链接。

⑦ 站外信息群发：流量 2.25 万次，负责人，×××。

- QQ、飞信、旺旺群发：流量 0.5 万次。
- 百度贴吧、天涯、猫扑、网易论坛等论坛，软文推广：流量 1.5 万次。
- 邮件群发：流量 0.25 万次。

⑧ 新闻推广：流量 1 万次，负责人，×××。在官网、行业门户网站、网络新闻平台等途径，发布广告及相关稿件。

⑨ 搜索引擎：流量 0.3 万～0.5 万次，负责人，×××。使用技术手段让搜索引擎收录“怡清源旗舰店”、“三口农茗”茶业、“三口农茗”，带来流量。

⑩ 百度知道及百科等：流量 0.02 万次，负责人，×××。撰写“百科”词条、“知道”、新浪“问问”、雅虎“知识堂”问答时附带淘宝商城怡清源旗舰店链接或引导搜索。

⑪ 淘宝搜索：流量 20 万～25 万次，负责人，×××。

小结：免费推广实现流量 49.22 万～54.9 万次。

内部管理分工如表 6-10 所示。

表 6-10　内部管理分工

负责人	日常推广任务
×××	（1）每周一篇文章（发布博客、淘江湖日志、淘吧、论坛）； （2）帮派运营及管理（每日更新，每周保证六天都有更新）； （3）百度知道（淘宝打听、新浪问问、雅虎知识堂）每周至少一问一答； （4）微博每日提交一句，交由×××管理
×××	（1）每周一篇文章（发布博客、淘江湖日志、淘吧、论坛）； （2）帮派版主及推广（每日更新，每周保证六天都有更新）； （3）百度知道（淘宝打听、新浪问问、雅虎知识堂）每周至少一问一答； （4）微博每日提交一句，交由×××管理； （5）网络招商平台发布招商信息

续表

负责人	日常推广任务
×××	（1）站内友情链接（10～15个）； （2）淘宝客（50个）开发，每周一个； （3）淘宝搜索的管理； （4）每周一篇文章（发布博客、淘江湖日志、淘吧、论坛）； （5）帮派版主及推广（每日更新，每周保证六天都有更新）； （6）淘江湖与微博管理（每日更新，每周保证六天都有更新）； （7）百度知道（淘宝打听、新浪问问、雅虎知识堂）每周至少一问一答
×××	（1）淘宝免费活动报名； （2）每周一篇文章（发布博客、淘江湖日志、淘吧、论坛）； （3）帮派版主及推广（每日更新，每周保证六天都有更新）； （4）微博每日提交一句，交由×××管理； （5）百度知道（淘宝打听、新浪问问、雅虎知识堂）每周至少一问一答
×××	（1）论坛等地方发帖管理（淘吧、导购、淘江湖、打听，每日监督，每周保证六天都有信息发布）； （2）每周一篇文章（发布博客、淘江湖日志、淘吧、论坛）； （3）帮派版主及推广（每日更新，每周保证六天都有更新）； （4）微博每日提交一句，交由×××管理； （5）百度知道（淘宝打听、新浪问问、雅虎知识堂）每周至少一问一答
×××	（1）每周一篇文章（发布博客、淘江湖日志、淘吧、论坛）； （2）帮派版主及推广（每日更新，每周保证六天都有更新）； （3）微博每日提交一句，交由×××管理； （4）百度知道（淘宝打听、新浪问问、雅虎知识堂）每周至少一问一答
×××	（1）每周一篇文章（发布博客、淘江湖日志、淘吧、论坛）； （2）帮派版主及推广（每日更新，每周保证六天都有更新）； （3）微博每日提交一句，交由×××管理； （4）百度知道（淘宝打听、新浪问问、雅虎知识堂）每周至少一问一答
客服	（1）老客户维护（销量考核）； （2）每周一篇文章（发布博客、淘江湖日志、淘吧、论坛）； （3）帮派版主及推广（每日更新，每周保证六天都有更新）； （4）微博每日提交一句，交由×××管理； （5）百度知道（淘宝打听、新浪问问、雅虎知识堂）每周至少一问一答

技能训练 6-1　企业网络营销推广方案策划

请以自己熟悉的中小型企业为背景，认真分析该公司的行业环境、竞争者状况、公司的目标市场，然后为该公司撰写一份符合公司实际、具有一定可行性和可操作性的网络营销推广方案。方案内容可以参照以下框架。

1. 公司简介

2. ×××行业网络营销环境及竞争对手分析

（1）×××行业网络营销环境分析。

（2）×××公司主要竞争对手分析。

3. 公司网络市场 SWOT 分析

4. 公司网络营销目标市场定位

（1）公司主要目标市场。
（2）公司目标客户网上行为分析。
（3）公司网络营销定位。

5. 公司网络营销策略

（1）搜索引擎推广。
（2）电子邮件推广。
……

6. 公司网络营销实施计划

要求:
（1）2～3 人为一小组，每组撰写一份。
（2）上交纸质版和电子版各一份，汇报时用 PPT 格式。

附：评价方案

（1）各小组用 PPT 展示自己的方案，并回答评委的提问。
（2）评委组成：任课老师、行业企业专家、其他班学生。
（3）分值构成：任课老师 40%，行业企业专家 40%，学生评价 20%。
（4）根据最后得分，评出 10%的一等奖、20%的二等奖和 30%的三等奖。
（5）评分细则如表 6-11 所示。

表 6-11　评分细则表

项　目	分值（分）	A	B	C	D
规范要求	10	文档格式完全符合规范化要求	文档格式达到规范化要求	文档格式基本达到规范化要求	文档格式达不到规范化要求
内容	40	结构严谨，逻辑缜密，层次清晰，能熟练综合运用本专业的基本理论和基本技能，表述概念清楚、正确	结构严谨，逻辑缜密，能熟练运用有关基本理论，表述概念基本正确	结构合理，论述尚有层次，文字基本通顺，能运用基本理论，表述概念无大错误	内容空泛，结构混乱，逻辑性差，基本理论模糊不清，基本技能不扎实，有错误表述
合理性	25	有明确的定位，消费者分析准确，推广手段很符合企业实际	有较明确的定位，对消费者分析基本准确，推广手段合理可行	定位不够清晰，消费者分析不够准确，推广手段基本合理可行	定位不明确，消费者分析不准确，推广手段不可行
可执行性	25	技术上、经济上完全具有可执行性	技术上、经济上绝大部分具有可执行性	技术上、经济上半数以上不具有可执行性	技术上、经济上不具有可执行性
总分	100				

第六章

知识框架图

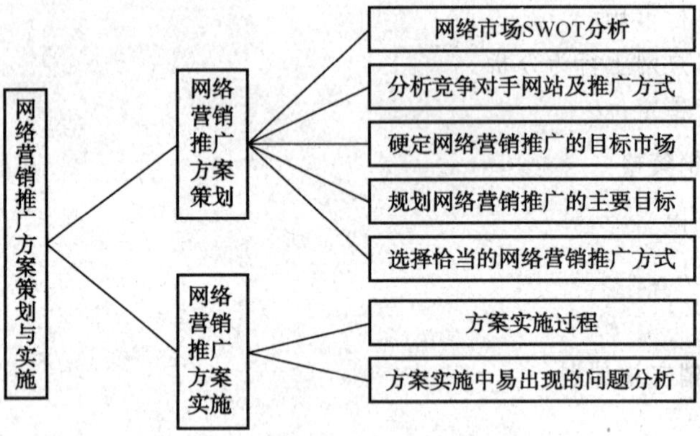

思考与练习

一、选择题

1．网络营销的层次可以分为（　　）。

A．企业上网宣传　　B．网络广告

C．网上市场调研　　D．网上直接销售　　E．网络营销集成

2．企业网络营销环境的三个层次包括（　　）。

A．网络营销的微观环境　　B．网络营销的中观环境

C．网络营销的宏观环境　　D．互联网环境　　E．网络技术环境

3．邮件列表是基于（　　）原则，实现其营销目的的。

A．许可用户　　B．个性化用户

C．用户强制加入　　D．用户自愿加入

4．企业根据竞争状况及顾客需求状况，为产品树立独特形象，使产品在市场上处于适当位置的过程是指（　　）。

A．市场定位　　B．市场细分

C．市场规划　　D．市场划分

5．关于网上市场细分，正确的说法是（　　）。

A．是对网络营销产品的分类

B．是对网络消费群体的分类

C．同一个细分市场内产品大体相同

D．不需考虑顾客的期望利益

二、简述题

1．企业制订网络营销推广方案的基本原则是什么？

2．请简述策划企业网络营销推广方案的主要步骤。

参考答案

第七章　网络营销效果评估与优化

学习目标

知识目标	了解网站访问分析的重要性
	掌握网站访问统计的常见指标
	掌握网站访问流量的常见指标
	掌握网站用户的行为指标
	掌握用户浏览网站的方式
技能目标	能根据网站访问统计数据分析网站的流量
	能根据网站访问统计数据分析网站访问的来源及关键词
	能根据网站流量和访问数据正确评估网络营销推广效果
	能根据访问统计数据优化网络营销推广策略

网络营销效果的评估，不仅仅是在方案执行之后的总结，更应该贯穿始终。因为网络用户群体的多样性与易变性，在网络推广方案执行过程中，要定期对广告类型、网站选择进行调试，分析不同的调试效果，以确定最合适的广告投放及推广方式的组合。

网络营销效果的评估与优化，是对某一阶段网络营销活动的总结，也是制定下一阶段网络营销目标策略的前提和基础。网络营销评估，包括网络营销活动过程控制及事后评估两种形式，过程控制是网络营销目标得以实现的保证，事后评估反映网络营销活动的综合效果。

引导案例　评估与优化长沙巴顿公司的网络营销效果

长沙巴顿公司对其主营巴顿冰淇淋和巴顿烧烤设备进行了一个阶段的网络营销推广之后，究竟效果如何？是否实现了预期的营销目标？是否有必要继续推广，或进一步扩大投入？这是公司的网络营销推广项目告一段落后，必须回答和解决的问题。

现在，对前期的网络营销推广方案的实施效果进行合理评估与优化，是摆在公司网络营销推广专业团队全体成员面前的重要课题。

【案例思考】

能否正确评估一个项目，关键在于是否有合理的评估指标体系。由于网络营销的发展目前还处于初级阶段，理论和方法体系都在不断发展中，建立一套严密而完善的网络营销评估机制并非易事。

教学案例：网站运营分析报告

第一节 网络营销效果评估基础

网络营销效果评估就是对各种网络营销活动进行及时跟踪控制，以保证各种网络营销方法可以达到预期的效果，同时对网络营销方案的正确性和网络营销人员的工作成效进行检验，因此对网络营销评估显得非常重要，但这却是不少企业往往容易忽视的地方。

网络营销可以量化的评估数据并不容易获得，即使对于一些可以量化的指标。例如，网络营销对销售额的贡献率是多少？对品牌形象的提升产生了多大效果？这些都难以量化。虽然人们可以检测到某个搜索引擎每天的访问者数量，或者某个网络广告的点击数量，但这些访问者或者点击数最终产生了多少效益，仍然很难评估。因此，应该综合评估网络营销的总体效果，即评估各种效果的总和，如在企业品牌提升、顾客关系和顾客服务、对销售的促进等方面综合评价，而不仅仅局限于销售额等个别指标，因为网络营销的根本目的也在于企业整体效益的最大化。

以网络广告为例，对网络推广效果的评估，目前主要从广告的经济效果指标来进行综合评估，具体而言，包括广告费用指标、广告效果指标、广告效益指标、市场占有率指标和广告效果系数指标等。因此，要评估一个广告投放是否成功，绝不能从单一指标就得出结论，而是要做一个全面的考察。如某网络运营商在广告投放调试期内，分别在A网站和B网站投放1 000元同类型的广告，假如在所有外部条件相同的情况下，A网站给网络运营商带来了5 000元的利润和2 000个点击，而B网站则给网络运营商带来了4 000元的利润，但有5 000个点击。那该如何判断哪个网站的广告投放效果更好呢？如果单从带来的利润来说，A网站要优于B网站；但我们也不能忽视，B网站带来更多的潜在客户，这将是一笔巨大的财富。

在测评过程中，要评估网络推广方式的好坏，必须有一个可衡量的、标准化的方法，与传统广告拥有央视索福瑞、AC尼尔森等权威机构相比，大多数情况下，网络广告都是由网络运营商通过网站后台访问统计分析和具体的销售情况来进行评估的。

网站访问统计分析是网络营销的重要组成部分，也是网络营销效果评估的基础，它为网络营销优化和网络营销策略研究提供了参考依据。归纳起来，网站访问统计分析的作用主要表现在下列几个方面：及时掌握网站推广总的效果，减少盲目性；评估各种网络营销手段的效果，为制定和修正网络营销策略提供依据；通过网站访问数据分析进行网络营销诊断，包括对各项网站推广活动的效果分析、网站优化状况诊断等；了解用户访问网站的行为，为更好地满足用户需求提供支持。

一、网站访问统计常用指标类型

1. 网站流量统计指标

网站流量（Traffic）是指网站的访问量，是用来描述访问一个网站的用户数量以及用户所浏览的网页数量等指标。常用的统计指标包括网站的独立访问者数量、总访问者数量（含重复访问者）、页面浏览量、每个访问者的页面浏览量、用户在网站的平均停留时间等。

独立访问者数量（Unique Visitors）：在一定时期内访问网站的人数，每个固定的访问者只代表一个唯一的用户。访问者越多，说明网站推广越有成效。

页面浏览量（Page Views）：在一定时期内所有访问者浏览的页面数量，说明了网站受到关注的程度，是评估一个网站受欢迎程度的主要指标之一。

每个访问者的页面浏览量（Page Views Per User）：在一定时间内，全部页面浏览量与所有访问者相除的平均数。这一指标表明了访问者对网站内容或者产品信息感兴趣的程度。如果大多数访问者的页面浏览量仅为一个网页，表明用户对网站内容或者产品没有多大兴趣。

除此之外，还有一些和流量指标相关的评估指标，虽然不能用来直接衡量流量的多少，但是和流量获取密切相关，如网站被各主流搜索引擎收录的数量和排名，被其他网站链接的数量等。一般来说，网站被搜索引擎收录的网页数量越多，对增加访问量越有效果；在搜索引擎排名靠前也很重要，因为排名在搜索结果第一页之后，与几百页之后相差无几，基本起不到多大作用；另外，获得高质量的网站链接、被其他网站链接的数量越多，对搜索结果排名越有利，而且，访问者还可以直接从链接的网页进入你的网站。

虽然网站链接的数量与网站访问量之间并没有严格的正比关系，但从搜索引擎优化角度来说，高质量的网站链接对网站推广还是有较大价值的。

2. 用户行为指标

用户行为指标主要反映用户是如何来到网站的、在网站上停留了多长时间、访问了哪些页面等，如图 7-1 所示，主要的统计指标包括：用户在网站的停留时间；网站跳出率；用户来源网站（也叫“引导网站”）；用户所使用的搜索引擎及其关键词；在不同时段的用户访问量情况等。

受访页面列表（从2013-09-25到2013-09-25） 请输入查询内容：fstqq 查询

受访页面	浏览次数↓	人均浏览次数	平均停留时间(秒)	跳出率	历史	测速
http:[redacted]?130925fstqq	518	1.20	86.43	44.79%	历史	
http:[redacted]n ?130925fstqqhbq	150	1.27	58.31	0.00%	历史	
http:/[redacted]?130925fstqqgj	99	1.15	43.62	0.00%	历史	
http:/[redacted]n ?130925fstqqhxw	88	1.24	53.26	67.05%	历史	

图 7-1　用户浏览某网站页面的次数及停留时间

3. 用户浏览网站的方式

用户浏览网站的方式主要是知道用户的来源及使用的相关设备，其统计指标主要包括：用户所在地理区域分布状况；用户上网设备类型；用户浏览器的名称和版本；访问者电脑分辨率显示模式；用户所使用的操作系统名称和版本。

此外，除了要分析自己网站的访问情况外，专业的网站访问分析还应该包括对竞争者网站的分析评估等内容。下面我们将分析以上指标的具体含义。

二、网站访问统计主要指标分析

1. 页面浏览量分析

在网站流量统计分析报告中，给出的网站的页面浏览量，一般是在一个统计时期内的网页浏览总数，以及每天平均网页浏览量。这个数字表明了网站的访问量情况，可以用作网站推广运营效果的评估指标之一。

页面浏览量对网络营销效果评估主要有以下四个方面的应用。

（1）分析页面浏览量历史数据与网站发展阶段的相关性。可以对3个月以来网站每天的页面浏览量进行分析，从中分析出网站流量的发展趋势，并将这些数据与网站所处阶段特点结合起来分析。对于新发布的网站，如果网站页面浏览量呈现上升趋势，那么与网站发展阶段的特征是基本吻合的；否则就要反思，为什么这期间网站访问量没有明显上升。如果网站处于稳定阶段，网页浏览量应该相对稳定或有一定波动，但如果数据表明页面浏览量在持续下滑，则表明网站出现了某种问题，如网站内容和服务方面存在问题，或者出现了新竞争者造成用户转移，或者在保持老客户方面存在缺失致使用户流失等。

（2）分析网页浏览量变化周期。当网站运营一段时间之后，网站处于相对稳定阶段，这期间网站访问量会呈现一定的周期性变化规律。如某个网站，每个星期一到星期四，访问量明显高于星期五到星期天；而在同一天中，上午10点和下午3点可能是网站访问的高峰。掌握了这些规律后，就可以充分利用用户的访问特点，在访问高峰到来之前推出最新的内容，尽可能提高网站信息传播效果。

（3）分析单个访问者的页面浏览量变化趋势，判断网站访问量的实际增长情况。用户页面浏览量的变化，反映了用户从网站获取信息的多少。一般来说，平均页面浏览量越高，说明用户获取的信息量越大（一个例外情况是，网站提供的信息对用户有价值，但因用户获得信息不方便而造成平均页面浏览量过大，如需要多次点击、查找信息不方便、每个页面的信息量过小等）。在分析每个访问者的页面浏览量变化趋势时，如果发现这一数据基本保持稳定，那么与网站页面浏览量进行对比分析时，页面浏览量的变化趋势就反映了网站总体访问量的变化。如果平均页面浏览量有较大变化，则需要对网站独立访问者数量、页面浏览量等指标进行比较分析，才能发现网站访问量变化的真正趋势。如果每个访问者平均页面浏览量增加，即使独立访问者数量没有增长，同样会使得总的页面浏览量增加，反之，如果独立访问者数量保持稳定，但平均页面浏览量下降了，就会造成页面浏览量的减少。

（4）通过各个栏目（频道）页面浏览量的比例，分析网站的重要信息是否被用户关注。在Alexa全球网站排名系统，可以看到一些网站各个栏目首页访问量占网站总访问量的比例，这一信息对于选择网络广告投放在哪个频道具有一定的参考价值。这种数据主要来自第三方的统计，并且对于大多数访问量较低的网站，信息的准确性较差。但这种分析思路可以推广到任何一个网站，通过对各个栏目页面浏览量比例分析，可以看出企业用户对哪些信息比较关注。例如，可根据自己的期望，决定采用搜索引擎关键词广告推广时应该链接到哪些页面、注册快捷网址时直接到达哪些页面等。

2. 独立访问者数量分析

独立访问者数量，有时也称为独立用户数量，是网站流量统计分析中另一个重要的数据，并且与网页浏览量分析之间有密切关系。独立访问者越多，说明网站推广越有成效，也意味着网络营销卓有成效，因此，它是最有说服力的评估指标之一。相对于页面浏览量指标，网站独立访问者数量更能体现出网站推广的效果。

一些机构的网站流量排名，通常都是依据独立访问者数量指标。不过，由于不同调查机构对统计指标的定义和调查方法不同，各个机构对同一网站监测得出的具体数字并不一致。

目前对独立访问者数量的定义，通常是按照访问者的独立IP来进行统计的，实际上和真正的独立用户也有一定差别。例如，多个用户共用一台服务器上网，使用的是同一个IP，因此通过这个IP访问一个网站的实际用户数（自然人）可以有多个，但在网站流量统计中都算作一个用户；对于采用拨号上网方式的动态用户，在同一天内的不同时段可能使用多个IP来访问同一个网站，这样就会被记录为多个独立访问者。因此，可采用更精确的方式来记录独立访问者数量，如用户网卡的物理地址等，或者多种方式综合应用。但由于这些统计方式可能会影响到对访问者其他信息的统计，如用户所在地区、用户使用的 ISP 名称等，因此在网站流量统计中，这种“精确统计”方式并不常用。因此，尽管独立 IP 数量与真正的用户数量之间可能存在一定差别，但实际统计中，仍然倾向于采用 IP 数量的统计。图 7-2 显示了不同关键词带来的独立访问者数量情况。

关键字	搜索次数	独立访客	IP	新独立访客
coco奶茶	209	185	184	181
田子坊奶茶加盟	164	4	3	3
奶茶加盟排行榜	109	94	94	92
快乐柠檬加盟	83	73	72	66
红色巴士	51	45	45	31
地下铁奶茶	39	34	34	33
快乐柠檬	32	30	30	28
鲜果时间加盟费	31	29	29	29
卡旺卡奶茶加盟	31	24	24	23

图 7-2　某网站主要关键词带来的独立访问者数量情况

3．用户来源分析

网站用户来源统计信息，为网络营销人员从不同角度分析网站运营的效果提供了方便。例如，至少可以分析常用的网站推广手段带来的访问量。

用户来到一个网站的方式通常有两种：一种是在浏览器地址栏中直接输入网址或者点击收藏夹中的网站链接；另一种是通过别的网站引导而来，即来源于其他网站。用户来源网站，有时也称为引导网站，或者推荐网站。许多网站统计分析系统都提供了用户来源网站统计的功能，这对于网站推广分析具有重要意义。

分析用户来源统计数据，可以了解用户来自哪个网站的推荐、哪个网页的链接。如果是通过搜索引擎检索，可以看出是来自哪个搜索引擎、使用什么关键词进行检索，以及你的网站（网页）索引出现在搜索结果的第几页第几项等。

一般来说，通过网站流量统计数据，可以获得用户来源网站的基本信息：来源网站（网页）的 URL 及其占总访问量的百分比；来自各个搜索引擎的访问量百分比；用户检索所使用的各个关键词及其所占百分比；对网站访问量贡献最大的引导网站；对网站访问量贡献最大的搜索引擎；网站在搜索引擎检索中表现最好的核心关键词等。

以搜索引擎为例，通过来源网站的分析，可以清楚地看出：各个搜索引擎对网站访问量的贡献；各个主流搜索引擎的重要程度如何，是否值得购买其付费搜索服务等。这些结论，有利于选择对网站推广有价值的搜索引擎作为重点推广工具，从而减少无效的投入。

当然，这些基本统计信息所能反映的问题并不全面，有些隐性问题可能并没有反映出来。例如，根据分析，某个关键词对于一个网站应该很重要，但是通过对主要搜索引擎带来访问量的分析发现，只有其中一个搜索引擎带来了访问量（通过自然搜索而不是付费方式），这种情况并不能因此而否定其他搜索引擎的价值，还需要做进一步分析才能知道是自己网站本身的问题，还是搜索引擎的问题。当网站访问量增长（或者下降）的时候，要考虑究竟是因为某些推广措施引起的，还是其他原因。对这些问题的深度分析，需要考虑更多的因素，也可能涉及更多的专业分析手段。

4．搜索引擎和关键词分析

通过网站流量统计数据，可以对用户使用的搜索引擎及关键词进行统计分析，具体指标包括：各个搜索引擎重要程度统计；关键词使用情况统计；最重要的搜索引擎分析；最重要关键词分析；分散关键词分析；搜索引擎带来的访问量占网站总访问量的百分比。根据这些统计数据，可以初步断定该网站用户使用搜索引擎的一般特征，并可据此改善、优化搜索引擎营销策略。

总之，网站流量统计分析非常重要，尤其其中的搜索引擎关键词分析，对于制订和改进网站的搜索引擎推广策略至关重要。无论是自己进行网站流量分析，还是请专业机构来操作，都很有必要了解网站流量统计分析期望获得的结果，或者说应该能够获得的分析结果。

阅读材料 7-1　中国网络营销（广告）效果评估标准

中国网络广告效果评估标准，可以帮助网络营销领域网络媒体和广告主之间建立“互信机制”，从而促进网络营销行业长期健康发展。随着中国网络广告行业的进一步发展，建立行业标准与规范势在必行，该标准在大家熟知的广告展示、广告点击基础上，加入了点击后行为的分析，如到达率、转化率、路径分析等，与国际上网络广告效果分析行业通行法则相吻合，可帮助广告买卖双方减少无效用户收录，科学翔实并客观地反映网络广告有效流量全貌，对网络广告的长期发展具有一定的参考指导价值。

1．指标定义

（1）广告展示量（Impression）。

① 指标名称：广告展示量。

② 指标定义：广告每一次显示，称一次展示。

③ 指标说明：

统计周期通常有小时、天、周和月等，也可以按需设定；

被统计对象包括Flash广告、图片广告、文字链广告、软文、邮件广告、视频广告、富媒体广告等多种广告形式；

展示量一般为广告投放页面的浏览量；

广告展示量的统计是CPM付费的基础。

④ 指标应用：展示量通常反映广告所在媒体的访问热度。

（2）广告点击量（Click）。

① 指标名称：广告点击量。

② 指标定义：网民点击广告的次数，称为广告点击量。

③ 指标说明：

统计周期通常有小时、天、周和月等，也可以按需设定；

被统计对象包括Flash广告、图片广告、文字链广告、软文、邮件广告、视频广告、富媒体广告等多种广告形式；

广告点击量与产生点击的用户数（多以Cookie为统计依据）之比，可以初步反映广告是否含有虚假点击；

广告点击量与广告展示量之比，称为广告点击率，该值可以反映广告对网民的吸引程度；

广告点击量统计是CPC付费的基础。

④ 指标应用：广告点击量通常反映广告的投放量。

（3）广告到达率（Reach Rate）。

① 指标名称：广告到达率。

② 指标定义：网民通过点击广告进入被推广网站的比例。

③ 指标说明：

统计周期通常有小时、天、周和月等，也可以按需设定；

被统计对象包括 Flash 广告、图片广告、文字链广告、软文、邮件广告、视频广告、富媒体广告等多种广告形式；

广告到达量与广告点击量的比值称为广告到达率，广告到达量是指网民通过点击广告进入推广网站的次数。

④ 指标应用：广告到达率通常反映广告点击量的质量，是判断广告是否存在虚假点击的指标之一。广告到达率也能反映广告着陆页的加载效率。

（4）广告二跳率（2nd-Click Rate）。

① 指标名称：广告二跳率。

② 指标定义：通过点击广告进入推广网站的网民，在网站上产生了有效点击的比例。

③ 指标说明：

统计周期通常有小时、天、周和月等，也可以按需设定；

被统计对象包括 Flash 广告、图片广告、文字链广告、软文、邮件广告、视频广告、富媒体广告等多种广告形式；

广告带来的用户在着陆页面上产生的第一次有效点击称为二跳，二跳的次数即二跳量。广告二跳量与广告到达量的比值称为二跳率。

④ 指标应用：广告二跳率通常反映广告带来的流量是否有效，是判断广告是否存在虚假点击的指标之一。广告二跳率也能反映着陆页面对广告用户的吸引程度。

（5）广告转化率（Conversion Rate）。

① 指标名称：广告转化率。

② 指标定义：通过点击广告进入推广网站的网民形成转化的比例。

③ 指标说明：

统计周期通常有小时、天、周和月等，也可以按需设定；

被统计对象包括 Flash 广告、图片广告、文字链广告、软文、邮件广告、视频广告、富媒体广告等多种广告形式；

转化是指网民的身份产生转变的标志，如网民从普通浏览者升级为注册用户或购买用户等。转化标志一般指某些特定页面，如注册成功页、购买成功页、下载成功页等，这些页面的浏览量称为转化量。广告用户的转化量与广告到达量的比值称为广告转化率。

广告转化量的统计是进行 CPA、CPS 付费的基础。

④ 指标应用：广告转化率通常反映广告的直接收益。

2. 广告术语和技术统计方法

（1）广告术语。

① CPM（Cost Per Mille）：每千次展示费用。根据每 1 000 个广告展示量收费。

② CPC（Cost Per Click）：每次点击的费用。根据广告点击量收费。

③ CPA（Cost Per Action）：每次行动的费用。根据广告转化收费，如按每张订单、每个注册用户收费。

④ CPS（Cost Per Sale）：按广告带来的销售额收费。

（2）技术统计方法。

① Web 日志分析模式。Web 日志分析模式是指，通过分析 Web 服务器日志来获取流量的来源，从而判断用户是否来自广告，并追踪广告用户在网站上进行的操作。当互联网用户在浏览器中打开某一网页时，Web 服务器接受请求，在 Web 日志中为这个请求创建一条记录（数据一般包括：页面的名称、IP 地址、客户的浏览器以及日期时间戳）。

该模式采用 Web 日志分析，不需要额外在网站上添加代码，不易造成数据缺失。但该模式主要以服务器端数据为分析依据，而不管客户端的情况如何，容易造成数据不准确，而且当数据量较大时，很难实时分析数据。

② JavaScript 标记模式。JavaScript 标记模式是指，通过在被统计对象网站的网页上（包括静态页面、动态页面和基于浏览器的视频播放窗口等）嵌入 JavaScript 监测代码的方式获取互联网用户访问被统计对象网站的信息。互联网用户使用浏览器访问被统计页面时，会同时向监测服务器发送统计信息，监测服务器汇总接收到的浏览器请求数量，统计被监测网站或广告的流量数据。

JavaScript 标记模式有利于获取被统计对象网站的全样本（所有被用户访问过的网页和用户在被统计对象网站上的所有访问行为）细节数据。当被统计对象网站数量和行业分布具有一定的规模后，此种模式获取的数据也可以反映互联网行业中观和宏观状况。

（资料来源：中国互联网协会网络营销工作委员会，2009-6）

第二节　网络营销效果评估

长沙巴顿公司在网络营销推广方案中推广的产品有两个：冰淇淋机和烧烤机，主推冰淇淋机，以冰淇淋品牌加盟形式和单卖设备形式经营。经过近两个月的网络营销推广活动，已经取得了阶段性的成果，现在有必要对网络营销推广方案实施的效果进行评估。

一、搜索引擎推广效果评估

1. 收录和反链

公司网站是二月中旬建好的，二月底开始做该网站推广工作，经过近两个月的推广工作，网站收录达到 212，反链达到 7210，如图 7-3 所示。

网站 www.90108.com 的收录/反链结果						
搜索引擎	baidu	google	soso	搜狗	Bing	有道
收录	212↑	367↓	69↑	查询失败	1	
反链	7210↑	2	838↑			0

图 7-3　2 个半月后公司网站收录和反链

2. 百度权重和 Google PR 值

公司网站百度权重提升到 1，Google PR 值提升到 3，如图 7-4 所示。

图 7-4　公司网站百度权重和 Google PR 值

3. 关键词排名

由于公司网站建立时间不长，推广的时间较短，因而关键词排名波动比较大，下面是一些主要的关键词排名情况。

（1）冰淇淋加盟关键词排名情况如图 7-5 所示。

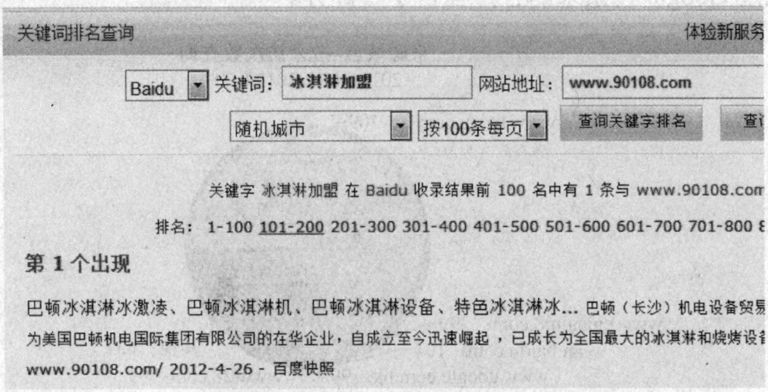

图 7-5　冰淇淋加盟关键词排名

（2）冰激凌加盟关键词排名情况如图 7-6 所示。

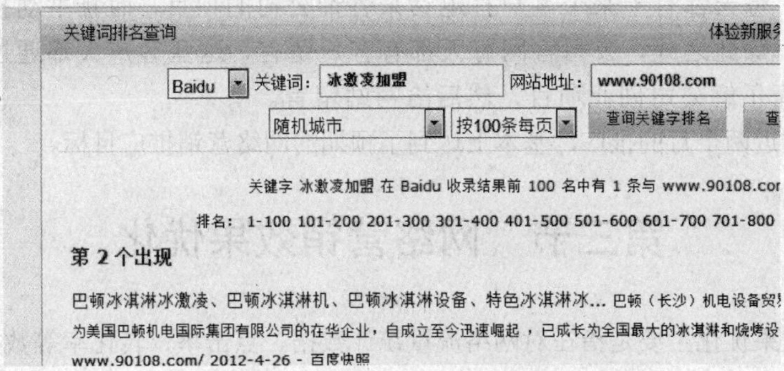

图 7-6　冰激凌加盟关键词排名

（3）冰淇淋机关键词排名情况，如图 7-7 所示。

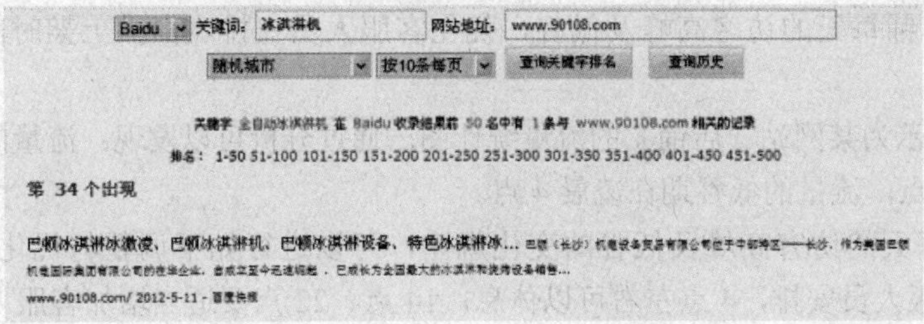

图 7-7　冰淇淋机关键词排名

通过网站收录及反链、百度权重、Google PR 值和关键词排名这些指标的分析，可以发现，公司网站被主流搜索引擎收录的数量有较大的增加，Google PR 值提升到 3，在百度搜索“冰淇淋加盟”、“冰激凌加盟”等关键词，公司网站排到了首页靠前位置。因此，近两个月的推广对公司网络品牌和产品推广起到了较好的效果，基本实现了预期的搜索引擎推广目标。

二、其他推广效果评估

通过分析公司网站流量的来源域名，我们发现，网站流量的主要来源是百度网页（www.baidu.com），占到了58%，如图7-8所示，其次是公司在另一个品牌网站（www.chinajm8.com）所做的友情链接，通过Google搜索来的客户也占了一部分。

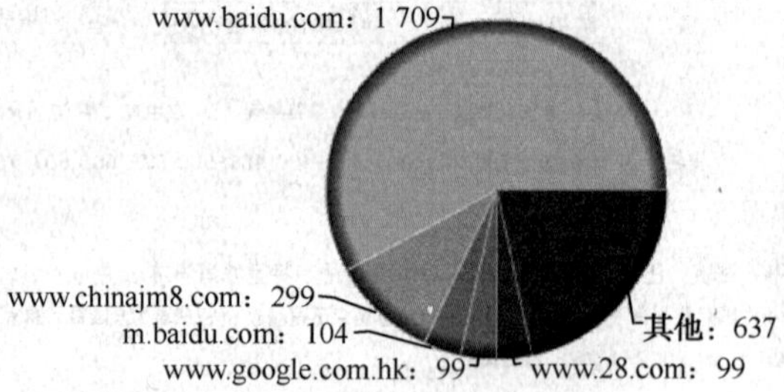

图7-8 来源域名分析

另外，在推广效果的反馈方面，发现通过近两个月的网络推广，打电话咨询的客户较以前明显增加，每天都有十来个客户打电话来咨询公司的项目，而且主动打电话进来的客户转化率较高。除此之外，公司官网每天都有客户留言，这些客户大都通过搜索引擎找到公司网站，进而了解公司创业项目，然后给网站留言。

总之，通过近两个月的推广，基本上达到了预期的网络营销推广目标。

第三节 网络营销效果优化

网络营销效果优化主要是指在对网络流量统计数据、点击率、转化率等数据进行分析并正确评估的基础上，对原有的网络营销策略进行调整、优化的行为。

一、访客流量分析及优化

（1）根据店铺每天的访客高峰及低谷，优化客服人员安排、商品上架时间、广告投放时段等。

如图7-9所示为某网站（店铺）的流量统计图。通过分析可以发现：流量的高峰期在13～16点及20～23点，流量的低谷期在凌晨4点。

针对店铺每天的访客高峰及低谷的变化规律，可以进行如下调整与优化。

① 值班客服人员安排，4点左右可以休息，14点、22点要适当增加客服人员。

② 重要商品上下架时间要错开高流量的14点和22点时间段。

③ 在推广预算有限的情况下，公司如果参加百度竞价或淘宝直通车，应尽量多安排在14点和22点流量高峰期。

（2）根据店铺的月访客数及转化率变化情况，优化上架商品种类、产品关键词设置等内容。

某店铺从10月11日起访客数快速增加，如图7-10所示，而转化率从10月6日呈一个快速下降的趋势，如图7-11所示。

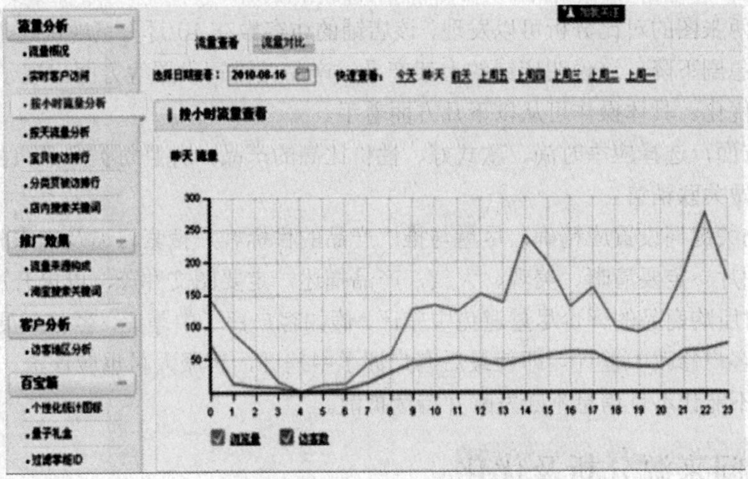

图 7-9　某店铺流量统计图

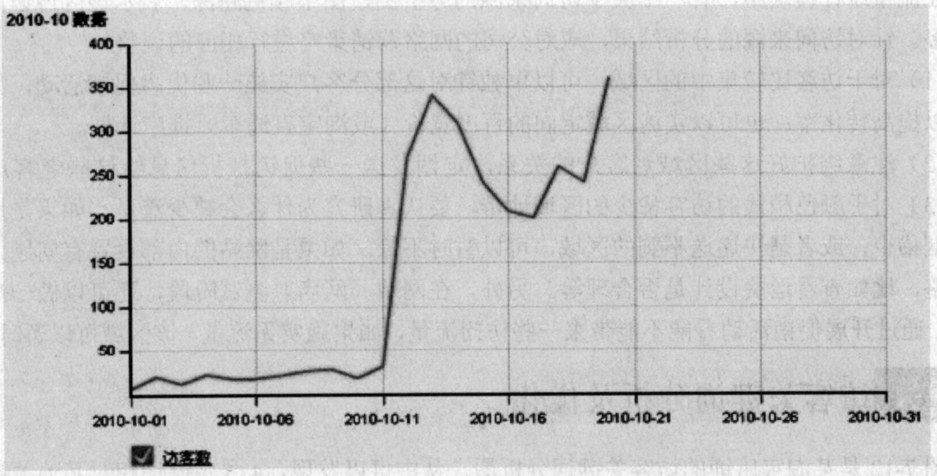

图 7-10　某店铺 10 月份访客数变化情况统计图

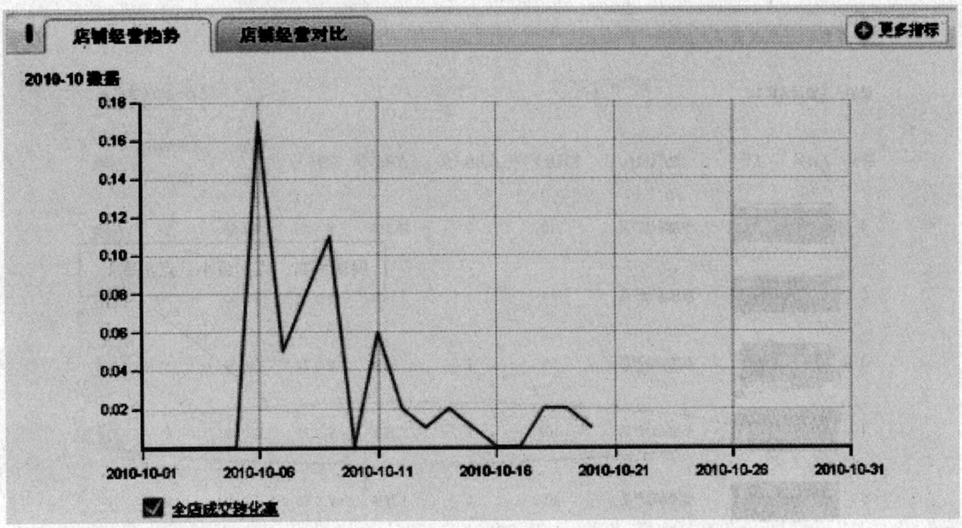

图 7-11　某店铺 10 月份转化率变化情况统计图

第七章

通过对这两张图的对比分析可以发现，该店铺的访客数在 10 月份呈现快速上升趋势，而同期的转化率却急剧下降，这说明店铺的上架产品、产品关键词设置等方面出现了问题，应该及时进行调整与优化。具体操作可从以下几方面着手。

① 产品方面，选择应季时尚、款式好、性价比高的产品，并且每类产品只推广 1～2 款，其他产品适当做关联销售。

② 产品的关键词设置应精确，尽量与推广产品的目标客户搜索习惯及需求相一致。

③ 产品图片一定要清晰、美观、大气，产品描述一定要图文并茂，以提升产品的转化率。

④ 用户对所购商品的评价尽量避免中差评，假如客户评了中差评，客服人员应尽量与客户沟通交流，让客户修改中差评。即使最后客户评了中差评，客服人员也应该给一个合乎情理的解释与回复，不能让不良信息不断发酵并持续扩散。

二、访问来源分析及优化

在流量统计模块中，有一个关于访问来源的分析图，图中颜色越深，表示该区域访问者人数越多。针对访问来源的分析结果，应对公司的网络营销策略进行相应的调整。

（1）对于访客比较集中的区域，可以单独针对这部分客户实施一些优惠促销活动，如包邮等，以提高转化率；也可以实施区域定向的百度竞价（或淘宝直通车）推广计划。

（2）注意维护好这些区域老客户的关系，定期发送一些促销打折信息给这些老客户。

（3）对于颜色稍浅的访客稀少的区域地带，要认真研究为什么会缺少流量。如果是地域原本人烟稀少，或者是快递送不到的区域，可以暂时不管。如果是网站的内部设置有问题，就要去调整，比如查看运费设计是否合理等。另外，在网站（网店）测试阶段，还可以做一个包邮尝试，通过开展促销活动看能不能带来一些访问流量，如果确实无流量，该区域可以暂时放弃。

三、访客关键词分析及优化

图 7-12 是某淘宝店铺的访客关键词分析图，从中可以发现，4 号关键词相对其他关键词的展现量较高，点击量小，点击率低。针对此种情况，应该采取相应的优化策略加以改善。

点击量top50关键词详细报表（2010-10-12 至 2010-10-18）　下载

请输入关键词名称：　搜索　点击量top50关键词

序号	关键词	宝贝	推广计划	展现量	点击量	点击率	花费	平均点击花费	平均展现排名	详细
1	[redacted]		参加活动产品	19	2	10.53%	¥ 1.00	¥ 0.50	27	趋势
2	[redacted]		参加活动产品	14	1	7.14%	¥ 0.50	¥ 0.50	26	趋势
3	[redacted]		参加活动产品	96	2	2.08%	¥ 0.74	¥ 0.37	31	趋势
4	[redacted]		参加活动产品	102	2	1.96%	¥ 1.37	¥ 0.69	41	趋势
5	[redacted]		参加活动产品	63	1	1.59%	¥ 0.50	¥ 0.50	34	趋势

展现量高，点击量小，点击率低

图 7-12　某淘宝店铺的访客关键词分析

（1）优化主题图片：主图要清晰、突出特点；图片文案突出卖点；图片有创意，要适当制造购买紧迫感。

（2）优化关键词标题：使标题更具吸引力，如特价包邮、打折促销等。

（3）优选推广产品：推广产品应选择具有高性价比的产品，从而使推广产品价格具吸引力。

（4）优化关键词：关键词的设计要最大限度地与产品目标客户的搜索习惯及需求一致。

四、访客行为分析及优化

图 7-13 是某淘宝店铺的访客行为分析图，通过分析发现：图中店铺的直接访问入店跳失率和店铺收藏入店跳失率均比较高，分别为 72.06%和 97.91%。且店铺收藏入店跳失率高于直接访问入店跳失率，说明收藏店铺的老客户对店铺已不感兴趣，店铺对他们缺乏吸引力，店家应该采取相应网络营销策略来进行补救。具体可考虑如下优化措施。

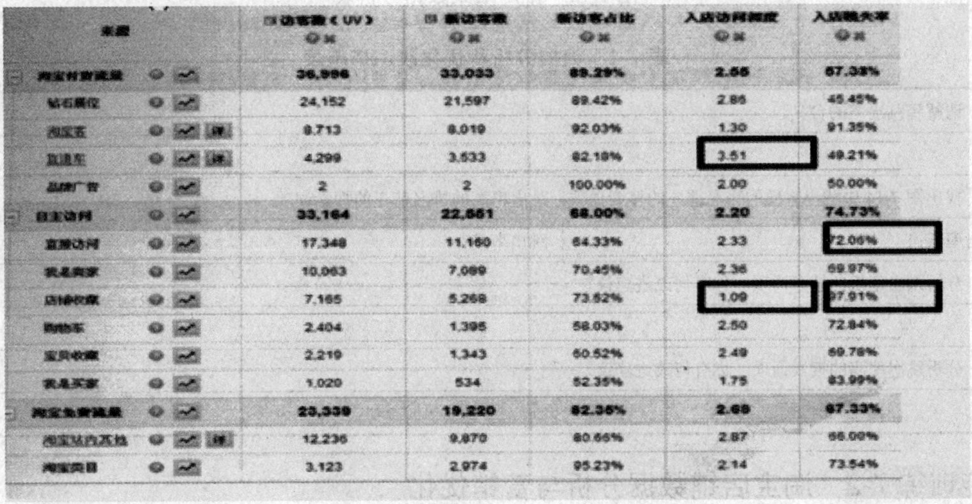

来源	访客数（UV）	新访客数	新访客占比	入店访问深度	入店跳失率
淘宝付费流量	36,996	33,033	89.29%	2.66	67.38%
钻石展位	24,152	21,597	89.42%	2.86	45.45%
淘宝客	8,713	8,019	92.03%	1.30	91.35%
直通车	4,299	3,533	82.18%	3.51	49.21%
品牌广告	2	2	100.00%	2.00	50.00%
自主访问	33,164	22,551	68.00%	2.20	74.73%
直接访问	17,348	11,160	64.33%	2.33	72.06%
我是卖家	10,063	7,089	70.45%	2.36	69.97%
店铺收藏	7,165	5,268	73.52%	1.09	97.91%
购物车	2,404	1,395	58.03%	2.50	72.84%
宝贝收藏	2,219	1,343	60.52%	2.49	69.78%
我是买家	1,020	534	52.35%	1.75	83.99%
淘宝免费流量	23,339	19,220	82.35%	2.68	67.33%
淘宝站内其他	12,236	9,870	80.66%	2.87	66.00%
淘宝类目	3,123	2,974	95.23%	2.14	73.54%

图 7-13　某淘宝店铺的访客行为分析图

（1）注意维护好老客户的关系，定期发送一些打折促销或新产品信息给他们。

（2）注意店铺产品的更新换代，多方面满足老客户的需求。

（3）店铺的装修格局应保持稳定，避免老客户对新风格的反感。

总之，网络营销效果评估与优化是一项复杂而又非常重要的系统工程。随着电子商务的飞速发展，网络营销必然会受到越来越多专业人士的青睐，评估与优化的手段也会不断创新与发展。可以预见，在不久的将来，会有越来越多的有识之士，耕耘在中国互联网的这片沃土上，在辛勤的探索与不断的创新中，成就其网络时代的追求与梦想。

技能训练 7-1　网络访问数据分析与营销优化

某公司经过一段时间的搜索引擎推广后，进行了推广效果的分析，数据统计报表如图 7-14 所示，请根据报表统计的数据，按表格中的要求进行回答，并将答案填入表 7-1 中。

	搜索词	正在推广	浏览量(PV)	跳出率
	总计	正在推广 提交关键词	381715	81.99%
1	其它	–	211,563	89.82%
2	[redacted] 指 词	是	30,545	25.38%
3	[redacted] 指 词	是	11,828	30.11%
4	[redacted] 指 词	否	5,339	36.23%
5	[redacted] 指 词	是	3,568	27.15%
6	[redacted] 指 词	否	3,011	26.58%
7	[redacted] 指 词	是	2,931	23.58%
8	[redacted] 指 词	是	2,553	32.55%
9	[redacted] 指 词	是	2,359	26.19%
10	[redacted] 指 词	否	2,134	19.51%
11	[redacted] 指 词	是	1,998	78.63%
12	[redacted] 指 词	是	1,982	40.36%
13	[redacted] 指 词	是	1,903	57.90%
14	[redacted] 指 词	否	1,903	31.88%

图 7-14　推广效果数据分析表

表 7-1　数据分析和优化改进措施表

<table>
<tr><td colspan="2">（1）请解释跳出率的含义。</td></tr>
<tr><td colspan="2">答：</td></tr>
<tr><td colspan="2">（2）找出图 7-14 中跳出率低的排名前 5 的搜索词项，跳出率高的排名前 3 的搜索词项。</td></tr>
<tr><td>跳出率低：</td><td>跳出率高：</td></tr>
<tr><td colspan="2">（3）分析跳出率低的搜素词项。你有何改进建议？</td></tr>
<tr><td colspan="2">答：</td></tr>
<tr><td colspan="2">（4）分析跳出率高的搜素词项。你有何改进建议？</td></tr>
<tr><td colspan="2">答：</td></tr>
</table>

技能训练 7-2　淘宝店铺数据分析与营销优化

某淘宝店铺通过一段时间的推广后，通过淘宝的直通车报表、量子恒通统计、数据魔方等工具对数据进行了分析，相关的数据如图 7-15 和图 7-16 所示。

（1）分析图 7-15 中序号为 4 的关键词的数据，需要如何来进行优化？

（2）分析图 7-16，①号折线是本行业 3 皇冠全店成交转化率均值，②号折线是本店全店成交转化率。本店的成交情况较之本行业其他店铺究竟如何？②号折线波动较大的原因可能是什么，如何进行优化？

序号	关键词	搜索次数	访客数	出店人次	出店率	到宝贝页点击量
1	连衣裙	9998	4144	1,705	17.05%	3532
2	针织衫	7651	3812	1,559	20.38%	2509
3	衬衫	4793	2618	785	16.38%	2075
4	外套	4747	3682	1,525	32.13%	1056
5	开衫	4674	2937	930	19.90%	1839
6	空调	4413	995	258	5.85%	2107
7	牛仔	3646	2284	773	21.20%	1252
8	雪纺	3470	1465	453	13.05%	1039
9	打底	2888	2705	606	20.98%	1119
10	裤	2022	598	187	9.25%	611

图 7-15　关键词点击量前 10 名数据报表

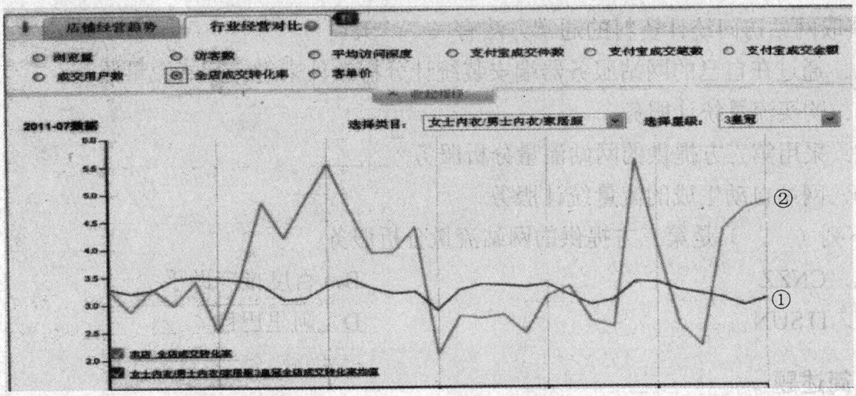

图 7-16　店铺经营转化率图

知识框架图

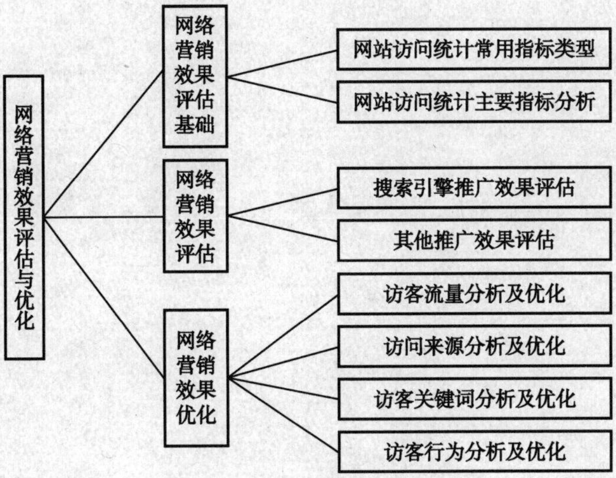

思考与练习

一、选择题

1．网络营销效果的评估体系主要包含的三方面内容是（　　）。

A．对网站建设专业性的评估

B．对网站推广和网络品牌的评估

C．对网站访问量指标的评估

D．对网络广告效果的评估

2．网站推广效果的评估指标主要包括（　　）。

A．网站被主流搜索引擎收录　　B．整合性

C．网站在主流搜索引擎中的排名　　D．获得其他相关网站链接的数量

3．网站访问量评估的主要指标有（　　）。

A．独立用户数　　B．总用户数

C．网页浏览数量　　D．每个用户的页面流量

4．获取网站访问统计资料的通常方法有（　　）。

A．通过在自己的网站服务器端安装统计分析软件来进行网站流量监测

B．购买流量统计服务

C．采用第三方提供的网站流量分析服务

D．网站自动生成的流量统计服务

5．下列（　　）是第三方提供的网站流量分析服务。

A．CNZZ　　　　B．百度推广助手

C．ITSUN　　　　D．阿里巴巴

二、简述题

1．网站流量分析的指标有哪些？

2．企业要提高网络用户对网站的回访率，可以采取哪些措施？

参考答案

附录 A 阅读材料索引

参考文献

[1] 昝辉．网络营销实战密码——策略·技巧·案例（修订版）[M]．北京：电子工业出版社，2013．

[2] 昝辉．SEO 实战密码——60 天网站流量提高 20 倍（第 3 版）[M]．北京：电子工业出版社，2015．

[3] 曹明元．电子商务-网店推广与营销[M]．北京：清华大学出版社，2015．

[4] 王忠元．移动电子商务[M]．北京：机械工业出版社，2015．

[5] 王红蕾．移动电子商务[M]．北京：机械工业出版社，2015．

[6] 李春生．移动互联网发展趋势研究[J].中国高新技术企业，2016（1）：1-2．

[7] 刘依坤，李明．移动电子商务的商业模式和关键技术分析[J]．计算机技术与发展，2014（10）：189-192．

[8] 古春杰．移动电子商务发展趋势研究[J]．中国商贸，2015（3）：57-59．

[9] 张书乐．实践网络营销——网络推广经典案例战术解析[M]．北京：电子工业出版社，2011．

[10] [美]Corey Perlman．网络营销实训[M]．侯德杰，译．北京：人民邮电出版社，2010．

[11] [美]菲利普·科特勒，等．营销管理[M]．王永贵，等译．北京：中国人民大学出版社，2012．

[12] 石建鹏．网络营销实战全书[M]．北京：北京联合出版公司，2011．

[13] [美]布洛根，[美]史密斯．信任代理[M]．缪梅，译．沈阳：万卷出版公司，2011．

[14] 沈拓．不一样的平台：移动互联网时代的商业模式创新[M]．北京：人民邮电出版社，2012．

[15] [美]斯科特．新规则：用社会化媒体做营销和公关[M]．赵俐，等译．北京：机械工业出版社，2011．

[16] 刘东明．微博营销：微时代营销大革命[M]．北京：清华大学出版社，2012．

[17] 张书乐．价值百万的网络营销[M]．北京：电子工业出版社，2011．

[18] 徐子沛．大数据：正在到来的数据革命[M]．南京：广西师范大学出版社，2012．

[19] 方玲玉，李念．电子商务基础与应用（第 2 版）——“学·用·做”一体化教程[M]．北京：电子工业出版社，2013．

[20] 冯英健．实用网络营销教程[M]．北京：清华大学出版社，2012．

[21] 艾瑞咨询．www.iresearch.com.cn．

[22] 中国互联网络信息中心．www.cnnic.net.cn．

[23] 派代网．www.paidai.com．

[24] 单仁资讯．www.srzxjt.com．

[25] 网络营销咨询网．www.emk8.com．

[26] 中国网络营销网．www.tinlu.com．

[27] 三脚猫网络营销论坛．bbs.3jmao.com．

[28] 网络营销工作委员会官网．www.imcc.org.cn．

[29] 阿里学院．page.china.alibaba.com．

[30] 阿里研究院．www.aliresearch.com．